20
25

Alexandra Clara Ferreira Faria • **Ana Flávia** Pereira de Almeida
Ana Thereza Meirelles • **Anna Cristina** de Carvalho Rettore
Beatriz Schettini • **Caio** Lage
Diogo Luna Moureira • **Emílio** de Oliveira e Silva
Iara Antunes de Souza • **Jeferson** Jaques Ferreira Gonçalves
José Roberto Moreira Filho • **Karina** Pinheiro de Castro
Lorena Rodrigues de Souza • **Lucas** Costa de Oliveira
Luciana Fernandes Berlini • **Luiza** Soalheiro
Maria Goreth Macedo Valadares • **Mariana** Cardoso Penido dos Santos
Núbia Leoni de Freitas Nogueira • **Rafael** Verdival
Renata Barbosa de Almeida • **Roberto Henrique** Pôrto Nogueira
Thais Câmara Maia Fernandes Coelho • **Victória** Rocco Melo

Iara Antunes de **Souza**
Luciana Fernandes **Berlini**
COORDENADORAS

BIODIREITO E NOVOS DIREITOS

Estudos em homenagem à **Professora**
Maria de Fátima Freire de Sá

Dados Internacionais de Catalogação na Publicação (CIP) de acordo com ISBD

B615

    Biodireito e novos direitos: estudos em homenagem à professora Maria de Fátima Freire de Sá / Alexandra Clara Ferreira Faria...[et al.] ; coordenado por Iara Antunes de Souza, Luciana Fernandes Berlini. - Indaiatuba, SP : Editora Foco, 2025.

    348 p. : 16cm x 23cm.

    Inclui bibliografia e índice.

    ISBN: 978-65-6120-511-5

    1. Direito. 2. Biodireito. I. Faria, Alexandra Clara Ferreira. II. Almeida, Ana Flávia Pereira de. III. Meirelles, Ana Thereza. IV. Rettore, Anna Cristina de Carvalho. V. Schettini, Beatriz. VI. Lage, Caio. VII. Moureira, Diogo Luna. VIII. Silva, Emílio de Oliveira e. IX. Souza, Iara Antunes de. X. Gonçalves, Jeferson Jaques Ferreira. XI. Filho, José Roberto Moreira. XII. Castro, Karina Pinheiro de. XIII. Souza, Lorena Rodrigues de. XIV. Oliveira, Lucas Costa de. XV. Berlini, Luciana Fernandes. XVI. Soalheiro, Luiza. XVII. Valadares, Maria Goreth Macedo. XVIII. Santos, Mariana Cardoso Penido dos. XIX. Nogueira, Núbia Leoni de Freitas. XX. Verdival, Rafael. XXI. Almeida, Renata Barbosa de. XXII. Nogueira, Roberto Henrique Pôrto. XXIII. Coelho, Thais Câmara Maia Fernandes. XXIV. Melo, Victória Rocco. XXV. Título.

2025-1671   CDD 344.04197   CDU 340.6

Elaborado por Odilio Hilario Moreira Junior - CRB-8/9949
Índices para Catálogo Sistemático:

1. Biodireito 344.04197

2. Biodireito 340.6

Alexandra Clara Ferreira Faria • Ana Flávia Pereira de Almeida
Ana Thereza Meirelles • Anna Cristina de Carvalho Rettore
Beatriz Schettini • Caio Lage
Diogo Luna Moureira • Emílio de Oliveira e Silva
Iara Antunes de Souza • Jeferson Jaques Ferreira Gonçalves
José Roberto Moreira Filho • Karina Pinheiro de Castro
Lorena Rodrigues de Souza • Lucas Costa de Oliveira
Luciana Fernandes Berlini • Luiza Soalheiro
Maria Goreth Macedo Valadares • Mariana Cardoso Penido dos Santos
Núbia Leoni de Freitas Nogueira • Rafael Verdival
Renata Barbosa de Almeida • Roberto Henrique Pôrto Nogueira
Thais Câmara Maia Fernandes Coelho • Victória Rocco Melo

Iara Antunes de **Souza**
Luciana Fernandes **Berlini**
COORDENADORAS

BIODIREITO E NOVOS DIREITOS

Estudos em homenagem à **Professora Maria de Fátima Freire de Sá**

2025 © Editora Foco

Organizadoras: Iara Antunes de Souza e Luciana Fernandes Berlini

Autores: Alexandra Clara Ferreira Faria, Ana Flávia Pereira de Almeida, Ana Thereza Meirelles, Anna Cristina de Carvalho Rettore, Beatriz Schettini, Caio Lage, Diogo Luna Moureira, Emílio de Oliveira e Silva, Iara Antunes de Souza, Jeferson Jaques Ferreira Gonçalves, José Roberto Moreira Filho, Karina Pinheiro de Castro, Lorena Rodrigues de Souza, Lucas Costa de Oliveira, Luciana Fernandes Berlini, Luiza Soalheiro, Maria Goreth Macedo Valadares, Mariana Cardoso Penido dos Santos, Núbia Leoni de Freitas Nogueira, Rafael Verdival, Renata Barbosa de Almeida, Roberto Henrique Pôrto Nogueira, Thais Câmara Maia Fernandes Coelho e Victória Rocco Melo

Diretor Acadêmico: Leonardo Pereira
Editor: Roberta Densa
Coordenadora Editorial: Paula Morishita
Revisora Sênior: Georgia Renata Dias
Revisora Júnior: Adriana Souza Lima
Capa Criação: Leonardo Hermano
Diagramação: Ladislau Lima e Aparecida Lima
Impressão miolo e capa: FORMA CERTA

DIREITOS AUTORAIS: É proibida a reprodução parcial ou total desta publicação, por qualquer forma ou meio, sem a prévia autorização da Editora FOCO, com exceção do teor das questões de concursos públicos que, por serem atos oficiais, não são protegidas como Direitos Autorais, na forma do Artigo 8º, IV, da Lei 9.610/1998. Referida vedação se estende às características gráficas da obra e sua editoração. A punição para a violação dos Direitos Autorais é crime previsto no Artigo 184 do Código Penal e as sanções civis às violações dos Direitos Autorais estão previstas nos Artigos 101 a 110 da Lei 9.610/1998. Os comentários das questões são de responsabilidade dos autores.

NOTAS DA EDITORA:

Atualizações e erratas: A presente obra é vendida como está, atualizada até a data do seu fechamento, informação que consta na página II do livro. Havendo a publicação de legislação de suma relevância, a editora, de forma discricionária, se empenhará em disponibilizar atualização futura.

Erratas: A Editora se compromete a disponibilizar no site www.editorafoco.com.br, na seção Atualizações, eventuais erratas por razões de erros técnicos ou de conteúdo. Solicitamos, outrossim, que o leitor faça a gentileza de colaborar com a perfeição da obra, comunicando eventual erro encontrado por meio de mensagem para contato@editorafoco.com.br. O acesso será disponibilizado durante a vigência da edição da obra.

Impresso no Brasil (4.2025) – Data de Fechamento (4.2025)

2025
Todos os direitos reservados à
Editora Foco Jurídico Ltda.
Rua Antonio Brunetti, 593 – Jd. Morada do Sol
CEP 13348-533 – Indaiatuba – SP

E-mail: contato@editorafoco.com.br
www.editorafoco.com.br

PREFÁCIO

Escrever este prefácio é um privilégio e uma homenagem a uma das figuras mais marcantes do universo acadêmico: a Professora Maria de Fátima Freire de Sá. Esta obra coletiva, fruto do empenho e dedicação de alunos do Mestrado e do Doutorado da PUC Minas; e de amigos da professora homenageada; organizada pelas professoras Iara Antunes e Luciana Berlini, representa um tributo à sua influência e legado no campo do Direito.

Minha relação com Fatinha, como carinhosamente a chamamos, iniciou-se em um contexto eminentemente profissional. Enquanto eu atuava como Magistrada do Trabalho, ela exercia a advocacia em um dos grandes escritórios de Minas Gerais. Nossos caminhos, inicialmente paralelos, vieram a se cruzar de forma mais próxima com a criação do Programa de Pós-Doutorado em Direito da PUC Minas. Fatinha integrou a primeira turma do Mestrado em Direito e tive a honra de ser sua professora e orientadora. A partir desse momento, nossa relação transcendeu o campo acadêmico-formal e ganhou os contornos de uma verdadeira filiação intelectual: eu me tornei sua "mãe acadêmica", e ela abraçou com entusiasmo os direitos da primogenitura.

Foi na disciplina Teoria Geral do Direito Privado que Fatinha teve o primeiro contato com um tema que viria a definir sua notável trajetória acadêmica: a doação de órgãos e tecidos humanos, inserida no estudo dos direitos da personalidade e da autonomia sobre o próprio corpo. Por meio desse estudo, nasceu sua paixão pela Bioética e pelo Biodireito, campos nos quais se destacou como uma pesquisadora incansável e uma interlocutora brilhante. Sua dedicação, curiosidade e profundidade acadêmica fizeram dela uma referência nesses temas, contribuindo de maneira significativa para o debate e a evolução do conhecimento jurídico.

A presença de Fatinha na academia foi sempre marcada por uma postura de rigor intelectual aliado a uma sensibilidade humana inigualável. Seu legado vai muito além das publicações e pesquisas: ele se reflete nas vidas que ela impactou, nos estudantes que inspirou e na forma como transformou o Direito em uma ferramenta para a compreensão e a efetivação da dignidade humana.

O livro "Biodireito e Novos Direitos Privados: Estudos em Homenagem à Professora Maria de Fátima Freire de Sá", elaborado com o talento e dedicação de alunos do Mestrado e do Doutorado da PUC Minas; e de amigos da professora homenageada, simboliza não apenas um reconhecimento acadêmico, mas também um testemunho do carinho e respeito que todos nutrem por Fatinha. Que as reflexões aqui contidas sirvam como continuação e expansão das discussões que ela tanto valoriza, perpetuando sua contribuição ao Direito e à sociedade.

Belo Horizonte, 23 de fevereiro de 2025

Taisa Maria Macena de Lima

Doutora e Mestre e Direito pela UFMG. Professora da Graduação e do Programa de Pós-graduação em Direito da PUC Minas. Desembargadora do Trabalho. Pesquisadora do Grupo de Pesquisa em Rede Cebid *Jus*biomed.

APRESENTAÇÃO

A presente obra é fruto do reconhecimento dos(as) alunos(as) e ex-alunos(as) do Programa de Pós-Graduação da PUC Minas; e de amigos(as) da professora Maria de Fátima Freire de Sá, que desejam homenageá-la por sua dedicação ao conhecimento, à pesquisa e à construção de um mundo mais ético e humano.

Homenagear a professora Maria de Fátima Freire de Sá é uma grande oportunidade de agradecer sua inestimável dedicação à docência. Referência nacional e internacional em Bioética e Biodireito, sua trajetória acadêmica e profissional é marcada pela incansável busca por reflexões que integram a ciência jurídica com os desafios da bioética, da saúde e dos avanços tecnológicos que impactam a dignidade humana.

Ao longo de sua carreira, Maria de Fátima não apenas disseminou conhecimentos, mas também inspirou gerações de estudantes, pesquisadores(as) e profissionais do Direito e da Bioética. Seu compromisso com a docência transcende a sala de aula, impactando positivamente todos que têm a oportunidade de desfrutarem de seu conhecimento, acolhimento e humanidade.

Este livro nasce do desejo de expressar gratidão e reconhecimento à sua imensa contribuição para o Direito e a Bioética e para a formação de um pensamento jurídico sensível à complexidade dos dilemas da vida contemporânea. Como pesquisadora, Fatinha, como carinhosamente a chamamos, é um exemplo de coragem e vanguardismo ao abordar temas sensíveis e essenciais para a sociedade.

Cada capítulo desta obra reflete, direta ou indiretamente, a influência de sua pesquisa e ensino na formação de seus alunos(as), evidenciando a vastidão de seu legado.

Ouro Preto, fevereiro de 2025.

Profa. Dra. Iara Antunes de Souza
Profa. Dra. Luciana Fernandes Berlini

SUMÁRIO

PREFÁCIO
Taisa Maria Macena de Lima V

APRESENTAÇÃO
Profa. Dra. Iara Antunes de Souza e Profa. Dra. Luciana Fernandes Berlini   VII

1 – BIOÉTICA E BIODIREITO

DOAÇÃO NEUTRA COMO EXERCÍCIO DO DIREITO AO CORPO
Alexandra Clara Ferreira Faria 3

ANÁLISE ÉTICO-JURÍDICA DA GESTAÇÃO DE SUBSTITUIÇÃO NO PANORAMA BRASILEIRO
Anna Cristina de Carvalho Rettore 21

A EXPANSÃO DO CONTROLE GENÉTICO: ANÁLISE DA IMPLANTAÇÃO DO BANCO NACIONAL DE PERFIS GENÉTICOS E DA REDE INTEGRADA DE BANCOS DE PERFIS GENÉTICOS
Emílio de Oliveira e Silva 43

A RESSUSCITAÇÃO DIGITAL DOS MORTOS NO NOVO CÓDIGO CIVIL: AVANÇOS OU NOVOS DESAFIOS?
Jeferson Jaques Ferreira Gonçalves 65

PESSOA, VALOR E PREÇO: UM PANORAMA DO DEBATE SOBRE A COMODIFICAÇÃO DA VIDA HUMANA
Lucas Costa de Oliveira 85

OS TESTES CLÍNICOS COM SERES HUMANOS À LUZ DO DIREITO AO PRÓPRIO CORPO
Mariana Cardoso Penido dos Santos 107

ASSISTÊNCIA À SAÚDE E DIMENSÕES BIOJURÍDICAS DA VULNERABILIDADE DO PROFISSIONAL MÉDICO
Ana Thereza Meirelles, Rafael Verdival e Caio Lage 125

RESPONSABILIDADE CIVIL MÉDICA E A AUTONOMIA DO PACIENTE À LUZ DOS PRINCÍPIOS DA BIOÉTICA E DO BIODIREITO
Karina Pinheiro de Castro e Victória Rocco Melo.. 147

PLANEJAMENTO FAMILIAR E SELEÇÃO POR DEFICIÊNCIAS: BREVES CONSIDERAÇÕES SOBRE PRÁTICAS DISGÊNICAS NO CONTEXTO DA REPRODUÇÃO HUMANA ASSISTIDA
Ana Flávia Pereira de Almeida 161

EUGENIA, PESSOA COM DEFICIÊNCIA E ACONSELHAMENTO GENÉTICO JUNTO À REPRODUÇÃO ASSISTIDA: REFLEXÕES BIOÉTICAS E BIOJURÍDICAS NA PERSPECTIVA DOS ENSINAMENTOS DA PROFA. MARIA DE FÁTIMA FREIRE DE SÁ
Iara Antunes de Souza 179

2 – NOVOS DIREITOS

INFÂNCIA E CÁRCERE: OS DIREITOS E O DESENVOLVIMENTO DA CRIANÇA FILHA DE MÃE PRIVADA DE LIBERDADE
Beatriz Schettini e Lorena Rodrigues de Souza... 199

INFÂNCIA E ADOLESCÊNCIA VITIMIZADAS: O TRATAMENTO JURÍDICO DISPENSADO À CRIANÇA E AO ADOLESCENTE EM RETROSPECTIVA
Luciana Fernandes Berlini 219

O DIREITO SUCESSÓRIO DO EMBRIÃO HUMANO SOB NOVAS PERSPECTIVAS

José Roberto Moreira Filho 237

A MEDIAÇÃO COMO UM POTENCIAL MEIO À AUTODETERMINAÇÃO DO PACIENTE

Luiza Soalheiro 253

AUTOCURATELA: PRESERVAÇÃO DA AUTONOMIA PARA O CASO DE UMA INCAPACIDADE FUTURA

Maria Goreth Macedo Valadares e Thais Câmara Maia Fernandes Coelho 271

NOVOS DIREITOS DAS PESSOAS COM NANISMO: UMA BUSCA POR RECONHECIMENTO COMO FORMA DE SUPERAR O SOFRIMENTO DE INDETERMINAÇÃO

Núbia Leoni de Freitas Nogueira 289

VULNERABILIDADES E DIREITO À SAÚDE COMO EXERCÍCIO DE AUTONOMIA

Renata Barbosa de Almeida e Roberto Henrique Pôrto Nogueira 309

A LUTA PELA DIVERSIDADE DEMOCRÁTICA: ENSAIO A PARTIR DAS LIÇÕES DA PROFESSORA MARIA DE FÁTIMA FREIRE DE SÁ

Diogo Luna Moureira 325

1 – BIOÉTICA E BIODIREITO

DOAÇÃO NEUTRA COMO EXERCÍCIO DO DIREITO AO CORPO

Alexandra Clara Ferreira Faria

Doutora e Mestre em Direito. Professora Adjunto IV da PUC/Minas. Professora dos cursos de Graduação e Pós-Graduação da Puc/Minas (IEC). Presidente da Comissão de Educação Jurídica da OAB/MG. Advogada.

Sumário: Introdução – 1. O corpo e o direito ao corpo – 2. Doação neutra: exercício da autonomia existencial – Conclusão – Referências.

INTRODUÇÃO

A realização de projetos de vida através das técnicas de reprodução humana assistida evoluíram muito ao longo dos últimos anos, impulsionados pelos avanços tecnológicos dos estudos da genética que se fez a partir do desenvolvimento de pesquisa clínica, científica e tecnológica, uma vez que a instituição de clínicas de reprodução humana tornam-se imprescindíveis para a realização dessas técnicas, assim, como a disposição de material biológico humano.

A relevância da temática consiste na abordagem do direito ao corpo e seus atos de disposição, bem como a titularidade do material biológico humano, através dos gametas, destinados à fertilização *in vitro*.

A análise do direito de consentir de titulares de material biológico humano em participar dessas técnicas de reprodução humana assistida centra-se nas pessoas com capacidade de consentir.

Desta forma, a concretização do consentimento será consubstanciada no Termo de Consentimento Livre e Esclarecido (TCLE), no qual deverá ser aposto a anuência na coleta e armazenamento de gametas como material biológico humano. Essa adesão é realizada por meio de negócio jurídico bilateral, de cunho existencial, mas que versa sobre espécimes genéticas autônomas ao corpo, quais sejam, os gametas.

Trata-se do Termo de Consentimento Livre e Esclarecido (TCLE), com a determinação de manifestação de destinação e uso de material biológico humano do titular para a prática das técnicas de reprodução humana assistida, compreendendo, assim, num negócio jurídico existencial.

Neste contexto emerge a hipótese a ser testada no presente artigo que consiste se há possibilidade de doação do titular de material biológico humano doar os gametas excedentes quando não há o interesse fertilizá-los para a própria pessoa humana, isto é, se há possibilidade de doá-los a terceiros?

Para o teste da hipótese, as vertentes teórico-metodológicas e jurídico-descritivas e sistemáticas são privilegiadas, sendo o método utilizado para a elaboração do artigo a abordagem do referido tema no sentido crítico dialético. Para isso, recorre-se ao método histórico-comparativo, em razão do estudo dos precedentes históricos do corpo, do negócio jurídico e da doação.

O trajeto percorrido perpassa o tratamento do direito ao próprio corpo, no contexto dos direitos da personalidade, em razão de ser essa a prerrogativa para a compreensão das características incomuns à doação, que poderão ser verificadas no negócio jurídico que envolve material biológico humano em clínicas de reprodução humana assistida, eis que consistem em material genético e, portanto, em fração da identidade do titular.

A edificação de noções próprias da teoria do negócio jurídico é panorama necessário à posterior categorização e abordagem do consentimento e de sua natureza jurídica.

Por fim, os parâmetros interpretativos da legislação apresentada são levantados, em consideração ao Direito Objetivo, assim como às diretrizes bioéticas para estruturação da concepção da doação neutra.

Neste sentido, o estudo do instituto da doação é imprescindível para o desenvolvimento de projetos pessoais de filiação de pessoas impossibilitadas de gestar, tendo em vista os seus efeitos sobre o mundo jurídico, sendo prudente analisar seu conceito, suas modalidades, objetos, formas, revogabilidade, propondo, assim, uma releitura do instituto de direito privado, (re)construindo juridicamente um paradigma de doação de material biológico humano.

Frente a isso, para uma conclusão coerente, é indispensável a aplicação do instituto da doação neutra para o patrimônio genético, permitindo-se uma releitura pautada na dignidade humana, na autonomia existencial, sob a perspectiva do reconhecimento do material biológico humano como expressão do direito ao corpo.

1. O CORPO E O DIREITO AO CORPO

A concepção do corpo humano ao longo da história demonstra exatamente a evolução do pensamento humano. A percepção desse corpo ocorre em razão dos aspectos culturais, religiosos, econômicos e políticos. Entretanto, no existencialismo contemporâneo, a reflexão encontra-se pautada no dualismo "liberdade e necessidade", "autonomia e dependência", o "eu e o mundo" (Jonas, 2004). Logo, sua conceituação perpassa a reflexão da percepção humana e comportamental.

A autopercepção humana demonstra que várias questões emergem do corpo humano, despertando sentimentos, sentidos, destinação e curiosidades. Dessas questões que irão culminar em novas concepções de cuidado não só do corpo individual, mas do corpo coletivo. Nesse aspecto, torna-se fundamental a idéia do homem como pessoa singular, dentro de uma cultura e em determinado momento histórico.

O corpo irá acompanhar os desdobramentos da história, através de variáveis de cultura, momentos do tempo. O caráter religioso é muito presente, uma vez que estabelece um rol de posturas em razão do uso do corpo. Esse uso do corpo aparece como algo sacralizado. Para os cristãos modernos, o corpo é a expressão da mais alta dignidade. A concepção dessa dignidade funda-se no grande mistério cristão da anunciação e encarnação de Deus.

Nesse sentido, para o filósofo Pico Della Mirandola, o homem consiste na criação divina, dotado de capacidade de aprendizado de si e da natureza. A liberdade consiste uma capacidade de escolha em um universo de possibilidades (Pico Della Mirandola, 2008).

O culto do corpo sacralizado pode ser considerado como referência para o desenvolvimento da própria ciência. Neste sentido, emerge a preocupação com a preservação desse corpo, da necessidade de cuidado. Na mesma esteira, surge o tabu a certas partes do corpo, como elementos de pudor. Além disso, tem-se a melhoria do desempenho desse corpo, referindo-se a uma prática eugênica. O corpo, então, é visto como elemento de dominação,

não somente social, mas cultural.

Na concepção contemporânea, o corpo refere-se ao que é definido como uma unidade funcional, entendidas como partes separadas, localizadas em lugares diferentes fisicamente, que devem ser protegidos para permitir o direito de toda pessoa à sua autonomia (Rodotà, 2010).

A evolução da percepção do corpo demonstra que ele deixou de ser simplesmente orgânico para se tornar um instrumento de proteção e um corpo genético.

O corpo não compreende somente os limites físicos de contorno de uma unidade, mas, sim, um ambiente múltiplo. Essa percepção demonstra que o corpo pode ocupar vários espaços, quer em dimensões virtuais, quer em dimensões reais. Isso, somente se torna possível através de amostras de material biológico.

Entretanto, mantém, ainda, a concepção do corpo como um todo. Isso ocorre em virtude da singularidade, visto que essa será preservada por ser elemento individualizador da pessoa humana detentora do corpo.

Portanto, essa nova dimensão do corpo necessita do autogoverno, conferindo o poder de decisão à pessoa humana detentora desse corpo. A unidade funcional deve ser reconstruída para se garantir seu exercício em toda a sua amplitude, pois a

> [...] brusca redução do corpo a uma dimensão que potencializa unicamente a materialidade imediata, física ou eletrônica, restringe a possibilidade de conhecimento integral, de processos biológicos completos, de relações com o ambiente e com os demais seres humanos. O corpo se espelha na vida e a vida abandona o corpo [...] (Rodotà, 2010, p. 118, tradução nossa).[1]

Nesse sentido, a proteção do corpo contemporâneo pelo Estado deixará de ser natural para se tornar um direito fundamental da pessoa humana. Assim, tem-se o exercício dos direitos da personalidade, sendo desenvolvidos em diplomas constitucionais e diplomas internacionais de preservação do corpo, proibindo a utilização do corpo como objeto de lucro, as práticas eugênicas de massa, a clonagem reprodutiva.

A concepção contemporânea do corpo demonstra ser este um instrumento de individualização e identificação da pessoa humana. Há uma construção dualista do "eu e o mundo". Logo, proporciona a visão da pessoa humana como um ser único, bem como a ideia de ser um ser em si mesmo.

A pessoa humana passa a estabelecer relações interpessoais e com a natureza, desenvolvendo, assim, a visão de uma unidade diferenciada. Essa é original e irrepetível, dotada de liberdade de transformação de acordo com suas próprias aspirações.

Logo, o desenvolvimento de elementos íntimos, como os sentimentos, a inteligência e a vontade, constitui os fatores intrínsecos da autodeterminação. Por conseguinte, proporcionará a individualização e a identificação da pessoa humana (Capelo de Sousa, 1995). Desta forma, há uma relação da esfera íntima da pessoa humana com a materialidade corporal, razão pela qual o corpo contemporâneo deixará de ser natural, para se tornar um bem jurídico a ser tutelado.

Nesse sentido, emerge a concepção da propriedade do corpo, através da autodeterminação da pessoa humana, ou seja, da autopercepção do "eu e do mundo". Essa deve ser entendida como a capacidade de realizar escolhas, bem como de se relacionar com o próprio corpo.

Diante disso, tem-se um debate entre os doutrinadores a respeito da base legislativa, disciplinando o surgimento do direito de propriedade do corpo. Para alguns doutrinadores seria considerado como inato, pois cada pessoa humana

---

1. [...] brusca reducción del cuerpo a una dimensión que potencia únicamente la materialidad inmediata, física o electrónica, restringe la posibilidad de un conocimiento integral, hecho de procesos biológicos complejos, de relaciones con el ambiente y con los demás seres humanos. El cuerpo se aleja de la vida y la vida abandona el cuerpo.

nasce com a potencialidade de exercê-lo, sendo que os "[...] defensores da teoria do *jus in se ipsum* (direito sobre a própria pessoa) afirmam ser esta a única capaz de dar uma explicação satisfatória" (Cupis, 2004, p. 95).

Entretanto, trata-se de fenômeno histórico e cultural conceber o corpo como um bem jurídico, próprio da pessoa humana, à qual será conferido seu autogoverno. Portanto, considera-o como um centro de imputação normativa, estando na categoria do *ter* e não somente do *ser*, pois se constituiria em bem da personalidade.

A personalidade será desenvolvida através de uma moralidade racional, conferida pela capacidade de entendimento de cada pessoa humana e de consciência da lei moral. Isso somente se torna possível através de escolhas. Essas compreendem sua autodeterminação, deliberando a respeito da tutela do corpo como bem jurídico. Asssim, a autonomia reflete um exercício de propriedade.

Diante disso, a autonomia e a propriedade sempre estiveram interligadas, razão pela qual demonstram o caráter extrapatrimonial, tendo em vista a liberdade de autodeterminação. Portanto, a cada pessoa humana será facultado construir sua própria identidade, por constituir um desdobramento de liberdades de escolha.

Assim, o corpo como bem jurídico tutelado deve ser protegido nas suas diversas formas de manifestação, visto que

> [...] através daquele bem jurídico são protegidos não apenas o conjunto corporal organizado, mas inclusivamente os múltiplos elementos anatômicos que integram a constituição físico-somática e o equipamento psíquico do homem bem como as relações fisiológicas decorrentes da pertença de cada um desses elementos a estruturas e funções intermédias e ao conjunto do corpo nomeadamente quando se traduzem num estado de saúde físo-psíquica. (Capelo de Sousa, 1995, p. 213-214).

> Desse modo, o corpo como bem jurídico integra a esfera dos direitos da personalidade, por corresponder à proteção da integridade física. Os direitos da personalidade podem ser conceituados

> [...] como projeção de algum aspecto da personalidade em espaços de subjetividade e intersubjetividade, que deve ser tutelado pelo Estado na medida da necessidade individual, de acordo com os valores que a própria pessoa estabeleceu como prioritários para o livre desenvolvimento de sua personalidade. (Teixeira, 2010, p. 205).

Neste contexto, as relações existenciais devem ser reguladas pelo Direito. Portanto, tratam-se de relações interpessoais e sociais, atingindo, assim, a esfera extrapatrimonial. Neste sentido, o Estado deve zelar por sua tutela e proteção. Assim, a segurança torna-se necessária e previsível para que todos possam exercer seus direitos da personalidade.

Portanto, a autonomia é uma necessidade básica da pessoa humana para desenvolvimento de sua identidade social. Essa por sua vez contém em si mesmo um núcleo de variáveis. As variáveis irão se desenvolver fundadas na moralidade racional individual. Por sua vez consiste num processo de deliberação de natureza discursiva. Logo, esse é o espaço em que a heteronomia deve atuar para regular o exercício em um plano existencial intersubjetivo.

Assim, a autonomia surge no contexto jurídico como um princípio dotado de um poder de decisão de escolha nas relações interpessoais. Por conseguinte, demonstra se tratar de um sistema de direito autônomo fundamental para a consagração da dignidade humana.

Logo, compete ao Estado Democrático de Direito sua observância e proteção. Portanto, tem-se que "a autonomia privada se insere num contexto de respeito à liberdade e à dignidade da pessoa, não havendo espaço para a instituição de poderes exteriores, como o poder político, o poder médico e o poder de mercado" (Rodotà, 2010, p. 315, tradução nossa).[2] Neste contexto, encontra-se em um espaço de moralidade racional individual de cada pessoa humana.

Assim sendo, o direito ao corpo representa a concepção da dignidade humana como autonomia. Neste sentido, compreende um dos direitos integrantes dos direitos da personalidade. Assim, compete ao Estado a proteção desse direito, por constituir a proteção da integridade física. O intuito é consagrar um dos princípios fundamentais do Estado Democrático de Direito, garantido, constitucionalmente, a efetivação da dignidade da pessoa humana.

2. DOAÇÃO NEUTRA: EXERCÍCIO DA AUTONOMIA EXISTENCIAL

A legislação civilista brasileira sempre foi estruturada sob a égide de um Estado Liberal, no qual a proteção ao patrimônio era uma constante em razão da autonomia da vontade. Vários fatores foram importantes na alteração dessa concepção do Estado.

Com o advento do Estado Democrático de Direito, através da Constituição Federal de 1988, o Brasil passa a regular a liberdade sob o aspecto da função social e da boa-fé de institutos de direito patrimonial, tais como as relações contratuais e a propriedade.

A proteção pelo Estado Democrático de Direito das relações jurídicas de caráter existencial revela que o ordenamento existente não era mais suficiente para regular e tutelar essas novas relações. Assim, ao "[...] lado dessa transformação antropológica, novas tecnologias, novas possibilidades de alterações corporais também contribuíram para a mudança do sentido e do conteúdo da autonomia,

---

2. La autodeterminación se inscribe así en um contexto de respeto a la libertad y a la dignidade de la persona que no deja espacio a la imposición de poderes externos – el poder politico, el poder médico, el poder del mercado.

o que corrobora a necessidade de seu repensar sob o viés existencial" (Teixeira, 2010, p. 136).

O corpo, assim, deixou de ser entendido como uma unidade orgânica, demonstrando que poderá ocupar diversos espaços, constituindo-se como uma unidade funcional e dotado, inclusive, de imortalidade, não compreendendo somente os limites físicos de contorno de uma unidade.

Assim, o Estado Democrático de Direito deve garantir o exercício dos direitos da personalidade da pessoa humana, por ser esta o fundamento do reconhecimento da existência de situações jurídicas. Logo, deve ser protegida e promovida, sendo que, sob essa ótica, o patrimônio tornou-se relevante sob o aspecto existencial (Teixeira, 2010).

Consagra-se, desse modo, a necessidade de revisitação do instituto jurídico de direito privado, tendo em vista o reconhecimento do corpo como um bem jurídico dotado de propriedade, pois, embora

> A ideia de titularidade sobre o corpo físico já [seja] carregada de ambiguidade, recordam Claire Crignon-De Oliveira e Marie Gaille-Nikodimov que a mera expressão 'é meu corpo' pode ser tomada no sentido de exprimir uma forma de defesa da própria integridade ('é meu corpo, por isso, não me violente', 'não me toque' etc.), quanto pode traduzir a livre disposição sobre o corpo físico, expressando, assim, a ideia de titularidade individual (Meirelles, 2011, p. 225).

Assim, confere-se os direitos de usar, gozar e dispor. O corpo deve ser concebido pela legislação como um bem jurídico tutelado, cuja proteção se estende ao conjunto corporal, conforme lição de Rabindranath Valentino Aleixo Capelo de Sousa (1995), em razão da teoria do *jus in se ipsum*.[3]

Diante disso, a proposta de revisitação da autonomia como exercício de propriedade do corpo se justifica, visto a necessidade de demonstração e comprovação das transformações no tratamento jurídico da autonomia.

Francisco Amaral conceitua a autonomia privada como um princípio fundamental, uma vez que cada pessoa tem o poder de estabelecer normas de suas relações interpessoais. Como princípio, irá integrar as fontes de Direito, surgindo, assim, o entendimento de respeito e proteção pela autodeterminação de cada pessoa humana.

Neste contexto, torna-se fundamental a alteração da concepção de patrimônio. Pois bem, muitos doutrinadores civilistas definem patrimônio como um conjunto de bens, créditos, débitos, direitos e obrigações de cunho econômico pertencente a um titular.

---

3. Direito sobre a própria pessoa.

[...] *patrimônio* pode ser compreendido, amplamente, como o complexo de relações jurídicas apreciáveis economicamente (ativas e passivas) de uma determinada pessoa. Ou seja, é a totalidade dos bens dotados de economicidade pertencentes a um titular, sejam corpóreos (casa, automóvel etc) ou incorpóreos (direitos autorais). (Farias; Rosenvald, 2011, p. 481).

Diante disso, tem-se um conjunto de direitos de valor pecuniário, tendo em vista se tratar de direitos reais e obrigacionais. A ideia de cunho pecuniário deve dar espaço para esfera existencial. Diante disso, emerge a concepção da extrapatrimonialidade, pautada na dignidade humana. Logo, haveria a concepção de um patrimônio atrelado à personalidade do seu titular.

Com advento da Constituição Federal 1988 emerge a teoria do patrimônio mínimo do civilista Luiz Edson Fachin (2006) . O intuito da teoria consiste na proteção de um patrimônio mínimo no plano existencial, cuja finalidade é garantir as necessidades fundamentais de uma pessoa humana. O fundamento dessa teoria consiste na dignidade da pessoa humana.

A teoria do patrimônio mínimo compreende numa garantia patrimonial a cada pessoa humana. Diante disso, constata-se que a concepção de patrimônio mínimo irá variar de acordo com as aspirações de cada pessoa humana. Logo, trata-se de uma garantia indispensável para que cada pessoa humana possua uma vida digna.

A dignidade humana é um dos princípios fundamentais do Estado Democrático de Direito, constituindo-se, assim, como fonte de vários direitos e conferindo a cada um a liberdade de se autodeterminar e construir seus projetos de vida, tendo em vista que a pessoa humana é dotada de liberdade e racionalidade.

A dignidade humana, entendida como exercício de autonomia, pode ser vista como uma nova concepção de dignidade. Assim, essa será vista como capacidade de autodeterminação da pessoa humana, pautada na moralidade racional. Portanto, é o que confere a pessoa humana o poder de decisão de suas escolhas, desenvolvendo livremente sua personalidade.

Neste contexto da dignidade da pessoa humana emerge a concepção de autonomia existencial que consiste na liberdade conferida a cada pessoa em praticar os atos de disposição de seu corpo e de sua vida, isto é, o exercício de tomada de decisões sobre si mesma, pois cada pessoa tem o direito de decidir a respeito das questões relacionadas ao seu próprio corpo, demonstrando, assim, sua capacidade em autodeterminar-se.

Assim, a autonomia existencial torna-se uma espécie do gênero autonomia privada que consiste no desempenho das potencialidades humanas e de interesses não patrimoniais (Viveiros de Castro, 2017), tratando-se assim, no livre desenvolvimento da personalidade, consagrando o exercício dos Direitos da Personalidade, uma vez que

> [...] Por ser um ato de autonomia existencial, além de ser livre e genuíno, a princípio, é necessário que ele seja expresso pelo próprio titular do direito, pois em regra se trata de formas de exercício de direitos de personalidade, que podem abrigar a disponibilidade destes.(Teixeira, 2018, p.93).

Assim, dentro da esfera da autonomia existencial, encontra-se o direito ao corpo emergindo em virtude dos avanços tecnológicos da biotecnologia, a teoria do patrimônio mínimo, desponta, no cenário atual, uma nova concepção da patrimonialização. Essa será desprovida de valor econômico, mas, sim, existencial, sendo tratado, como patrimônio genético,

> [...] o conjunto de elementos que formam o ácido desoxirribonucleico (DNA), que, por sua vez, detém toda informação genética e caracteriza um organismo, que se manifesta através dos fenótipos, manifestações externas de um indivíduo e dos genótipos. O DNA, que pode ser extraído de uma pequena amostra de sangue, fica no núcleo de cada uma das trilhões de células humanas. (Séguin, 2001, p. 60).

Nos dias atuais, o corpo é entendido como patrimônio de caráter existencial. Assim, confere a extrapatrimonialidade por consistir no patrimônio genético, bem como no conjunto de partes separadas do corpo. Logo, deverá ser observado o respeito à sua integridade. Assim, essa consistirá na proteção estatal de sua preservação, uma vez que "[...] o direito ao corpo diz respeito à proteção destinada à vida humana e à integridade física, englobando o corpo vivo, bem assim como o cadáver (direito ao corpo morto)" (Farias; Rosenvald, 2011, p. 180).

Dessa forma, o direito ao corpo consistirá em um exercício de dignidade humana, visto que "[...] a dignidade humana engloba necessariamente respeito e proteção da integridade física e emocional (psíquica) em geral da pessoa [...]" (Sarlet, 2006, p. 88).

O patrimônio genético consiste, assim, no mínimo patrimonial de cada pessoa humana, por compreender o corpo como um bem a ser tutelado pelo Estado. Logo, consta-se a necessidade de releitura do instituto da doação.

A doação se define como um "[...] contrato em que uma pessoa, por liberalidade, transfere bens de seu patrimônio para o de outra, que os aceita" (Fiúza, 2014, p. 648).

O instituto privatístico da doação possui uma concepção patrimonializada, ou seja, o patrimônio físico, sendo dotado de valor econômico a ser transferido para um terceiro a título gratuito.

Diante da conceituação do instituto da doação, tem-se que ela pode ser aplicada ao patrimônio genético da pessoa humana. Logo, a disposição de material biológico humano, tais como os gametas para clínicas de reprodução humana quando não utilizados para fertilização *in vitro* da própria pessoa, podem ser destinados a terceiros por configurar um ato de doação.

Nessa acepção, deverá ser entendido como um ato de liberalidade, sem caráter econômico, sem que haja transferência de direito de filiação e sucessórios. Trata-se do instituto de Direito Privado que é a doação neutra.

A doação neutra consiste no ato de liberalidade, visto que a pessoa humana poderá dispor de seu material biológico. Além disso, não deve auferir o recebimento de qualquer quantia em dinheiro, demonstrando, assim, não ser onerosa a doação, pois

> O ato de doar material biológico humano para a realização da pesquisa e autorizar o seu armazenamento em URBs ou biobancos de instituições públicas ou privadas sem fins comerciais está imbuído de um sentimento de solidariedade humana e tem como fim o benefício comum. Caberia, assim, tratá-lo com as regras atinentes ao contrato de doação, [...] (Martins-Costa; Fernandes, 2012, p. 229).

A falta de onerosidade e a ausência de benefício econômico da disposição de material biológico humano compreendem um dos princípios da Bioética, respeitados pela Biotecnologia.

O Termo de Consentimento Livre e Esclarecido (TCLE) consistirá no instrumento de efetivação da doação neutra, pois compreenderá num contrato, tendo em vista a manifestação de vontade das partes, quais sejam dos titulares do material biológico humano em doá-los para clínicas de reprodução humana, de caráter altruísta, não havendo, assim, circulação de riquezas, tendo em vista o caráter extrapatrimonial.

Assim, o Termo de Consentimento Livre e Esclarecido (TCLE) deve ser visto como um negócio jurídico existencial, pois configurado no contrato de doação de material biológico humano.

O material biológico humano consiste em partes fragmentadas do corpo, dentre eles os gametas destinados à fecundação. Assim, segundo a Declaração Internacional sobre Dados Genéticos Humanos, a amostra biológica humana[4] consiste em amostra de material biológico dotado de informações genéticas de seu titular. Assim, demonstra se tratar de um patrimônio genético. Esse por sua vez, consistirá no patrimônio mínimo da pessoa humana e de especial proteção do Estado, que, ante a falta de normatização específica, pode-se utilizar do instituto da doação, com a concepção de doação neutra, pois

---

4. Amostra biológica: qualquer amostra de material biológico (por exemplo, células do sangue, da pele e dos ossos ou plasma sanguíneo) em que estejam presentes ácidos nucleicos e que contenha a constituição genética característica de um indivíduo (art. 2º, IV).

A atividade de biobancos envolve diretamente os interesses dos sujeitos da pesquisa, atingindo, também – ainda que por via reflexa –, o interesse público (ou interesse da sociedade em geral). Por essa razão, as políticas adotadas têm sido objeto de particular discussão, notadamente em que seus aspectos sociais, jurídicos e éticos, seja por parte de pesquisadores, seja institucionalmente, por organizações internacionais. (Martins-Costa; Fernandes, 2012, p. 239).

Diante disso, para o reconhecimento da doação neutra é indispensável o consentimento, que deverá observar o direito de informação e a boa-fé. Esse ocorrerá através do Termo de Consentimento Livre e Esclarecido (TCLE).

Nessa esteira, na releitura do instituto da doação, com a instituição da doação neutra, de natureza extrapatrimonial, deverão ser revestidas as características de contrato neutro, pois se trata de contrato exclusivo, não sendo fruto ou fusão de nenhum outro, bem como não haverá uma contraprestação conferida por vantagem.

Assim, consistirá num negócio jurídico existencial. Esse efetivará a constituição de um novo instituto, qual seja, a doação neutra. A doação neutra tem caráter extrapatrimonial e existencial.

Entretanto, a doação neutra deve possuir características de contratos formais e solenes, sendo imprescindível a celebração do Termo de Compromisso Livre e Esclarecido (TCLE). Logo, confere-se ao titular do material biológico humano o exercício de liberdade de doar seus gametas para as clínicas de reprodução humana.

A doação neutra deve possuir encargo de caráter comutativo, ou seja, o doador deve estabelecer condições para o donatário, que deverá, de forma expressa, manifestar sua aquiescência.

Logo, o doador será o titular do material biológico humano, e o donatário será a clínica de reprodução humana. O encargo a ser imposto ao donatário consiste na gratuidade em transferir os gametas para utilização por outras pessoas humanas, sob pena de revogar a doação.

Neste sentido, constata-se que na doação neutra não há transferência de patrimônio. Logo, não haverá acréscimo ao patrimônio das clínicas de reprodução humana, muito menos uma redução no patrimônio do titular do material biológico humano.

A doação neutra deverá conter as cláusulas de inalienabilidade, impenhorabilidade, incomunicabilidade e de reversão.

A cláusula da inalienabilidade consiste na proibição dada à donatária, no caso, as clínicas de reprodução humana, de vender, trocar ou doar a amostra biológica humana que estejam sob sua guarda e gerenciamento. Nesse sentido, consiste, também em uma cláusula de proteção de conservação da referida amostra, pois a donatária não pode "[...] praticar qualquer ato que implique, ainda que indiretamente, sua perda" (Fiúza, 2014, p. 658).

A cláusula de impenhorabilidade consiste na impossibilidade de quaisquer transações financeiras, protegendo o material biológico humana de eventuais credores da donatária. Assim, essa cláusula consiste na proteção em caso de falência dessas clinicas, bem como, no caso, a indicação desses materiais como garantia de pagamento de credores da donatária.

A cláusula de incomunicabilidade, na esfera patrimonial, consiste na exclusão do "[...] bem doado do patrimônio que o devedor tiver em comum com seu cônjuge ou companheiro" (Fiúza, 2014, p. 658). Portanto, essa cláusula pode ter sua releitura sob dois aspectos: o primeiro, que o material biológico humano não integra o patrimônio das clínicas, ora donatárias, por se tratar de uma doação neutra. O segundo aspecto consiste na demonstração de que o material biológico humano constante em clínicas de reprodução humana destinados à doação não será fruto de partilha de bens de seu titular, quer para seu cônjuge, quer para seus sucessores. Essa releitura é de suma importância principalmente quando se tem a morte do titular do material biológico humano, razão pela qual deverá constar no Termo de Consentimento Livre e Esclarecido (TCLE) sua destinação.

A cláusula de reversão é de suma importância para a doação neutra, visto que confere a possibilidade de retorno do material biológico humano para seu titular, ora doador, tendo em vista que não haverá transferência de propriedade do patrimônio genético.

Nesse contexto, trata-se de uma cláusula personalíssima, inserida por ato *inter vivos*, que, à luz do instituto patrimonialista, impede que o bem doado integre o patrimônio para a sucessão do donatário. Entretanto, sob a ótica extrapatrimonial, essa cláusula impede a sucessão em caso de falência das clínicas.

Assim, para a concretização da realização da doação neutra, deverão ser gravadas as cláusulas de inalienabilidade, impenhorabilidade, incomunicabilidade e a de reversão, com as releituras apontadas por se tratar de caráter extrapatrimonial e existencial.

Em suma, verifica-se a possibilidade de doação neutra de material biológico humano, consistindo em uma releitura de institutos à luz da Constituição da República Federativa do Brasil. Neste sentido, consagra-se o princípio fundamental do Estado Democrático de Direito, qual seja, a dignidade da pessoa humana.

Nesse aspecto, o exercício da liberdade compreende a autonomia privada, conferido a cada um de nós em virtude do direito ao corpo, competindo ao seu titular, qual seja a pessoa humana, as decisões a serem tomadas. Logo se efetiva a permissibilidade de doação de material biológico humano, tendo em vista se tratar de patrimônio genético.

O instrumento jurídico capaz de efetivar a doação neutra é o Termo de Consentimento Livre e Esclarecido. Esse será um negócio jurídico existencial pressupondo agente capaz, objeto lícito e forma prescrita ou não defesa em lei.

> [...] o *negócio jurídico* é o instrumento próprio da circulação dos direitos, isto é, da modificação intencional das relações jurídicas.
>
> A função mais características do negócio jurídico é, porém, servir de meio de atuação das pessoas na esfera de sua autonomia. É através dos negócios jurídicos que os particulares autorregulam seus interesses, estatuindo as regras a que voluntariamente quiseram subordinar o próprio comportamento (Gomes, 2008, p. 240).

O agente capaz no negócio jurídico existencial é ditado pelo titular do material biológico humano, qual seja, do gameta. Esse por sua vez possui o direito de dispor do próprio corpo, como direito de propriedade. Neste sentido, o fundamento encontra-se na vontade livre de autogoverno, buscando a construção de sua identidade, através do racionalismo moral.

Logo, todos os termos devem constar do instrumento de formalização do negócio jurídico existencial, qual seja o Termo de Consentimento Livre e Esclarecido (TCLE).

Assim, o Termo de Consentimento Livre e Esclarecido (TCLE) possui natureza contratual. Entretanto, não é dotado de valor econômico, mas, sim, de caráter extrapatrimonial, por se tratar de liberdade de escolha de destinação de seus gametas não utilizados em clínicas de reprodução humana, por se tratar da manifestação de vontade do titular do material biológico humano, visto que

> [...] a titularidade de tais situações subjetivas existenciais é unicamente da pessoa e, por isso, ela deve autodeterminar-se, sendo impossível aplicar-se à contemporaneidade o pensamento de Ferrara (1941), que afirma que 'A vida humana não pertence apenas ao titular que goza, mas é colocada a serviço do Estado e da comunidade social' (tradução nossa).[5] Afinal, os direitos de personalidade têm caráter instrumental, pois estão a serviço do realizar-se da pessoa humana (Teixeira; Rodrigues, 2011, p. 232).

O segundo elemento de validade do negócio jurídico diz respeito ao objeto lícito. O objeto lícito será representado pela destinação dos gametas para outras fertilizações *in vitro*.

O último elemento de validade do negócio jurídico existencial consiste na regularidade formal, qual seja, forma prescrita ou não defesa em lei. Essa, por sua vez, consistirá nas diretrizes sob as quais será realizado o ato negocial, tendo em vista a natureza contratual. Desta forma, deverá refletir com clareza a natureza da pesquisa clínica, os desdobramentos de sua realização, os possíveis efeitos, a

---

5. La vita umana non appartiene solo al soggetto che la gode, ma è posta al servizio dello Stato e della comunità sociale.

divulgação dos resultados. Por conseguinte, deverá conter as informações necessárias, bem como os deveres das partes, estabelecendo, assim, os termos dessa relação jurídica existencial.

Logo, o termo do consentimento deve ser pautado no princípio da confiança, através do dever de informar do pesquisador. Portanto, somente poderá ser considerado o exercício de autonomia quando seu titular exerce, de maneira livre e consciente de todos os possíveis desdobramentos da pesquisa clínica, visto ter consciência de sua responsabilidade no momento de apor seu consentimento para o projeto de pesquisa.

Assim, o dever de informar do pesquisador consiste em prestar esclarecimentos aos titulares das amostras biológicas humanas em linguagem clara e acessível, com todas as informações do projeto de pesquisa e do protocolo de pesquisa. Essas informações consistem na justificativa, os objetivos, a metodologia e os possíveis efeitos da pesquisa clínica, demonstrando os desconfortos e benefícios de sua realização.

O titular do material biológico humana deve, ainda, ser informado dos riscos à integridade física, para avaliar os benefícios dessa, bem como a liberdade de recusar em doar o excedente de gametas.[6]

Desse modo, esse último elemento de reconhecimento como negócio jurídico existencial constituiu um elemento de ordem pública, por envolver diretamente os direitos da personalidade, competindo ao Estado Democrático de Direito ditar as diretrizes de proteção quanto à realização da pesquisa clínica em biobancos.

Diante disso, tem-se que o reconhecimento do negócio jurídico existencial de doação neutra de material biológico humano.

Esse se dará com o respeito da liberalidade do titular dos gametas, bem como seu consentimento. Neste sentido, o Termo de Consentimento Livre e Esclarecido (TCLE) compreende um ato de disposição do corpo como direito de propriedade, sendo bem jurídico tutelável pelo Estado Democrático de Direito.

CONCLUSÃO

As técnicas de reprodução humana assistida demonstram que os avanços biotecnológicos influenciaram, de modo determinante, a concepção moderna do corpo, bem como o modo de se relacionar com o corpo. Tem-se a percepção

---

6. "[...] titulares dos dados e amostras, deve realizar-se em linguagem acessível e que inclua necessariamente a justificativa, os objetivos e os procedimentos que serão utilizados; os desconfortos e riscos possíveis e os benefícios esperados; os métodos alternativos existentes; a forma de acompanhamento e assistência; a garantia de esclarecimentos, antes e durante o tratamento; a liberdade de recusa ao tratamento" (Faria; Nogueira, 2011, p. 10.469).

humana se pautado no existencialismo e se baseado no dualismo entre liberdade e necessidade.

O corpo, então, deve ser entendido como uma identidade pessoal e social, visto que é ele que confere a pessoalidade de cada um. Logo, a concepção contemporânea do corpo como propriedade possui a capacidade de individualizar a pessoa humana, através da identificação do seu material biológico humano, que se torna parte integrante do corpo.

Desse modo, o autogoverno através da autonomia existencial define-se como o incremento de uma moralidade racional para o livre desenvolvimento da personalidade. O poder de autodeterminação da pessoa humana será conferido pelo Estado Democrático de Direito. Desta forma, cada pessoa possui a liberdade de escolher como concretizar sua dignidade humana, constituindo-se, assim, como uma proteção na esfera existencial.

A autonomia existencial será entendida como exercício de direito de propriedade. Neste sentido, confere-se ao corpo tratamento de bem jurídico. Nessa perspectiva, o corpo deve ser entendido como patrimônio genético, desprovido de valor econômico, emergindo, assim, uma concepção de extrapatrimonialidade para esfera existencial.

Os elementos de validade do consentimento consistem na autonomia e na boa-fé, sendo o primeiro pautado na autodeterminação, e o segundo, na confiança do titular da amostra biológica humana na destinação dos gametas excedentes para fertilização *in vitro* pelas clinicas de reprodução humana assistida, bem como no dever de informar dessa.

A partir dessas premissas, constatou-se a viabilidade da aplicação do instituto da doação para as questões pertinentes ao material biológico humano, quais sejam, os gametas, destinado para futuras fertilizações *in vitro*, através da doação neutra.

A doação neutra consistirá na doação de material biológico humano, sem caráter econômico, definindo-se como ato de liberalidade que será esboçado pelo consentimento exarado no Termo de Consentimento Livre e Esclarecido (TCLE). Diante disso, por possuir características de negócio jurídico neutro, não haverá transferência de património entre as partes.

O Termo de Consentimento Livre e Esclarecido (TCLE) consistirá no negócio jurídico existencial de doação de aspecto extrapatrimonial de material biológico humano. Esse deverá ser pautado no dever de informação e na boa-fé como pilares de sua validade, tendo em vista o reconhecimento do corpo como um bem jurídico tutelável pelo Estado Democrático de Direito. Assim, esse deverá garantir condições para o exercício da autonomia existencial.

Diante disso, como resposta a hipótese testada, constata-se que o corpo humano, entendido como unidade funcional enquadra-se como bens móveis admissíveis como objetos de contrato de doação com suas especificidades.

A doação neutra de material biológico humano é um fato social, praticado e necessário para realização de projetos de vida de pessoas estéreis ou com impossibilidade de gestar. A efetiva participação do Estado Democrático de Direito deve ser entendida como o reconhecimento do negócio jurídico existencial, sendo o corpo um patrimônio de cada pessoa humana.

REFERÊNCIAS

ALVES, Cleber Francisco. *O princípio constitucional da dignidade da pessoa humana*: enfoque da doutrina social da igreja. Princípio constitucional da dignidade da pessoa humana. Rio de Janeiro: Renovar, 2001.

AMARAL, Francisco. *Direito civil*: introdução. 7. ed. Rio de Janeiro: Renovar, 2002.

ARASSE, Daniel. A carne, a graça, o sublime. In: CORBIN, Alain; COURTINE, Jean- Jacques; VIGARELLO, Georges. *História do corpo*: da renascença às luzes. 4. ed. Petrópolis, RJ: Vozes, 2010. v. 1.

ASSOCIAÇÃO MÉDICA MUNDIAL. *Declaração de Helsinque*. Helsinque, jun. 1964. Disponível em: http://www.fcm.unicamp.br/fcm/sites/default/files/declaracao_de_helsinque.pdf. Acesso em: 10 out. 2015.

AZEVEDO, Antônio Junqueira de. *Negócio jurídico*: existência, validade e eficácia. 4. ed. São Paulo: Saraiva, 2002.

BARCELLOS, Ana Paula. *A eficácia jurídica dos princípios constitucionais*: o princípio da dignidade da pessoa humana. Rio de Janeiro: Renovar, 2002.

BELTRÃO, Silvio Romero. *Direitos da personalidade*. São Paulo: Atlas, 2005.

BRASIL. Constituição (1988). Constituição da República Federativa do Brasil, de 05 de outubro de 1988. *Diário Oficial da União*, Brasília, 05 out. 1988. Disponível em: http://ww w.planalto.gov.br/ccivil_03/Constituicao/Constituicao.htm. Acesso em: 10 maio 2016.

BRASIL. Lei 10.406, de 10 janeiro de 2002. Institui o Código Civil. Diário Oficial da União, Brasília, 11 jan. 2002. Disponível em: http://www.planalto.gov.br/ccivil_03/Leis/ 2002/L10406.htm. Acesso em: 10 maio 2016.

BRASIL. Ministério da Saúde. Portaria 2.201, de 14 de setembro de 2011. Estabelece as Diretrizes Nacionais para Biorrepositório e Biobanco de Material Biológico Humano com Finalidade de Pesquisa. Diário Oficial União, Brasília, 15 set. 2011. Disponível em: http://bvs ms.saude.gov.br/bvs/saudelegis/2011/prt2201_14_09_2011.html. Acesso em: 10 maio 2016.

BRETON, David Le. Adeus ao corpo. In: NOVAES, Adauto (Org.). *O homem-máquina*: a ciência manipula o corpo. São Paulo: Companhia das Letras, 2003.

CAPELO DE SOUSA, Rabindranath Valentino Aleixo. *O direito geral de personalidade*. Coimbra: Coimbra Editora, 1995.

CORBIN, Alain. Introdução. In: CORBIN, Alain; COURTINE, Jean-Jacques; VIGARELLO, Georges. *História do corpo*. 2. ed. Petrópolis, RJ: Vozes, 2009. v. 2: Da revolução à grande guerra, p. 7-10.

CORDEIRO, Antônio Manuel da Rocha e Menezes. *Da boa-fé no direito civil*. Coimbra: Almedina, 2007.

COURTINE, Jean-Jacques. Introdução. In: CORBIN, Alain; COURTINE, Jean-Jacques; VIGARELLO, Georges. *História do corpo*. 3. ed. Petrópolis, RJ: Vozes, 2009. v. 3: As mutações do olhar: o século XX.

CRESPO, Jorge. *A história do corpo*. Rio de Janeiro: DIFEL, 1990.

CUPIS, Adriano de. *Os direitos da personalidade*. Campinas, SP: Romana Jurídica, 2004.

DEPADT-SEBAG, Valérie. *Direito e bioética*. Lisboa: Edições Piaget, 2012.

FACHIN, Luiz Edson. *Estatuto jurídico do patrimônio mínimo*: à luz do novo Código Civil e da Constituição Federal. 2. ed. Rio de Janeiro: Renovar, 2006.

FARIA, Alexandra Clara Ferreira Faria. *Doação Neutra: o corpo como patrimônio genético*. Belo Horizonte, MG: Conhecimento Editora, 2023

FARIAS, Cristiano Chaves de; ROSENVALD, Nelson. *Direito civil*: teoria geral. 9. ed. Rio de Janeiro: Lúmen Júris, 2011.

FIÚZA, César. *Direito civil*: curso completo. 17. ed. Belo Horizonte: Del Rey, 2014. GÊNESIS. In: Bíblia sagrada. 28. ed. São Paulo: Ave-Maria, 2000.

GOMES, Orlando. *Introdução ao direito civil*. 19. ed. rev., atual. e aum., de acordo com o Código Civil de 2002, por Edvaldo Brito e Reginalda Paranhos de Brito. Rio de Janeiro: Forense, 2008.

GOZZO, Débora; LIGIERA, Wilson Ricardo (Org.). *Bioética e direitos fundamentais*. São Paulo: Saraiva, 2012a.

GOZZO, Débora; LIGIERA, Wilson Ricardo. O consentimento informado como direito de personalidade. In: GOZZO, Débora; LIGIERA, Wilson Ricardo (Org.). *Bioética e direitos fundamentais*. São Paulo: Saraiva, 2012b.

JONAS, Hans. *El principio de responsabilidade*: ensayo de uma ética para la civilización tecnológica. Barcelona: Editorial Herder, 1995.

JONAS, Hans. *O princípio da vida*: fundamentos para uma biologia filosófica. Petrópolis, RJ: Vozes, 2004.

KANT, Immanuel. *Crítica da razão prática*. São Paulo: Martin Claret, 2003a. KECK, Frédéric; RABINOW, Paul. Invenção e representação do corpo genético. In: CORBIN, Alain; COURTINE, Jean-Jacques; VIGARELLO, Georges. *História do corpo*. 3. ed. Petrópolis, RJ: Vozes, 2009. v. 3: As mutações do olhar: o século XX.

LOCH, Jussara de Azambuja; SOUZA, Paulo Vinicius Sporleder de. *Bioética na atualidade*. Porto Alegre: EDIPUCRS, 2014.

LOPES, Miguel Maria de Serpa. *O silêncio como manifestação da vontade*. São Paulo: Livraria Freitas Bastos, 1961.

MARTINS-COSTA, Judith; FERNANDES, Márcia Santana. Os biobancos e a doação de material biológico humano: um ensaio de qualificação jurídica. In: GOZZO, Débora; LIGIERA, Wilson Ricardo (Org.). *Bioética e direitos fundamentais*. São Paulo: Saraiva, 2012.

MEIRELLES, Jussara Maria Leal de. Proteção jurídica do embrião. In: TEIXEIRA, Ana Carolina Brochado; RIBEIRO, Gustavo Pereira Leite (Coord.). *Manual de teoria geral do direito civil*. Belo Horizonte: Del Rey, 2011.

MELLO, Marcos Bernardes de. *Teoria do fato jurídico*: plano da existência. 17. ed. São Paulo: Saraiva, 2011.

MOULIN, Anne Marie. O corpo diante da medicina. In: CORBIN, Alain; COURTINE, Jean-Jacques; VIGARELLO, Georges. *História do corpo*. 3. ed. Petrópolis, RJ: Vozes, 2009. v. 3: As mutações do olhar: o século XX.

NOVAES, Adauto. A ciência no corpo. In: NOVAES, Adauto. *O homem-máquina*: a ciência manipula o corpo. São Paulo: Companhia das Letras, 2003.

PICO DELLA MIRANDOLA, Giovanni. *A dignidade do homem*. Trad. Luiz Feracine. São Paulo: Escala, 2008.

RODOTÀ, Stefano. *La vida y las reglas*: entre el derecho y el no derecho. Madrid: Editorial Trotta, 2010.

SARLET, Ingo Wolfgang. *Dignidade da pessoa humana e direitos fundamentais na Constituição de 1988*. 4. ed. Porto Alegre: Livraria do Advogado, 2006.

SÉGUIN, Elida. *Biodireito*. 3. ed. Rio de Janeiro: Lumen Juris, 2001.

SZANIAWSKI, Elimar. *Direitos de personalidade e sua tutela*. São Paulo: RT, 2005.

TEIXEIRA, Ana Carolina Brochado. *Saúde, corpo e autonomia privada*. Rio de Janeiro: Renovar, 2010.

TEIXEIRA, Ana Carolina Brochado; RIBEIRO, Gustavo Pereira Leite (Coord.). *Manual de teoria geral do direito civil*. Belo Horizonte: Del Rey, 2011.

TEIXEIRA, Ana Carolina Brochado. Autonomia Existencial. *Revista Brasileira de Direito Civil* – RBDCivil, Belo Horizonte, v. 16, p. 75-104, abr/jun. 2018.

VIGARELLO, Georges. Introdução. In: CORBIN, Alain; COURTINE, Jean-Jacques; VIGARELLO, Georges. *História do corpo*. 3. ed. Petrópolis, RJ: Vozes, 2009. v. 1: Da renascença às luzes.

VIVEIROS DE CASTRO, Thamis Dalsenter. A função da cláusula de bons costumes no Direito Civil e a teoria tríplice da autonomia privada existencial. *Revista Brasileira de Direito Civil* – RBDCivil, Belo Horizonte, v. 14, p. 99-125, out./dez. 2017.

ANÁLISE ÉTICO-JURÍDICA DA GESTAÇÃO DE SUBSTITUIÇÃO NO PANORAMA BRASILEIRO

Anna Cristina de Carvalho Rettore
Mestre em Direito Privado pela PUC Minas. Advogada.

Sumário: Introdução – 1. Críticas ético-jurídicas à gestação de substituição já superadas no Brasil; 1.1 Suposta ruptura forçada do vínculo entre gestante e bebê; 1.2 Suposta imposição de dissociação cognitiva à mulher e violação do instinto materno; 1.3 Suposta impossibilidade de determinação da filiação por ato de vontade; 1.4 Suposta inexistência de um direito a ter uma criança – 2. Críticas ético-jurídicas à gestação de substituição exclusivas à modalidade remunerada – 2.1 Reificação da gestante substituta – 2.2 Exploração da gestante substituta – 2.3 Reificação de crianças por sua "comercialização" – 2.4 Mercantilização da reprodução – Conclusão – Referências.

INTRODUÇÃO

Em muitos países, a gestação de substituição é repudiada em qualquer de suas formas, sendo Espanha, França, Suíça, Alemanha e Itália apenas alguns exemplos. Na Itália, a proibição remonta a 2004 e intensificou-se em 2024, quando aprovada lei que comina pena de prisão de até dois anos e multas de até 6,2 milhões de reais àqueles que realizarem a prática no exterior.[1] No Brasil, as únicas normas explícitas são administrativas, inexistindo legislação expressa.

A Resolução CFM 1.358/1992 inaugurou a regulação brasileira da gestação de substituição. Ao longo dos anos, outras foram publicadas em substituição à anterior, e atualmente vige a Resolução 2.320/2022. Ela estabelece que "a cessão temporária do útero não poderá ter caráter lucrativo ou comercial" (item VII, 2), obriga os beneficiários a se comprometerem, por escrito, com o pagamento do tratamento médico da gestante até o puerpério, inclusive por equipes multidisciplinares se necessário (item VII, 3d), e impõe que atuem como gestantes substitutas mulheres que já tenham um filho vivo e tenham parentesco consanguíneo com algum dos beneficiários até o quarto grau (mães, filhas, avós, irmãs,

---

1. AMANTE, Angelo; BALMER, Crispian; JONES, Gareth. Itália proíbe que casais busquem "barriga de aluguel" no exterior. *CNN Brasil* – Internacional. Disponível em: https://www.cnnbrasil.com.br/internacional/italia-proibe-que-casais-busquem-barriga-de-aluguel-no-exterior/. Acesso em: 20 fev. 2025.

tias, sobrinhas e primas). Outros casos deverão receber autorização específica (item VII, 1).

Além disso, vige o Provimento n. 149/2023 do CNJ, que estabelece que na gestação de substituição "não constará do registro o nome da parturiente, informado na declaração de nascido vivo, devendo ser apresentado termo de compromisso firmado pela doadora temporária do útero, esclarecendo a questão da filiação" (art. 513, § 1º), e veda que oficiais registradores recusem o registro e emissão de certidão de nascimento nesses casos (art. 514). A imposição do termo de compromisso e a garantia do registro significam o reconhecimento de que a criança será filha dos beneficiários e não da gestante, cujo nome não constará da certidão.

É com base na autorização inaugurada em 1992 que a modalidade altruísta vem sendo amplamente praticada desde então no Brasil, com isso se superando várias das críticas ético-jurídicas mais comuns ao procedimento e tornando possível afirmar o *status* do país como um dos mais vanguardistas na seara.[2] Há, assim, amplo consenso social de que a entrega do bebê pela gestante aos beneficiários não causa danos insuperáveis a qualquer deles, e de que este compromisso não a viola, tampouco a um suposto instinto materno natural.

A identificação das questões ético-jurídicas que a aceitação e prática da modalidade altruísta implicam superar se justifica por duas razões. A primeira, pelo necessário reconhecimento de que, por uma questão de coerência, esta superação deverá se estender à modalidade remunerada, sob pena de se incidir em um contrassenso. A segunda, porque dessa forma se torna possível identificar quais críticas ético-jurídicas são exclusivas à realização da técnica mediante contrapartida, para então analisá-las. Sem se descurar de que bioética e biodireito se interligam intimamente, e considerando-se que o princípio da precaução no biodireito comanda a adoção de medidas acautelatórias em caso de risco de dano grave e irreversível,[3] pode-se, dessa maneira, averiguar os contornos éticos da gestação de substituição, seja na modalidade altruísta, seja no que a extrapole.

---

2. RETTORE, Anna Cristina de Carvalho; SÁ, Maria de Fátima Freire de. A gestação de substituição no Brasil: normatividade avançada e possibilidade de aprimoramento. In: CASTRO, Cristina Veloso de; SILVA, Mônica Neves Aguiar da (Coord.). *Congresso do CONPEDI*, 2016, Curitiba. Anais de Biodireito e direitos dos animais I [Recurso eletrônico online]. Florianópouis: CONPEDI, 2016. Disponível em: https://site.conpedi.org.br/publicacoes/02q8agmu/23fs7c16/43JYs6251Cg10Pu3.pdf. Acesso em: 20 fev. 2025, p. 77.
3. SÁ, Maria de Fátima Freire de; NAVES, Bruno Torquato de Oliveira. *Manual de Biodireito*. 3. ed. rev. atual. e ampl. Belo Horizonte: Del Rey, 2015, p. 40.

1. CRÍTICAS ÉTICO-JURÍDICAS À GESTAÇÃO DE SUBSTITUIÇÃO JÁ SUPERADAS NO BRASIL

1.1 Suposta ruptura forçada do vínculo entre gestante e bebê

Uma crítica frequente à gestação de substituição decorre de suposta "ruptura forçada" de vínculo entre gestante e bebê que, durante a gravidez e o parto, produziram o comumente chamado "hormônio do amor" (oxitocina), responsável pela criação e desenvolvimento do sentimento de vínculo entre mamíferos de modo geral. Espera-se que a produção desse hormônio siga ocorrendo em momentos posteriores, como na amamentação e por toda a vivência pessoal, fruto do contato (mesmo que não físico) entre os seres.[4]

Do ponto de vista do bebê, todavia, sua entrega aos beneficiários já se mostrou não problemática. Pesquisas realizadas pela equipe de Susan Golombok no Departamento de Psicologia da Universidade de Cambridge com 42 famílias indicam que, um ano após o nascimento de crianças por meio da técnica, elas não apresentam temperamento ou grau de problemas comportamentais diferentes das fruto de doação de gametas ou por concepção natural, padrão que se mantém aos dois anos de idade. Também com três, sete e dez anos não foram observadas disparidades em termos de bem-estar psicológico.[5]

Por sua vez, os beneficiários se mostram capazes de produção de oxitocina em níveis satisfatórios, ainda que não tenham experimentado a gravidez fisicamente. Um estudo com humanos que adotam crianças, a partir de medições dos níveis hormonais da mãe adotante com dois meses e depois com cinco meses após o início da convivência, apresentou resultados semelhantes ao de demais famílias,[6] podendo-se inferir que com mães a partir da gestação de substituição os resultados não seriam diferentes. Além disso, diversas investigações demonstram que a oxitocina não é exclusividade materna, aparecendo em níveis semelhantes nos pais, "o que enfatiza o papel desse hormônio fora do contexto do parto e da amamentação".[7]

---

4. WATSON, Clara. Womb rentals and baby-selling: does surrogacy undermine the human dignity and rights of the surrogate mother and child? *The New Bioethics*, s.l., v. 22, n. 3, 2016. Disponível em: https://pubmed.ncbi.nlm.nih.gov/28219265/. Acesso em: 20 fev. 2025, p. 220.
5. RUIZ-ROBLEDILLO, Nicolás; MOYA-ALBIOL, Luis. Gestational surrogacy: psychosocial aspects. *Psychosocial intervention*, Madrid, v. 5, 2016. Disponível em: https://scielo.isciii.es/pdf/inter/v25n3/1132-0559-inter-25-03-00187.pdf. Acesso em: 20 fev. 2025, p. 189.
6. COMPTON, R.J. *Adoption beyond borders*: how international adoption benefits children. New York: Oxford University Press, 2016, p. 33.
7. COMPTON, R.J. *Adoption...* Op. cit., p. 33.

Já com relação à gestante substituta, "uma série de estudos indica que tendem a formar uma relação com o casal de beneficiários em vez de com o feto".[8] Pesquisa na Grã-Bretanha indicou que treze de quatorze mulheres ou não apresentaram qualquer dificuldade para a entrega da criança aos beneficiários (dez das quatorze), ou apresentaram por um curto período, restabelecendo-se psicologicamente com facilidade (três das quatorze).[9]

1.2 Suposta imposição de dissociação cognitiva à mulher e violação do instinto materno

No estudo abordado no parágrafo anterior, identificou-se forte componente psicológico no esforço consciente das gestantes substitutas em pensar o procedimento como um trabalho mediante pagamento, e em não pensar o bebê como delas. Se surgissem sentimentos de apego, em vez de rejeitá-los ou negá-los, aprenderam a redirecionar aos beneficiários, por exemplo.[10]

De resultados como esse decorre outra crítica usual à gestação de substituição: a exigência de que a mulher realize um esforço de dissociação cognitiva entre sua mente o que está acontecendo em seu corpo, entre seu útero e o bebê que nele se desenvolve, afirmando-se que a "linha divisória nessa dissociação é extremamente danosa à integridade essencial da mulher (...). Enquanto o comprador se completa às expensas dela, ela se divide".[11]

Tal crítica, contudo, tem forte enfoque sacralizante, com referências a uma "essência" da mulher que deveria ser mantida, independentemente das escolhas que ela própria faz. Giorgio Agamben ensina que as coisas que de algum modo pertencem aos deuses são sagradas e subtraídas do livre uso dos homens, que os

---

8. KARANDIKAR, Sharvari; CARTER, James R.; GEZINSKI, Lindsay B.; KALOGA, Marissa. Economic necessity or nobel cause? A qualitative study exploring motivations for gestational surrogacy in Gujarat, India. *Journal of women and social work*, v. 29, n. 2, 2014. Disponível em: http://journals.sagepub.com/doi/abs/10.1177/0886109913516455. Acesso em: 20 fev. 2025, p. 225.
9. BASLINGTON, Hazel. The social organization of surrogacy: relinquishing a baby and the role of payment in the psychological detachment process. Journal of health psychology, Londres, v. 7, n. 1, 2002. Disponível em: https://www.ncbi.nlm.nih.gov/pubmed/22114227. Acesso em: 20 fev. 2025, p. 64-65. Tal resultado é corroborado por estudos semelhantes (cf. JADVA, Vasanti; MURRAY, Clare; LYCETT, Emma; MACCALLUM, Fiona; GOLOMBOK, Susan. Surrogacy: the experiences of surrogate mothers. *Human reproduction*, v. 18, n. 10, 2003. Disponível em: https://pubmed.ncbi.nlm.nih.gov/14507844/. Acesso em: 20 fev. 2025, p. 2203).
10. BASLINGTON, Hazel. The social organization of surrogacy: relinquishing a baby and the role of payment in the psychological detachment process. Journal of health psychology, Londres, v. 7, n. 1, 2002. Disponível em: https://www.ncbi.nlm.nih.gov/pubmed/22114227. Acesso em: 20 fev. 2025, p. 67.
11. WATSON, Clara. Womb rentals and baby-selling: does surrogacy undermine the human dignity and rights of the surrogate mother and child? *The New Bioethics*, s.l., v. 22, n. 3, 2016. Disponível em: https://pubmed.ncbi.nlm.nih.gov/28219265/. Acesso em: 20 fev. 2025, p. 218.

atos que transgridam essa indisponibilidade são sacrílegos, e que profanação é o ato de restituição de algo consagrado ao livre uso humano.[12]

Nesse sentido, essa referenciada "essência" da mulher, seu corpo, sua relação com o feto que se desenvolve e a ideia da existência de um instinto materno inerente e indissociável são vistos como sagrados e, com isso, indisponíveis ao uso pela própria mulher que os detém, por alguma razão transcendente, sublime e misteriosa. Além disso, altruísmo e "disposição ao sacrifício" são atributos usualmente ligados à mulher como algo que as torna "especiais".[13]

Ao mesmo tempo em que o sagrado é "augusto", intocável e exageradamente idealizado, apresenta-se igualmente como "maldito, excluído da comunidade", na medida em que, entre os mais diversos atos humanos, tornam-se daqueles invioláveis por escolhas autorreferentes. Se o forem, profanam o sagrado e acabam tratados como sacrílegos – dignos de censura.

Nada obstante, já foi cientificamente sugerido que "humanos podem ter a habilidade de exercer controle sobre a sua necessidade de apego",[14] trazendo os sentimentos de volta ao campo da ação e deliberação das pessoas. Um estudo sobre a criação de crianças ao longo de trezentos anos na Europa, publicado por Elisabeth Badinter em 1981, indicou que as mulheres mudaram seus comportamentos à medida da mudança do discurso social sobre a maternidade, concluindo que o instinto materno seria um mito criado no século XIX em reação à indiferença parental que culminou em níveis altos de mortalidade infantil. A autora destacou como as pessoas mais abastadas entregavam suas crianças à criação por outras de menos posses, "amas de leite", a fim de delas amamentar e cuidar, às vezes até os três anos de idade ou mais, demonstrando como o comportamento materno é influenciado por fatores sociais, e não inato.[15]

É ainda curioso observar que, nas áreas xiitas do Irã, a jurisprudência local – feita pelas autoridades religiosas – autoriza a prática da gestação de substituição, inclusive mediante contraprestação. "Eles consideram que a gestante substituta é bastante similar à ama de leite e não veem nenhum pecado nessa prática",[16] o

---

12. AGAMBEN, Giorgio. *Profanações*. Trad. Selvino J. Assmann. São Paulo: Boitempo, 2007, p. 58.
13. VAN ZYL, Liezl; WALKER, Ruth. Beyond altruistic and commercial contract motherhood: the professional model. *Bioethics*, Oxford, v. 27, n. 7, 2013. Disponível em: https://pubmed.ncbi.nlm.nih.gov/22500585/. Acesso em: 22 fev. 2025, p. 378.
14. BASLINGTON, Hazel. The social... Op. cit., p. 59.
15. BASLINGTON, Hazel. The social organization of surrogacy: relinquishing a baby and the role of payment in the psychological detachment process. *Journal of health psychology*, Londres, v. 7, n. 1, 2002. Disponível em: https://www.ncbi.nlm.nih.gov/pubmed/22114227. Acesso em: 20 fev. 2025, p. 68.
16. ARAMESH, K. Iran's experience with surrogate motherhood: an Islamic view and ethical concerns. *J. Med. Ethics*, v. 35, 2009. Disponível em: https://jme.bmj.com/content/35/5/320. Acesso em: 22 fev. 2025, p. 321.

que corrobora que a visão sobre os corpos femininos e seus usos não é de modo algum universal.

Conclui-se, pelo exposto, que tratar o sentimento da gestante para com o feto como inevitável ou impassível de controle, e entender que qualquer tentativa desse controle violaria uma suposta integridade inquebrantável, não apenas se baseia em argumentos sacralizantes, como contraria evidências históricas e científicas.

1.3 Suposta impossibilidade de determinação da filiação por ato de vontade

Outra crítica contundente à gestação de substituição é no sentido de que "o *status* de pai não pode ser definido de uma maneira ou de outra por indivíduos; é uma questão concernente ao Estado (...). Adicionalmente, o direito de família é governado pelo princípio do melhor interesse da criança, razão pela qual nenhuma decisão prévia será conclusiva".[17] Millbank defende que a gestante seja definida como a genitora podendo, após o nascimento, renunciar ou não a seus poderes parentais para os beneficiários.

Liezl van Zyl e Ruth Walker discordam e demonstram que a adoção desse modelo não é coerente com o objetivo de proporcionar maior segurança aos envolvidos, pois vulnerabiliza tanto os beneficiários – que muito sofrerão caso se autorize à gestante decidir "ficar" com o bebê ao final do processo – quanto a própria gestante – pois a obriga, em eventual recusa do bebê pelos beneficiários, a ser legalmente mãe de uma criança não concebida ou gestada por vontade ou planejamento dela própria. "O que parece ser uma salvaguarda para a gestante – "entrega consensual da criança após o parto" – na verdade a torna vulnerável".[18]

As possibilidades destacadas por van Zyl e Walker são reais. Nos Estados Unidos já houve caso no qual os beneficiários desistiram de ficar com o bebê quando o exame pré-natal apontou a existência de uma deficiência, assim como caso – Jaycee B contra a Suprema Corte de Orange County – em que os beneficiários se divorciaram antes do nascimento de Jaycee, tendo o genitor aduzido em Juízo que não lhe competiria pagar alimentos porque não era o pai genético, sua esposa não havia dado à luz a criança e ele nunca teria formalmente a adotado.[19]

---

17. MILLBANK, Jenni. Rethinking "commercial" surrogacy in Australia. *Bioethical inquiry*, Holanda, v. 12, 2015. Disponível em: https://pubmed.ncbi.nlm.nih.gov/25015592/. Acesso em: 22 fev. 2025, p. 486.
18. Tradução livre da autora: "What appears to be a safeguard for the surrogate – "consensual relinquishment after birth" – in fact makes her vulnerable" (VAN ZYL, Liezl; WALKER, Ruth. Surrogacy, compensation, and legal parentage: against the adoption model. Bioethical inquiry, Holanda, v. 12, 2015. Disponível em: https://pubmed.ncbi.nlm.nih.gov/26133892/. Acesso em: 22 fev. 2025, p. 385).
19. TIEU, M. M. Altruistic surrogacy: the necessary objetification of surrogate mothers. *J. Med. Ethics*, v. 35, 2009. Disponível em: https://pubmed.ncbi.nlm.nih.gov/19251968/. Acesso em: 22 fev. 2025, p. 172-173.

Assim, diferentemente do que aduz Millbank, não se trata da determinação de filiação de bebês a bel prazer dos indivíduos, mas sim da observância do princípio do melhor interesse da criança, da proteção à própria gestante e, especialmente, do reconhecimento de que a parentalidade ultrapassa a genética ou o ato físico do parto: ela pode ser também fruto de ato de vontade, da escolha por se assumir como pai ou mãe de alguém, mesmo antes do nascimento.

"Está-se diante de novas realidades que importam uma 'desbiologização e/ou desgenetização da filiação', daí recebendo o conceito de filiação novos contornos, passando-se a falar em 'parentalidade voluntária' (...)".[20] As técnicas de reprodução humana assistida obrigam o reconhecimento da verdade voluntária, pela qual a filiação não se determina pelo elemento biológico tampouco o genético, mas sim pelo volitivo.[21]

1.4 Suposta inexistência de um direito a ter uma criança

Outra crítica, também por Watson, é feita no sentido de um "direito a ter uma criança" não poderia ser reconhecido aos beneficiários. Segundo a autora, ainda que previstos, inclusive internacionalmente, os direitos à formação e respeito à família, bem como ao acesso a benefícios do progresso científico, isso não daria guarida jurídica ao "mero desejo" de formar família, especialmente porque, se "abrirem mão" da ligação genética, isso poderia se dar por meios outros como "adotar uma criança órfã ou criar uma criança que já esteja viva".[22]

A possibilidade de ter filhos e exercer a parentalidade permite aos indivíduos uma oportunidade única de realização pessoal e concretização de valores autodeterminados por toda a vida. Para pessoas cuja infertilidade inviabiliza a procriação, ou homens homossexuais, a gestação de substituição pode ser a única forma de atingir esse propósito, já que a adoção nem sempre preenche suas pretensões, seja porque é processo complexo, seja por entenderem que vínculos genéticos podem facilitar a criação ou prolongar as próprias vidas através da prole.[23]

---

20. Tradução livre da autora: "Se está ante nuevas realidades que importan una "desbiologización y/o desgenetización de la filiación", y en cuya virtud el concepto de filiación ganó nuevos contornos comenzándose a hablar de 'parentalidad voluntaria' o 'voluntad procreacional'" (LAMM, Eleonora. La importancia de la voluntad procreacional en la nueva categoría de filiación derivada de las técnicas de reproducción asistida. *Revista de bioética y Derecho*, Barcelona, n. 24, jan. 2012. Disponível em: https://revistes.ub.edu/index.php/RBD/article/view/14370. Acesso em: 22 fev. 2025, p. 81).
21. LAMM, Eleonora. La importancia de la voluntad procreacional en la nueva categoría de filiación derivada de las técnicas de reproducción asistida. *Revista de bioética y Derecho*, Barcelona, n. 24, jan. 2012. Disponível em: https://revistes.ub.edu/index.php/RBD/article/view/14370. Acesso em: 22 fev. 2025, p. 81.
22. WATSON, Clara. Womb rentals and baby-selling: does surrogacy undermine the human dignity and rights of the surrogate mother and child? *The New Bioethics*, s.l., v. 22, n. 3, 2016. Disponível em: https://pubmed.ncbi.nlm.nih.gov/28219265/. Acesso em: 20 fev. 2025, p. 216.
23. STRAEHLE, Christine. Is there a right to surrogacy? *Journal of applied philosophy*, Oxford, v. 33, n. 2, 2016. Disponível em: https://onlinelibrary.wiley.com/doi/abs/10.1111/japp.12145. Acesso em: 22 fev. 2025, p. 1148.

É possível, ainda, que mesmo que não busquem essa ligação genética, pretendam participar do processo gestacional, mesmo que não por meio de seus próprios corpos. Afinal, a parentalidade e os efeitos de uma gravidez não se restringem às vicissitudes físicas vinculadas aos limites da composição bioquímica da gestante. Também podem decorrer da *escolha por vivenciá-la*, ainda que por meio do corpo de outrem, acompanhando e assumindo a gestação como parte de seu eu, desde a decisão pela concepção até o parto. É dizer: o corpo pode ultrapassar seus limites, e as consequências psicofísicas vividas também podem partir das escolhas. Aliás, a possibilidade de experiências extracorpóreas, inclusive com *incorporação do corpo alheio* – e independentemente do gênero desses corpos – já é assentada como possível e relativamente fácil de ser experimentalmente reproduzida, segundo estudos de neurociência.[24]

Assim, o que Watson chama "direito a ter uma criança" é, na verdade, a concretização do direito ao livre planejamento familiar como manifestação do direito à dignidade, entendida como liberdade para a busca da realização pessoal, e que "consiste em uma escolha da entidade familiar (...). Um espaço de autonomia delegado pela ordem jurídica para que os indivíduos que compõem aquela entidade familiar possam desenvolver sua personalidade".[25] O art. 226 § 7º da Constituição brasileira prevê que, "fundado nos princípios da dignidade da pessoa humana e da paternidade responsável, o planejamento familiar é livre decisão do casal" e, como todo direito em nosso Estado democrático, possui limitações internas (oriundas do próprio ordenamento), quais sejam, "a dignidade da pessoa humana e a paternidade responsável".[26] A dignidade é, portanto, a um só tempo fundamento *e* limitação ao direito ao planejamento familiar.

O que se chama "direito a ter uma criança" também não foge à previsão do § 7º do art. 226 da Constituição, o qual prevê que compete ao Estado propiciar recursos "científicos para o exercício desse direito [ao planejamento familiar], vedada qualquer forma coercitiva por parte de instituições oficiais ou privadas", ou ao art. 9º da Lei 9.263/96 que determina que "para o exercício do direito ao planejamento familiar, serão oferecidos todos os métodos e técnicas de concepção

---

24. NICOLELIS, Miguel. *Muito além do nosso eu*: a nova neurociência que une cérebros e máquinas – e como ela pode mudar nossas vidas. São Paulo: Companhia das Letras, 2011, p. 122-129.
25. TEIXEIRA, Ana Carolina Brochado; RODRIGUES, Renata de Lima. Características e consequências do exercício do direito ao livre planejamento familiar conferido à pluralidade de entidades familiares. In: TEIXEIRA, Ana Carolina Brochado; RODRIGUES, Renata de Lima. *O direito das famílias entre a norma e a realidade*. São Paulo: Atlas, 2010, p. 145.
26. TEIXEIRA, Ana Carolina Brochado; RODRIGUES, Renata de Lima. Características e consequências do exercício do direito ao livre planejamento familiar conferido à pluralidade de entidades familiares. In: TEIXEIRA, Ana Carolina Brochado; RODRIGUES, Renata de Lima. *O direito das famílias entre a norma e a realidade*. São Paulo: Atlas, 2010, p. 148.

e contracepção cientificamente aceitos e que não coloquem em risco a vida e a saúde das pessoas, garantida a liberdade de opção".

Percebe-se dessa crítica uma postura de injustificado *desdém* quanto a um tipo de projeto pessoal que entenda essencial a ligação genética com os filhos e/ou a participação no processo gestacional. Porém, em um Estado democrático, a pretensão deve ser de abarcar pluralidades a despeito de crenças ou majoritárias da coletividade, bastando que a viabilização do acesso à gestação de substituição não viole direitos da gestante ou contrarie a responsabilidade parental – sendo que, da análise até aqui empreendida, concluiu-se inviolada a dignidade da gestante; outras questões serão tratadas no próximo item; e, no que toca à parentalidade responsável, igualmente não se identifica violação, na medida em que o nascimento e a criação da criança, até mais que em muitos casos de procriação por métodos usuais, são extremamente desejados e planejados pelos pais, tanto do ponto de vista psicoemocional como financeiro.

2. CRÍTICAS ÉTICO-JURÍDICAS À GESTAÇÃO DE SUBSTITUIÇÃO EXCLUSIVAS À MODALIDADE REMUNERADA

Empreendida a análise ético-jurídica no que é comum à gestação de substituição altruísta e remunerada, passa-se à análise de questões exclusivas à modalidade remunerada.

2.1 Reificação da gestante substituta

Uma das questões mais frequentemente trazidas à baila por críticos da gestação de substituição mediante contraprestação financeira é a de que implicaria a instrumentalização da mulher e de seu corpo, no sentido de sua reificação. De um lado, entende-se que se trata da sociedade fazendo os corpos femininos de instrumento, meio para um fim, e de outro, que a própria mulher escolhe fazer de seu corpo um meio para obter dinheiro e, ainda, transformá-lo em algo que pode ser precificado segundo negociações – (auto)reificação que significaria a degradação da dignidade inerente à pessoa humana. Resume Sharyn L. Roach Anleu: "A gestação de substituição reduz a mulher a um mero veículo reprodutivo, a úteros alugados. Elas se transformam em incubadoras que viabilizam que homens tenham filhos genéticos".[27]

---

27. Tradução livre da autora: "Surrogacy reduces women to mere reproductive vehicles, to rented wombs, they become incubators which enable men to have children with whom they have genetic links" (ANLEU, Sharyn L. Roach. Reinforcing gender norms: commercial and altruistic surrogacy. Acta sociologica, s.l., v. 33, n. 1, 1990. Disponível em: http://www.jstor.org/stable/4200780. Acesso em: 22 fev. 2025, p. 65).

Tal ponto desconsidera, no entanto, que os corpos em uma sociedade são a todo tempo reificados, e frequentemente também autorreificados, sem que na grande maioria das vezes isso seja considerado degradante. Lesley A. Sharp descreve "anúncios que detalham características desejadas de uma gestante substituta idealizada, cujo valor advém de sua propensão genética à inteligência, de sua beleza, modos, escolaridade, formato corporal",[28] o que remete imediatamente à forma de seleção de modelos (masculinos ou femininos). Como é cediço, não se veem considerações sobre indignidade de homens ou mulheres em anúncios de grandes marcas, selecionados apenas com base em seus atributos físicos – e recebendo por isso.

"No campo de guerra, o poder do homem pode ser arruinado pelo inimigo por meio da destruição deliberada de seu corpo e de sua humanidade, por exemplo, pela decapitação".[29] Conquanto a atuação em guerra nem sempre seja considerada digna, as profissões relacionadas, a exemplo de militares, não são vistas como indignas ou corporalmente degradantes, ainda que quem as exerça seja remunerado em contrapartida.

Outros usos dos corpos os põem em risco de danificá-lo severa ou permanentemente, como no caso de diversos esportistas – alguns, remunerados com quantias astronômicas. Jogadores de futebol americano frequentemente são diagnosticados com doença degenerativa denominada encefalopatia traumática crônica, fruto das concussões por pancadas na cabeça inerentes ao esporte.[30] Suas escolhas, ao contrário de indignas, costumam ser glorificadas.

O problema, então, não se centra intrinsecamente no uso do corpo como instrumento, seja pela sociedade, seja pela pessoa sobre ela mesma. Daí a se perquirir a razão de tamanhas críticas nesse sentido à gestação de substituição, e não a tantos outros atos humanos, já que é impossível afirmar que atividades como guerra e esportes profissionais exigiriam menor envolvimento corporal que a gestação de substituição. Ao contrário, nelas as pessoas se põem sob risco quiçá muito mais intenso, e fazem uso deliberado de seus processos metabólicos.

Daí a importância de se evidenciar que é a sacralização de elementos humanos o que subjaz a assertiva de que haveria indignidade no ato da mulher manipular a sua possibilidade reprodutiva com finalidades financeiras. Como dito, o consagrado é inacessível ao uso humano, e a mera intenção de uso é desde

---

28. SHARP, Lesley A. The commodification of the body and its parts. *Annu. Rev. Antropol*, v. 29, 2000. Disponível em: https://www.jstor.org/stable/223423. Acesso em: 22 fev. 2025, p. 302.
29. SHARP, Lesley A. The commodification... Op. cit., p. 294.
30. PIMENTEL, Matheus. O que a liga de futebol americano tem feito para prevenir danos no cérebro dos jogadores. *Nexo* [online]. 5 fev. 2017. Disponível em: https://www.nexojornal.com.br/expresso/2017/02/05/O-que-a-liga-de-futebol-americano-tem-feito-para-prevenir-danos-no-c%C3%A9rebro-dos-jogadores. Acesso em: 22 fev. 2025.

logo censurada. A razão para a sacralização desses elementos, embora ligada ao fenômeno religioso, em muito o ultrapassa. Agamben observa que é *homo sacer* "aquele em relação ao qual todos os homens agem como soberanos",[31] podendo sobre ele impor decisões e excluí-lo das deliberações sobre si mesmo, exatamente no sentido do que ocorre com o corpo da mulher e com várias de suas decisões quanto à reprodução.

Como ensina Lara, à luz das lições de Foucault, não existe apenas um poder repressivo que atua de cima para baixo: existe ainda um poder exercido nas relações de comunidade e pessoais, que não parte da escolha de um sujeito dessa comunidade (pois não podem ser voluntariamente escolhidos), mas são fruto de desigualdades estruturais entre os interlocutores. Um poder sutil (*biopoder*) que, pelo controle dos corpos, pode induzir comportamentos.[32]

O empoderamento das pessoas sobre seus corpos e sobre a reprodução torna cada vez mais tangível a modificação do mundo como o conhecemos, o que resulta em movimentações de *biopoder* para evitar, especialmente em relações desiguais (como sói estar o corpo feminino), possibilidades de modificação nas relações de poder vigentes – ações estas que têm caráter jurídico-político: "a vida sacra é sempre, de algum modo, ligada a uma função política".[33]

É também possível que a visão sobre a gestação remunerada como degradante ligue-se à ideia de prática apenas por dinheiro: "aceitar engravidar por dinheiro é visto como reflexo de motivos pragmáticos, egoístas, mercenários e instrumentais – a antítese do papel feminino".[34]

Millbank assevera que, conquanto em algumas pesquisas a remuneração apareça como uma motivação reconhecida pelas gestantes, ela não é a única, tampouco algo que as faria realizar o que, de outra maneira, considerariam censurável[35] – raciocínio que explica, inclusive, porque muitas mulheres não se envolvem com prostituição. No caso da gestação de substituição, o procedimento poderia de fato ser algo que a gestante não faria com motivação exclusivamente altruísta; no entanto, considerando que ela poderá assim atuar *e ainda* receber

---

31. AGAMBEN, Giorgio. *Homo sacer*: o poder soberano e a vida nua. Trad. Henrique Burigo. 2. reimp. Belo Horizonte: Editora UFMG, 2007, v. 1, p. 92.
32. LARA, Mariana. *O direito à liberdade de uso e (auto)manipulação do corpo*. Belo Horizonte: D'Plácido, 2014, p. 53-54.
33. AGAMBEN, Giorgio. *Homo sacer*: o poder... cit., p. 108.
34. ANLEU, Sharyn L. Roach. Reinforcing gender norms: commercial and altruistic surrogacy. *Acta sociologica*, s.l., v. 33, n. 1, 1990. Disponível em: http://www.jstor.org/stable/4200780. Acesso em: 22 fev. 2025, p. 71.
35. MILLBANK, Jenni. Rethinking "commercial" surrogacy in Australia. *Bioethical inquiry*, Holanda, v. 12, 2015. Disponível em: https://pubmed.ncbi.nlm.nih.gov/25015592/. Acesso em: 22 fev. 2025, p. 482.

contrapartida financeira, ela o faz, o que não significa que fez exclusivamente pelo dinheiro.[36]

É de se ressaltar, nada obstante, que mesmo que a motivação exclusiva das gestantes substitutas fosse efetivamente a remuneração, isso não deveria representar um problema moral. Entender dessa forma implicaria, mais uma vez, sacralizar o uso de seus corpos.

Mais do que isso, cabe o questionamento de Anne Phillips: se a gestação de substituição é trabalhosa e extrapola o que se pode razoavelmente esperar que se faça como "obrigação", seria apropriado exigir gratuidade, especialmente quando só um gênero pode propiciá-la?[37]

Em resumo, conclui-se que embora de fato haja a instrumentalização/ reificação das gestantes substitutas, isso não representa obstáculo ético ao procedimento, desde que garantido o consentimento informado da gestante (sendo, por isso, também forma de autorreificação), encarando-o como um meio para a realização de seus projetos pessoais. A autorreificação é prova de que a reificação nunca é completa, pois não alcança todas as dimensões da pessoa: ela demanda o exercício da autonomia da vontade, confirmando, ao invés de limitar, a liberdade e a dignidade da pessoa, que restariam limitadas caso lhe fosse negado o direito de fazê-lo.[38]

Impera, por fim, analisar se o reconhecimento de que a mulher possa exigir remuneração para fins de gestação, submetendo seu corpo a determinadas regras, não retomaria a *manus iniectio* romana (Lei das XII Tábuas), pela qual,

---

36. WILKINSON, Stephen. Exploitation in international paid surrogacy arrangements. Journal of applied philosophy, Oxford, v. 33, n. 2, 2016. Disponível em: https://onlinelibrary.wiley.com/doi/10.1111/japp.12138. Acesso em: 20 fev. 2025, p. 134.
37. PHILLIPS, Anne. It's my body and I'll do what I like with it: bodies as objects and property. Political Theory, v. 39, n. 6, p. 724-748, 2011. Disponível em: https://www.jstor.org/stable/41502590. Acesso em: 22 fev. 2025, p. 11. Aliás, "[n]ão surpreende que muitas gestantes substitutas entendem que devam ser remuneradas por sua *expertise*, tempo, inconveniência e desconforto. Muitas pessoas, como profissionais da saúde, bombeiros e assistentes sociais escolhem caminhos que envolvem risco físico, desconforto, envolvimento emocional intenso e disponibilidade integral (como as que ficam em regime de sobreaviso). Frequentemente são pessoas que possuem motivação altruísta para fazerem o que fazem, mas que ainda assim esperam ser remuneradas ainda que não sejam contabilizadas todas as horas". Tradução livre da autora: "It's hardly surprising that many women who are surrogates believe that they should be reimbursed for their expertise, time, inconvenience, and discomfort. Many people, such as health care workers, firefighters and foster parents, are engaged in pursuits that involve physical risk and discomfort, significant emotional involvement and continued engagement (such as being 'on call'). They often have altruistic motives for doing what they do and yet they still expect to be paid even if every hour is not accounted for" (BUSBY, Karen; VUN, Delaney. Revisiting The Handmaid's Tale: feminist theory meets empirical research on surrogate motherhood. *Canadian Journal of Family Law*, v. 26, n. 1, 2010, p. 13-93. Disponível em: claradoc.gpa.free.fr/doc/329.pdf. Acesso em: 22 fev. 2025, p. 27).
38. STANCIOLI, Brunello. *Renúncia ao exercício de direitos da personalidade*: ou como alguém se torna o que quiser. Belo Horizonte: Del Rey, 2010, p. 108-109.

por volta do século II a.C., uma dívida patrimonial não saldada dava ao credor poder sobre o *corpo* do devedor. A preocupação volta-se, em suma, à rejeição ao retorno ao período no qual patrimonialidade e pessoalidade se misturavam, e em que "o valor do indivíduo era reconhecido pelos créditos que possuía".[39] Se o devedor não pagasse a dívida ou ninguém a pagasse por ele, teria o credor "o direito de levá-lo para casa e aprisioná-lo (...) vendê-lo ou fazer dele escravo (...). Havia também, ao que tudo indica, o direito de matar o devedor. E se fossem vários os credores, podiam retalhar o corpo do devedor em tantos pedaços quantos fossem os débitos".[40]

Com o advento da *Lex Poetelia Papiria*, por volta do ano 300 a.C., deu-se grande passo no sentido da adoção do sistema de responsabilidade patrimonial, abolindo-se a pena capital e de meios vexatórios ou cruéis aos quais se podia submeter o devedor. A execução voltou-se ao patrimônio ou, apenas na ausência deste, ao corpo – que não mais poderia ser agrilhoado.[41]

Essa transformação no processo executivo é cara ao direito por representar importante mudança de visão face à pessoa. Impedir o poderio sobre corpos humanos com base em questão patrimonial (dívida) – e nesse sentido, impedir a reificação, a coisificação da pessoa – significou atribui-lhe uma dignidade outrora ignorada. Daí a compreensível inquietação: autorizar dispor do próprio corpo por contrapartida financeira seria imiscuir corpo e patrimônio indignamente?

A resposta parece ser negativa. Enquanto a reificação no caso romano envolve violação à dignidade humana, as disposições sobre o corpo na gestação de substituição sempre exigirão consentimento, o que lhe confere contornos seguros de dignidade. Além disso, a possibilidade de receber contrapartida reafirma a pessoa – e não o patrimônio – como centro do ordenamento, ao ampliar as possibilidades de exercício de objetivos existenciais plurais, dessacralizando (profanando) usos dos corpos habitualmente sacralizados.

2.2 Exploração da gestante substituta

Outra crítica comum à gestação de substituição é a de que implicaria exploração feminina, predominando o estigma de que atuarão como gestantes substitutas apenas mulheres pobres e desesperadas, em condição de serem exploradas e forçadas a vender seus corpos e "seus bebês", apesar de isso em diversos locais

---

39. SÁ, Maria de Fátima Freire de. *Biodireito e direito ao próprio corpo*: doação de órgãos, incluindo o estudo da Lei 9.434/97, com as alterações introduzidas pela Lei n. 10.211/01. 2. ed. rev. atual. e ampl. Belo Horizonte: Del Rey, 2003, p. 41.
40. FIUZA, César. Nota do autor e organizador. In: FIUZA, César (Org.). *Elementos de teoria geral das obrigações e dos contratos*: por uma abordagem civil constitucional. Curitiba: CRV, 2012, p. 8.
41. FIUZA, César. Nota do autor e organizador. In: FIUZA, César (Org.). Elementos... cit., p. 8.

envolver, por exemplo, mulheres da classe média trabalhadora,[42] as quais não se encontram em situação de pobreza.

Prova de que a ideia de exploração não é inerente à gestação de substituição é a nítida alteração dos discursos avaliativos das gestantes em nível global: ao tratar de americanas, as que aduzem precisar do dinheiro são vistas como menos dignas de confiança; já ao tratar de indianas, é precisamente o ganho financeiro que as exime de críticas, com narrativas sobre o empoderamento pelo dinheiro como um "salvamento e resgate" dessas "vítimas".[43] Porém, pelo contrário, é a exigência de altruísmo e desejo de auxílio ao próximo que gera ambiente propício à exploração, pois "gestantes desencorajadas de evidenciar abertamente suas motivações financeiras são inibidas de poder negociar uma remuneração justa adequadamente".[44]

Enfim, como observa Wilkinson, grande parte das críticas referentes à exploração feminina na gestação de substituição são, na verdade, cabíveis a qualquer exploração de trabalhadores na sociedade capitalista, porque estruturalmente semelhantes. A pessoa é explorada porque recebe um benefício insuficiente, ou por sofrer quantidade injustamente alta de dano,[45] questões dirimíveis pela melhoria da remuneração e ajuste de condições em que atuam. "(...) se essas questões forem enfrentadas então, na maior parte dos casos, a exploração não subsistirá; seria difícil seguir argumentando que um trabalhador é explorado enquanto é pago de modo justo e bem tratado em todos os sentidos".[46] Contudo, "se a situação das gestantes é de desespero financeiro tanto quanto supõem os críticos, então é altamente provável que a proibição lhes será ainda mais danosa, pois perderão uma forma de serem remuneradas".[47]

Destaca-se, ainda, que em estudo com gestantes em situações de pobreza, Rudrappa constatou que a conjuntura de mulheres que trabalharam em fábricas

---

42. ABRAMS, Paula. The bad mother: stigma, abortion and surrogacy. *Jornal of Law, Medicine & Ethics*, v. 43, n. 2, 2015. Disponível em: https://pubmed.ncbi.nlm.nih.gov/26242937/. Acesso em: 22 fev. 2025, p. 181.
43. MARKENS, Susan. The global reproductive health market: U.S. media framings and public discourses about transnational surrogacy. *Social Science & Medicine*, v. 74, 2012. Disponível em: https://pubmed.ncbi.nlm.nih.gov/22014871/. Acesso em: 22 fev. 2025, p. 1748-1751.
44. VAN ZYL, Liezl; WALKER, Ruth. *Surrogacy, compensation, and legal parentage*: against the adoption model. Bioethical inquiry, Holanda, v. 12, 2015. Disponível em: https://pubmed.ncbi.nlm.nih.gov/26133892/. Acesso em: 22 fev. 2025, p. 387.
45. WILKINSON, Stephen. Exploitation in international paid surrogacy arrangements. *Journal of applied philosophy*, Oxford, v. 33, n. 2, 2016. Disponível em: https://onlinelibrary.wiley.com/doi/10.1111/japp.12138. Acesso em: 20 fev. 2025, p. 128-129.
46. Tradução livre da autora: "(...) if all such complaints were dealt with then, in most cases, the exploitation would have been vanquished; it would be hard to claim that a worker was exploited whilst also maintaining that she was fairly paid and well treated in all respects" (WILKINSON, Stephen. Exploitation in... cit., p. 127).
47. WILKINSON, Stephen. Exploitation in... cit., p. 137.

têxteis antes de atuarem como gestantes substitutas era sentida como muito mais exploradora, pois a gestação de substituição acaba por propiciar-lhes uma vida com mais significado.[48]

Por fim, quanto à temática exploratória, determinadas posturas diante do consentimento da mulher, por vezes permeadas de boa intenção e assumidas sob o argumento de evitar que sejam exploradas, acabam, na verdade, por lhes negar reconhecimento quanto à capacidade para exercício de sua autonomia. Isso ocorre em três ocasiões, expostas por Paula Abrams.

A primeira decorre de uma desconfiança sobre a capacidade de julgamento da mulher sobre questões relacionadas à gravidez (por exemplo, para deliberar sobre a entrega da criança antes de seu nascimento). Ora, a aptidão para o consentimento informado é reconhecida a todas as pessoas que gozam de discernimento e competência – o que pode abranger até mesmo incapazes, motivo pelo qual, desde que preenchidos os requisitos para o consentimento informado, como em qualquer outra situação, não remanesce espaço para ceticismo com relação à escolha feita pela mulher. A segunda trata de uma injusta expectativa de arrependimento, ligada à presunção de veracidade de determinados pressupostos que se já mostraram falsos (por exemplo, de que de que a decisão pela entrega da criança seria antinatural). Já a terceira, conectada à anterior, decorre de assunção paternalista no sentido de que a mulher, em certos aspectos, necessitaria ser *protegida de suas próprias decisões.*[49]

2.3 Reificação de crianças por sua "comercialização"

Outra censura face à técnica é a de que reificaria crianças "ao transformá-la[s] em um produto a ser comprado e vendido, reassentando crenças históricas de que a criança é propriedade de seu pai", sendo possível que criança levante a seguinte questão existencial: "por que existo? Existo porque alguém pagou por mim".[50] No entanto, "não há qualquer evidência de que pessoas que se tornam pais e mães por meio de retribuições financeiras venham a tratar seus filhos como se fossem bens de consumo. Beneficiários se veem comprando trabalho

---

48. RUDRAPPA *apud* ARVIDSSON, Anna; JOHNSDOTTER, Sarah; ESSÉN, Birgitta. Views of swedish commissioning parents relating to the exploitation discourse in using transnational surrogacy. *Journal PLoS ONE*, v. 10, n. 5, 2015. Disponível em: https://pubmed.ncbi.nlm.nih.gov/25955178/. Acesso em: 22 fev. 2025, p. 9.
49. ABRAMS, Paula. The bad mother: stigma, abortion and surrogacy. Jornal of Law, Medicine & Ethics, v. 43, n. 2, 2015. Disponível em: https://pubmed.ncbi.nlm.nih.gov/26242937/. Acesso em: 22 fev. 2025, p. 185.
50. WATSON, Clara. Womb rentals and baby-selling: does surrogacy undermine the human dignity and rights of the surrogate mother and child? *The New Bioethics*, s.l., v. 22, n. 3, 2016. Disponível em: https://pubmed.ncbi.nlm.nih.gov/28219265/. Acesso em: 20 fev. 2025, p. 223.

reprodutivo (...) e não a criança, em si", como apontam as pesquisadoras van Zyl e Walker.[51]

Stephen Wilkinson relembra que o inegável papel causal que os beneficiários assumem diante do nascimento do bebê muito os diferencia de situações nas quais "estranhos" pagam para "receber" uma criança pois, não fosse a decisão deles de propiciar a concepção (*porque desejam ser pais*), ela nunca teria nascido. Ademais, o autor explica inexistir a retomada do paradigma de "propriedade" parental sobre a criança, pois o filho não será *escravo* de ninguém.[52] Outrossim, a gestação de substituição em nada se aproxima, e por isso não significa retomada, do poder do *pater familias* na Roma antiga descrito por Fustel de Coulanges:

> Vemos no direito romano, e também nas leis de Atenas, que o pai podia vender o filho. Era o pai que podia dispor de toda a propriedade pertencente à família, e o próprio filho podia ser considerado como propriedade sua, porque os seus braços e o seu trabalho eram fonte de receita. O pai podia, pois, à sua escolha, guardar para si esse instrumento de trabalho, ou cedê-lo a outro. Cedê-lo era o que se chamava vender o filho. Os textos que possuímos do direito romano não nos esclarecem devidamente sobre a natureza desse contrato de venda e sobre as reservas que poderia conter. Parece certo que o filho assim vendido não se tornava inteiramente escravo do comprador. O pai podia estipular no contrato que o filho lhe fosse revendido. (...) Pode-se julgar por aí como, no direito antigo, a autoridade do pai era absoluta.[53]

Além disso, evidências empíricas indicam que crianças nascidas da técnica não padecem do sofrimento existencial apontado (como se existissem apenas por uma questão monetária). Pesquisa feita com 42 famílias indicou que a maior parte dos filhos aos 7 e 10 anos demonstrou ter certa compreensão sobre a forma de sua concepção e gestação, o que se evidenciou principalmente pela ciência de que isso se deu no corpo de pessoa que não a sua mãe.[54]

---

51. VAN ZYL, Liezl; WALKER, Ruth. Beyond altruistic and commercial contract motherhood: the professional model. *Bioethics*, Oxford, v. 27, n. 7, 2013. Disponível em: https://pubmed.ncbi.nlm.nih.gov/22500585/. Acesso em: 22 fev. 2025, p. 377.
52. WILKINSON, Stephen. Exploitation in international paid surrogacy arrangements. *Journal of applied philosophy*, Oxford, v. 33, n. 2, 2016. Disponível em: https://onlinelibrary.wiley.com/doi/10.1111/japp.12138. Acesso em: 20 fev. 2025, p. 132.
53. COULANGES, Fustel de. *A cidade antiga*. Tradução da obra original La Cité Antique de 1864. 3. reimp. São Paulo: Martin Claret, 2007, p. 99-100.
54. Uma das crianças relatou que "a barriga de sua mãe não estava funcionando, por isso foi carregada por outra pessoa", indicando o nome da gestante substituta. Aos 10 anos, nenhuma das crianças apontou sentimentos negativos face à forma pela qual foram gestadas, sendo que 67% delas já se mostravam neutras/indiferentes quanto a isso, a exemplo da seguinte resposta: "Me sinto bem. Não me sinto mal ou zangado em nenhum sentido. É basicamente a natureza, então não há o que eu possa fazer. Eu não *gostaria* de fazer nada a respeito...". Tradução livre da autora: "Well my Mum's womb, I think… well it was a bit broken, so [...] [the surrogate mother] carried me instead of my Mum"; "Um, I feel fine. I don't feel bad or cross in anyway. It's just pretty much nature so I can't do anything about it. I wouldn't *like* to do anything about it..." (destaque no original) (JADVA, Vasanti; MURRAY, Clare; LYCETT, Emma; MACCALLUM, Fiona; GOLOMBOK, Susan. Surrogacy: the experiences of surrogate mothers. *Human*

Assim, ainda que a reificação do humano, diversas vezes por ele mesmo, seja frequente em nossa sociedade e nem sempre carregada de problemas éticos, a gestação de substituição sequer configura reificação ou instrumentalização *de crianças*, pois não são utilizadas por gestantes nem beneficiários como meio para um fim. A remuneração decorre do serviço prestado pelo uso do corpo pela gestante, e não da criança como produto ou bem de consumo:

> (...) é crescente o entendimento de que a recompensa financeira reflete uma compensação ética e humana pelo trabalho, desconforto, restrições e riscos associados à gestação e parto da criança, em vez da venda dessa criança. De fato, parece injusto que profissionais de reprodução assistida possam cobrar milhares de dólares para propiciar uma gestação de substituição, enquanto a mulher que carrega o fardo e o risco da gravidez não possa receber compensação financeira além de suas despesas imediatas.[55]

Maior prova disso é o fato de que gestante a poderá acordar sobre restrições *a seu comportamento* durante a gestação (termos da prestação de um serviço), enquanto questões referentes à criança (por exemplo, recusa pelos beneficiários quando apresente deficiência) não serão negociáveis, na medida em que ela não é o objeto do negócio, mas um resultado. Paralelamente, a criança também não é instrumentalizada pelos beneficiários – ao menos não mais do que por outros pais. O desejo dos beneficiários é em todos os sentidos comparável ao desejo de quaisquer genitores que planejam e gestam seus filhos.

2.4 Mercantilização da reprodução

Outra crítica contumaz à gestação de substituição envolve a chamada "mercantilização da reprodução", porque tornaria o ato de criação de vidas humanas um negócio, com aplicação da lógica de comércio: mulheres passarão a propagandear seus serviços, competindo entre si para atrair clientela e ameaçando reter o "produto" se o pagamento não se efetivar; os beneficiários estarão livres para buscar o "melhor negócio" e exigir a restituição do pagamento na insatisfação com o resultado do "produto".[56]

---

    reproduction, v. 18, n. 10, 2003. Disponível em: https://pubmed.ncbi.nlm.nih.gov/14507844/. Acesso em: 20 fev. 2025, p. 3011-12).

55. Tradução livre da autora: "(...) there is a growing understanding that financial recompense reflects humane and ethical compensation for the labour, discomfort, restrictions and risks associated with carrying and delivering a child, rather than the actual sale of a child. Indeed, it appears unjust that IVF providers may charge thousands of dollars to help create a surrogate pregnancy, yet the woman who carries the burden and risk of pregnancy should receive no financial compensation beyond her immediate expenses" (TREMELLEN, Kelton; EVERINGHAM, Sam. For love or Money? Australian attitudes to financially compensated (commercial) surrogacy. Australian and *New Zealand Journal of Obstetrichs and Gynaecology*, v. 56, 2016. Disponível em: https://obgyn.onlinelibrary.wiley.com/doi/10.1111/ajo.12319. Acesso em: 22 fev. 2025, p. 561).

56. VAN ZYL, Liezl; WALKER, Ruth. Beyond altruistic and commercial contract motherhood: the professional model. *Bioethics*, Oxford, v. 27, n. 7, 2013. Disponível em: https://pubmed.ncbi.nlm.nih.gov/22500585/. Acesso em: 22 fev. 2025, p. 377.

Todavia, o contexto de procura pela técnica não é comparável, ainda que nos procedimentos pagos, com a compra de um bem de consumo. Quem recorre à gestação de substituição não o faz a partir de uma decisão fácil ou simples. Estudo com quinze casais suecos indicou que o procedimento foi tratado consistentemente como uma decisão difícil e um último recurso.[57] Além disso, pesquisas também demonstram que mães beneficiárias não buscam a técnica por conveniência, escolhas de carreira ou por não quererem engravidar: ao contrário, predomina uma longa jornada de busca, antes, por meios de lidar com a própria infertilidade.[58]

Ademais, as técnicas de reprodução humana assistida já são mercantilizadas e isso, por si só, não as banaliza – além de inexistir "pechincha". No Brasil, com regular aplicação das normas do CFM, clínicas especializadas, médicos e psicólogos (dentre outros nichos), participam de negócio extremamente lucrativo viabilizando a geração de vida humana. "Esses profissionais e especialistas recebem compensação monetária significativa por seu trabalho. Por que, então, apenas as gestantes deveriam trabalhar sem serem compensadas?"[59]

A profissionalização de agentes participantes do processo de reprodução assistida, mediante remuneração em geral – de gestantes, médicos, clínicas – apenas tem a beneficiar os envolvidos. A "agência" é figura que não existe no Brasil, em vista da Resolução do CFM; mas existe no Reino Unido e Estados Unidos, dentre outros. São empresas especializadas em facilitar o procedimento procurando gestantes, recebendo beneficiários, propiciando exames psicológicos/físicos necessários, compatibilizando gestantes e beneficiários segundo seus perfis, gerenciando o dinheiro pago e a remuneração ao longo do procedimento etc.

Em estudo comparativo de agências percebeu-se, por exemplo, haver intensa verificação dos perfis de gestante e beneficiários, e da compatibilidade entre eles, já que a credibilidade da agência (e por conseguinte, seu lucro) depende de bons resultados. Elas, outrossim, se responsabilizam por criar e gerenciar conta bancária para o repasse do dinheiro conforme contrato, impedindo que qualquer das partes busque renegociar em momento posterior à concepção.[60] Já as "agências voluntárias disponibilizam muito poucos dos serviços que reduzem custos de

---

57. ARVIDSSON, Anna; JOHNSDOTTER, Sarah; ESSÉN, Birgitta. Views of swedish commissioning parents relating to the exploitation discourse in using transnational surrogacy. *Journal PLoS ONE*, v. 10, n. 5, 2015. Disponível em: https://pubmed.ncbi.nlm.nih.gov/25955178/. Acesso em: 22 fev. 2025, p. 5.
58. BUSBY, Karen; VUN, Delaney. Revisiting The Handmaid's Tale: feminist theory meets empirical research on surrogate motherhood. *Canadian Journal of Family Law*, v. 26, n. 1, 2010, p. 13-93. Disponível em: claradoc.gpa.free.fr/doc/329.pdf. Acesso em: 22 fev. 2025, p. 46.
59. SEMBA, Yukari; CHANG, Chiung Fang; HONG, Hyunsoo; KAMISATO, Ayako; KOKADO, Minori; MUTO, Kaori. *Surrogacy*: donor conception regulation in Japan. Bioethics, Oxford, v. 24, n. 7, p. 348-357, 2010. Disponível em: https://pubmed.ncbi.nlm.nih.gov/20002072/. Acesso em: 22 fev. 2025, p. 356.
60. GALBRAITH, Mhairi; MCLACHLAN, Hugh V.; SWALES, J. Kim. Commercial agencies and surrogate motherhood: a transaction cost approach. *Health care analysis*, v. 13, n. 1, 2005. Disponível em: https://pubmed.ncbi.nlm.nih.gov/15889679/. Acesso em: 22 fev. 2025, p. 24-25.

transação fornecidos por agências comerciais",[61] competindo à própria gestante e aos beneficiários localizarem-se sem intermediação, o que torna o processo muito mais longo, financeira e emocionalmente custoso. Assim, a coordenação e os serviços prestados por agências que lucram com a viabilização dessas técnicas, ao contrário de mercantilizar a reprodução em sentido que a denigra, acaba por propiciá-la de forma mais íntegra e segura.

CONCLUSÃO

Na análise de argumentos contrários à *natureza* da gestação de substituição é possível concluir que, no caso do Brasil, diante da aceitação da modalidade altruísta pelo CFM e sua prática desde 1992, há consenso com relação: à possibilidade de opção por gestar criança que se entende ser filha de outrem; à possibilidade de definição da parentalidade e da filiação por escolha, independentemente da existência de vínculo genético dos beneficiários com o bebê; e ao reconhecimento de um direito ao acesso à prática ainda que existam meios alternativos como a adoção. Conclui-se pela eticidade da prática a partir de evidências históricas e científicas, extensíveis, por coerência, também à modalidade remunerada.

As demais críticas de âmbito ético analisadas têm como fio condutor a oposição à onerosidade do procedimento. Nesse ponto, demonstrou-se que a alegação de reificação da gestante possui forte vertente sacralizante do corpo da mulher e da própria reprodução, de modo tal que a caracterização como sagrado faz deles especiais e "augustos" ao mesmo tempo em que excluídos da alçada da autorregulamentação, quando outros usos dos corpos igualmente deliberados, propositais e fisicamente degradantes não recebem críticas semelhantes e são aceitos, no mais das vezes, sem problematização. Concluiu-se possível a opção pessoal pela autorreificação do corpo, especialmente porque embora a pessoa seja indissociável de sua base sensível, a ela não se resume. Já quanto ao argumento de exploração da gestante, percebeu-se ser estruturalmente semelhante aos vertidos à exploração em outros níveis de uma economia capitalista, dirimindo-se todos, igualmente, pela melhoria da remuneração e ajuste de condições de atuação. Demonstrou-se, ademais, a necessidade de cuidado para não se inibir o exercício da autonomia privada a pretexto de uma proteção paternalista que remonta ao Estado Social.

Por fim, o argumento de reificação e comercialização de crianças é rebatido pela verificação empírica de que os participantes de um negócio de gestação de substituição se veem como negociantes de um serviço, e não de um produto, bem como porque a escolha por este negócio não se assemelha à compra de produtos no mercado, na medida em que a decisão pelo recurso à técnica se verifica como último caminho após intensa reflexão sobre percorrê-lo.

---

61. GALBRAITH, Mhairi; MCLACHLAN, Hugh V.; SWALES, J. Kim. Commercial... Op. cit., p. 25.

REFERÊNCIAS

ABRAMS, Paula. The bad mother: stigma, abortion and surrogacy. *Jornal of Law, Medicine & Ethics*, v. 43, n. 2, p. 179-191, 2015. Disponível em: https://pubmed.ncbi.nlm.nih.gov/26242937/. Acesso em: 22 fev. 2025.

AGAMBEN, Giorgio. *Homo sacer*: o poder soberano e a vida nua. Trad. Henrique Burigo. 2. reimp. Belo Horizonte: Editora UFMG, 2007, v. 1.

AGAMBEN, Giorgio. *Profanações*. Trad. Selvino J. Assmann. São Paulo: Boitempo, 2007.

AMANTE, Angelo; BALMER, Crispian; JONES, Gareth. Itália proíbe que casais busquem "barriga de aluguel" no exterior. CNN Brasil – Internacional. Disponível em: https://www.cnnbrasil.com.br/internacional/italia-proibe-que-casais-busquem-barriga-de-aluguel-no-exterior/. Acesso em: 20 fev. 2025.

ANLEU, Sharyn L. Roach. Reinforcing gender norms: commercial and altruistic surrogacy. *Acta sociologica*, s.l., v. 33, n. 1, p. 63-74, 1990. Disponível em: http://www.jstor.org/stable/4200780. Acesso em: 22 fev. 2025.

ARAMESH, K. Iran's experience with surrogate motherhood: an Islamic view and ethical concerns. *J. Med. Ethics*, v. 35, p. 320-322, 2009. Disponível em: https://jme.bmj.com/content/35/5/320. Acesso em: 22 fev. 2025.

ARVIDSSON, Anna; JOHNSDOTTER, Sarah; ESSÉN, Birgitta. Views of swedish commissioning parents relating to the exploitation discourse in using transnational surrogacy. *Journal PLoS ONE*, v. 10, n. 5, p. 1-12, 2015. Disponível em: https://pubmed.ncbi.nlm.nih.gov/25955178/. Acesso em: 22 fev. 2025.

BASLINGTON, Hazel. The social organization of surrogacy: relinquishing a baby and the role of payment in the psychological detachment process. *Journal of health psychology*, Londres, v. 7, n. 1, p. 57-71, 2002. Disponível: https://www.ncbi.nlm.nih.gov/pubmed/22114227. Acesso em: 20 fev. 2025.

BUSBY, Karen; VUN, Delaney. Revisiting The Handmaid's Tale: feminist theory meets empirical research on surrogate motherhood. *Canadian Journal of Family Law*, v. 26, n. 1, 2010, p. 13-93. Disponível em: claradoc.gpa.free.fr/doc/329.pdf. Acesso em: 22 fev. 2025.

COMPTON, R.J. *Adoption beyond borders*: how international adoption benefits children. New York: Oxford University Press, 2016.

COULANGES, Fustel de. *A cidade antiga*. Tradução da obra original La Cité Antique de 1864. 3. reimpressão. São Paulo: Martin Claret, 2007.

FIUZA, César. Nota do autor e organizador. In: FIUZA, César (Org.). *Elementos de teoria geral das obrigações e dos contratos*: por uma abordagem civil constitucional. Curitiba: CRV, 2012.

GALBRAITH, Mhairi; MCLACHLAN, Hugh V.; SWALES, J. Kim. Commercial agencies and surrogate motherhood: a transaction cost approach. *Health care analysis*, v. 13, n. 1, p. 11-31, 2005. Disponível em: https://pubmed.ncbi.nlm.nih.gov/15889679/. Acesso em: 22 fev. 2025.

JADVA, Vasanti; MURRAY, Clare; LYCETT, Emma; MACCALLUM, Fiona; GOLOMBOK, Susan. Surrogacy: the experiences of surrogate mothers. *Human reproduction*, v. 18, n. 10, p. 2196-2204, 2003. Disponível em: https://pubmed.ncbi.nlm.nih.gov/14507844/. Acesso em: 20 fev. 2025.

KARANDIKAR, Sharvari; CARTER, James R.; GEZINSKI, Lindsay B.; KALOGA, Marissa. Economic necessity or nobel cause? A qualitative study exploring motivations for gestational surrogacy in Gujarat, India. *Journal of women and social work*, v. 29, n. 2, p. 224-236, 2014. Disponível: http://journals.sagepub.com/doi/abs/10.1177/0886109913516455. Acesso em: 20 fev. 2025.

LAMM, Eleonora. La importancia de la voluntad procreacional en la nueva categoría de filiación derivada de las técnicas de reproducción assistida. *Revista de bioética y Derecho*, Barcelona, n. 24, p. 76-91, jan. 2012. Disponível em: https://revistes.ub.edu/index.php/RBD/article/view/14700. Acesso em: 22 fev. 2025.

LARA, Mariana. *O direito à liberdade de uso e (auto)manipulação do corpo*. Belo Horizonte: D'Plácido, 2014.

MARKENS, Susan. The global reproductive health market: U.S. media framings and public discourses about transnational surrogacy. *Social Science & Medicine*, v. 74, p. 1745-1753, 2012. Disponível em: https://pubmed.ncbi.nlm.nih.gov/22014871/. Acesso em: 22 fev. 2025.

MILLBANK, Jenni. Rethinking "commercial" surrogacy in Australia. *Bioethical inquiry*, Holanda, v. 12, p. 477-490, 2015. Disponível em: https://pubmed.ncbi.nlm.nih.gov/25015592/. Acesso em: 22 fev. 2025.

PHILLIPS, Anne. It's my body and I'll do what I like with it: bodies as objects and property. *Political Theory*, v. 39, n. 6, p. 724-748, 2011. Disponível em: https://www.jstor.org/stable/41502590. Acesso em: 22 fev. 2025.

PIMENTEL, Matheus. O que a liga de futebol americano tem feito para prevenir danos no cérebro dos jogadores. *Nexo* [online]. 5 fev. 2017. Disponível em: https://www.nexojornal.com.br/expresso/2017/ 02/05/O-que-a-liga-de-futebol-americano-tem-feito-para-prevenir-danos-no-c%C3%A9rebro-dos-jogadores. Acesso em: 22 fev. 2025.

RETTORE, Anna Cristina de Carvalho; SÁ, Maria de Fátima Freire de. A gestação de substituição no Brasil: normatividade avançada e possibilidade de aprimoramento. In: CASTRO, Cristina Veloso de; SILVA, Mônica Neves Aguiar da (Coord.). *Congresso do CONPEDI*, 2016, Curitiba. Anais de Biodireito e direitos dos animais I [Recurso eletrônico online]. Florianópolis: CONPEDI, p. 65-82, 2016. Disponível em: https://site.conpedi.org.br/publicacoes/02q8agmu/23fs7c16/43JYs6251Cg10Pu3.pdf. Acesso em: 20 fev. 2025.

RUIZ-ROBLEDILLO, Nicolás; MOYA-ALBIOL, Luis. Gestational surrogacy: psychosocial aspects. *Psychosocial intervention*, Madrid, v. 5, p. 187-193, 2016. Disponível em: https://scielo.isciii.es/pdf/inter/v25n3/1132-0559-inter-25-03-00187.pdf. Acesso em: 20 fev. 2025.

SÁ, Maria de Fátima Freire de. *Biodireito e direito ao próprio corpo*: doação de órgãos, incluindo o estudo da Lei n. 9.434/97, com as alterações introduzidas pela Lei n. 10.211/01. 2. ed. rev. atual. e ampl. Belo Horizonte: Del Rey, 2003.

SÁ, Maria de Fátima Freire de; NAVES, Bruno Torquato de Oliveira. *Manual de Biodireito*. 3. ed. rev. atual. e ampl. Belo Horizonte: Del Rey, 2015.

SEMBA, Yukari; CHANG, Chiung Fang; HONG, Hyunsoo; KAMISATO, Ayako; KOKADO, Minori; MUTO, Kaori. Surrogacy: donor conception regulation in Japan. *Bioethics*, Oxford, v. 24, n. 7, p. 348-357, 2010. Disponível em: https://pubmed.ncbi.nlm.nih.gov/20002072/. Acesso em: 22 fev. 2025.

SHARP, Lesley A. The commodification of the body and its parts. *Annu. Rev. Antropol*, v. 29, p. 287-338, 2000. Disponível em: https://www.jstor.org/stable/223423. Acesso em: 22 fev. 2025.

STANCIOLI, Brunello. *Renúncia ao exercício de direitos da personalidade*: ou como alguém se torna o que quiser. Belo Horizonte: Del Rey, 2010.

STRAEHLE, Christine. Is there a right to surrogacy? *Journal of applied philosophy*, Oxford, v. 33, n. 2, p. 1146-1159, 2016. Disponível em: https://onlinelibrary.wiley.com/doi/abs/10.1111/japp.12145. Acesso em: 22 fev. 2025.

TEIXEIRA, Ana Carolina Brochado; RODRIGUES, Renata de Lima. Características e consequências do exercício do direito ao livre planejamento familiar conferido à pluralidade de entidades familiares. p. 140-168. In: TEIXEIRA, Ana Carolina Brochado; RODRIGUES, Renata de Lima. *O direito das famílias entre a norma e a realidade.* São Paulo: Atlas, 2010.

TIEU, M. M. Altruistic surrogacy: the necessary objetification of surrogate mothers. *J. Med. Ethics,* v. 35, p. 171-175, 2009. Disponível em: https://pubmed.ncbi.nlm.nih.gov/19251968/. Acesso em: 22 fev. 2025.

TREMELLEN, Kelton; EVERINGHAM, Sam. For love or Money? Australian attitudes to financially compensated (commercial) surrogacy. *Australian and New Zealand Journal of Obstetrichs and Gynaecology,* v. 56, p. 558-563, 2016. Disponível em: https://obgyn.onlinelibrary.wiley.com/doi/10.1111/ajo.12559. Acesso em: 22 fev. 2025.

VAN ZYL, Liezl; WALKER, Ruth. Beyond altruistic and commercial contract motherhood: the professional model. *Bioethics,* Oxford, v. 27, n. 7, p. 373-381, 2013. Disponível em: https://pubmed.ncbi.nlm.nih.gov/22500585/. Acesso em: 22 fev. 2025.

VAN ZYL, Liezl; WALKER, Ruth. Surrogacy, compensation, and legal parentage: against the adoption model. *Bioethical inquiry,* Holanda, v. 12, p. 383-387, 2015. Disponível em: https://pubmed.ncbi.nlm.nih.gov/26133892/. Acesso em: 22 fev. 2025.

WATSON, Clara. Womb rentals and baby-selling: does surrogacy undermine the human dignity and rights of the surrogate mother and child? *The New Bioethics,* s.l., v. 22, n. 3, p. 212-228, 2016. Disponível em: https://pubmed.ncbi.nlm.nih.gov/28219265/. Acesso em: 20 fev. 2025.

WILKINSON, Stephen. Exploitation in international paid surrogacy arrangements. *Journal of applied philosophy,* Oxford, v. 33, n. 2, p. 125-145, 2016. Disponível em: https://onlinelibrary.wiley.com/doi/10.1111/japp.12138. Acesso em: 20 fev. 2025.

A EXPANSÃO DO CONTROLE GENÉTICO: ANÁLISE DA IMPLANTAÇÃO DO BANCO NACIONAL DE PERFIS GENÉTICOS E DA REDE INTEGRADA DE BANCOS DE PERFIS GENÉTICOS

Emílio de Oliveira e Silva

Mestre em Direito Processual pela Pontifícia Universidade Católica de Minas Gerais (PUC Minas). Especialista em Ciências Penais (Instituto de Educação Continuada IEC/PUC Minas). Professor. Diretor do Instituto de Criminologia (PCMG). Coordenador Adjunto do Comitê de Ética em Pesquisa da Academia de Polícia Civil de Minas Gerais (ACADEPOL – PCMG). Delegado de Polícia Civil.

Sumário: Introdução – 1. A identificação genética – 2. Os bancos de dados genéticos – 3. O banco nacional e a rede integrada – 4. Os riscos do controle genético; 4.1 O mito da infalibilidade da prova genética; 4.2 Ausência de um regime jurídico; 4.3 Discriminação racial e ética; 4.4 Adaptação da legislação às novas biotecnologias; 4.5 Tamanho ideal dos bancos de dados genéticos – Considerações finais – Referências.

INTRODUÇÃO

A identificação genética forense vem sendo entendida como uma ferramenta indispensável para a atividade investigativa capaz de ampliar o controle da investigação e diminuir a discricionariedade de quem a coordena, na medida em que se estabelecem critérios científicos e objetivos para o esclarecimento do caso penal. Por outro lado, a identificação genética também pode causar a exclusão social e a discriminação étnica, além de potencializar a violação dos direitos fundamentais, uma vez que seu emprego sistemático amplia o controle penal a um nível celular, convertendo o Estado Democrático de Direito em Estado de Polícia.

No Brasil, a identificação genética criminal e seus respectivos bancos de dados não são novidades introduzidas pela Lei de Identificação Genética (Lei 12.654/2012).[1] No entanto, a criação do Banco Nacional de Perfis Genéticos

---

1. A identificação genética para fins criminais é realizada pela Polícia Civil do Distrito Federal desde 1994, enquanto os bancos de dados genéticos são utilizados pela Polícia Civil mineira desde 2009. SANTOS, Valéria Rosalina Dias e. *Utilização de amplicons STR diferenciados para auxiliar na análise de DNA forense*. 2009. Dissertação (Mestrado em Biologia) – Programa em Pós-Graduação em Genética, Universidade Federal de Minas Gerais, Belo Horizonte. 2009.

(BNPG) e da Rede Integrada de Bancos de Perfis Genéticos (RIBPG) marcou a expansão do controle biotecnológico em âmbito nacional. Segundo relatório divulgado pelo Ministério da Justiça e da Segurança Pública, o número de perfis cadastrados no BNPG saltou de 2.584 para 239.412 entre os anos de 2014 a 2024, ou seja, um incremento de mais de 92 vezes em 10 anos.[2] No mesmo período, o número de bancos de dados interligados à RIBPG aumentou de 16[3] para 23,[4] o que evidencia a necessidade de se refletir sobre a implantação dessas medidas biotecnológicas.

Valendo-se da metodologia de pesquisas bibliográficas e documentais, sobretudo dos relatórios estatísticos divulgados pelo Ministério da Justiça e da Segurança Pública e do Relatório de Impacto à Proteção de Dados Pessoais (RIPD) da Polícia Federal, este trabalho busca analisar os resultados do Banco Nacional e da Rede Integrada de Bancos de Dados de Perfis Genéticos, após 12 anos de sua implantação pelo Decreto 7.950/2013.

A partir da compreensão de que os dados genéticos são uma manifestação da intimidade genética (art. 5º, X, CR/88), neste texto compreendida como "o direito de determinar as condições de acesso à informação genética",[5] admite-se que qualquer intervenção informacional na esfera jurídica individual só se legitima, quando estabelecida por um regime jurídico de dados garantidor de direitos fundamentais e, portanto, adequado ao Estado Democrático de Direito.

A hipótese levantada para este trabalho é a de que os problemas de ordem bioética, legislativa e constitucional não impediram que houvesse uma expansão do controle genético em território nacional, o que suscita preocupações em relação aos direitos fundamentais potencialmente afetados por meio dessa biotecnologia.

Destarte, num primeiro momento, abordam-se a identificação genética, suas vantagens para a persecução penal, bem como as hipóteses de sua aplicação. Posteriormente, discutem-se o conceito de bancos de dados genéticos e seu emprego no campo criminal. Na sequência, analisam-se a implantação e o desenvolvimento do RIBPG e do BNPG, descrevendo seu modelo de gestão organizacional, além da composição dos dados cadastrados, suas fontes e os crimes associados às amostras biológicas coletadas. Por fim, pondera-se sobre os riscos do emprego dos dados genéticos para a persecução penal.

---

2. BRASIL. Ministério da Justiça e da Segurança Pública. Rede Integrada de Bancos de Perfis Genéticos: XXI relatório semestral. Brasília: MJSP, maio/2024 a nov./2024, p. 21.
3. BRASIL. Ministério da Justiça e da Segurança Pública. *I Relatório Semestral da Rede Integrada de Bancos de Perfis Genéticos*. Brasília: MJSP, 2014, p. 6.
4. BRASIL. Ministério da Justiça e da Segurança Pública. *XXI Relatório Semestral da Rede Integrada de Bancos de Perfis Genéticos*. Brasília: MJSP, 2024, p. 9.
5. SÁ, Maria de Fátima Freire de; NAVES, Bruno Torquato de Oliveira. *Bioética e Biodireito*. 5. ed. Idaiatuba: Foco, 2021, p. 181.

1. A IDENTIFICAÇÃO GENÉTICA

Os benefícios proporcionados pelo exame genético fizeram com que ele fosse considerado uma tecnologia fundamental para os sistemas de justiça criminal de várias regiões do mundo.[6] O exame de Ácido DesoxirriboNucleico (DNA) apresenta diversas vantagens em relação aos tradicionais métodos de identificação. Como todo ser vivo possui informação genética, havendo variabilidade dessas informações entre seres de uma mesma espécie ou espécies diferentes, a análise do material biológico pode apontar sua gênese, identificando sua origem. Ademais, o caráter hereditário do genoma permite extrair informações que não se limitam à pessoa identificada, mas alcançam, também, seus familiares consanguíneos.

Ressalte-se que vestígios biológicos como a saliva, os pelos, cabelos, fragmentos de tecidos humanos, sangue e esperma são comumente encontrados em locais de crimes. Esse material pode ser utilizado para identificar o autor e a vítima do delito, ou mesmo para limitar o número de pessoas envolvidas com esses vestígios, esclarecendo, ainda, a dinâmica da infração penal. Mesmo quando um perfil genético não pode ser comparado com uma amostra-referência, ou seja, uma amostra cujo doador é conhecido, podem ser extraídas do DNA informações úteis à investigação criminal, como, por exemplo, o sexo. Isso permite direcionar a investigação para determinados suspeitos, aumentando as chances de se identificarem os autores do delito, ao mesmo tempo em que diminui as possibilidades de erros judiciários.

O exame de DNA possibilita que pequenas quantidades de vestígios biológicos, invisíveis a olho nu, sejam suficientes para a obtenção de resultados satisfatórios. Essa vantagem em relação a outros métodos de identificação é somada ao alto grau de resistência do DNA a fatores ambientais, pois a molécula do ácido desoxirribonucleico é robusta, tem alta estabilidade química e térmica, o que a torna ideal para a obtenção de perfis genéticos, mesmo após longos períodos de tempo.[7] Além do mais, no campo da investigação criminal, o emprego da análise genética não se limita à espécie humana. Vestígios de vegetais e de animais têm sido examinados para extrair informações essenciais ao esclarecimento de crimes, como a região de origem da amostra coletada.[8]

---

6. MACHADO, Helena; GRANJA, Rafaela. *Genética forense e governança da criminalidade*. Vila Nova de Famalicão: Editora Húmus, 2020, p. 95.
7. PENA, Sérgio D.J. Segurança pública: determinação de identidade genética pelo DNA. *Parcerias Estratégicas*, Brasília, n. 20, pt. 1, jun. 2005. Trabalho apresentado na 3ª Conferência Nacional de Ciência, Tecnologia e Inovação, 2005.
8. BONACCORSO, Norma Sueli. *Aplicação do exame de DNA na elucidação de crimes*. São Paulo: Edições APMP, 2008, p. 33.

No Brasil, a Lei 12.654, de 28 de maio de 2012, regulamentada pelo Decreto 7.950/2013, normatizou lacônica e insuficientemente o emprego dos dados genéticos para fins criminais, promovendo alterações pontuais na Lei de Identificação Criminal (Lei 12.037/2009) e na Lei de Execução Penal (Lei 7.210/1984). Posteriormente, tal arcabouço normativo foi parcialmente alterado pela Lei 13.964/2019, que definiu as duas condições para o uso da identificação genética: a) quando ela for essencial à investigação; b) em casos de condenados por crime doloso praticado com violência grave contra a pessoa, crime contra a vida, contra a liberdade sexual ou por crime sexual contra vulnerável. Acresça-se a essas circunstâncias o artigo 8º do Decreto 7.950/2013 que autoriza o uso do Banco Nacional de Perfis Genéticos para identificar pessoas desaparecidas.

Importante mencionar que a identificação genética é essencialmente comparativa. Noutras palavras, o exame genético só pode associar o vestígio encontrado no local do crime à sua fonte, se houver material biológico para comparação, o que pode ser obtido da pessoa investigada ou de seus familiares com quem tenha vínculo genético. Na ausência dessa confrontação, a simples análise do vestígio biológico encontrado no local do crime não permite identificar o autor do delito. Portanto, em crimes nos quais não houver suspeitos, o exame genético pode ficar prejudicado, por inexistir material para o confronto de dados.

A implementação do banco de dados genéticos supre essa deficiência investigativa, uma vez que tais bancos contêm informações genéticas disponíveis à investigação, possibilitando a comparação automática entre perfis de DNA. Dessa forma, toda vez que um perfil genético for inserido nos bancos de dados, ele é confrontado com outros perfis já cadastrados, o que permite verificar a existência de coincidência entre eles, e averiguar se são provenientes de uma mesma fonte.

2. OS BANCOS DE DADOS GENÉTICOS

Os bancos de dados genéticos podem ser compreendidos como um modelo de organização gerenciado por meio de um programa de computador que permite armazenamento, compartilhamento, atualização, manipulação e acesso rápido a determinadas informações genéticas.[9]

Os bancos de dados genéticos forenses podem ter finalidades civis ou criminais. As civis referem-se à identificação de pessoas desaparecidas por meio da comparação entre o DNA de pessoas não identificadas (normalmente restos cadavéricos) com seus supostos familiares. Esse foi o caso do "Banco Nacional de

---

9. SILVA, Emílio de Oliveira e. *Identificação genética para fins criminais*: análise dos aspectos processuais do banco de dados de perfil genético implementado pela Lei 12.654/2012. Belo Horizonte: Editora Del Rey, 2014, p. 137.

Dados Genéticos" argentino criado pela Lei 23.511, de 1987, para o esclarecimento da filiação de crianças desaparecidas ou criadas em cativeiro, durante o período da ditadura militar de 1964 a 1985.

No Brasil, a Lei 12.654/2012 não previu a criação de um banco de dados genéticos para a identificação de pessoas desaparecidas. No entanto, o artigo 8º, do Decreto 7.950/2013 expressamente dispõe que o BNPG "poderá ser utilizado para a identificação de pessoas desaparecidas". Posteriormente, a Lei 13.812/2019 criou a Política Nacional de Buscas de Pessoas Desaparecidas e o Cadastro Nacional de Pessoas Desaparecidas, cujo banco de informações sigilosas, destinado aos órgãos de segurança pública, deverá conter "informações genéticas e não genéticas das pessoas desaparecidas e de seus familiares destinado exclusivamente a encontrar e a identificar a pessoa desaparecida" (art. 5º, III).

Os bancos de dados genéticos auxiliam a investigação criminal na identificação de pessoas por meio do cruzamento de informações genéticas recolhidas em locais de crimes e de amostras biológicas em pessoas investigadas ou condenadas. A expressão banco de dados sofre críticas, porque a palavra banco está associada a arquivos de suporte físico, como os de papel, dinheiro, órgãos, tecidos, sangue, medula óssea, o que faz supor uma maior proteção e segurança no armazenamento desses materiais.[10] Isso, na realidade, nem sempre ocorre com a informação virtual, uma vez que seus arquivos são codificações alfanuméricas que necessitam de proteção específica, de modo que, em termos de linguagem de informática, a terminologia adequada seria "base de dados".

A discussão sobre essa terminologia é válida, na medida em que ela inculca a distinção sobre o conteúdo armazenado no banco de dados, em outras palavras, o que seria acautelado no banco de dados: a informação genética (virtual) ou o material biológico (físico)? Nesse contexto, o sentido da expressão banco de dados genéticos é abrangente, já que criada para indicar tanto os *biobancos* (bancos de dados que armazenam amostra biológica), quanto os bancos de dados de perfil genético *stricto sensu*, ou seja, aqueles que utilizam apenas dados alfanuméricos codificados virtualmente.

A Lei 12.654/2012 não é clara no sentido de afirmar se o banco de dados que ela implementa é apenas um biobanco, um banco constituído somente por dados genéticos virtuais ou, ainda, se é uma mistura entre esses dois modelos, ou seja, um biobanco que também armazena informações genéticas codificadas. Entretanto, a Lei 13.964/2019, ao inserir o § 6º, no artigo 9º-A, da Lei de Execução Penal, estabeleceu que, após a identificação do perfil genético, a amostra biológica

---

10. ALBARELLOS, Laura Adriana. *Identificación Humana y Bases de Datos Genéticos*. Azcapotzalco: Ubijus Editorial, 2009, p. 45.

recolhida deverá ser "correta e imediatamente descartada, de maneira a impedir a sua utilização para qualquer outro fim". Dessa maneira, ao determinar que o armazenamento da amostra biológica deve ocorrer apenas até o momento da identificação genética, conclui-se que o uso dos bancos de dados de perfis genéticos deve prevalecer no âmbito criminal.

Se essa opção legislativa confere maior proteção à intimidade genética, por outro lado, limita o exercício dos princípios do contraditório e da ampla defesa, já que impede o sujeito de questionar sua identificação, por meio da realização de novos exames genéticos. Ademais, o descarte antecipado da amostra biológica confronta o artigo 170 do Código de Processo Penal (CPP), que estabelece que nas perícias laboratoriais, "os peritos guardarão material suficiente para a eventualidade de nova perícia", permitindo, assim, que o sujeito identificado geneticamente produza contraprovas, seja na fase investigativa ou na judicial.

Em que pesem as críticas, nas duas últimas décadas, houve uma expansão do emprego dos bancos de dados genéticos para fins criminais, os quais ganharam notoriedade pela sua eficácia na apuração de delitos, inclusive na absolvição de inocentes, na localização de pessoas desaparecidas e na identificação de cadáveres.[11] Essa versatilidade da análise genética contribuiu para a sua difusão em todo o mundo, seja por meio de tratados e convenções que estimulam a cooperação internacional para o intercâmbio de perfis genéticos, como é o caso do Tratado de Prüm, seja por incentivos logísticos, financeiros e tecnológicos de órgãos como a *International Police Organization* (Interpol)[12] e o *Federal Bureau Investigation* (FBI).[13]

Segundo Helena Machado,[14] essa difusão dos bancos de dados de perfil genético pode ser interpretada como um "projeto técnico-genético e biopolítico crescentemente global e imbricado em imaginários coletivos assentes no medo do crime e do criminoso". Nesse contexto, a expansão de tais bancos surge como uma alternativa para aumentar a capacidade estatal de dar respostas às emergências penais, neste texto compreendidas como "situações que exigem uma imediata resposta do ordenamento jurídico justificada pela gravidade do fato e sua repercussão

---

11. AMANKWAA, Aaron Opoku; MCCARTNEY, Carole. The effectiveness of the current use of forensic DNA in criminal investigations in England and Wales. Newcastle upon Tyne: *WIREs Forensic Sci*, v. 3, n. 6, Nov./Dec. 2021, p. e1414.
12. INTERNATIONAL POLICE ORGANIZATION. *Interpol Handbook on DNA data exchange and practice*: recommendations from the Interpol DNA monitoring expert group. 2. ed. [New York]: Interpol, 2009.
13. FEDERAL BUREAU OF INVESTIGATION. *Combined DNA Index System (CODIS)*. [New York]: FBI, 2005.
14. MACHADO, Helena. Construtores da bio(in)segurança na base de dados de perfis de ADN. *Etnográfica*, v. 15, n. 1, p. 153-166, 2011.

na sociedade que gera uma insegurança subjetiva",[15] a exemplo do terrorismo, da imigração ilegal, das organizações criminosas e da violência urbana.

Nos últimos anos, o Ministério da Justiça e da Segurança Pública têm incentivado a expansão da identificação genética e dos bancos de dados de perfil genético.[16] A implementação dessa política de segurança pública está em consonância com a Lei 13.675/2018 que instituiu o Sistema Único de Segurança Pública (SUSP) e estabeleceu como objetivo da Política Nacional de Segurança Pública e Defesa Social incentivar a modernização de equipamentos, da investigação e da perícia forense, além de integrar e compartilhar as informações de segurança pública, inclusive com instituições de segurança pública estrangeiras (art. 6º, III, IX, X). No Plano Nacional de Segurança Pública e Defesa Social (2021/2030) também existem ações estratégicas relacionadas ao emprego dos dados genéticos, visando ao fortalecimento da perícia criminal e à consolidação da atividade de inteligência para fins de produção, análise, gestão e compartilhamento de dados e informações, contribuindo, assim, para o incremento do BNPG e da RIBPG.

3. O BANCO NACIONAL E A REDE INTEGRADA

Concebida em 2009 por meio de uma iniciativa entre o Ministério da Justiça e das Secretarias de Segurança Pública Estaduais e do Distrito Federal,[17] a Rede Integrada de Bancos de Perfis Genéticos foi normatizada pelo Decreto 7.950/2013 e posteriormente modificada pelo Decreto 9.817/2019 que também previu a constituição do Banco Nacional de Perfis Genéticos. Ambos têm a finalidade de subsidiar a persecução penal e a identificação de pessoas desaparecidas. Enquanto o Banco Nacional tem a função de armazenar e processar os dados de perfis genéticos que lhe são encaminhados, a Rede Integrada, por meio do programa de computador CODIS,[18] realiza o compartilhamento e procede à comparação de perfis genéticos dos bancos de dados da União, dos Estados e do Distrito Federal (art. 1º, §§ 1º e 2º, Decreto 7.950/2013).

---

15. BARROS, Flaviane de Magalhães. O inimigo no processo penal - uma análise a partir da relação entre direito e política. In: MACHADO, Felipe; CATTONI, Marcelo (Coord.). *Constituição e processo*: entre o direito e a política. Belo Horizonte: Fórum, 2011, p. 90.
16. Segundo o Ministério da Justiça e da Segurança Pública, entre os anos de 2019 e 2022 houve um aporte de R$150.000.000,00 (cento e cinquenta milhões de reais) na expansão do Banco Nacional de Perfis Genéticos. BRASIL. Serviços e Informações do Brasil. *Banco Nacional de Perfis Genéticos já auxiliou em mais de 3 mil investigações criminais*: com o material coletado em todo o país é possível identificar a autoria de crimes sem solução. Brasília: MJ, 2022.
17. BRASIL. Comitê Gestor da RIBPG. *Manual de Procedimentos Operacionais da Rede Integrada de Bancos de Perfis Genéticos*. Brasília: MJSP, 2023, p. 6.
18. O *Combined DNA Index System (CODIS)* é um programa de computador desenvolvido nos Estados Unidos pelo *Federal Bureau of Investigation* (FBI) que tem a finalidade de comparar e identificar pessoas por meio do perfil genético.

Atualmente, a RIBPG é composta pelo Banco Nacional de Perfis Genéticos e outros 23 bancos de perfis genéticos locais (21 estaduais, 1 do Distrito Federal e 1 da Polícia Federal). Alguns estados federativos, como Piauí, Rio Grande do Norte, Acre, Sergipe e Roraima estão prestes a participar da rede; Santa Catarina e Rondônia estão temporariamente suspensos do compartilhamento de perfil genético,[19] após auditorias externas realizadas no ano de 2022.[20] Segundo relatório divulgado pelo Ministério da Justiça, mesmo os Estados que ainda não dispõem de bancos de dados genéticos estão de alguma maneira integrados à RIBPG, pois fazem coletas regulares de amostras biológicas para comparação, participam de projetos, eventos e campanhas para a identificação de pessoas desaparecidas, além de acessarem o Centro Multiusuário de Processamento Automatizado de Amostras Biológicas.[21]

Um dos aspectos mais importantes ao se implementar um banco de dados genéticos para fins criminais diz respeito a sua gestão, isso é, ao modelo de sua organização administrativa no qual se define a instituição responsável pelo seu funcionamento, a qual ficará incumbida de adotar as medidas de proteção e de sigilo das informações genéticas resguardadas.[22]

Há países onde os bancos de dados estão sob a responsabilidade de universidades públicas (Áustria, Suíça) ou laboratórios estatais (Bélgica, Reino Unido e Holanda). Outros, como Alemanha, Canadá, Estados Unidos, Finlândia e Noruega, cabe às forças policiais a função de gerir os bancos de dados.[23] No Brasil, como os governos estadual e federal exercem funções precípuas no sistema de segurança pública (art. 144, CR/88), a gestão dos bancos de dados genéticos fica a cargo das unidades de perícia oficial estaduais, distrital e federal, estando o BNPG e a RIBPG vinculados ao Ministério da Justiça e da Segurança Pública, nos termos do artigo 1º, do Decreto 7.950/2013.

O BNPG é administrado por perito criminal federal com experiência comprovada em genética (art. 1º, § 4º, Decreto 7.950/2013), sendo este profissional incorporado na estrutura organizacional da Polícia Federal, especificamente na sua Diretoria Técnico-Científica,[24] que também tem a responsabilidade de gerir

---

19. BRASIL. Ministério da Justiça e da Segurança Pública. *Rede Integrada de Bancos de Perfis Genéticos*: XXI relatório semestral. Brasília: MJSP, maio/2024 a nov./2024, p. 10.
20. BRASIL. Ministério da Justiça e da Segurança Pública. *Rede Integrada de Bancos de Perfis Genéticos*: XX relatório semestral. Brasília: MJSP, nov./2023 a maio/2024, p. 55.
21. BRASIL. Ministério da Justiça e da Segurança Pública. *Rede Integrada de Bancos de Perfis Genéticos*: XXI relatório semestral. Brasília: MJSP, maio/2024 a nov./2024, p. 22.
22. ALBARELLOS, Laura Adriana. *Identificación humana y bases de datos genéticos*. Azcapotzalco: Ubijus Editorial, 2009, p. 63.
23. ALBARELLOS, Laura Adriana. *Identificación humana y bases de datos genéticos*. Azcapotzalco: Ubijus Editorial, 2009, p. 64.
24. Conforme o artigo 19, I, do Regimento Interno da Polícia Federal (Portaria 155/2018). BRASIL. Ministério da Justiça e da Segurança Pública. *Regimento Interno da Polícia Federal – 2018*. Brasília: MJ, 2020.

seu laboratório de genética forense. Esse modelo organizacional gera críticas, já que ele atribui a um único órgão a gestão do banco de dados e do laboratório forense. Na Itália, por exemplo, a administração do banco de dados não coincide com a instituição que gere o laboratório forense. O artigo 5º, da Lei 85/2009 define que o banco de dados genéticos está atrelado ao Ministério do Interior, enquanto o laboratório central se vincula ao Ministério da Justiça.

Essa é uma premissa que melhor pode ser compreendida, quando se percebe que os bancos de dados de perfil genético e os laboratórios forenses exercem atribuições diversas. Enquanto os primeiros são incumbidos da atividade de comparação e identificação de pessoas investigadas, os laboratórios têm a função de extrair o perfil genético e transmiti-lo ao banco de dados por meio de arquivos virtuais já codificados, competindo-lhes, ainda, conservar o material biológico, normalmente de forma anônima, ou seja, sem identificar diretamente a pessoa que forneceu a amostra genética.

Gennari[25] afirma que é imprescindível que tais atividades sejam diferenciadas e exercidas por órgãos distintos, inclusive em espaços físicos diversos. Essa seria uma exigência imposta para a preservação da intimidade genética, já que a amostra biológica possibilita a análise integral do genoma. Logo, permitir que armazenamento, análise e identificação das amostras biológicas estejam em poder de um mesmo órgão fragilizaria a segurança do patrimônio genético, facilitando o desrespeito aos princípios que norteiam a administração dos bancos de dados.

Contudo, no caso brasileiro, tais críticas podem ser minimizadas. O modelo de gestão instituído pela Lei 12.654/2012, embora concentre funções nas unidades de perícias oficiais, é constituído por uma série de medidas de *accountability* que reduzem os riscos às violações de direitos fundamentais, ao mesmo tempo em que garantem a transparência, a fiscalização e a confiabilidade do controle, acesso, da manipulação e destruição das informações genéticas.

Por integrarem órgãos estatais, os bancos de dados genéticos forenses são geridos por servidores públicos que têm o dever de se pautarem por mandamentos deontológicos,[26] sendo diretamente responsáveis civil, penal e administrativamente pela manipulação indevida dos dados genéticos (art. 5º-A, § 2º, Lei 12.037/2009). Além do controle interno realizado pelas Corregedorias, existe o controle externo da atividade investigativa sob a responsabilidade das ouvidorias

---

25. GENNARI, Giuseppe. La istituzione della banca dati del DNA ad uso forense: dalla privacy alla sicurezza. In: SCARCELLA, Alessio (Ed.). *Prelievo del DNA e banca datinazionale*: il proceso penale tra accertamento del fatto e cooperazione internazionale. Milano: Cedam, 2009, p. 60.
26. Mandamentos deontológicos estão previstos nas Leis Orgânicas, Estatutos ou Códigos de Ética de cada instituição com função pública, como é o caso da Lei Orgânica Nacional do Ministério Público (Lei 8.625/1993), a Lei Orgânica das Polícias Civis (Lei 14.735/2023) e a Lei Orgânica da Polícia Civil do Estado de Minas Gerais (Lei Complementar 129/2013).

e do Ministério Público, o que diminui a possibilidade de ações fraudulentas, clandestinas ou sub-reptícias.

Os bancos de dados genéticos são sigilosos (art. 5º-A, § 2º, Lei 12.037/2009) e, para assegurar esse caráter, os bancos que compõem a RIBPG se utilizam da tecnologia da anonimização. Isso significa que os perfis genéticos são armazenados separadamente, sem vínculos com quaisquer informações que possam identificar os indivíduos aos quais pertencem. Tal anonimização só é revertida, quando há uma coincidência com um perfil genético já registrado. Nesse caso, o laboratório responsável pelos dados identificadores comunica às autoridades competentes sobre a origem e as características do perfil genético em questão.[27]

Além disso, o acesso ao BNPG é restrito e controlado. Segundo o Relatório de Impacto à Proteção de Dados Pessoais sobre a "gestão de banco de perfis genéticos",[28] o BNPG é dotado de medidas de controle físico, lógico e administrativo para impedir acessos não autorizados e o uso inadequado das informações genéticas. Assim, há registros de *logs* dos usuários e das atividades de tratamento de dados que ficam armazenados pelo prazo mínimo de 5 anos. Da mesma forma, para a realização de qualquer tratamento de dados, é necessária a instauração de um procedimento administrativo, obstando acessos não autorizados, e permitindo maior controle do tratamento dos dados.

A RIBPG conta com um Comitê Gestor incumbido de coordenar as ações dos órgãos gerenciadores de bancos de dados de perfil genético e promover a integração desses dados para a União, os Estados e o Distrito Federal. Sua composição inclui 05 representantes do Ministério da Justiça, 05 dos Estados ou do Distrito Federal e 1 representante do Ministério da Mulher, sendo as atividades realizadas no Comitê Gestor consideradas prestação de serviço público relevante não remunerada (art. 2º, 4º, Decreto 7.950/2013).

Tal Comitê tem a função de garantir a qualidade e a confiabilidade das atividades desenvolvidas durante todo o processamento genético, assegurando o respeito aos direitos fundamentais potencialmente afetados. Para isso, compete-lhe: promover a padronização de procedimentos e técnicas de coleta, análise, inclusão, armazenamento e manutenção dos perfis genéticos; adotar medidas para assegurar a confiabilidade e o sigilo dos dados; definir os requisitos técnicos para a realização de auditorias e elaborar seu próprio regimento (art. 5º, Decreto 7.950/2013).

---

27. BRASIL. Polícia Federal. *Relatório de impacto à proteção de dados*: gestão de banco de perfis genéticos. Brasília: PF, 2023, p. 5.
28. BRASIL. Polícia Federal. *Relatório de impacto à proteção de dados*: gestão de banco de perfis genéticos. Brasília: PF, 2023, p. 6-7.

Para as reuniões do Comitê Gestor, deverão ser convidados representantes do Ministério Público, da Defensoria Pública, da Ordem dos Advogados do Brasil e da Comissão Nacional de Ética em Pesquisa (art. 2º, § 5º, Decreto 7.950/2013). Além disso, poderão ser convidados especialistas e representantes de outros órgãos e entidades, públicas e privadas, para o acompanhamento ou participação nas suas reuniões e atividades (art. 3º, Decreto 7.950/2013). A fim de auxiliá-lo em temas específicos, o Comitê Gestor conta com duas comissões permanentes: a Comissão de Interpretação e Estatística e a Comissão de Qualidade (art. 10-B, Decreto 7.950/2013), podendo, ainda, instituir grupos de trabalho de caráter temporário com a finalidade de assessoramento (art. 10-C, Decreto 7.950/2013).

Ressalte-se que o BNPG e a RIBPG são auditados periodicamente pelo Ministério da Justiça e Segurança Pública que averiguam se suas atividades estão em conformidade com suas diretrizes normativas, e se atendem aos requisitos técnicos estabelecidos pelo Comitê Gestor, como é o caso das Resoluções 12 e 18 que tratam, respectivamente, dos "requisitos técnicos para a realização de auditorias nos laboratórios e bancos que compõem a Rede Integrada de Bancos de Perfis Genéticos"[29] e do "manual de procedimentos operacionais da RIBPG".[30]

As auditorias para a averiguação do cumprimento desses requisitos técnicos podem se dar *in loco*, e devem contar com especialistas vinculados a órgãos externos, como instituições científicas ou estabelecimentos de ensino superior sem fins lucrativos (art. 9º, PU, Decreto 7.950/2013). A equipe auditora, por sua vez, deve ter experiência em biologia molecular e capacitação em sistema de gestão de qualidade (art. 5º, PU, I, II, Resolução 12/2019). O laboratório que não atender às diretrizes técnicas não garante a qualidade e a confiabilidade dos dados. Nesse caso, o Comitê Gestor poderá "suspender temporariamente o compartilhamento dos perfis genéticos produzidos por tais laboratórios com o Banco Nacional de Perfis Genéticos, até a resolução efetiva das não conformidades" (art. 14, Resolução 12/2019).

Em relação à composição, até o mês de novembro de 2024, o BNPG tinha 239.412 perfis genéticos cadastrados.[31] Desse montante, cerca de 91% dos perfis estão relacionados ao âmbito criminal, sendo 76% de perfis correspondentes a amostras de referências criminais e 15% de perfis provenientes de vestígios biológicos.

---

29. BRASIL. Ministério da Justiça e Segurança Pública. Resolução 12, de 01 de agosto de 2019. Dispõe sobre os requisitos técnicos para a realização de auditorias nos laboratórios e bancos que compõem a Rede Integrada de Bancos de Perfis Genécos. Brasília: MJ, 2019.
30. BRASIL. Ministério da Justiça e Segurança Pública. Resolução 18, de 04 de outubro de 2023. Aprova o Manual de Procedimentos Operacionais da Rede Integrada de Bancos de Perfis Genéticos. Brasília: MJ, 2023.
31. BRASIL. Ministério da Justiça e da Segurança Pública. Rede Integrada de Bancos de Perfis Genéticos: XXI relatório semestral. Brasília: MJSP, maio/2024 a nov./2024, p. 21.

Entre as amostras de referências criminais, cerca de 74% pertencem a indivíduos condenados (art. 9º-A, Lei 7.210/1984), enquanto apenas 2%, aproximadamente, correspondem a perfis provenientes de pessoas identificadas criminalmente, além de coletas autorizadas por decisão judicial ou restos mortais identificados. Por outro lado, apenas 9% dos perfis do BNPG estão relacionados a pessoas desaparecidas, sendo aproximadamente 5% referentes a restos mortais não identificados, menos de 1% a pessoas vivas cuja identidade é desconhecida, e os 4% restantes correspondem diretamente a indivíduos desaparecidos ou aos seus familiares.[32]

Ainda conforme o XXI Relatório da Rede Integrada,[33] quanto ao tipo de crimes, observa-se, no BNPG, a maior prevalência de perfis genéticos relacionados a crimes sexuais (42%) e contra o patrimônio (38%). Crimes contra a vida somam 11%. Em relação aos resultados, até o dia 28 de novembro de 2024, a RIBPG apresentou 9.631 coincidências confirmadas, sendo 7.324 entre vestígios e 2.307 entre vestígio e indivíduo cadastrado criminalmente, tendo auxiliado 7.100 investigações.[34] O Estado com maior contribuição absoluta de perfis genéticos para o BNPG é Minas Gerais (30.526 perfis), seguido de São Paulo (30.428 perfis), Pernambuco (26.209 perfis), Rio Grande do Sul (23.266 perfis), Goiás (19.676 perfis) e Ceará (14.475 perfis).[35]

4. OS RISCOS DO CONTROLE GENÉTICO

A crescente utilização da biotecnologia na investigação criminal, impulsionada pela criação e expansão de bancos de perfis genéticos, apresenta um panorama complexo e multifacetado que envolve questões interdisciplinares relacionadas ao Direito, à Ética, à Biologia e à Computação. A promessa de resolução de crimes e identificação de criminosos por meio da prova genética, embora sedutora, camufla uma série de desafios e riscos que não podem ser ignorados. Nos casos específicos do BNPG e da RIBPG, algumas preocupações devem ser consideradas no contexto da expansão dessas medidas biotecnológicas.

4.1 O mito da infalibilidade da prova genética

A crença generalizada na infalibilidade da prova genética representa um dos maiores obstáculos para o uso adequado dessa biotecnologia no âmbito criminal.

---

32. BRASIL. Ministério da Justiça e da Segurança Pública. Rede Integrada de Bancos de Perfis Genéticos: XXI relatório semestral. Brasília: MJSP, maio/2024 a nov./2024, p. 23.
33. BRASIL. Ministério da Justiça e da Segurança Pública. Rede Integrada de Bancos de Perfis Genéticos: XXI relatório semestral. Brasília: MJSP, maio/2024 a nov./2024, p. 28.
34. BRASIL. Ministério da Justiça e da Segurança Pública. Rede Integrada de Bancos de Perfis Genéticos: XXI relatório semestral. Brasília: MJSP, maio/2024 a nov./2024, p. 30.
35. BRASIL. Ministério da Justiça e da Segurança Pública. Rede Integrada de Bancos de Perfis Genéticos: XXI relatório semestral. Brasília: MJSP, maio/2024 a nov./2024, p. 22.

A ideia de que a análise de DNA oferece um grau de precisão absoluta capaz de eliminar quaisquer margem de erro ou dúvidas, é não apenas equivocada, mas também perigosa, pois oculta, por detrás da credibilidade da lógica científica, um discurso autoritário e inquisitivo que se funda na possibilidade de converter uma decisão jurisdicional em uma "verdade científica".[36] Essa abordagem, além de representar uma incompatibilidade com o pluralismo democrático, ignora a máxima de que, na Ciência, toda verdade é provisória e falível.[37]

Na contramão da crença popular, a identificação genética não possui um grau de precisão absoluta. Embora altamente confiável, o exame genético é baseado em cálculos probabilísticos que permitem combinar dados estatísticos com informações não estatísticas que muitas vezes os peritos desconhecem, como o sexo do investigado ou seu parentesco com a vítima.[38] Ademais, a análise do genoma está sujeita a erros de laboratório, por contaminação de amostras, interpretações equivocadas e outras limitações técnicas que podem comprometer sua confiabilidade.[39]

Perceba-se que o fato de se ter encontrado material biológico do investigado na pessoa que se diz violentada sexualmente não prova o estupro, porque tal exame não revela o não consentimento da suposta vítima para a prática da relação sexual. Supondo-se que tal estupro tenha sido coletivo, a localização de amostras pertencentes a apenas um investigado também não significa que não houve o concurso de outras pessoas. Ademais, encontrar vestígios no local do crime significa apenas que essa amostra foi localizada naquele lugar, porquanto ela pode ter sido implantada, por motivos escusos, na cena do delito, ou ter sido abandonada, involuntariamente, por alguém que tenha transitado naquele local, contaminando, assim, a cena.

Destarte, o exame genético não deve ser aceito de forma automática ou acrítica. Sua supervalorização em detrimento de outras provas representaria o estabelecimento de uma hierarquia probatória, característica do sistema das provas tarifárias, que não coaduna com o sistema da livre convicção motivada adotado no Brasil (art. 155, CPP). Por ser uma prova probabilística, a identificação genética deve ter a mesma força probatória que o indício,[40] devendo ser

---

36. MACHADO, Helena. Construtores da bio(in)segurança na base de dados de perfis de ADN. *Etnográfica*, v. 15, n. 1, p. 153-166, 2011, p. 157.
37. POPPER, Karl Raimund. *Conhecimento objetivo*: uma abordagem evolucionária. Belo Horizonte: Editora Itatiaia, 1975, p. 53.
38. CASABONA, Carlos María Romeo; MALANDA, Sergio Romeo. *Los identificadores del ADN en el sistema de justicia penal*. Pamplona: Editorial Aranzadi, 2010, p. 40.
39. KRIMSKY, Sheldon; SIMONCELLI, Tania. *Genetic justice*: DNA data banks, criminal investigations and civil liberties. New York: Columbia University, 2011, p. 26.
40. KAPPLER, Susana Álvarez de Neyra. *La prueba de ADN en el proceso penal*. Granada: Editorial Comares, 2008, p. 56.

apreciada conjuntamente com os outros elementos de provas apresentados no curso do processo.

4.2 Ausência de um regime jurídico

Os benefícios que a tecnologia genética oferece para a persecução penal reforçam o apelo para a sua regulamentação normativa, de modo que se possa encontrar um equilíbrio entre os meios persecutórios e os direitos individuais das pessoas atingidas. Por isso, o regime jurídico dos dados genéticos para fins criminais adquire importância fundamental, já que ele definirá os limites do procedimento de coleta, extração, armazenamento, compartilhamento e eliminação do material biológico e de suas respectivas informações genéticas. A previsão legal desse regime jurídico é tão importante que, ao autorizar o uso de dados genéticos para o processo penal, o artigo 12 da Declaração Internacional sobre os Dados Genéticos Humanos dispõe que a "colheita de amostras biológicas *in vivo* ou *post mortem* só deverá ter lugar nas condições previstas pelo direito interno, em conformidade com o direito internacional relativo aos direitos humanos".[41]

No caso da Lei de Identificação Genética, seu caráter assumidamente emergencialista[42] impediu que houvesse um amadurecimento do debate ético, técnico e jurídico sobre a aplicação dos dados genéticos no âmbito criminal. Esse déficit de democracia afetou o devido processo legislativo e resultou em um texto legal de apenas quatro artigos que promoveram alterações pontuais na Lei de Execução Penal (Lei 7.210/1984) e na Lei de Identificação Criminal (Lei 12.037/2009). Posteriormente, a Lei 13.964/2019 também fez modificações nessas mesmas leis, mas sem se importar com a organicidade, a sistematicidade e a abrangência no tratamento da matéria ou nos direitos fundamentais potencialmente afetados.

Tal lacuna legal vem permitindo que o Comitê Gestor da RIBPG dirija seu poder normativo sobre matéria que só poderia ser tratada por meio de lei *stricto sensu*. Esse é o caso da Resolução 10/2019, que cuida da "padronização de procedimentos relativos à coleta compulsória de material biológico".[43] O artigo 9º-A, da Lei de Execução Penal, com a redação dada pela Lei 13.964/2019, estabelece

---

41. DECLARAÇÃO INTERNACIONAL SOBRE OS DADOS GENÉTICOS HUMANOS. Paris: UNESCO, 2004.
42. Isso pode ser observado nas justificativas do Projeto de Lei 93 de 2011, que deu origem à Lei de Identificação Genética, as quais ceifaram a problematização sobre os limites dessa biotecnologia, sobrepondo qualquer interesse que não seja o de aumentar a eficiência da investigação criminal. NOGUEIRA, Ciro. *Projeto de Lei do Senado 93, de 2011*. Estabelece a identificação genética para os condenados por crime praticado com violência contra pessoa ou considerado hediondo. Brasília: Senado, 2011.
43. BRASIL. Ministério da Justiça e Segurança Pública. Resolução 10, de 28 de fevereiro de 2019. Brasília, Diário Oficial da União, Seção 1, p. 60, 2019.

apenas que o condenado será submetido à identificação genética por "técnica adequada e indolor", mas não esclarece como será realizada a coleta compulsória da amostra biológica.

Ocorre que, por ser uma medida de intervenção corporal, sua execução só é admitida, quando houver uma lei que disponha sobre seu procedimento e que defina as hipóteses de aplicação nas quais o juiz autorizará a realização da ingerência no corpo humano, após analisar sua necessidade e adequação ao caso penal.[44] Trata-se de uma consequência lógica da exigência constitucional do princípio da legalidade, já que "ninguém será obrigado a fazer ou deixar de fazer alguma coisa senão em virtude de lei" (art. 5º, II, CR/88).

É necessário, ainda, que a norma estabeleça, de forma clara e pormenorizada, em quais situações a intervenção corporal será realizada, esclarecendo, ainda, as condições para o procedimento de ingerência. Da mesma forma, é preciso que a lei assegure a defesa técnica ao sujeito que será submetido à medida interventiva, por meio da garantia do contraditório prévio e da ampla defesa. Isso garante não só a transparência na execução da intervenção corporal, mas também uma maior fiscalização da atuação do agente estatal, proporcionando à defesa maior agilidade no manuseio de medidas judiciais que garantem os direitos fundamentais do investigado ou acusado.

4.3 Discriminação racial e ética

O emprego da biotecnologia no âmbito criminal remete a problematizações relacionadas à relação entre a vigilância estatal e os conceitos de raça, etnia, ancestralidade, nacionalidade, pertencimento e identidade.[45] Isso, porque a análise do genoma humano pode revelar muito mais sobre o indivíduo do que suas características fenotípicas, podendo, por isto, causar-lhe transtornos pessoais e familiares, além de estigmatização, preconceito e discriminação social.

Uma das grandes preocupações relacionadas ao emprego dos dados genéticos no âmbito criminal é o reforço da seletividade penal ao categorizar pessoas. Esse fenômeno perpassa o imaginário policial que, por sua vez, transforma algumas características físicas do suspeito em um critério para estigmatizar determinados grupos sociais, normalmente os mais vulneráveis ao sistema de justiça criminal, e, portanto, afronta-se o princípio da não discriminação (art. 3º, IV e 5º, XLI, da

---

44. SILVA, Emílio de Oliveira e. *Identificação genética para fins criminais*: análise dos aspectos processuais do banco de dados de perfil genético implementado pela Lei 12.654/2012. Belo Horizonte: Editora Del Rey, 2014, p. 75.
45. QUEIRÓS, Filipa. The (re)invocation of race in forensic genetics through forensic DNA phenotyping technology. In: KHAN, Sheila; CAN, Nazir Ahmed; MACHADO, Helena (Ed.). *Racism and racial surveillance*: modernity matters. London: Routledge, 2022, p. 202.

CR/88), pois se cria uma categoria de "cidadãos de segunda classe" classificados em razão de sua formação congênita.

Nesse contexto, a associação simbólica entre raça e criminalidade permite que a suspeição individual retratada pela fenotipagem transforme-se em uma suspeição coletiva, já que essa técnica investigativa classifica as pessoas em grandes grupos populacionais objeto da atuação estatal. Assim, "o alvo não é o indivíduo específico ao qual pertence o material biológico analisado, mas, sim, o grupo populacional que partilha consigo os mesmos traços de aparência".[46]

O uso dessas informações genéticas poderia gerar contornos ainda mais preocupantes, quando utilizadas para o desenvolvimento de políticas de segurança pública. Nesse sentido, é importante assinalar a existência de estudos genéticos que demonstram a existência de genes diretamente vinculados ao comportamento do sujeito, notadamente sua agressividade e impulsos sexuais.[47] Assim, não é difícil imaginar que, num futuro próximo, a identificação desses genes justifique a aplicação de mecanismos preventivos à prática de delitos associados a essas informações congênitas.

A Lei 12.654/2012 restringiu laconicamente a inclusão nos bancos de dados de informações genéticas que possam revelar "traços somáticos ou comportamentais das pessoas, exceto determinação genética de gênero" (art. 2º). Posteriormente, a Lei 13.964/2019 vedou a prática da fenotipagem genética, deixando clara a proibição daquela medida, seja para a extração de características físicas ou etnográficas. Contudo, o constante desenvolvimento de novas tecnologias indica a necessidade da monitoração permanente do emprego dos dados genéticos no âmbito criminal, o que deve ocorrer desde o procedimento da coleta da amostra biológica até a valoração da prova genética no processo penal.

4.4 Adaptação da legislação às novas biotecnologias

O rápido avanço das biotecnologias exige uma constante adaptação da legislação para acompanhar as novas possibilidades e os novos desafios que surgem nesse campo. A legislação existente muitas vezes não consegue prever e regular adequadamente as novas tecnologias, o que pode gerar insegurança jurídica e abrir espaço para abusos e violações de direitos fundamentais.

Embora a Lei 13.964/2019 tenha proibido expressamente a realização de pesquisas familiares, o avanço da tecnologia genética e a popularização dos ban-

---

46. MACHADO, Helena et al. Vigilância genética, criminalização e coletivização da suspeição. In: GOMES, Sílvia et. al. (Org.). *Desigualdades sociais e políticas públicas*: homenagem a Manuel Carlos Silva. Braga: Edições Húmus, 2018, p. 542.
47. MOLINA, Antonio García-Pablos de. *Tratado de criminologia*. 4. ed. act., cor. e aum. Valencia: Tirant lo Blanch, 2009, p. 490.

cos de dados genéticos recreativos têm gerado novas situações que extrapolam o alcance dessa proibição, levantando sérias preocupações em relação à intimidade genética (art. 5º, X, CR/88) e à proteção de dados pessoais (art. 5º, LXXIX, CR/88).

As denominadas "pesquisas familiares de longo alcance" (*long-range familial search*) são realizadas em bancos de dados recreativos, como o *GEDmatch* e o *23and-Me*. Nesses casos, a investigação criminal se vale de empresas privadas que oferecem serviços de montagem de árvores genealógicas, com base em informações genéticas de seus usuários, disponibilizando esses dados em plataformas *online*. Amostras biológicas coletadas em locais de crime são enviadas para essas empresas que, por sua vez, informam ao solicitante os vínculos genéticos familiares da pessoa, dentre outras informações[48]. Essa prática, embora possa ser útil para a resolução de crimes, representa uma séria ameaça à intimidade genética das pessoas que utilizam esse serviço, pois elas podem ter seus dados genéticos utilizados para fins investigativos sem o seu consentimento ou até mesmo seu conhecimento.

4.5 Tamanho ideal dos bancos de dados genéticos

O crescimento percentual médio anual do Banco Nacional de Perfis Genéticos entre 2014 e 2024 foi de aproximadamente 58,7%.[49] Esse incremento suscita importantes questionamentos sobre a dimensão e a abrangência dos bancos de dados genéticos no Brasil. Afinal, existe um tamanho ideal para esses bancos de dados? Qual é a quantidade necessária de perfis genéticos para otimizar o uso dessa medida biotecnológica? Quais são os custos e os riscos associados a esse controle genético?

A ideia de que a eficácia dos bancos de dados genéticos está diretamente associada ao seu tamanho é amplamente defendida por aqueles que apoiam o cadastramento genético do maior número possível de pessoas, visando a prevenir e reprimir atividades criminosas[50]. Essa perspectiva é notada no XXI Relatório da Rede Integrada, que atribui o maior desempenho dos grandes bancos de dados genéticos quando se trata de menores, já que o "incremento no número de perfis genéticos, seja originado de indivíduos (referências criminais) ou de vestígios, gera um maior número de coincidências e, consequentemente, de investigações auxiliadas".[51]

---

48. GUEST, Christine. DNA and law enforcement: how the use of open source DNA databases violates privacy rights. *American University Law Review*, Washington, p. 1015-1052, 2019.
49. BRASIL. Ministério da Justiça e da Segurança Pública. Rede Integrada de Bancos de Perfis Genéticos: XXI relatório semestral. Brasília: MJSP, maio/2024 a nov./2024, p. 21.
50. KRIMSKY, Sheldon; SIMONCELLI, Tania. *Genetic justice*: DNA data banks, criminal investigations and civil liberties. New York: Columbia University, 2011, p. 44.
51. BRASIL. Ministério da Justiça e da Segurança Pública. *Rede Integrada de Bancos de Perfis Genéticos*: XXI relatório semestral. Brasília: MJSP, maio/2024 a nov./2024, p. 34.

Dessa forma, comparando-se os bancos de dados que possuem uma maior proporção de perfis genéticos em relação à sua população, como é o caso do Reino Unido e dos Estados Unidos, onde o número de pessoas identificadas atinge, respectivamente, 8,74% e 6,56%, percebe-se que países como o Brasil, no qual essa proporção é de apenas 0,08%,[52] apresentam um cenário distinto, com uma menor eficiência dos bancos de dados genéticos.

Contudo, essa análise é questionada por estudos que apontam a inexistência de uma relação direta entre o número de pessoas identificadas geneticamente e o desempenho do banco de dados. Países que têm um alto nível de inclusão de sua população no banco de dados não necessariamente apresentam uma taxa de desempenho superior.[53] Há indicativos de que a avaliação da *performance* dos bancos de dados está associada a fatores que vão para além do seu tamanho, como a finalidade de sua aplicação, as questões de valor probatório, prioridades policiais e limitações legais,[54] o que demonstra o equívoco de vincular o desempenho dessas medidas biotecnológicas com o maior número de pessoas identificadas geneticamente.

CONSIDERAÇÕES FINAIS

A implantação dos bancos de dados de perfil genético para fins criminais é um empreendimento que transcende a simples vontade política, porquanto demanda planejamento e organização técnica que levem em consideração as particularidades sociais, econômicas, étnicas, políticas e geográficas de cada país. Todavia, é fundamental reconhecerem-se os riscos e as limitações da prova genética, bem como a necessidade de um regime jurídico claro que torne a identificação genética e o emprego dos seus bancos de dados um recurso investigativo excepcional e restrito às situações previstas em lei, sem margem para a atuação discricionária, abusiva ou ilegítima.

Por isso, a expansão do BNPG e da RIBPG deve ser acompanhada atentamente por seus órgãos de controle e pela sociedade civil, e incentivado o debate público sobre o crescimento desses mecanismos de controle criminal. É imprescindível, resta por óbvio, garantir que se utilizem os dados genéticos sem as influências ideológicas, punitivistas ou emergencialistas, evitando-se a fomentação de políticas de segurança pública inadequadas que representem riscos para os

---

52. BRASIL. Ministério da Justiça e da Segurança Pública. *Rede Integrada de Bancos de Perfis Genéticos*: XXI relatório semestral. Brasília: MJSP, maio/2024 a nov./2024, p. 36.
53. SANTOS, Filipe; MACHADO, Helena; SILVA, Suzana. Forensic DNA Databases in European countries: is size linked to performance. *Life Sciences, Society and Policy*, n. 9, n. 13, 2013.
54. AMANKWAA, Aaron Opoku; MCCARTNEY, Carole. The effectiveness of the current use of forensic DNA in criminal investigations in England and Wales. Newcastle upon Tyne: *WIREs Forensic Sci*, v. 3, n. 6, Nov./Dec. 2021, p. e1414.

direitos fundamentais envolvidos, sobretudo os da intimidade genética (art. 5º, X, CR/88), da não-discriminação (art. 3º, IV e 5º, XLI, da CR/88) e da proteção de dados pessoais (art. 5º, LXXIX, CR/88).

REFERÊNCIAS

ALBARELLOS, Laura Adriana. *Identificación humana y bases de datos genéticos*. Azcapotzalco: Ubijus Editorial, 2009.

AMANKWAA, Aaron Opoku; MCCARTNEY, Carole. The effectiveness of the current use of forensic DNA in criminal investigations in England and Wales. Newcastle upon Tyne: *WIREs Forensic Sci*, v. 3, n. 6, Nov./Dec. 2021, p. e1414. DOI: https://doi.org/10.1002/wfs2.1414. Acesso em: 25 fev. 2025.

BARROS, Flaviane de Magalhães. O inimigo no processo penal – uma análise a partir da relação entre direito e política. In: MACHADO, Felipe; CATTONI, Marcelo (Coord.). *Constituição e processo*: entre o direito e a política. Belo Horizonte: Fórum, 2011.

BONACCORSO, Norma Sueli. *Aplicação do exame de DNA na elucidação de crimes*. São Paulo: Edições APMP, 2008.

BRASIL. Comitê Gestor da RIBPG. *Manual de procedimentos operacionais da rede integrada de bancos de perfis genéticos*. Brasília: MJSP, 2023.

BRASIL. Ministério da Justiça e Segurança Pública. Resolução 10, de 28 de fevereiro de 2019. Brasília, Diário Oficial da União, Seção 1, p. 60, 2019.

BRASIL. Ministério da Justiça e Segurança Pública. Resolução 12, de 01 de agosto de 2019. Dispõe sobre os requisitos técnicos para a realização de auditorias nos laboratórios e bancos que compõem a Rede Integrada de Bancos de Perfis Genécos. Brasília: MJ, 2019. Disponível em: file:/Downloads/sei_mj-10474688-resolucao.pdf. Acesso em: 30 maio 2024.

BRASIL. Ministério da Justiça e Segurança Pública. Resolução 18, de 04 de outubro de 2023. Aprova o Manual de Procedimentos Operacionais da Rede Integrada de Bancos de Perfis Genéticos. Brasília: MJ, 2023. Disponível em: file:/Downloads/sei_mj-10474688-resolucao.pdf. Acesso em: 30 maio 2024.

BRASIL. Ministério da Justiça e da Segurança Pública. Rede Integrada de Bancos de Perfis Genéticos: XXI relatório semestral. Brasília: MJSP, maio/2024 a nov./2024. Disponível em: https://www.gov.br/mj/pt-br/assuntos/sua-seguranca/seguranca-publica/ribpg/relatorio/xxi-relatorio-da-rede-integrada-de-bancos-de-perfis-geneticos-novembro-2024.pdf. Acesso em: 1º fev. 2025.

BRASIL. Ministério da Justiça e da Segurança Pública. Rede Integrada de Bancos de Perfis Genéticos: XX relatório semestral. Brasília: MJSP, nov./2023 a maio/2024.

BRASIL. Ministério da Justiça e da Segurança Pública. I Relatório Semestral da Rede Integrada de Bancos de Perfis Genéticos. Brasília: MJSP, 2014, p. 6.

BRASIL. Ministério da Justiça e da Segurança Pública. Regimento Interno da Polícia Federal – 2018. Brasília: MJ, 2020. Disponível em: https://www.gov.br/pf/pt-br/acesso-a-informacao/institucional/regimento-interno-da-policia-federal-2018. Acesso em: 24 fev. 2025.

BRASIL. Polícia Federal. Relatório de impacto à proteção de dados: gestão de banco de perfis genéticos. Brasília: PF, 2023.

BRASIL. Serviços e Informações do Brasil. Banco Nacional de Perfis Genéticos já auxiliou em mais de 3 mil investigações criminais: com o material coletado em todo o país é possível identificar a autoria de crimes sem solução. Brasília: MJ, 2022. Disponível em: https://www.gov.br/pt-br/noticias/justica-e-seguranca/2022/01/banco-nacional-de-perfis-geneticos-ja-auxiliou-em-mais-de-3-mil-investigacoes-criminais. Acesso em: 1º fev. 2025.

CAMPBELL, Neil A. et al. *Biologia*. 8. ed. Porto Alegre: Artmed, 2010.

CASABONA, Carlos María Romeo; MALANDA, Sergio Romeo. *Los Identificadores del ADN en el Sistema de Justicia Penal*. Pamplona: Editorial Aranzadi, 2010.

DECLARAÇÃO INTERNACIONAL SOBRE OS DADOS GENÉTICOS HUMANOS. Paris: UNESCO, 2004.

FEDERAL BUREAU OF INVESTIGATION. *Combined DNA Index System (CODIS)*. [New York]: FBI, 2005. Disponível em: http://www.fbi.gov/about-us/lab/biometric-analysis/codis. Acesso em: 1º ago. 2012.

GENNARI, Giuseppe. La istituzione della banca dati del DNA ad uso forense: dalla privacy alla sicurezza. In: SCARCELLA, Alessio (Ed.). *Prelievo del DNA e banca datinazionale*: il proceso penale tra accertamento del fatto e cooperazione internazionale. Milano: Cedam, 2009.

GUEST, Christine. DNA and law enforcement: how the use of open source DNA databases violates privacy rights. *American University Law Review,* Washington, p. 1015-1052, 2019. Disponível em: https://aulawreview.org/blog/dna-and-law-enforcement-how-the-use-of-open-source-dna-databases-violates-privacy-rights/. Acesso em: 28 mar. 2024.

INTERNATIONAL POLICE ORGANIZATION. *Interpol Handbook on DNA data exchange and practice*: recommendations from the Interpol DNA monitoring expert group. 2. ed. [New York]: Interpol, 2009. Disponível em: http://www.interpol.int/INTERPOL-expertise/Forensics/DNA. Acesso em: 30 jul. 2012.

KAPPLER, Susana Álvarez de Neyra. *La prueba de ADN en el proceso penal*. Granada: Editorial Comares, 2008.

KRIMSKY, Sheldon; SIMONCELLI, Tania. *Genetic justice*: DNA data banks, criminal investigations and civil liberties. New York: Columbia University, 2011.

MACHADO, Helena. Construtores da bio(in)segurança na base de dados de perfis de ADN. *Etnográfica,* v. 15, n. 1, p. 153-166, 2011. Disponível em: https://doi.org/10.4000/etnografica.859. Acesso em: 26 jul. 2012.

MACHADO, Helena; GRANJA, Rafaela. *Genética forense e governança da criminalidade*. Vila Nova de Famalicão: Editora Húmus, 2020.

MACHADO, Helena et al. Vigilância genética, criminalização e coletivização da suspeição. In: GOMES, Sílvia et. al. (Org.). *Desigualdades sociais e políticas públicas*: homenagem a Manuel Carlos Silva. Braga: Edições Húmus, 2018.

MOLINA, Antonio García-Pablos de. *Tratado de criminologia*. 4. ed. act., cor. e aum. Valencia: Tirant lo Blanch, 2009.

NOGUEIRA, Ciro. *Projeto de Lei do Senado 93, de 2011*. Estabelece a identificação genética para os condenados por crime praticado com violência contra pessoa ou considerado hediondo. Brasília: Senado, 2011. Disponível em: https://www25.senado.leg.br/web/atividade/materias/-/materia/99463#:~:text=Projeto%20de%20Lei%20do%20Senado%20n%C2%B0%2093%2C%20de%202011&text=Ementa%3A%20Estabelece%20a%20identifica%C3%A7%C3%A3o%20-gen%C3%A9tica,contra%20pessoa%20ou%20considerado%20hediondo. Acesso em: 26 jul. 2012.

PENA, Sérgio D.J. Segurança pública: determinação de identidade genética pelo DNA. *Parcerias Estratégicas*, Brasília, n. 20, pt. 1, jun. 2005. Trabalho apresentado na 3ª Conferência Nacional de Ciência, Tecnologia e Inovação, 2005. Disponível em: https://cdi.mecon.gob.ar/bases/doc/parceriasest/20.pdf. Acesso em: 28 jul. 2012.

POPPER, Karl Raimund. *Conhecimento objetivo*: uma abordagem evolucionária. Belo Horizonte: Editora Itatiaia, 1975.

QUEIRÓS, Filipa. The (re)invocation of race in forensic genetics through forensic DNA phenotyping technology. *In*: KHAN, Sheila; CAN, Nazir Ahmed; MACHADO, Helena (Ed.). *Racism and racial surveillance*: modernity matters. London: Routledge, 2022. Disponível em: https://doi.org/10.4324/9781003014300-12. Acesso em: 2 mar. 2024.

SÁ, Maria de Fátima Freire de; NAVES, Bruno Torquato de Oliveira. *Bioética e biodireito*. 5. São Paulo: Ed. Idaiatuba: Editora Foco, 2021.

SANTOS, Filipe; MACHADO, Helena; SILVA, Suzana. Forensic DNA Databases in European countries: is size linked to performance. *Life Sciences, Society and Policy*, n. 9, n. 13, 2013. Disponível em: https://doi.org/10.1186/2195-7819-9-12. Acesso em: 23 fev. 2025.

SANTOS, Valéria Rosalina Dias e. *Utilização de amplicons STR diferenciados para auxiliar na análise de DNA forense*. 2009. Dissertação (Mestrado em Biologia) – Programa em Pós-Graduação em Genética, Universidade Federal de Minas Gerais, Belo Horizonte. 2009.

SILVA, Emílio de Oliveira e. *Identificação genética para fins criminais*: análise dos aspectos processuais do banco de dados de perfil genético implementado pela Lei 12.654/2012. Belo Horizonte: Editora Del Rey, 2014.

A RESSUSCITAÇÃO DIGITAL DOS MORTOS NO NOVO CÓDIGO CIVIL: AVANÇOS OU NOVOS DESAFIOS?

Jeferson Jaques Ferreira Gonçalves

Mestre em Direito Privado pela Pontifícia Universidade Católica de Minas Gerais. Pós-graduando em Direito Privado, Tecnologia e Inovação pela EBRADI. Bacharel em Direito pela Faculdade Milton Campos. Membro da comissão de Responsabilidade Civil da OAB/MG. Advogado. E-mail: jefersonjaques.adv@gmail.com.

Sumário: Introdução – 1. Reconstrução póstuma de voz e imagem de pessoas falecidas: análise de casos – 2. A ressuscitação digital dos mortos como um novo paradigma: a busca por precisão conceitual – 3. Modalidades de ressuscitação digital e a sistemática dos direitos subjetivos – 4. Análise crítica do Projeto de Lei 4 de 2025: avanços ou novos desafios? – Considerações finais – Referências.

INTRODUÇÃO

Já se imaginou conversando com Elis Regina, Pelé, Ayrton Senna, Maradona, com um ídolo ou mesmo com um familiar que já não se encontra no plano terreno? Por mais assustador ou fascinante que seja, ao contrário do que parece, o referido cenário não ficou adstrito às histórias cinematográficas. O que antes parecia ficção científica tem se tornado, paulatinamente, realidade. Situações antes sedimentadas por limites biológicos, como a morte, parecem ser revolvidas pelas novas possibilidades tecnológicas.

Cresce, no Brasil e no mundo, casos onde a imagem e voz de pessoas falecidas são reconstruídas por sistemas de Inteligência Artificial (IA) em contextos totalmente novos, não manifestos em vida. O cenário desafia diversos campos de estudo, dentre eles, o Direito. Desse modo, o objetivo do presente capítulo é examinar a suficiência do tratamento dado ao tema pelo Novo Código Civil (PL 4 de 2025). Nesse contexto, busca-se com a pesquisa responder ao seguinte problema: o Projeto de Lei (PL 4 de 2025), que trata da atualização e reforma do Código Civil, trouxe novos avanços ou novos desafios no que concerne à reconstrução póstuma de voz e imagem de pessoas falecidas por sistemas de Inteligência Artificial?

Para responder ao referido problema, faz-se necessário perpassar pela análise de alguns casos, pela construção doutrinária do tema, investigando temas como direitos da personalidade, o fim da personalidade civil, e a função do consentimento do titular da imagem/voz, para enfim analisar criticamente a suficiência da proposta legislativa brasileira.

A metodologia utilizada para a elaboração do trabalho é de enfoque qualitativo, sendo utilizado o método de abordagem hipotético-dedutivo, enquanto o método de procedimento foi o monográfico, por meio de técnica de pesquisa bibliográfica,[1] com a análise de livros, artigos científicos, notícias, e projetos de lei sobre o tema. A pesquisa ainda se situa na vertente jurídico-dogmática,[2] visto que busca analisar a eficácia das relações normativas atinentes ao direito à imagem (aplicação de regras civis), com as novas compreensões carreadas pela tecnologia.

Pretende-se contribuir para o campo de estudos entre Direito Privado e Novas Tecnologias, bem como cooperar concretamente para a interpretação legislativa quanto ao uso de imagem e voz de pessoas falecidas geradas por sistemas de Inteligência Artificial. É importante estabelecer diálogos em torno do tema para criar mecanismos de proteção para a pessoa e para seus direitos da personalidade também na esfera digital.

1. RECONSTRUÇÃO PÓSTUMA DE VOZ E IMAGEM DE PESSOAS FALECIDAS: ANÁLISE DE CASOS

Nos últimos anos, o número de casos envolvendo a reconstrução de voz e imagem de pessoas falecidas cresceu paulatinamente no Brasil e no mundo. Existem técnicas mais simples e mais complexas, mas todas possuem um mesmo objetivo: recriar atributos da personalidade de pessoas que não mais existem. O site MyHeritage, utiliza a Inteligência Artificial e *Deep Learning* para reconstruir rostos por meio de fotos, adicionando animações que simulam movimentos muito realistas. O algoritmo do software é treinado para aprender como o ser humano se move, pisca ou gesticula, sendo capaz de animar qualquer tipo de rosto.[3]

Em estudo intitulado *"Transfer Learning from Speaker Verification to Multispeaker Text-To-Speech Synthesis" (Transferência de aprendizagem da verificação do orador para a síntese de texto-voz com vários oradores)*, publicado no site da Universidade de Cornell (EUA), os pesquisadores Ye Jia, Yu Zhang, Ron J. Weiss, Quan Wang, Jonathan Shen, Fei Ren, Zhifeng Chen, Patrick Nguyen, Ruoming Pang, Ignacio Lopez Moreno e Yonghui Wu, trouxeram a novidade de um *software*

---

1. MARCONI, Marina de Andrade; LAKATOS, Eva Maria. *Fundamentos de metodologia científica*. Atualização da edição João Bosco Medeiros. 9. ed., 2. reimp. São Paulo: Atlas, 2023, p. 213.
2. GUSTIN, Miracy Barbosa de Sousa; DIAS, Maria Tereza Fonseca. *(Re) pensando a pesquisa jurídica*: teoria e prática. 2. ed. rev., ampl. e atual. Belo Horizonte: Del Rey, 2006, p. 21.
3. GOGONI, Ronaldo. My Heritage Deep Nostalgia: como usar o app que anima fotos antigas. *Tecnoblog*, 13 maio 2021. Disponível em: https://tecnoblog.net/responde/my-heritage-deep-nostalgia-como-usar-o-app-que-anima-fotos-antigas/. Acesso em: 24 maio 2023.

capaz de clonar a voz humana com amostras de 5 segundos.[4] A rede neural por trás do sistema analisa a voz a ser clonada e gera um modelo matemático, que pode ser replicado, reproduzindo qualquer texto a partir da cópia da voz original. Além de reproduzir vozes por meio das amostras, o sistema consegue gerar novas vozes a partir de trechos das amostras, podendo ser utilizado ainda em técnicas de tradução, ou seja, é capaz de gerar uma voz similar à original em outro idioma.[5]

Em 2017, foi criado o Luka, modelo de *chatbot* conversacional modelado a partir de uma pessoa específica. Roman Mazurenko, jovem russo, morreu aos 34 anos, vítima de um atropelamento. Eugenia Kuyda e outros amigos de Roman, buscando preservar a sua memória, criaram um *bot* de IA conversacional totalmente personalizado. Roman, tinha uma maneira peculiar de enviar mensagens de texto, repleta de frases de ortografia não convencional e frases idiossincráticas. As mensagens de texto de Roman serviram de base para um tipo de *bot* que imitava os padrões de fala de uma pessoa, ou seja, sustentaram a alimentação de uma rede neural artificial.[6] O *bot*, baseado na personalidade de Roman, consegue simular algumas ações, fazer combinações de palavras, além de responder a comandos de voz e mensagens de texto. Por meio da rede neural criada, o robô consegue responder como se fosse Roman Mazurenko.[7]

No dia 22 de dezembro de 2016, estreou nos cinemas um filme da saga Star Wars, denominado *Rogue One: Uma História Star Wars*. O filme trouxe diversas surpresas ao público, mas a que certamente mais chamou a atenção dos fãs da franquia foi a presença do comandante Tarkin, interpretado pelo ator britânico Peter Cushing. Tarkin foi um dos vilões do primeiro filme da série, em 1977. Em que pese ter sido marcante para o enredo de guerra nas estrelas, o aparecimento do ator causou espanto em algumas pessoas, não por estrelar um filme lançado em 2016, mas pelo fato de o ator, falecido em 1994, surgir em um contexto totalmente novo.[8] Peter foi ressuscitado digitalmente graças a técnicas avançadas de manipulação digital e de captura de movimentos.[9] Para que a reconstrução de

---

4. Vídeo explicativo da teoria disponível em: https://www.youtube.com/watch?v=0sR1rU3gLzQ. Acesso em: 27 maio 2023.
5. RIGUES, Rafael. Inteligência Artificial consegue imitar sua voz em 5 segundos. Olhar Digital, 14 nov. 2019. Disponível em: https://olhardigital.com.br/2019/11/14/noticias/inteligencia-artificial-e-capaz-de-clonar-sua-voz-em-5-segundos/. Acesso em: 27 maio 2023.
6. LUONG, Miranda. Bot Roman (2017). *Spookyte*, 15 jun. 2020. Disponível em: https://spookyte.ch/inventory/roman-bot/. Acesso em: 24 maio 2023.
7. SÉRVIO, Gabriel. Jovem russo vira bot de inteligência artificial após a morte. *Olhar Digital*, 20 jan. 2021. Disponível em: https://olhardigital.com.br/2021/01/20/noticias/jovem-russo-vira-bot-de-inteligencia-artificial-apos-a-morte/. Acesso em: 30 maio 2023.
8. ROMANO, Rafael Salomão. O filme Rogue One: Uma história Star Wars e o direito de imagem. *Revista Consultor Jurídico*, 29 dez. 2016. Disponível em: https:// www.conjur.com.br/2016-dez-29/rafael-salomao-romano-filme-rogue-onee-direito-imagem. Acesso em: 24 maio 2023.
9. PERRONE, Marcelo. Recriação digital de movimentos e expressões de atores mortos provoca polêmica no cinema. *Gauchazh*, 08 de fev. 2017. Disponível em: https://gauchazh.clicrbs.com.br/cultura-e-lazer/

Peter Cushing tivesse representação realista, foi realizado estudo minucioso de várias imagens do ator no filme estrelado em 1977, visando recriar suas medidas, trejeitos e detalhes de sua aparência. Posteriormente, mediante molde facial de Peter Cushing, oriundo de uma réplica confeccionada para a gravação do filme *Top Secret* (1984), o rosto do ator foi digitalizado, criando assim, uma aparência muito fiel de uma pessoa falecida há mais de vinte anos.[10]

Contudo, tais projetos de ressuscitação digital não ficaram adstritos apenas à indústria cinematográfica. A rede sul-coreana de televisão, MBC, produziu no ano de 2020, documentário que retratou o encontro de uma mãe com sua filha de 6 anos, falecida em decorrência de doença não identificada, por meio de realidade virtual avançada. A equipe de televisão passou oito meses recriando uma imagem tridimensional de Na-yeon. Eles utilizaram a tecnologia de captura de movimento para gravar os gestos de uma atriz infantil, e recriar posteriormente os movimentos de Na-yeon.[11] Mãe e filha se encontram em um parque, momento em que Na-yeon conversa com a mãe e a convida para sentar à mesa repleta de seus doces e pratos favoritos.[12] No diálogo, Na-yeon emana algumas frases como "mãe, onde você estava?", "você pensou em mim?", "sinto muito sua falta, mãe". O vídeo do reencontro,[13] disponível no canal do YouTube da rede televisiva, já acumula mais de 30 milhões de visualizações e mais de 62 mil comentários, entre pessoas fascinadas e assombradas com o encontro.

Em outubro de 2020, Kim Kardashian ganhou de presente de aniversário um holograma do pai falecido no ano de 2003. O holograma de Robert Kardashian celebrou o aniversário da filha, enaltecendo suas escolhas profissionais, pessoais e conjugais, trazendo mensagens para toda a família que não foram manifestas em vida.[14] Todavia, a personalidade pode ser recriada para servir de presente? Seria esta uma hipótese de instrumentalização da pessoa?

---

cinema/noticia/2017/02/recriacao-digital-de-movimentos-e-expressoes-de-atores-mortos-provoca-polemica-no-cinema-9716239. Acesso em: 24 maio 2023.
10. D'AMICO, Gustavo Fortunato. Ressurreição digital e direito de imagem: Um estudo sobre a reconstrução digital póstuma de Peter Cushing. *XI Congresso de Direito de Autor e Interesse Público*, 2017, Curitiba. Anais do XI Congresso de Direito de Autor e Interesse Público. Curitiba: Gedai, 2017, p. 118.
11. Mãe 'encontra' filha morta com ajuda de realidade virtual em programa de TV. BBC News Brasil, 19 fev. 2020. Disponível em: https://www.bbc.com/portuguese/internacional-51551583. Acesso em: 30 maio 2023.
12. Como o documentário coreano *Meeting You* permitiu que uma mãe se reunisse com sua filha falecida. The Korea Times, 11 abr. 2020. Disponível em: https://www.scmp.com/magazines/style/tech-design/article/3079218/how-korean-documentary-meeting-you-allowed-mother? Acesso em: 30 maio 2023.
13. Vídeo disponível em: https://www.youtube.com/watch?v=uflTK8c4w0c. Acesso em: 30 maio 2023.
14. CAROLINE, Amanda. Kanye West presenteia Kim Kardashian com holograma de seu pai, morto há 17 anos. Disponível em: https://br.financas.yahoo.com/noticias/kim-kardashian-kanye-west-holograma-pai-robert-kardashian-aniversario-165907630. Acesso em: 30 maio 2023.

Outro caso, do mundo futebolístico, ocorreu no Brasil no ano de 2021. A empresa Mercado Livre, lançou uma campanha de dia dos pais, e, conjuntamente com empresa SoundThinkers exibiu propaganda onde recriou, por meio de sistema de Inteligência Artificial (síntese neural), a voz de José Antunes Coimbra, pai do ex-jogador de futebol Zico. Na propaganda, o pai do futebolista proclama frases como "vai meu filho, faz um gol para mim", em alto e bom-tom, no meio do estádio Maracanã, surpreendendo o jogador com pedido que nunca foi dito ou manifestado em vida.[15]

Um filme documentário, lançado em 2021, também envolveu caso de ressuscitação digital: a do chef Anthony Bourdain, falecido em 2018, aos 61 anos, na França. Em razão de Bourdain ser um chef famoso, escritor e apresentador televisivo, surgiu a ideia de fazer um documentário para criar um "retrato do chef". Ocorre que, durante alguns trechos do filme, a voz de Bourdain foi recriada via sistema de IA, para emitir frases que, apesar de terem sido escritas pelo chef, não haviam sido ditas em vida. Para chegar nesse resultado, foi necessário alimentar um sistema de IA por mais de dez horas com a voz de Anthony Bourdain. O diretor do filme, confirmou que obteve a anuência da viúva de Bourdain, porém, foi desmentido por Ottavia Bourdain, que declarou não ser "a pessoa a dizer que Tony ficaria de boa com isso".[16] Dessa forma, como fica a questão da ressuscitação digital na existência de divergência entre quem está reconstruindo a imagem/voz e os herdeiros?

No dia 15 de maio de 2023, a marca "Senna Brasil" veiculou um vídeo no Instagram, onde a voz do piloto Ayrton Senna foi reconstruída via sistema de IA. A marca do piloto, falecido em 1994, lançou uma campanha intitulada "busque a sua verdade".[17] No referido vídeo, a voz reconstruída de Ayrton Senna emana: "Dentro de você existe uma força que te empurra para frente, te joga pro alto e abre um horizonte que é só seu. Essa força alguns chamam de sonho, instinto, talento, vocação, frio na barriga. Eu chamo de verdade, essa força, não importa como você chama, mas como você busca e se inspira todo dia para ser a melhor versão de você mesmo".[18]

---

15. Propaganda disponível em: https://www.youtube.com/watch?v=DQEIKfl7VhI. Acesso em: 28 nov. 2022.
16. Documentário sobre Anthony Bourdain é criticado por usar inteligência artificial para recriar voz do chef. *G1*, 16 de jul. 2021. Disponível em: https://g1.globo.com/pop-arte/cinema/noticia/2021/07/16/documentario-sobre-anthony-bourdain-e-criticado-por-usar-inteligencia-artificial-para-recriar-voz-do-chef.ghtml. Acesso em: 30 maio 2023.
17. RAMÍREZ, Luis. Voz de Ayrton Senna é reconstituída com inteligência artificial; ouça agora. Material promocional faz com que brasileiro leve mensagem de luta às novas gerações. *MotorSport.com*, 15 maio 2023. Disponível em: https://motorsport.uol.com.br/f1/news/video-voz-de-ayrton-senna-e-reconstituida-com-inteligencia-artificial-ouca-agora/10469793/. Acesso em: 15 maio 2023.
18. Campanha "busque a sua verdade". Instagram: Senna Brasil. 15 maio 2023. Disponível em: https://www.instagram.com/p/CsQoX-iNdww/. Acesso em: 15 maio 2023.

No início de julho de 2023, foi veiculada uma propaganda comemorativa aos 70 anos da marca Volkswagen. Na referida publicidade, a cantora Elis Regina, falecida desde 1982, foi ressuscitada digitalmente para fazer um dueto com a filha Maria Rita. Elis aparece ao lado de Maria Rita dirigindo uma Kombi antiga e compõe o dueto da música "como nossos pais", sucesso conhecido em sua voz, na década de 70.[19] O comercial revolveu alguns aspectos como a possibilidade de violação da imagem-atributo da cantora. Algumas denúncias dos consumidores foram levadas ao Conselho Nacional de Autorregulamentação Publicitária (CONAR), que, em 10 de julho de 2023, abriu uma representação ética (n. 134/23) contra a campanha "VW Brasil 70: O novo veio de novo".

Segundo o CONAR, a representação foi motivada por manifestações contrárias e favoráveis dos consumidores, sob dois pontos principais, quais sejam: (i) se foi respeitoso e ético o uso no anúncio de vídeo recriando a imagem da cantora Elis Regina, falecida em 1982, feita por meio de Inteligência Artificial generativa híbrida, e (ii) se era necessária informação explícita sobre o uso de tal ferramenta para compor o anúncio.

Em 22.08.2022, a 7ª Câmara do CONAR, composta por vinte e um julgadores, decidiu, por unanimidade, pela improcedência dos argumentos que suscitaram o desrespeito à imagem da artista. Segundo o conselho, o uso da imagem se deu mediante o consentimento dos herdeiros, e Elis Regina apareceu fazendo algo que já fazia em vida. No tocante ao segundo argumento, o conselho indicou, por ser conteúdo gerado por IA, diversas recomendações de boas práticas existentes acerca da matéria e uma vez que inexiste regulamentação específica em vigor, concluíram, por maioria de votos (13x7), pelo arquivamento da denúncia.[20] Nesse contexto, surge o seguinte questionamento: Maria Rita ou qualquer outro herdeiro de Elis Regina teria a capacidade de conferir o consentimento para a ressuscitação digital da cantora?

Veja-se que, inicialmente, os casos apresentados acima exploravam interfaces da personalidade de modo isolado, como atributos de conversação, apenas a voz, ou a imagem, sendo, portanto, formas mais acessíveis e básicas de ressuscitação digital, como nas situações do MyHeritage e Roman Bot. Contudo, algumas formas mais complexas vêm sendo progressivamente apresentadas, onde o objetivo é exatamente ressuscitar digitalmente de forma integral a pessoa falecida, como nos cenários apresentados de Peter Cushing e Meeting You.

---

19. Elis Regina aparece cantando ao lado da filha Maria Rita em campanha feita com inteligência artificial. G1. Disponível em: https://g1.globo.com/economia/midia-e-marketing/noticia/2023/07/04/elis-regina-aparece-cantando-ao-lado-da-filha-maria-rita-em-campanha-da-volkswagen-feita-com-inteligencia-artificial.ghtml. Acesso em: 11 jul. 2023.

20. CONAR Notícias. Conar recomenda arquivamento da representação *VW Brasil 70: o novo veio de novo*. Disponível em: http://www.conar.org.br/. Acesso em: 24. Ago. 2023.

Todos os casos acima apresentados suscitam algumas questões inquietantes. Seria realmente legítimo ressuscitar digitalmente uma pessoa falecida sem o seu consentimento? No caso Peter Cushing, a imagem do autor foi utilizada para estrelar novo filme. Sendo assim, a quem caberia os direitos autorais decorrentes do uso desta imagem/voz? A utilização de voz para realização de campanhas publicitárias depende da anuência dos herdeiros do falecido? O consentimento teria alguma função na fixação de limites para o uso póstumo da imagem/voz?

2. A RESSUSCITAÇÃO DIGITAL DOS MORTOS COMO UM NOVO PARADIGMA: A BUSCA POR PRECISÃO CONCEITUAL

Na contemporaneidade a IA se populariza pelos inúmeros benefícios que presta aos seres humanos; cresce o número de empregos, estudos, empresas e investimentos nessa área. O aumento significativo no número de investimentos na área se deve a alguns fatores, como a possibilidade de modelos matemáticos mimetizarem funções tipicamente humanas, como o reconhecimento facial, por voz e de textos; a correlação das informações para a tomada de decisão (decisões automatizadas); e o barateamento dos custos computacionais agregado à oferta massiva de dados (como fotos, vídeos, áudios, textos etc.). Esses fatores corroboram para o sucesso de diversos modelos de IA permitindo, com o processamento desses dados, fazer classificações, agrupamentos, predições, e outras funcionalidades.

Além dos conceitos tradicionais de IA, surgem outras vertentes que vêm ganhando destaque, como a Inteligência Artificial Generativa (IAGe). A IAGe se dedica à criação de sistemas capazes de gerar novos dados, textos, áudios, imagens etc., a partir de modelos estatísticos e algoritmos de aprendizado de máquina. A IAGe é treinada para poder criar novas amostras tão parecidas quanto as amostras reais, e "tem aplicações em diversas áreas, como na geração de conteúdo artístico, no desenvolvimento de jogos e na criação de novos designs de produtos, entre outras", sendo cada vez mais explorada e oferecendo novas possibilidades de interação entre máquinas e humanos.[21]

Todavia, hodiernamente a IA não assume apenas funções meramente instrumentais, como o processamento de bilhões de dados e bons desempenhos em jogos, mas consegue imitar de forma fidedigna a imagem e voz de pessoas. A reprodução fiel pode ocorrer por meio da meclagem de sistemas de IAGe, *machi-*

---

21. BUENO, Caio Botrel; FROGERI, Rodrigo Franklin. Chatgpt e o campo jurídico: o estado da arte. *Anais do Congresso Internacional Grupo Unis.* Anais. Varginha (MG) Unis MG, 2023. Disponível em: https//www.even3.com.br/anais/cigu/634689-CHATGPT-E-O-CAMPO-JURIDICO--O-ESTADO-DA-ARTE. Acesso em: 15 set. 2023, p. 3-4.

ne-learning,[22] renderização,[23] e sistema de síntese neural. A combinação desses modelos de aprendizagem, mediante o fornecimento prévio de arquivos sonoros e audiovisuais, é capaz de reproduzir não apenas voz e imagem de pessoas vivas, mas também de pessoas mortas. Nesse espectro, surge a chamada *ressuscitação digital*. Para Sá e Naves, "o aprimoramento de tecnologias que permitem a reprodução exata da imagem e da voz de pessoas já falecidas tem permitido a chamada 'ressuscitação digital', que é feita por meio da manipulação digital dos registros de som e de imagem da pessoa que morreu".[24]

D'amico, utiliza o termo ressurreição digital para caracterizar a recriação de imagens de pessoas falecidas, que consiste em uma "técnica pela qual, utilizando-se de computação gráfica, artistas conseguem recriar digitalmente a imagem de uma pessoa já falecida, para depois inseri-la em uma obra nova".[25] Gonçalves, por sua vez, classifica o paradigma como:

> Compreende-se o fenômeno da ressuscitação digital como a produção gráfica/sonora de registros de imagem e voz de pessoas já falecidas por meio de instrumentos de Inteligência Artificial, em especial pela IAGe. Tais produções criam, mediante informações prévias (como fotos, vídeos e áudios), novas linguagens, trejeitos, movimentos e maneirismos que não foram realizados em vida pelo titular da imagem ou voz. Ressuscitação digital não se trata da reprodução de trechos de imagem e voz por instrumentos de IA. Para restar configurada é necessário ter um elemento: a ausência de manifestação anterior daquele trecho falado ou mesmo dos trejeitos/maneirismos da imagem que se produz. O ineditismo assume função primordial na caracterização do instituto.[26]

Do mesmo modo, importante destacar a diferença entre ressuscitação digital e *deepfake*.

> Ressuscitação digital não se trata de *deepfake*, em que pese em um primeiro momento, trazer raciocínios dúbios, os institutos não são similares. Para Marie-Helen Maras e Alex Alexandrou, as *deepfakes* são produtos de Inteligência Artificial ou de aplicativos de aprendizado de máquina que mesclam, combinam, substituem e sobrepõem imagens e clipes de vídeo em um outro vídeo, criando um vídeo falso que parece autêntico. Nestes termos, *deepfake* pode ser compre-

---

22. De acordo com matéria da IBM, "Machine learning é um ramo da inteligência artificial (IA) e da ciência da computação que se concentra no uso de dados e algoritmos para imitar a maneira como os humanos aprendem, melhorando gradualmente sua precisão". Disponível em: https://www.ibm.com/br-pt/cloud/learn/machine-learning. Acesso em: 10 jan. 2023.
23. Segundo o dicionário online de língua portuguesa, o termo significa tornar permanente um trabalho de processamento digital (áudio, imagem etc.) que, após as alterações editadas, resulta num arquivo final.
24. NAVES, Bruno Torquato de Oliveira; SÁ, Maria de Fátima Freire de. A ressuscitação digital dos mortos. In: COLOMBO, Cristiano et al (Org.). *Tutela jurídica do corpo eletrônico*: novos desafios ao direito digital. Indaiatuba, SP: Editora Foco, 2022.
25. D'AMICO, Gustavo Fortunato. *Ressureição Digital*: as consequências jurídicas da recriação digital post mortem de artistas e intérpretes. Curitiba, 2021, p. 21.
26. GONÇALVES, Jeferson Jaques Ferreira. *A ressuscitação digital dos mortos*: o consentimento como fixador de limites. Belo Horizonte, MG: Editora Expert, 2024, p. 82-83.

endida como a manipulação dos registros de som e imagem de modo a gerar aparência de fato real de situações que não ocorreram. O objetivo é, por meio de técnicas avançadas de computação, imitar pessoas, colocar a imagem em contextos não realísticos, mas com a intenção de enganar os observadores não atentos. Assim como a *deepfake*, a ressuscitação digital também é um produto da Inteligência Artificial, mas ao contrário da primeira, não pretende enganar ou trazer aparência de fato real. A ideia é produzir gráfica/sonoramente registros de imagem e voz de pessoas já falecidas por meio de instrumentos de IA, mas indicando o método utilizado.[27]

Dessa forma, para que os projetos não incorram em *deepfake* é necessário sinalizar, de forma transparente e em linguagem compreensível para qualquer pessoa, que aquela imagem passou por um processo de edição computadorizada e/ou que a voz que se escuta foi produzida por meio de sistemas de Inteligência Artificial. A princípio, a ressuscitação digital pode soar como um simples instituto de recriação de voz e imagem de pessoas falecidas, mas ao contrário do que parece, revolve aspectos de ordem existencial e patrimonial, evocando novas reflexões a respeito dos conceitos de pessoa, morte, direitos da personalidade, consentimento, aplicação de responsabilidade civil etc. Na contemporaneidade, são diversas nomenclaturas dadas à integralidade da pessoa humana em sua existência virtual; ciberpessoa, self digital, persona digital, identidade digital, corpo eletrônico,[28] avatar,[29] etc., que vão servir para individualizar ou caracterizar um indivíduo na internet. Contudo, independentemente do termo a ser utilizado, deve-se atentar ao escopo protetivo que vai guarnecer a pessoa em sua dimensão eletrônica.

3. MODALIDADES DE RESSUSCITAÇÃO DIGITAL E A SISTEMÁTICA DOS DIREITOS SUBJETIVOS

Gonçalves evidencia a existência de três modalidades de ressuscitação digital dos mortos. Segundo o autor, alguns casos irão envolver aspectos econômicos

---

27. GONÇALVES, Jeferson Jaques Ferreira. *A ressuscitação digital dos mortos*: o consentimento como fixador de limites. Belo Horizonte, MG: Editora Expert, 2024, p. 84.
28. Para Stefano Rodotà. "O 'corpo eletrônico', o conjunto de informações que constroem a nossa identidade, é assim remetido ao corpo físico: a dignidade torna-se o liame forte para reconstruir a integridade da pessoa (Carta dos Direitos Fundamentais da União Europeia, art. 3º), para evitar que a pessoa seja considerada uma espécie de 'mina a céu aberto' onde qualquer pessoa possa alcançar qualquer informação e, assim, criar perfis individuais, familiares e grupais, tornando a pessoa objeto de poderes externos, que podem falsificá-la, construí-la em formas consistentes com as necessidades de uma sociedade de vigilância, de seleção social, de cálculo econômico. In: RODOTÀ, Stefano. A antropologia do homo dignus. Trad. Maria Celina Bodin de Moraes. Civilistica.com. Rio de Janeiro, a. 6, n. 2, jan.-mar./2017. Disponível em: http://civilistica.com/a-antropologia-do-homo-dignus/. Acesso em: 25 mar. 2023, p. 15.
29. Segundo Danilo Doneda: "nossos dados, estruturados de forma a significarem uma representação virtual – um avatar – de nós mesmos, são cada vez mais o principal fator levado em conta na avaliação de uma concessão de crédito, na aprovação de um plano de saúde, na obtenção de um emprego, na passagem pela migração em um país estrangeiro, entre tantos outros casos". In: DONEDA, Danilo Cesar Maganhoto. *Da privacidade à proteção de dados pessoais*: elementos da formação da Lei Geral de Proteção de Dados. 2. ed. São Paulo: Thomson Reuters Brasil, 2020, p. 25-26.

(podendo haver reflexos autorais ou não), enquanto outros possuem aspectos puramente existenciais.[30]

> É possível vislumbrar três modalidades de ressuscitação digital: (i) existencial – quando a recriação é feita com o objetivo precípuo de relembrar alguém –, (ii) econômica – quando envolve ganhos potenciais –, se bifurcando ainda em econômica com reflexos autorais, e (iii) híbrida – quando é feita visando relembrar alguém, mas que simultaneamente vai ter repercussões econômicas –.[31]

O caso Peter Cushing é um típico exemplo de ressuscitação digital econômica (com reflexos autorais), pois a voz e a imagem do ator não foram reconstruídas visando a aproximação de seus familiares, ou para prestar algum tipo de homenagem, mas sim para estrelar um novo filme que dependia de sua participação. Certamente seus atributos foram explorados visando ganhos econômicos. O caso Robert Kardashian, por exemplo, revela um contexto puramente existencial, ou seja, a sua imagem e voz foi reconstruída para trazer lembranças, "matar a saudade", não sendo vislumbrado outro cenário de ganhos econômicos sobre os atributos da personalidade envolvidos. Outras situações podem, a princípio, parecer puramente existenciais, mas ter reflexos econômicos (que podem ser autorais ou não). O caso Meeting You é um exemplo, pois, *a priori*, a produção se propôs a promover um encontro entre mãe e filha falecida, porém, o documentário foi ao ar em um canal de televisão, além de ter sido veiculado em plataformas digitais, revelando que a rede televisiva obteve ganhos econômicos.

Isso posto, compreendidas as modalidades, cabe investigar de que forma é possível compatibilizar a utilização destas imagens manipuladas. Sabe-se que, ao perquirir sobre a proteção da pessoa nos projetos de ressuscitação digital, é necessário se pensar nos direitos da personalidade. Na esteira do artigo 6º, do atual Código Civil, constata-se que a existência da pessoa natural termina com a morte; sendo esta capaz de extinguir tanto a personalidade jurídica, quanto a titularidade de quaisquer direitos, como os da personalidade.[32]

Por intermédio da doutrina clássica, os direitos da personalidade foram estabelecidos como direitos subjetivos, capaz de compor relações jurídicas intersubjetivas entre dois sujeitos: ativo e passivo.[33] Porém, como justificar a atribuição de direitos subjetivos ao morto se a morte extingue esse elo?

---

30. GONÇALVES, Jeferson Jaques Ferreira. *A ressuscitação digital dos mortos*: o consentimento como fixador de limites. Belo Horizonte, MG: Editora Expert, 2024, p. 122.
31. GONÇALVES, Jeferson Jaques Ferreira. *A ressuscitação digital dos mortos*: o consentimento como fixador de limites. Belo Horizonte, MG: Editora Expert, 2024, p. 122.
32. NAVES, Bruno Torquato de Oliveira; SÁ, Maria de Fátima Freire de. *Direitos da Personalidade*. 2. ed. Belo Horizonte: Arraes Editores, 2021, p. 48.
33. NAVES, Bruno Torquato de Oliveira; SÁ, Maria de Fátima Freire de. A ressuscitação digital dos mortos. In: COLOMBO, Cristiano et al (Org.). *Tutela jurídica do corpo eletrônico*: novos desafios ao direito digital. Indaiatuba, SP: Foco, 2022, p. 78.

A compreensão acerca das diferenças entre situações subjetivas, interesse legítimo, legitimidade processual e direito subjetivo é crucial para a construção ora tecida. Para Perlingieri, as situações subjetivas não são um fato, mas um conceito que permite avaliar um comportamento. Em síntese, é o agir humano medido em conceitos. Se incluem na categoria de situações subjetivas, como exemplo, o direito subjetivo, o poder jurídico, a obrigação, o interesse legítimo, o ônus etc.[34]

> De um ponto de vista objetivo, a situação é um interesse que, essencial à sua existência, constitui o seu núcleo vital e característico. Interesse que pode ser ora patrimonial, ora de natureza pessoal e existencial, ora um e outro juntos, já que algumas situações patrimoniais são instrumentos para a realização de interesses existenciais ou pessoais.[35]

O autor sustenta que o sujeito não é elemento essencial para a existência da situação, podendo existir interesses (situações) que são tutelados pelo ordenamento apesar de não terem um titular.[36] Como exemplo, cita a hipótese do morto:

> Mesmo depois da morte do sujeito, o ordenamento considera certos interesses tuteláveis. Alguns requisitos relativos à existência, à personalidade do defunto – por exemplo, a sua honra, a sua dignidade, a interpretação exata da sua história – são de qualquer modo protegidos por um certo período de tempo [...], isto é, enquanto forem relevantes também socialmente. Alguns sujeitos, individuados pelo ordenamento, serão legitimados a tutelar o interesse do defunto.[37]

As situações jurídicas encontram seu ponto de confluência na relação jurídica.[38] Perlingieri destaca que a doutrina prevalente se detém na relação jurídica como ligação entre sujeitos (conhecida como relação unissubjetiva), ou seja, a relação jurídica seria a relação entre sujeitos regulada pela norma. No entanto, ressalta a existência de hipóteses de relação que não têm sujeitos determinados ou individualizados, ou mesmo não tem sujeito existente do ponto de vista jurídico-formal.[39] Estas situações podem ser classificadas ainda em existenciais ou patrimoniais, a depender dos interesses a quais estão vinculadas.[40] As situações patrimoniais se referem à regulamentação de interesses econômicos, enquanto as situações jurídicas existenciais se referem, mais diretamente, para a tutela da pessoa.[41]

---

34. PERLINGIERI, Pietro. *Perfis do Direito Civil*. 3. ed., rev. e ampl. Rio de Janeiro: Renovar, 2002, p. 105.
35. PERLINGIERI, Pietro. *Perfis do Direito Civil*. 3. ed., rev. e ampl. Rio de Janeiro: Renovar, 2002, p. 106.
36. PERLINGIERI, Pietro. *Perfis do Direito Civil*. 3. ed., rev. e ampl. Rio de Janeiro: Renovar, 2002, p. 107.
37. PERLINGIERI, Pietro. *Perfis do Direito Civil*. 3. ed., rev. e ampl. Rio de Janeiro: Renovar, 2002, p. 111.
38. PERLINGIERI, Pietro. *Perfis do Direito Civil*. 3. ed., rev. e ampl. Rio de Janeiro: Renovar, 2002, p. 113.
39. PERLINGIERI, Pietro. *Perfis do Direito Civil*. 3. ed., rev. e ampl. Rio de Janeiro: Renovar, 2002, p. 114.
40. PERLINGIERI, Pietro. *Perfis do Direito Civil*. 3. ed., rev. e ampl. Rio de Janeiro: Renovar, 2002, p. 135.
41. BORGES, Roxana Cardoso Brasileiro; DANTAS, Renata Marques Lima. Direito das sucessões e a proteção dos vulneráveis econômicos. *Revista Brasileira de Direito Civil* – RBDCivil, 2017, p. 77.

Para Perlingieri o direito subjetivo seria "o poder reconhecido pelo ordenamento a um sujeito para a realização de um interesse próprio do sujeito".[42] Segundo Reale, direito subjetivo "é a possibilidade de exigir-se, de maneira garantida, aquilo que as normas de direito atribuem a alguém como próprio".[43] Interesse legítimo, por sua vez, é "uma pretensão razoável cuja procedência ou não só pode resultar do desenvolvimento do processo".[44] Se trata de uma situação que só pode ser reclamada judicialmente, visto que não se concede um espaço de atuação extrajudicial.[45] Legitimidade processual, por outro lado, é a titularidade ativa e passiva da ação, podendo ser ordinária quando há "coincidência da titularidade processual com a titularidade hipotética dos direitos e das obrigações em disputa no plano do direito material" ou extraordinária "que consiste em permitir-se, em determinadas circunstâncias, que a parte demande em nome próprio, mas na defesa de interesse alheio".[46]

Com base nestas lições, constata-se que o parágrafo único do art. 20 do CC/02 dispõe de uma situação subjetiva consubstanciada em legitimidade processual e não em interesse legítimo. Os herdeiros especificados no código podem agir legitimamente na defesa da imagem do falecido, mas não significa que estes possuem direito subjetivo ou interesse legítimo, o que refuta as argumentações acerca da extensão da personalidade do morto, visto que a legitimidade processual tem existência autônoma ao direito material.[47]

Assim, constatada a diferença entre direito subjetivo e legitimidade processual, cabe fazer alguns apontamentos. Como visto, o direito subjetivo é o poder reconhecido pelo ordenamento jurídico a um sujeito para a realização de um interesse que lhe é próprio. Nas lições de Moraes, a imagem é o sinal sensível da personalidade, visto que traduz para o mundo exterior o ser imaterial da personalidade.[48] A imagem foi reconhecida pelo ordenamento jurídico pátrio, tanto na esfera constitucional (art. 5º, X, CR/88), quanto infraconstitucional (art. 20, CC/02). Dessa forma, a imagem é um interesse próprio do sujeito, e pode, assim, ser conteúdo de direito subjetivo.

---

42. PERLINGIERI, Pietro. *Perfis do Direito Civil*. 3. ed., rev. e ampl. Rio de Janeiro: Renovar, 2002, p. 120.
43. REALE, Miguel. *Lições preliminares de direito*. 27. ed. São Paulo: Saraiva, 2002, p. 259.
44. REALE, Miguel. *Lições preliminares de direito*. 27. ed. São Paulo: Saraiva, 2002, p. 261.
45. NAVES, Bruno Torquato de Oliveira; SÁ, Maria de Fátima Freire de. A ressuscitação digital dos mortos. In: COLOMBO, Cristiano et al (Org.). *Tutela jurídica do corpo eletrônico*: novos desafios ao direito digital. Indaiatuba, SP: Editora Foco, 2022, p. 79.
46. THEODORO JÚNIOR, Humberto. *Curso de direito processual civil*. 63. ed. Rio de Janeiro: Forense, 2022, v. 1: teoria geral do direito processual civil, processo de conhecimento, procedimento comum, p. 149-150.
47. NAVES, Bruno Torquato de Oliveira; SÁ, Maria de Fátima Freire de. *Direitos da Personalidade*. 2. ed. Belo Horizonte: Arraes Editores, 2021, p. 50.
48. MORAES, Walter. Direito à própria imagem. In: FRANÇA, Rubens Limongi (Coord.). *Enciclopédia Saraiva do Direito*. São Paulo: Saraiva, 1977, v. 25, p. 343.

Esse direito subjetivo, criado negocialmente pela outorga do titular do direito à imagem, não se confunde com o direito à imagem em si, o conteúdo vai se correlacionar com a possibilidade de exploração da imagem, e não com a titularidade do direito. Assim, a indicação de pessoas para gerir o direito subjetivo após a morte, não se confunde com qualquer hipótese de transmissão da personalidade (art. 11, CC/02). Ademais, é necessário destacar que para se concretizar como negócio, é preciso que se tenha uma manifestação de vontade com intuito negocial. Assim, o consentimento será apenas o suporte fático do negócio jurídico, pois o objeto será o direito subjetivo criado negocialmente pela outorga do titular.

Este consentimento, como cerne do suporte fático, visa ainda criar limites para a exploração da imagem manipulada. Os primeiros são limites referentes ao tipo de consentimento que se visa prestar. Conforme visto anteriormente, a ressuscitação digital pode se dar de forma existencial, econômica ou híbrida. Sendo assim, ao prestar o consentimento, o titular do direito de imagem deve dispor se a sua concordância se dá apenas para uma modalidade de ressuscitação, ou para todas. Os limites pessoais, se vertem na determinação das pessoas a quem se concede a cessão de uso e manipulação da imagem.[49] Esses limites terão natureza *intuito personae*, ou seja, apenas as pessoas indicadas podem cumprir com o avençado. Possuindo caráter personalíssimo, resta proibido qualquer tipo de subautorização, exceto se o consentimento previr expressamente essa possibilidade.[50]

Os limites temporais, por sua vez, se referem ao tempo de exercício do direito subjetivo. Pode, ser fixados por termo final ou condição resolutiva, "porquanto temerário seria o uso por tempo indeterminado".[51] Os limites temáticos, "referem-se à dimensão de conteúdo dada pelo titular da imagem, o que diz respeito ao contexto em que a imagem será colocada ou à atuação fictícia que se imporá a ela".[52] Há ainda os limites espaciais, que se referem ao território de abrangência, bem como o meio em que essa imagem manipulada será colocada.[53] E, por fim, os limites integrais, que se referem a permissão de mesclagem da voz ou imagem

---

49. NAVES, Bruno Torquato de Oliveira; SÁ, Maria de Fátima Freire de. A ressuscitação digital dos mortos. In: COLOMBO, Cristiano et al. (Org.). *Tutela jurídica do corpo eletrônico*: novos desafios ao direito digital. Indaiatuba, SP: Editora Foco, 2022, p. 80.
50. ZANINI, Leonardo Estevam de Assis. *A utilização econômica da imagem*: principais figuras contratuais. RJLB, ano 4, n. 5, p. 1109, 2018.
51. NAVES, Bruno Torquato de Oliveira; SÁ, Maria de Fátima Freire de. A ressuscitação digital dos mortos. In: COLOMBO, Cristiano et al. (Org.). *Tutela jurídica do corpo eletrônico*: novos desafios ao direito digital. Indaiatuba, SP: Editora Foco, 2022, p. 80.
52. NAVES, Bruno Torquato de Oliveira; SÁ, Maria de Fátima Freire de. A ressuscitação digital dos mortos. In: COLOMBO, Cristiano et al. (Org.). *Tutela jurídica do corpo eletrônico*: novos desafios ao direito digital. Indaiatuba, SP: Editora Foco, 2022, p. 80.
53. GLITZ, Frederico; TOAZZA, Gabriele Bortolan. O contrato para disposição da imagem na perspectiva dos direitos da personalidade. *Justiça do Direito*, v. 31, n. 2, p. 358-385, maio/ago. 2017, p. 374.

com elementos de igual, ou diferente natureza.[54] Estes limites servem, sobretudo, para regular de forma eficaz a utilização da imagem e voz após a morte do titular, bem como trazer proteção para a imagem-atributo.[55]

4. ANÁLISE CRÍTICA DO PROJETO DE LEI 4 DE 2025: AVANÇOS OU NOVOS DESAFIOS?

No dia 31 de janeiro de 2025, foi apresentado no Senado Federal, o Projeto de Lei 4 de 2025, que dispõe sobre a atualização do Código Civil Brasileiro (Lei 10.406/2002). O PL propõe diversas mudanças em temas como Herança, Partilha de Bens, Divórcio, Responsabilidade Civil etc., e apresenta algumas novidades, tais como Direito dos Animais e Direito Digital.

No que tange ao Direito Digital, o projeto reservou no Capítulo VII – Inteligência Artificial, o artigo 2.027-AN, que regulamenta a criação e utilização de imagem de pessoas falecidas por sistemas de IA, nestes termos:

> Art. 2.027-AN. É permitida a criação de imagens de pessoas vivas ou falecidas, por meio de inteligência artificial, para utilização em atividades lícitas, desde que observadas as seguintes condições:
>
> I – obtenção prévia e expressa de consentimento informado da pessoa ou dos herdeiros legais ou representantes do falecido;
>
> II – respeito à dignidade, à reputação, à presença e ao legado da pessoa natural, viva ou falecida, cuja imagem é digitalmente representada, evitando usos que possam ser considerados difamatórios, desrespeitosos ou contrários ao seu modo de ser ou de pensar, conforme externado em vida, por seus escritos ou comportamentos ou por quaisquer outras formas pelas quais a pessoa se manifestou ou se manifesta, de natureza cultural, religiosa ou política;
>
> III – para que se viabilize o uso comercial da criação a respeito de pessoa falecida, prévia e expressa autorização de cônjuges, de herdeiros ou de seus representantes ou por disposição testamentária;
>
> IV – absoluto respeito a normas cogentes ou de ordem pública, sobretudo as previstas neste Código e na Constituição Federal.
>
> § 1º A criação de imagens de pessoas vivas ou falecidas para fins de exploração comercial sem o consentimento expresso da pessoa natural viva ou, caso falecida, dos herdeiros ou representantes legais é proibida, exceto nos casos previstos em lei.
>
> § 2º As imagens criadas estão sujeitas às leis de direitos autorais e à proteção da imagem, sendo os herdeiros legais ou representantes do falecido os titulares desses direitos.

---

54. BASTOS, Isis Boll de Araujo; SOARES, Flaviana Rampazzo. Análise comparada do direito brasileiro e californiano sobre a tutela do direito à imagem: perspectivas de um direito civil contemporâneo. *Revista Brasileira de Direito Civil em Perspectiva*, e-ISSN: 2526-0243, Minas Gerais, v. 1, n. 2, jul./dez. 2015, p. 64.

55. Enquanto a imagem-retrato é o reflexo da identidade física do indivíduo, a imagem-atributo diz respeito ao conjunto de características apresentadas socialmente por determinado indivíduo. In: COSTA NETTO, José Carlos. *Direito autoral no Brasil*. 3. ed. São Paulo: Saraiva Educação, 2019.

§ 3º Em todas as imagens criadas por inteligência artificial, é obrigatória a menção de tal fato em sua veiculação, de forma clara, expressa e precisa.

§ 4º Aplicam-se, no que couber, os direitos aqui estabelecidos aos avatares e a outros mecanismos de exposição digital das pessoas jurídicas.[56]

A justificativa do projeto, em especial ao capítulo VII, se deu em razão das situações jurídicas digitais passarem a fazer parte do cotidiano do brasileiro, e ser necessária a atualização da legislação brasileira para abordar os desafios e as oportunidades apresentadas pelo ambiente digital. Do mesmo modo, um dos objetivos do capítulo é estipular diretrizes para o desenvolvimento e implementação de sistemas de inteligência artificial enfatizando a não discriminação, a transparência e a responsabilidade civil, assim como a definição de regramentos para a criação de imagem de pessoas vivas e falecidas por meio de IA. Por fim, ressaltou-se, como um dos propósitos, a conformidade dos sistemas de inteligência artificial com os direitos fundamentais e de personalidade.[57]

O artigo que trata da ressuscitação digital é relativamente pequeno, contando com apenas quatro incisos e quatro parágrafos. Dessa forma, passa-se a analisar os dispositivos legais. O artigo 2.027-AN, se dedica à permissão da criação de imagens de pessoas vivas ou falecidas, por meio de sistemas de IA, para a utilização em atividades lícitas. O caput do artigo, não incorre em imprecisões, aliás, traz importante determinação no que se refere à utilização da imagem manipulada apenas em atividades lícitas.

O inciso I do referido artigo dispõe que a criação destas imagens via IA, precede da obtenção expressa do consentimento informado da pessoa ou dos herdeiros legais ou representantes do falecido. Todavia, em que pese o inciso I evidenciar a importância do consentimento, a ser obtido de forma prévia e expressa, incorre em imprecisão. De fato, para a realização de projetos de ressuscitação digital é necessário o prévio consentimento do titular da imagem. Entretanto, entende-se que esse consentimento não pode ser prestado pelos herdeiros legais ou representantes do falecido. Como o consentimento vai ser o suporte fático do direito subjetivo negocial, criado pela outorga do titular, não pode ser conferido por terceiros. Dessa forma, na ausência de consentimento expresso do falecido, não se confere aos herdeiros e/ou representantes, a possibilidade de manifestação

---

56. PACHECO, Rodrigo. Projeto de Lei 4/2025. Dispõe sobre a atualização da Lei 10.406, de 10 de janeiro de 2002 (Código Civil), e da legislação correlata. Brasília: Senado Federal, 31 jan. 2025. Disponível em: https://legis.senado.leg.br/sdleg-getter/documento?dm=9889356&ts=1739463355689&disposition=inline. Acesso em: 23 fev. 2025, p. 215.
57. PACHECO, Rodrigo. Projeto de Lei 4/2025. Dispõe sobre a atualização da Lei 10.406, de 10 de janeiro de 2002 (Código Civil), e da legislação correlata. Brasília: Senado Federal, 31 jan. 2025. Disponível em: https://legis.senado.leg.br/sdleg-getter/documento?dm=9889356&ts=1739463355689&disposition=inline. Acesso em: 23 fev. 2025, p. 270.

em seu lugar, em razão de se tratar de direitos personalíssimos, intransmissíveis por sua própria natureza. Sem o consentimento, à família se defere apenas a legitimidade processual na defesa da situação jurídica de interesse, conforme leciona o atual artigo 20 do Código Civil.

O inciso II, por sua vez, traz importantes determinações acerca do respeito à dignidade, à reputação, à presença e ao legado da pessoa natural, viva ou falecida, cuja imagem é digitalmente representada, evitando usos que possam ser considerados difamatórios, desrespeitosos ou contrários ao seu modo de ser ou de pensar. A realização de ressuscitação digital pode impactar a imagem-atributo, ou seja, pode ser realizada construção que altere um conjunto de características construídas socialmente. Por exemplo, uma pessoa pode ser muito religiosa e manter rigorosos "padrões morais", mas sua ressuscitação digital pode ir totalmente ao contrário dessa construção social firmada em vida. Sendo assim, é importante, ao realizar estes projetos, respeitar a imagem-atributo, principalmente no que concerne à honra objetiva, ou seja, o ser perante o outro.

O inciso III destaca que a viabilização do uso comercial da criação a respeito de pessoa falecida, precede da autorização de cônjuges, de herdeiros ou de seus representantes ou por disposição testamentária. Novamente, nota-se nova inconsistência. Conforme destacado, os herdeiros legais, cônjuges ou representantes, não poderão conferir o consentimento em nome do falecido, estes poderiam apenas gerir o direito subjetivo negocial, se forem indicados pelo consentimento (limites pessoais). Porém, por disposição testamentária, é possível conferir consentimento específico para a utilização comercial da imagem.

O § 1º, do inciso IV, evidencia que a criação de imagens de pessoas vivas ou falecidas para fins de exploração comercial sem o consentimento expresso da pessoa natural viva ou, caso falecida, dos herdeiros ou representantes legais é proibida, exceto nos casos previstos em lei. Observa-se uma nova incongruência, pois sem o consentimento expresso do falecido, não se pode realizar a ressuscitação digital. Não pode os herdeiros, representantes ou a própria lei, autorizar algo que não foi permitido pelo titular da imagem.

O §2º menciona que as imagens criadas estão sujeitas às leis de direitos autorais e à proteção da imagem, sendo os herdeiros legais ou representantes do falecido os titulares desses direitos. Estas imagens podem sim ser sujeitas às leis de direitos autorais, quando envolverem criações guarnecidas pela Lei 9.610/1998 (Lei de Direitos Autorais). Contudo, é temerário dispor que a titularidade destes direitos autorais tocará aos herdeiros e representantes do falecido. Ao rememorar o caso da cantora Elis Regina, percebe-se que ela cantou, via ressuscitação digital, a música 'como nossos pais'. Isso significa dizer que os herdeiros ou representantes de Elis seriam os titulares dos direitos autorais de uma música que já detém o seu titular?

O § 3º indica a necessidade de mencionar obrigatoriamente, em todas as criações de imagem por IA, a menção de tal fato em sua veiculação, de forma clara, expressa e precisa. Trata-se de acerto, pois para não se confundir com o instituto da *deep fake*, ou seja, não ter o propósito de enganar alguém, é preciso informar de maneira clara e ostensiva que a imagem que se vê, ou o áudio que se escuta, foram recriados por meio de sistemas de IA. Por fim, o §4º, estende os direitos estabelecidos aos avatares e a outros mecanismos de exposição digital das pessoas jurídicas.

Constata-se que o consentimento é o fio condutor da proposta legislativa, no entanto, em que pese a importância dada à concordância do titular da imagem e voz em projetos de ressuscitação digital, em algumas situações a titularidade do consentimento foi transferida para terceiros, o que deve ser completamente rechaçado, visto que somente o titular detém esse poder.

CONSIDERAÇÕES FINAIS

Hodiernamente, a Inteligência Artificial não visa apenas facilitar alguns serviços de utilidade para o ser humano, mas também auxilia na criação de textos, áudios, vídeos, imagens, a partir de arquivos prévios (IA Generativa), contribuindo assim para a chamada Ressuscitação Digital dos Mortos. Esse paradigma tem crescido nacional e internacionalmente, evocando a necessidade de uma proteção efetiva para a imagem póstuma.

Diante do exposto e das considerações esboçadas, conclui-se que o consentimento é imprescindível para a licitude dos projetos de ressuscitação digital e que tal consentimento deve ser prestado em vida pelo titular do direito de imagem, por meio de documento escrito (contrato ou testamento, por exemplo). Esse consentimento atuará como cerne do suporte fático para a criação de um direito subjetivo fundado na exploração da imagem (o que não se confunde com a titularidade do direito), além de fixar limites (pessoais, temporais, temáticos, espaciais e integrais) para a utilização da imagem manipulada. Na ausência do consentimento do titular da imagem, os herdeiros e/ou representantes não podem autorizar a realização de projetos de ressuscitação digital. Sem a existência do consentimento, e consequentemente, do direito subjetivo negocial, aos herdeiros se defere apenas a legitimidade processual, conforme prevê o parágrafo único, do art. 20 do CC/02.

Em que pese o avanço legislativo de um tema tão sensível e atual, parece que o Novo Código Civil trará novos desafios à ressuscitação digital dos mortos, uma vez que desloca o consentimento do titular da imagem a terceiros (sejam herdeiros ou representantes), trazendo uma espécie de transferência de titularidade (o que é vedado pelas características dos direitos da personalidade). A nova disposição é capaz de trazer divergências entre os interesses do falecido e dos herdeiros, bem como permitirá que a imagem continue sendo explorada, via IA, ainda que seu titular não tenha autorizado expressamente o uso póstumo. A polêmica está longe de ser encerrada, por isso é importante o debate para se estabelecer critérios que guarneçam a pessoa em um mundo cada vez mais conectado.

REFERÊNCIAS

BASTOS, Isis Boll de Araujo; SOARES, Flaviana Rampazzo. Análise comparada do direito brasileiro e californiano sobre a tutela do direito à imagem: perspectivas de um direito civil contemporâneo. *Revista Brasileira de Direito Civil em Perspectiva*, e-ISSN: 2526-0243, Minas Gerais, v. 1, n. 2, jul./dez. 2015.

BORGES, Roxana Cardoso Brasileiro; DANTAS, Renata Marques Lima. Direito das sucessões e a proteção dos vulneráveis econômicos. *Revista Brasileira de Direito Civil* – RBDCivil, Belo Horizonte, v. 11, p. 73-91, jan./mar. 2017.

BRASIL. [Constituição (1988)]. Constituição da República Federativa do Brasil de 1988. Brasília, DF: Presidência da República. Disponível em: https://www.planalto.gov.br/ccivil_03/constituicao/constituicaocompilado.htm. Acesso em: 10 maio 2023.

BRASIL. Código Civil. Brasília, DF: Presidência da República. Disponível em: https://www.planalto.gov.br/ccivil_03/leis/2002/l10406compilada.htm. Acesso em 10 jun. 2023.

BUENO, Caio Botrel; FROGERI, Rodrigo Franklin. Chatgpt e o campo jurídico: o estado da arte. *Anais do Congresso Internacional Grupo Unis*. Anais. Varginha (MG) Unis MG, 2023. Disponível em: https://www.even3.com.br/anais/cigu/634689-CHATGPT-E-O-CAMPO-JURIDICO--O-ESTADO-DA-ARTE. Acesso em: 15 set. 2023.

CAROLINE, Amanda. *Kanye West presenteia Kim Kardashian com holograma de seu pai, morto há 17 anos*. Disponível em: https://br.financas.yahoo.com/noticias/kim-kardashian-kanye-west-holograma-pai-robert-kardashian-aniversario-165907630.html. Acesso em: 30 maio 2023.

CONAR Notícias. Conar recomenda arquivamento da representação *VW Brasil 70: o novo veio de novo*. Disponível em: http://www.conar.org.br/. Acesso em: 24 ago. 2023.

COSTA NETTO, José Carlos. *Direito autoral no Brasil*. 3. ed. São Paulo: Saraiva Educação, 2019.

D'AMICO, Gustavo Fortunato. Ressurreição digital e direito de imagem: um estudo sobre a reconstrução digital póstuma de Peter Cushing. *XI Congresso de Direito de Autor e Interesse Público*, 2017, Curitiba. Anais do XI Congresso de Direito de Autor e Interesse Público. Curitiba: Gedai, 2017.

D'AMICO, Gustavo Fortunato. *Ressureição Digital*: as consequências jurídicas da recriação digital post mortem de artistas e intérpretes. Dissertação (mestrado profissional) – Universidade Federal do Paraná. Programa de Pós-Graduação em Propriedade Intelectual e Transferência de Tecnologia para Inovação. Curitiba, 2021.

DONEDA, Danilo Cesar Maganhoto. *Da privacidade à proteção de dados pessoais*: elementos da formação da Lei Geral de Proteção de Dados. 2. ed. São Paulo: Thomson Reuters Brasil, 2020.

FERNEDA, Edberto. Redes neurais e sua aplicação em sistemas de recuperação de informação. *Ci. Inf.*, Brasília, v. 35, n. 1, p. 25-30, jan./abr. 2006.

GLITZ, Frederico; TOAZZA, Gabriele Bortolan. O contrato para disposição da imagem na perspectiva dos direitos da personalidade. *Justiça do direito*, v. 31, n. 2, p. 358-385, maio/ago. 2017.

GOGONI, Ronaldo. My Heritage Deep Nostalgia: como usar o app que anima fotos antigas. *Tecnoblog*, 13 mai. 2021. Disponível em: https://tecnoblog.net/responde/my-heritage-deep-nostalgia-como-usar-o-app-que-anima-fotos-antigas/. Acesso em: 24 maio 2023.

GONÇALVES, Jeferson Jaques Ferreira. *A ressuscitação digital dos mortos*: o consentimento como fixador de limites. Belo Horizonte: Editora Expert, 2024.

GUSTIN, Miracy Barbosa de Sousa; DIAS, Maria Tereza Fonseca. *(Re)pensando a pesquisa jurídica*: teoria e prática. 2. ed. rev., ampl. e atual. Belo Horizonte: Del Rey, 2006.

LUONG, Miranda. Bot Roman (2017). *Spookyte*, 15 jun. 2020. Disponível em: https://spookyte.ch/inventory/roman-bot/. Acesso em: 24 maio 2023.

MARCONI, Marina de Andrade; LAKATOS, Eva Maria. *Fundamentos de metodologia científica*. Atualização da edição João Bosco Medeiros. 9. ed., 2. reimpr. São Paulo: Atlas, 2023.

MORAES, Walter. Direito à própria imagem. In: FRANÇA, Rubens Limongi (Coord.). *Enciclopédia Saraiva do Direito*. São Paulo: Saraiva, 1977. v. 25.

NAVES, Bruno Torquato de Oliveira; SÁ, Maria de Fátima Freire de. *Direitos da Personalidade*. 2. ed. Belo Horizonte: Arraes Editores, 2021.

NAVES, Bruno Torquato de Oliveira; SÁ, Maria de Fátima Freire de. A ressuscitação digital dos mortos. In: COLOMBO, Cristiano; ENGELMANN, Wilson; FALEIROS JÚNIOR, José Luiz de Moura (Org.). *Tutela jurídica do corpo eletrônico*: novos desafios ao direito digital. Indaiatuba, SP: Foco, 2022.

PERLINGIERI, Pietro. *Perfis do Direito Civil*. 3. ed. rev. e ampl. Rio de Janeiro: Renovar, 2002.

PERRONE, Marcelo. Recriação digital de movimentos e expressões de atores mortos provoca polêmica no cinema. *Gauchazh*, 08 de fev. 2017. Disponível em: https://gauchazh.clicrbs.com.br/cultura-e-lazer/cinema/noticia/2017/02/recriacao-digital-de-movimentos-e-expressoes-de-atores-mortos-provoca-polemica-no-cinema-9716239.html. Acesso em: 24 maio 2023.

RAMÍREZ, Luis. Voz de Ayrton Senna é reconstituída com inteligência artificial; ouça agora. Material promocional faz com que brasileiro leve mensagem de luta às novas gerações. *MotorSport.com*, 15 maio 2023. Disponível em: https://motorsport.uol.com.br/f1/news/video-voz-de-ayrton-senna-e-reconstituida-com-inteligencia-artificial-ouca-agora/10469793/. Acesso em: 15 maio 2023.

REALE, Miguel. *Lições preliminares de direito*. 27. ed. São Paulo: Saraiva, 2002.

RIGUES, Rafael. Inteligência Artificial consegue imitar sua voz em 5 segundos. *Olhar Digital*, 14 nov. 2019. Disponível em: https://olhardigital.com.br/2019/11/14/noticias/inteligencia-artificial-e-capaz-de-clonar-sua-voz-em-5-segundos/. Acesso em: 27 maio 2023.

RODOTÀ, Stefano. A antropologia do homo dignus. Trad. Maria Celina Bodin de Moraes. *Civilistica.com*. Rio de Janeiro, a. 6, n. 2, jan.-mar./2017. Disponível em: http://civilistica.com/a-antropologia-do-homo-dignus/. Acesso em: 25 mar. 2023.

ROMANO, Rafael Salomão. O filme Rogue One: Uma história Star Wars e o direito de imagem. *Revista Consultor Jurídico*, 29 dez. 2016. Disponível em: https://www.conjur.com.br/2016-dez-29/rafael-salomao-romano-filme-rogue-onee-direito-imagem. Acesso em: 24 maio 2023.

SÉRVIO, Gabriel. Jovem russo vira bot de inteligência artificial após a morte. *Olhar Digital*, 20 jan. 2021. Disponível em: https://olhardigital.com.br/2021/01/20/noticias/jovem-russo-vira-bot-de-inteligencia-artificial-apos-a-morte/. Acesso em: 30 maio 2023.

THEODORO JÚNIOR, Humberto. *Curso de direito processual civil*. 63. ed. Rio de Janeiro: Forense, 2022. v. 1: teoria geral do direito processual civil, processo de conhecimento, procedimento comum.

ZANINI, Leonardo Estevam de Assis. A utilização econômica da imagem: principais figuras contratuais. *RJLB*, ano 4, n. 5, p. 1099-1134. 2018.

PESSOA, VALOR E PREÇO: UM PANORAMA DO DEBATE SOBRE A COMODIFICAÇÃO DA VIDA HUMANA

Lucas Costa de Oliveira

Doutor em Direito pela Universidade Federal de Minas Gerais, com período de pesquisa na University of Birmingham. Mestre em Direito Privado pela Pontifícia Universidade Católica de Minas Gerais. Bacharel em Direito pela Universidade Federal de Ouro Preto. Realizou residência de pesquisa pós-doutoral em Direito na Universidade Federal de Minas Gerais, com bolsa CNPq, vinculado ao projeto "Bioética, Justiça Distributiva e Pandemias". Professor de Direito Civil na Universidade Federal de Minas Gerais. Membro do corpo permanente de professores do Programa de Pós-Graduação em Direito da Universidade Federal de Minas Gerais.

Sumário: Introdução – 1. A hipótese da comodificação universal – 2. A hipótese da não comodificação universal – 3. A hipótese da compartimentalização – 4. A hipótese da comodificação incompleta – Conclusão – Referências.

INTRODUÇÃO

Existem coisas que não devem ser comodificadas? Caso a resposta seja positiva, como estabelecer critérios para determinar o que deve ser inserido no mercado? Afinal, teria a pessoa valor ou preço? Há uma miríade de respostas possíveis para esses questionamentos, fundadas em diferentes visões de mundo e arcabouços teóricos. Neste artigo, busca-se apresentar um panorama geral das principais correntes teóricas que se destacaram na abordagem do processo de comodificação, a partir da taxonomia proposta por Margaret Jane Radin.[1] O objetivo consiste em apresentar o estado da arte para que seja possível situar com maior clareza e precisão o debate sobre a comodificação da vida humana.

Um breve aclaramento semântico se faz necessário de antemão. Neste artigo, o conceito de "comodificação" será utilizado para denotar e enfatizar a dimensão moral do fenômeno da comercialização ou mercantilização, especialmente em relação a objetos que tradicionalmente se inserem fora da lógica mercantil – como o corpo humano e seus elementos –, ou mesmo em relação à própria pessoa e seus modos de vivência – a vida humana *tout court*. Em síntese, "a questão central sobre o debate da comodificação diz respeito a quais relações sociais devem ser

---

1. RADIN, Margaret Jane. *Contested Commodities*. Cambridge: Harvard University Press, 2001.

manipuladas por instituições de mercado e governado por normas de mercado; em resumo, qual deve ser o escopo da mercantilização".[2]

A partir da proposta de Margaret Radin, identificam-se quatro hipóteses para estabelecer os limites éticos ao processo de comodificação da vida humana.

A *hipótese da comodificação universal* compreende a razão econômica como puramente instrumental, de tal modo que admitir a expansão do mercado não implicaria a corrupção de valores pessoais ou comunitários. Assim, tudo poderia ser explicado a partir de uma retórica econômica e proprietária. Teorias libertárias e teorias lastreadas na economia comportamental, como a análise econômica do direito, tendem a levar a uma proposição nesse sentido.

A *hipótese da não comodificação universal* defende que o mercado é um mal em si mesmo, uma vez que sempre enfraquece ou elimina outros valores mais importantes da comunidade política, possuindo o mesmo efeito em relação aos valores constitutivos de cada pessoa. Visões marxistas tendem a levar a essa conclusão.

A *hipótese da compartimentalização* propugna que o mercado não representa um mal em si mesmo, mas deve permanecer restrito a uma esfera determinada da sociedade. Isso seria necessário em virtude de a razão econômica ter um poder de corrupção e dominação sobre outros tipos de racionalidade. Teorias de vertente liberal-comunitária, especialmente de matriz aristotélica, tendem a se comprometer com um modelo teórico nessas características.

Por fim, a *hipótese da comodificação incompleta* entende que, sendo a pessoa e a comunidade em que se insere compostas por um feixe de valores plurais e distintos, não haveria como compartimentalizar esferas, atributos ou situações em que a razão econômica deveria ser extirpada. Na maioria das hipóteses, razões econômicas e não econômicas seriam articuladas em conjunto para decidir qual curso de ação seguir em um permanente exercício de racionalidade crítica. Assim, os limites somente deveriam ser estabelecidos quando, de fato, o mercado representasse um impedimento ao florescimento humano.

Nesse sentido, o presente artigo busca analisar criticamente cada uma das hipóteses apresentadas, identificando seus méritos e inconsistências, para, ao final, apontar a hipótese que melhor explica o fenômeno da comodificação, propondo instrumentais teóricos mais consistentes para delimitar os seus limites éticos.

---

2. ERTMAN, Martha; WILLIAMS, Joan. Freedom, equality and the many futures of commodification. In: ERTMAN, Martha; WILLIAMS, Joan. *Rethinking commodification*: cases and readings in law and culture. New York: New York University Press, 2005, p. 2.

1. A HIPÓTESE DA COMODIFICAÇÃO UNIVERSAL

Os propositores da comodificação universal entendem que todas as coisas e fenômenos podem ser analisados por meio da racionalidade econômica.

A hipótese da comodificação universal se baseia em três premissas fundamentais. A primeira – *premissa da neutralidade* –, indica que a compreensão de algo como mercadoria, ou a análise de um fenômeno por meio do instrumental técnico da economia, não altera o seu valor moral, uma vez ser o mercado uma instituição neutra. Sendo a análise econômica a maneira mais racional de tomar decisões sobre recursos escassos, não haveria implicações éticas no uso da racionalidade instrumental. A segunda – *premissa da comensurabilidade* –, implica que todos os valores podem ser reduzidos a um determinado preço, sendo, portanto, comensuráveis.[3] Em decorrência dessa compreensão, tem-se a *premissa da fungibilidade*, pela qual se entende que todas as coisas podem ser trocadas e medidas entre si, uma vez que podem ser sempre redutíveis a um único valor comum: o preço.[4]

A partir dessas premissas, chega-se à metodologia central da comodificação universal – a análise de custo-benefício:

> A eficiência é perseguida por meio da metodologia da análise de custo-benefício. A análise de custo-benefício avalia as ações humanas e as consequências sociais nos termos ganhos verdadeiros ou hipotéticos das trocas medidas em dinheiro. Ao buscar eficiência por meio da metodologia de mercado, a comodificação universal defende o livre mercado como regra. O *laissez-faire* é presumivelmente eficiente porque é um sistema de trocas voluntárias. No esquema da comodificação universal, transferências voluntárias são presumidas para maximizar ganhos de transação, e todas as interações humanas são caracterizáveis como transações. Uma vez que a liberdade é definida como a livre escolha da pessoa entendida como negociante, o livre mercado também expressa, presumivelmente, a liberdade.[5]

A visão otimista e expansionista do paradigma de mercado, bem como a superação da segregação entre discurso e ação (mercados metafóricos e literais), podem ser observadas entre os teóricos da economia comportamental e da análise econômica do direito. Gary Becker foi um dos pioneiros na utilização do método instrumental da economia para analisar questões sociais que tradicionalmente não eram abordadas pelos economistas (v.g. educação, cuidados médicos, saúde, formação, dissolução e estrutura das famílias). Sua análise parte do pressuposto de que os "indivíduos maximizam o bem-estar da maneira que eles o concebem, sejam eles egoístas, altruístas, leais, maldosos ou masoquistas. O comportamento

---

3. RADIN, Margaret Jane. *Contested Commodities*. Cambridge: Harvard University Press, 2001, p. 8-9.
4. RADIN, Margaret Jane. *Contested Commodities*. Cambridge: Harvard University Press, 2001, p. 3.
5. RADIN, Margaret Jane. *Contested Commodities*. Cambridge: Harvard University Press, 2001, p. 5.

deles é sempre prospectivo e consistente ao longo do tempo".[6] Ainda, os indivíduos buscariam, na maior medida do possível, antecipar consequências indesejadas. Dessa maneira, mesmo pressupondo que o comportamento é guiado por um rico conjunto de valores e preferências, Becker acredita que é possível utilizar a abordagem econômica para analisar racionalmente o comportamento humano, prevendo maneiras mais adequadas de explicar e orientar questões sociais.

Essa proposição fica evidente na defesa da introdução de incentivos econômicos nas doações de órgãos em vida e após a morte. Levando em consideração o abismo existente entre oferta e demanda nos transplantes de órgãos, o que ocasiona um persistente aumento das mortes nas listas de espera, Gary Becker e Julio Elías argumentam que "incentivos monetários podem aumentar a oferta de órgãos para transplantes, de maneira suficiente para eliminar as longas filas nos transplantes de órgãos, e faria isso aumentando o custo total das cirurgias de transplante em não mais que 12%".[7] Após demonstrarem o aumento da demanda de órgãos não acompanhada pela oferta, os autores buscam determinar o preço de um órgão utilizando como estudo de caso rins e fígados. Para a composição do preço, levam em consideração o valor estatístico da vida, bem com as variáveis do risco de morte, tempo perdido durante a recuperação e redução da qualidade de vida. No caso dos rins, assumindo o valor estatístico da vida de cinco milhões de dólares e levando em consideração o risco de morte em torno de 0.03 a 0.06 %, a perda de rendimentos referente a quatro semanas de repouso para alguém com rendimentos anuais de 35 mil dólares, além do baixo impacto na qualidade de vida, uma vez que não haveria graves comprometimentos na saúde do doador, Becker e Elías chegam ao preço de 15.200 dólares. Em conclusão, defendem que a introdução de incentivos financeiros para estimular a doação de órgãos seria salutar e viável economicamente.[8]

A ideia da comodificação universal também se tornou influente no direito. A análise econômica do direito busca utilizar a metodologia econômica para analisar e explicar o fenômeno jurídico. A partir do pressuposto de que pessoas reagem a incentivos, Richard Posner elenca três princípios fundamentais da economia determinantes para análise econômica do direito. O primeiro é a lei da demanda, segundo a qual há uma relação inversa entre o preço cobrado e a quantidade demandada. O segundo indica que as pessoas buscam maximizar a utilidade

---

6. BECKER, Gary. Nobel Lecture: The economic way of looking at behavior. *The Journal of Political Economy*, v. 101, n. 3, 1993, p. 386.
7. BECKER, Gary; ELÍAS, Julio Jorge. Introducing incentives in the market for live and cadaveric organ donations. *Journal of Economics Perspectives*, v. 21, n. 3, 2007, p. 3, tradução nossa.
8. BECKER, Gary; ELÍAS, Julio Jorge. Introducing incentives in the market for live and cadaveric organ donations. *Journal of Economics Perspectives*, vol. 21, n. 3. 2007, p. 3, tradução nossa. No mesmo sentido, cf. BECKER, Gary; POSNER, Richard. *Uncommon sense*: economics insights, from marriage to terrorism. Chicago: The University of Chicago Press, 2009, p. 79-84.

(v.g. prazer, felicidade, satisfações), especialmente em relação à maximização da diferença entre custo e benefício. Por fim, o terceiro princípio dispõe que os recursos tendem a se mover em direção ao uso mais valioso se trocas voluntárias em um mercado forem permitidas.[9] A aplicação desses princípios econômicos pode ser observada tanto na análise de questões eminentemente jurídicas, como a responsabilidade civil e criminal, mas também em diversas outras temáticas abordadas por Posner em outras obras como "Sex and Reason", na qual aborda questões como orientação sexual, casamento, divórcio, fertilidade, pornografia e prostituição, sempre em uma estrita metodologia analítico-econômica.[10]

Um dos estudos mais mencionados com a finalidade de ilustrar a proposta e a amplitude da comodificação universal é de autoria de Elisabeth Landes e Richard Posner.[11] No polêmico artigo, utilizam-se da análise econômica para demonstrar "como o mundo iria parecer se um livre mercado de bebês fosse permitido existir".[12] Os autores partem de uma argumentação otimista sobre as vantagens do mercado aplicado ao modelo de adoção vigente nos Estados Unidos. A metodologia científica utilizada é marcada por um alto grau de tecnicismo, apresentando fórmulas, gráficos e tabelas para fundamentar o argumento desenvolvido. Em síntese, defendem que a regulação da adoção criou uma escassez de bebês, além de um mercado negro paralelo, impossibilitando o equilíbrio entre oferta e demanda. Ainda, defendem que esse modelo de regulação gera um excedente de crianças em acolhimento familiar com altos gastos públicos. Isso ocorreria pelo fato de as agências de adoção serem instituições sem fins lucrativos, podendo compensar apenas as despesas envolvidas no processo de adoção, como despesas médicas e gastos com a subsistência dos pais biológicos. Assim, com a impossibilidade de flutuação do preço envolvido na adoção, haveria uma grande escassez de bebês com determinadas características fenotípicas, especialmente bebês de pele branca, enquanto haveria um excedente de bebês negros ou com deficiências.

Dessa maneira, o livre mercado é apresentado como uma panaceia a esses problemas, pois permitiria a distribuição desses bebês de maneira mais eficiente. Como mencionado anteriormente, um dos princípios fundantes da economia dispõe que os recursos tendem a se mover em direção ao uso mais valioso se trocas voluntárias são garantidas em um mercado. As crianças inseridas no processo de adoção em um livre mercado são vistas como mercadorias, devendo

---

9. POSNER, Richard. *Economic analysis of the Law.* 3. ed. Boston: Little, Brown and Company, 1986, p. 4-9.
10. Cf. POSNER, Richard. *Sex and reason.* Cambridge: Harvard University Press, 1994.
11. LANDES, Elisabeth M.; POSNER, Richard A. The economics of the baby shortage. *The Journal of Legal Studies*, v. 7, n. 2, 1978, p. 323-348.
12. LANDES, Elisabeth M.; POSNER, Richard A. The economics of the baby shortage. *The Journal of Legal Studies*, v. 7, n. 2, 1978, p. 324.

ser entregues aos pais com propensão a pagar mais: "assumimos adiante (para simplicidade da exposição gráfica), que se a agência encara um excesso de demanda por crianças a um dado preço, ela irá alocá-las entre os pais prospectivos para maximizar a satisfação do consumidor (v.g. dentre os ofertantes de maior valor)".[13] Os autores argumentam que, por um lado, as mulheres se sentiriam mais motivadas a entregar filhos indesejados para a adoção, evitando-se o aborto, a venda por meio do mercado negro e a entrega da criança para acolhimento familiar por período indefinido. Por outro lado, havendo uma variação do preço, a tendência é que haja uma distribuição mais ampla dos bebês com diferentes características.

Há, certamente, uma simplificação dos argumentos desenvolvidos por Landes e Posner, que chegam a enfrentar objeções morais, sociais e pragmáticas ao modelo proposto, como o favorecimento dos mais ricos, a possibilidade de ocorrência de fraudes e desonestidade no processo, a desconsideração do melhor interesse da criança e da vulnerabilidade das partes, o simbolismo envolvido em um livre mercado de crianças e a possibilidade de eugenia.[14] Não obstante, o posicionamento é sempre justificado em uma visão puramente econômica:

> De mais a mais, preocupações com o abuso infantil não devem ser permitidas para obscurecer o fato que o abuso não é um motivo normal para adotar uma criança. E, uma vez posto o abuso de lado, a vontade de pagar dinheiro por um bebê seria vista no todo com um fator tranquilizante do ponto de vista do bem-estar da criança. Poucas pessoas compram um carro ou uma televisão para quebrá-los. De modo geral, quanto mais cara a compra, maior cuidado o comprador vai dispender nela. Estudos recentes sugerem que quanto mais custoso for para os pais obterem uma criança, mais eles investirão nos atributos de qualidade da criança, como saúde e educação.[15]

Um exemplo contemporâneo e radical da visão da comodificação universal pode ser encontrado nos escritos de Jason Brennan e Peter Jaworski. Partindo de premissas consequencialistas e libertárias, os autores apresentam a seguinte proposição: "mercados sem limites – se você pode fazer algo de graça, então você também pode fazer por dinheiro".[16] Essa proposta se baseia na ideia de que o mercado não transforma atos permissíveis em atos impermissíveis. Assim, o fato de alguém poder usar ou dispor de algo gratuitamente implica a possibilidade da

---

13. LANDES, Elisabeth M.; POSNER, Richard A. The economics of the baby shortage. *The Journal of Legal Studies*, v. 7, n. 2, 1978, p. 332, tradução nossa.
14. LANDES, Elisabeth M.; POSNER, Richard A. The economics of the baby shortage. *The Journal of Legal Studies*, vol. 7, n. 2, 1978, p. 339-347.
15. LANDES, Elisabeth M.; POSNER, Richard A. The economics of the baby shortage. *The Journal of Legal Studies*, vol. 7, n. 2, 1978, p. 343, tradução nossa.
16. BRENNAN, Jason; JAWORSKI, Peter M. *Markets without limits*: moral virtues and commercial interests. New York: Routledge, 2016, p. 10, tradução nossa.

utilização ou disposição econômica.[17] Trata-se de uma visão extremamente otimista do mercado, na qual se afastam as objeções calcadas na degradação causada pelo mercado: "Onde veem o mercado como tendo um *ethos* fundamentalmente amoral ou tendente a nos corromper, nós o vemos como moral e moralmente melhorativo. Enquanto pensam que a solução é contrair o mercado, nós pensamos que a solução é expandi-lo".[18]

Segundo Brennan e Jaworski, não existem limites intrínsecos ao mercado, mas apenas limites incidentais. O mercado, por si só, não tornaria algo moralmente errado, embora admitam que, em algumas situações, a comercialização pode agravar a avaliação moral sobre algo. Assim, argumentam que o debate acerca da comodificação não deveria ser pautado em torno das coisas que devem ou não ser inseridas no mercado – debate sobre o escopo do mercado –, mas em torno de como as coisas devem ser inseridas no mercado – debate sobre a conformação do mercado.[19] Trata-se, como é possível observar, de uma radical e ampla defesa da visão econômica da vida.

2. A HIPÓTESE DA NÃO COMODIFICAÇÃO UNIVERSAL

O modelo teórico da não comodificação universal defende que o fenômeno da comodificação, caracterizado pela hegemonia da maximização dos benefícios econômicos, reprime de maneira determinante o potencial individual e social das pessoas, desumaniza as relações interpessoais e impede o livre desenvolvimento humano.[20] Essa visão de mundo é oriunda da tradição marxista, a qual defende, em última instância, a superação do paradigma de produção capitalista e o fim da propriedade privada. Isso implica, por consequência, a negação do processo de comodificação como método central para operacionalizar o livre-mercado.

A comodificação implicaria o esquecimento da vinculação entre pessoa e mercadoria, de tal maneira que as relações pessoais passariam a ser compreendidas como relações abstratas e objetificadas. No fetichismo da mercadoria, tal como proposto por Karl Marx, o trabalhador é completamente alijado da mercadoria que produz. É nesse sentido que se afirma que a construção conceitual da "força de trabalho" é utilizada como arquétipo teórico para reforçar a natureza como-

---

17. BRENNAN, Jason; JAWORSKI, Peter M. *Markets without limits*: moral virtues and commercial interests. New York: Routledge, 2016, p. 10.
18. BRENNAN, Jason; JAWORSKI, Peter M. *Markets without limits*: moral virtues and commercial interests. New York: Routledge, 2016, p. 8, tradução nossa.
19. BRENNAN, Jason; JAWORSKI, Peter M. *Markets without limits*: moral virtues and commercial interests. New York: Routledge, 2016, p. 7.
20. RADIN, Margaret. *Contested Commodities*. Cambridge: Harvard University Press, 2001, p. 79.

dificada do trabalhador, evitando-se a conclusão lógica de que, para produzir mercadorias, o trabalhador deve, antes de mais nada, tornar-se uma mercadoria.[21]

Esse processo gradual de transformação das pessoas em mercadorias demonstraria outro aspecto central e preocupante da sociedade capitalista: a constante expansão do seu escopo e a dominação da sua racionalidade instrumental. A expansão do escopo pode ser interpretada tanto em um sentido geográfico, como se observa com a globalização do modo de produção capitalista, mas também em um sentido mais substancial, na medida em que o mercado passa a atuar sobre esferas que antes eram alheias à sua racionalidade. Observando esse fenômeno de expansão irrefreável do mercado, Marx prevê que a consequência derradeira do capitalismo seria a transformação da própria pessoa em mercadoria – previsão que, em maior ou menor medida, concretizou-se na sociedade de consumo.[22]

Não obstante, por trás da crítica do fetichismo da mercadoria e da expansão de mercado, subjaz uma proposição que sustenta a objeção a esses fenômenos. Afinal, o que haveria de errado em se desvincular pessoa e mercadoria, ou em se expandir a lógica capitalista para outros objetos de análise? O que ampara essa visão crítica ao mercado é a compreensão de que a comodificação traz consigo a degradação ou corrupção dos demais valores comunitários, restringindo toda e qualquer análise a um cálculo puro de custo-benefício e à maximização de interesses e utilidades egoísticas. Essa ideia foi apresentada por Margaret Radin a partir da alegoria da "teoria do dominó".[23]

A teoria do dominó entende que a comodificação é um processo contagioso e monolítico, resultando na dominação da racionalidade de mercado e, consequentemente, na comodificação universal. Essa consequência é compreendida como algo extremamente prejudicial em termos dos valores compartilhados em uma comunidade e, também, em relação à possibilidade de livre desenvolvimento das pessoas, as quais deveriam ser compreendidas como seres plurais, dialógicos e criativos. Trata-se, portanto, da aplicação do conceito ético de "ladeira escorregadia", o qual indica a possibilidade da ocorrência de consequências indesejadas e não previstas a partir da escolha de determinado curso de ação.

---

21. RADIN, Margaret. *Contested Commodities*. Cambridge: Harvard University Press, 2001, p. 80-82. Em uma tradução da visão marxista para a sociedade de consumo, Bauman: "[...] se foi destino do fetichismo da mercadoria ocultar das vistas a substância demasiado humana da sociedade de produtores, é papel do fetichismo da subjetividade ocultar a realidade demasiado comodificada da sociedade de consumidores". BAUMAN, Zygmunt. *Vida para consumo*: a transformação das pessoas em mercadoria. Rio de Janeiro: Zahar, 2008, p. 23.
22. MARX, Karl; ENGELS, Friedrich. *Manifesto comunista*. Trad. Álvaro Pina e Ivana Jinkings. São Paulo: Boitempo, 2010, p. 46.
23. RADIN, Margaret. *Contested Commodities*. Cambridge: Harvard University Press, 2001, p. 95-96.

Nesse sentido, o processo da comodificação, ainda que restrito a determinado aspecto da vida humana e das relações interpessoais, resultaria em um risco de expansão e dominação de todas as esferas da vida, sem possibilidade de controle ou limitações. Desse modo, sendo inviável a coexistência de visões de mundo comodificadas e não comodificadas, uma vez que seriam antípodas conceituais, a solução apontada pelos teóricos da tradição marxista seria a abolição da sociedade fundada na comodificação de tudo e de todos, em prol de uma sociedade mais igualitária, axiologicamente pluralista e que se fundamente em uma forma de produção e controle de riquezas mais justas.[24]

Identificado como um socialista libertário, Noam Chomsky ilustra essa perspectiva a partir de uma crítica contemporânea ao neoliberalismo e à ordem global vigente, que pode ser entendida como uma versão aguda do capitalismo estudado por Marx. Já no título do seu livro, Chomsky deixa evidente o dilema caracterizador das sociedades neoliberais: o lucro ou as pessoas?[25] É justamente esse tipo de escolha excludente, entre pessoa ou lucro, entre altruísmo ou interesses egoísticos, entre maximização do interesse individual ou interesses coletivos, que resulta na hipótese da não comodificação universal. Se não há como compartilhar interesses comodificados e não comodificados, a escolha seria em direção à tutela das pessoas.

Para além dos desdobramentos consequencialistas apontados por Chomsky em seus ensaios, a exemplo da erosão da democracia participativa, do crescimento das desigualdades sociais e da degradação do meio ambiente, haveria outros problemas causados pelo processo crescente de comodificação. As consequências acima mencionadas decorrem, sobretudo, da criação ou expansão de mercados e da racionalidade econômica, sendo relacionados à comodificação em sentido literal. Não obstante, a retórica de mercado também possuiria consequências devastadoras, representando fortes argumentos para a hipótese da não comodificação universal. Essa crítica decorre da pressuposição de que não há uma separação absoluta entre discurso e ação, de tal modo que a comodificação no discurso seria indissociável da comodificação na prática. Assim, a maneira com que se descreve o mundo afetaria diretamente a maneira com que as pessoas se relacionam. Em última análise, entende-se que o desacordo sobre fatos corresponde também a um desacordo sobre valores – e vice-versa.[26]

Para além da conexão intrínseca entre o discurso e a semiótica do mundo, Margaret Radin apresenta outra possível justificativa para o afastamento da retóri-

---

24. RADIN, Margaret. *Contested Commodities*. Cambridge: Harvard University Press, 2001, p. 95-99.
25. CHOMSKY, Noam. *O lucro os as pessoas?* Neoliberalismo e ordem global. Trad. Pedro Jorgensen Jr. Rio de Janeiro: Bertrand Brasil, 2018.
26. RADIN, Margaret. *Contested Commodities*. Cambridge: Harvard University Press, 2001, p. 83-84.

ca da comodificação. A autora indica que o discurso da comodificação pode levar agentes a respostas erradas em casos sensíveis, o que denomina "risco de erro". A ideia implica o reconhecimento de que uma hermenêutica calcada exclusivamente em uma análise de custo-benefício simplifica e planifica os debates, sem se atentar para a pluralidade de valores e razões existentes. Analisar a justificativa da punição com base em critérios de utilidade ou eficiência, por exemplo, ignora outras possíveis bases morais para a justificativa da punição, como a ressocialização, bem como custos sociais mais amplos, como a possibilidade da condenação de pessoas inocentes.[27]

Dessa maneira, levando-se em consideração as consequências pragmáticas e simbólicas que a universalização do modelo da comodificação necessariamente engendraria, defende-se um modelo diametralmente oposto. A hipótese da não comodificação universal se fundamenta em pressupostos incompatíveis com os fundamentos nevrálgicos do paradigma da comodificação universal, com sua abordagem dominante e expansionista. Assim, as proposições dos teóricos da tradição marxista se alinham no sentido de pensar um modelo de sociedade diferente, na qual o valor de mercado não seja o valor fundante e dominante, tampouco seja a propriedade privada a estrutura basilar das relações humanas e sociais. A solução, portanto, seria extirpar a sociedade capitalista calcada no livre-mercado e na razão instrumental, em busca de um modelo mais justo e igualitário.

3. A HIPÓTESE DA COMPARTIMENTALIZAÇÃO

A hipótese da compartimentalização busca representar a sociedade, as instituições e as relações sociais por meio da metáfora de esferas que emanam e são conformadas por valores e princípios de justiça distributiva próprios. A proposta, aderida especialmente por teóricos liberais-igualitários, encontra em Michael Walzer seu mais influente propositor, a partir da representação do mundo da vida por meio de "esferas da justiça". No que tange ao debate da comodificação, sua tese defende a existência de uma esfera de mercado regida pela racionalidade do livre comércio e de trocas livres entre iguais, além de esferas não econômicas, como a esfera da política, da família, da cidadania, dentre outras, regidas por valores e princípios peculiares. Dessa maneira, a compartimentalização se insere entre os dois extremos anteriormente apresentados, quais sejam, a comodificação e a não comodificação universais.[28]

Para compreender a proposição de Walzer, torna-se necessário identificar a ideia de justiça distributiva sob a qual se estrutura a sua teoria. O filósofo

---

27. RADIN, Margaret. *Contested Commodities*. Cambridge: Harvard University Press, 2001, p. 85.
28. RADIN, Margaret. *Contested Commodities*. Cambridge: Harvard University Press, 2001, p. 46.

parte do pressuposto de que não é possível estabelecer uma teoria coerente da justiça a partir de um único critério de justiça que deva ser aplicado a diferentes contextos e bens sociais, a exemplo da teoria da justiça de John Rawls. Segundo Michael Walzer, a multiplicidade de bens sociais (v.g. cidadania, poder, honra, graça, parentesco, amor, conhecimento, riqueza, trabalho, merecimento) deve ser pareada com uma multiplicidade de procedimentos e critérios distributivos. Assim, adota como pressuposto uma teoria pluralista de justiça, de forma que os diferentes bens sociais devam seguir princípios próprios, sendo distribuídos com base em diferentes critérios.[29]

A autonomia das esferas e seus princípios de justiça distributiva representam o aspecto nevrálgico da teoria apresentada por Walzer. No entanto, como reconhece o filósofo, violações são sistemáticas, de modo que as sociedades são frequentemente concebidas a partir de um bem ou de um conjunto de bens dominantes e determinantes para todas as esferas de distribuição. De mais a mais, esse conjunto de bens dominantes são também frequentemente monopolizados e sustentados pelos seus detentores. Assim, o grande problema a ser combatido em sua teoria da justiça é a dominação, compreendida como a possibilidade de um bem social se converter em outros, subjugando seus princípios distributivos particulares. Em uma sociedade capitalista, por exemplo, o capital pode se tornar o bem dominante e ser convertido em prestígio e poder, da mesma maneira que a tecnologia pode desempenhar esse papel em uma sociedade tecnocrática. Essa é, afinal, a crítica marxista à sociedade capitalista, no sentido de que a terra e o capital podem ser incessantemente convertidos em outros bens, aumentando o poder e a dominação da burguesia sobre o proletariado, sendo, portanto, injusta.[30]

A hipótese da compartimentalização se tornou bastante acolhida entre filósofos de matriz liberal-igualitária. Um estudo que se tornou importante referência nos debates sobre comodificação se refere à pesquisa de Elizabeth Anderson acerca do conceito de valor na ética e na economia. A filósofa assume diversos pressupostos desenvolvidos por Walzer, como a concepção de justiça pluralista e fragmentada em esferas de distribuição. Sua tese se opõe, sobretudo, às propostas axiológicas monistas, as quais assumem um único valor como critério para estabelecer parâmetros valorativos e avaliar bens e interações sociais:

> Nós não respondemos ao que valoramos somente com desejo ou prazer, mas com amor, admiração, honra, respeito, afeto e, também, reverência. Isso nos permite ver como os bens

---

29. WALZER. Michael. *Spheres of justice*. New York: Basic Books, 1983, p. 3-5.
30. WALZER. Michael. *Spheres of justice*. New York: Basic Books, 1983, p. 10-11.

podem ser plurais, como eles podem diferir em tipos e qualidades: eles diferem não apenas em *quanto* nós deveríamos valorá-los, mas em *como* nós deveríamos valorá-los.[31]

Em relação aos limites éticos ao processo de comodificação, Anderson argumenta que diferentes bens devem ser valorados de maneiras distintas, exigindo limites claros para a esfera do mercado. A sua tese propõe que os limites do mercado devem ser estabelecidos com base nas condições sociais para o exercício pleno da liberdade e da autonomia. Sempre que a comodificação de um bem social implique a eliminação ou a restrição da liberdade ou da autonomia, haveria razões para eliminar ou restringir a esfera do mercado.

Elizabeth Anderson possui uma visão bastante pessimista do mercado. Segundo a filósofa, o modo de valorar as coisas na esfera do mercado é por meio do parâmetro do uso. O uso seria correspondente a um modo de valoração impessoal e instrumental, que desconsidera os valores intrínsecos que as coisas possuem. As normas estruturantes da esfera de mercado seriam caracterizadas por cinco características essenciais: impessoalidade, egoísmo, exclusividade, voluntariedade e orientação para a saída. A instrumentalidade e o egoísmo se complementam e indicam que as relações de mercado são realizadas entre estranhos que buscam somente a satisfação dos seus interesses pessoais, utilizando-se mutuamente como instrumentos egoísticos para tal propósito. A exclusividade indica que as mercadorias necessitam ser atribuídas de maneira específica a alguém, pois somente assim se torna possível a atribuição da propriedade privada e preço para circulação no mercado. Assim, a mercadoria somente faz sentido quando o benefício atribuído a ela pode ser acessado por uma pessoa exclusiva: o comprador. A característica da voluntariedade revela que o mercado é ordenado pelo critério do desejo e da vontade, não havendo distinção entre necessidades urgentes e supérfluas. Assim, o único critério relevante seria a demanda. Por fim, a orientação à saída preconiza que o mercado possui uma tendência à separação. Ao contrário das relações de altruístas, as quais representam a criação de um vínculo, a circulação de mercadorias em um contexto econômico afastaria as pessoas, incentivando valores desagregativos.[32]

Assim, se um bem pode ser tratado com base nas características elencadas, sem que isso ocasione uma ruptura ou erosão na liberdade ou na autonomia das pessoas, pode-se concluir que a esfera do mercado é adequada para valorar tais bens. Caso contrário, se esse tipo de atitude perante determinado bem não traduz de maneira adequada os padrões valorativos estabelecidos, uma vez que reduzem

---

31. ANDERSON, Elizabeth. *Value in ethics and economics*. Boston: Harvard University Press, 1993, p. xii-xiii, tradução nossa, destaque no original.
32. ANDERSON, Elizabeth. *Value in ethics and economics*. Boston: Harvard University Press, 1993, p. 145-147.

a liberdade e a autonomia dos envolvidos, a solução seria a sua atribuição a uma esfera distinta, regida por outros valores.

Um breve exemplo pode ser fornecido para ilustrar a posição de Elizabeth Anderson. Segundo a autora, a prostituição feminina deveria ser proibida porque a comodificação de serviços sexuais destruiria a reciprocidade, a intimidade e o comprometimento devidos em uma relação sexual, tratando a mulher como mero objeto para a satisfação de desejos de terceiros. Nesse sentido, ainda que a tradição liberal argumente em prol da liberdade e autonomia da mulher em se prostituir, em uma análise mais ampla e holística, a permissão dessa prática implicaria a subjugação da mulher ao poder e controle dos homens, o que ocasionaria, em última instância, uma diminuição de liberdade e autonomia.[33]

Uma abordagem mais contemporânea e bastante difundida dessa linha de pensamento se encontra nas pesquisas desenvolvidas por Michael Sandel.[34] A sua análise segue uma perspectiva casuística, embora não assuma explicitamente a metáfora das esferas da justiça. Apesar disso, sua hipótese assume que há coisas que não devem ser compradas e vendidas, ficando alheias ao mercado e à sua racionalidade instrumental. Assim, pressupõe-se que o filósofo de Harvard também defende uma visão de mundo em que esferas distintas são regidas por princípios, valores e critérios de justiça distributiva particulares – especialmente no que diz respeito à esfera do mercado.

Por meio da análise de diversas situações dominadas pela mercantilização, Sandel busca encontrar um limite para a penetração do mercado na esfera existencial da vida humana. Para exemplificar, aponta algumas coisas que podem ser compradas atualmente: *upgrade* na cela carcerária; barriga de aluguel indiana; direito de ser imigrante nos Estados Unidos; óvulos e espermas "de grife". Caso não haja dinheiro, também indica coisas que podem ser vendidas: espaço no corpo para publicidade comercial; serviço de cobaia humana em testes de laboratórios farmacêuticos; esterilização ou controle permanente de natalidade em casos de mães viciadas em drogas.

Após analisar uma série de casos polêmicos e curiosos, Michael Sandel apresenta os dois argumentos que devem ser levados em consideração no debate a respeito do que o dinheiro deve ou não comprar: o argumento da equanimidade e o argumento da corrupção. O argumento da equanimidade diz respeito às situações de desigualdade que as escolhas de mercado podem engendrar, ao

---

33. ANDERSON, Elizabeth. *Value in ethics and economics.* Boston: Harvard University Press, 1993, p. 154-156.
34. Cf. SANDEL, Michael. *Justiça*: o que é fazer a coisa certa? Trad. Heloísa Matias e Maria Alice Máximo. 4. ed. Rio de Janeiro: Civilização Brasileira, 2011; SANDEL, Michael. *O que o dinheiro não compra*: os limites morais do mercado. Trad. Clóvis Marques. Rio de janeiro: Civilização Brasileira, 2014.

passo que a objeção da corrupção aponta para as atitudes e normas que podem ser prejudicadas, alteradas e dissolvidas pela lógica de mercado. Pegue-se como exemplo o debate moral acerca da compra e venda de órgãos:

> É verdade que o dinheiro pode comprar um rim sem comprometer seu valor. Mas será que os rins devem ser comprados e vendidos? Os que acham que não costumam levantar dois argumentos: afirmam que esses mercados exploram os pobres, cuja decisão de vender o rim pode não ser realmente voluntária (o argumento da equanimidade). Ou então sustentam que esses mercados promovem uma visão degradante e coisificante da pessoa humana, como se fosse uma coleção de partes avulsas (o argumento da corrupção).[35]

O argumento da equanimidade possui algumas dimensões. Uma delas é pautada na exploração que a prevalência do mercado em esferas existenciais poderia trazer: "numa sociedade em que tudo está à venda, a vida fica mais difícil para os que dispõem de recursos modestos. Quanto mais o dinheiro pode comprar, mais importante é a afluência".[36] A grande questão seria que a desigualdade é acentuada quando o dinheiro passa a comprar coisas que antes não comprava: influência política, acesso às melhores escolas, bom atendimento médico e, até mesmo, obtenção de órgãos, tecidos humanos e células reprodutivas. Uma outra dimensão do argumento da equanimidade diz respeito à impossibilidade de manifestação da vontade livre nessas situações. Argumenta-se que os mais vulneráveis não poderiam consentir de maneira voluntária e válida pelo fato de não possuírem alternativas, além de estarem submetidos a uma forte pressão social e econômica.[37]

Por outro lado, o argumento da corrupção indica um defeito intrínseco, apontando para uma razão categórica. Comprar e vender coisas de caráter existencial seria degradante e errado por si só. A corrupção pode se manifestar de duas maneiras: a primeira ocorre pela objetificação da pessoa, pela sua instrumentalização, pelo uso como mero instrumento de lucro e uso; a segunda ocorre pela degradação de outras normas ou valores pelo mercado. Alega-se que o mercado, ao invadir uma esfera que antes era alheia aos seus preceitos, elimina e corrompe os valores que antes eram exercidos, transformando tudo em uma análise de custo-benefício.

Percebe-se, portanto, que a proposta de Michael Sandel se conecta, em muitos aspectos, com a proposta de Michael Walzer. A principal diferença se refere aos argumentos analíticos que Sandel utiliza para definir os bens sociais que devem ou não estar contidos na esfera do mercado, ao passo que Walzer

---

35. SANDEL, Michael. *O que o dinheiro não compra*: os limites morais do mercado. Trad. Clóvis Marques. Rio de Janeiro: Civilização Brasileira, 2014, p. 110.
36. SANDEL, Michael. *O que o dinheiro não compra*: os limites morais do mercado. Trad. Clóvis Marques. Rio de Janeiro: Civilização Brasileira, 2014, p. 14.
37. SANDEL, Michael. *O que o dinheiro não compra*: os limites morais do mercado. Trad. Clóvis Marques. Rio de Janeiro: Civilização Brasileira, 2014, p. 14.

adota uma postura mais generalista e abstrata. De toda forma, ambos entendem que é possível delimitar e restringir a esfera do mercado sem que isso signifique a sua eliminação, servindo como exemplos robustos para ilustrar a hipótese da compartimentalização.

4. A HIPÓTESE DA COMODIFICAÇÃO INCOMPLETA

Margaret Jane Radin rechaça todas as hipóteses anteriormente apresentadas. Em relação à hipótese da comodificação universal, entende que a compreensão do mundo por meio de um único valor comensurável é insuficiente para capturar a pluralidade de razões, valores e princípios distributivos que regem a vida humana em sociedade. A compreensão de tudo por meio da retórica de mercado, ou a atribuição de tudo ao domínio de mercado, seria uma hipótese extremamente reducionista e incompleta para descrever as relações sociais e a pessoalidade: "neste livro eu nego que todos os valores são comensuráveis nesse sentido. Essa negação é central para minhas críticas à comodificação universal: ela não consegue capturar – e pode depreciar – a maneira que as pessoas valoram coisas importantes para a pessoalidade".[38]

Por outro lado, em relação à hipótese da não comodificação universal, Margaret Radin reconhece acertos nas críticas marxistas direcionadas à visão universalista do mercado. Contudo, da mesma maneira que a comodificação universal é compreendida como um modelo unidimensional e reducionista, a visão absolutamente contrária a qualquer tipo de comodificação também pode ser enquadrada nesses termos. Radin concorda que, em algumas situações e em relação a alguns bens sociais, a racionalidade econômica pode não conseguir expressar devidamente os valores em jogo. Não obstante, posiciona-se de forma contrária à extinção do mercado por completo:

A jurista de Stanford aceita que certas coisas continuam tendo o mesmo valor – ou, ao menos, uma pluralidade de valores conflitantes –, mesmo quando inseridas no mercado, ao passo que outras coisas se tornam diferentes ou corrompidas. Assim, a proibição da versão comodificada de certos bens sociais não deve ser absoluta, sendo aplicada somente a determinados tipos de relações e bens sociais. Portanto, Radin se posiciona em sentido contrário à "teoria do dominó", uma vez que não acredita que a comodificação sempre se expande ao infinito, corrompendo e dominando todas os aspectos da vida humana. Nesse sentido, entende que é possível que versões comodificadas e não comodificadas de certas relações ou bem sociais coexistam sem a necessidade de eliminação ou

---

38. RADIN, Margaret. *Contested Commodities*. Cambridge: Harvard University Press, 2001, p. 9, tradução nossa.

dominação de uma pela outra. Em síntese, Margaret Radin rechaça a tese da não comodificação universal pois não concorda com o argumento de que o mercado é um mal em si mesmo.

Por fim, Radin também refuta a hipótese da compartimentalização. A principal justificativa para esse posicionamento crítico decorre da sua proposta pluralista acerca dos valores. Os teóricos da compartimentalização, com destaque para a tese desenvolvida por Michael Walzer, defendem a divisão do mundo e dos bens sociais em esferas regidas por valores e princípios próprios que devem ficar contidos em seu âmbito específico. Desse modo, trata-se de uma posição hermética e excludente, dado que cada esfera deve conter seu próprio critério de justiça distributiva, sem compartilhar ou se abrir às outras esferas da justiça. Margaret Radin, por sua vez, propõe um outro tipo de pluralismo axiológico, uma vez que defende que é possível a coexistência de valores, princípios e critérios distributivos divergentes sobre um mesmo bem ou relação social. Assim, o mercado também pode conter valores extrapatrimoniais, da mesma maneira que relações existenciais podem conter aspectos econômicos, sem que isso ocasione uma completa dominação.[39]

A teoria da compartimentalização seria fundada em uma estratégia conceitual que busca explicar o mundo a partir de dicotomias ontológicas que serviriam para justificar a existência de uma esfera existencial em contraponto a uma esfera puramente econômica. Radin observa essa estratégia conceitual em autores de diferentes tradições do pensamento, iniciando por John Stuart Mill (reino da propriedade e reino da não propriedade), passando por Immanuel Kant (dicotomia sujeito-objeto) e Georg Wilhelm Hegel (dicotomia interno-externo). Pegue-se o exemplo kantiano para ilustrar o argumento. A divisão conceitual do mundo fenomenológico entre pessoas e coisas representa uma estratégia conceitual para justificar aquilo que pode ou não ser comercializado. Afinal, como reivindica o imperativo categórico, as pessoas possuem um valor infungível (dignidade humana), ao passo que as coisas possuem um valor fungível (preço). Assim, o reino das pessoas, do fim em si mesmo, seria absolutamente apartado e inconfundível com o reino das coisas, uma vez que estas podem ser instrumentalizadas e utilizadas como meios para finalidades variadas.[40] A estratégia conceitual que fundamenta a tese da compartimentalização é afastada por Radin porque não conseguiria elucidar, de maneira clara e razoável, os fundamentos teóricos para a existência dessas categorias excludentes, recaindo no âmbito da arbitrariedade.

---

39. RADIN, Margaret. *Contested Commodities*. Cambridge: Harvard University Press, 2001, p. 30-45.
40. RADIN, Margaret. *Contested Commodities*. Cambridge: Harvard University Press, 2001, p. 34-36; KANT, Immanuel. *Fundamentação da metafísica dos costumes*. Trad. Paulo Quintela. Lisboa: Edições 70, 2011.

Nesse sentido, Radin propõe um novo modelo teórico, situado entre os extremos da comodificação e da não comodificação universais, mas que também se opõe ao modelo da compartimentalização. Haveria, entre os dois extremos hipotéticos, um *continuum* que permitiria a existência de bens mais ou menos comodificados e a coexistência de valores instrumentais e não instrumentais sobre um mesmo bem social. A teoria desenvolvida por Radin pode ser denominada como teoria da comodificação incompleta, justamente porque admite que existem mercadorias que não são totalmente inseridas no contexto do livre-mercado, em uma lógica puramente econômica. Essas mercadorias incompletas seriam regulamentadas pelo poder estatal, de forma que a pluralidade de valores possa ser identificada e incentivada.

Ainda, a teoria da comodificação incompleta se posiciona como uma teoria não ideal, partindo da realidade, com as suas vicissitudes, constrições e limitações sociais, econômicas e interpessoais. A partir desse contexto, Radin refuta a teoria do dominó e trabalha com a noção teórica do "duplo vínculo", uma espécie de dilema moral em que tanto a permissão, quanto a proibição de determinada prática pode causar danos à pessoa.

Pegue-se o complexo caso da prostituição de mulheres, aqui apresentado de maneira simplificada. Com base em uma teoria ideal da justiça, poder-se-ia argumentar que as relações sexuais deveriam ser regidas por valores alheios à racionalidade econômico-instrumental, tais como prazer, amor e respeito mútuo. Não obstante, com fundamento em uma teoria da justiça não ideal, a comodificação do sexo pode ser permitida em algumas circunstâncias. Uma primeira justificativa seria decorrente da constatação de que o sexo já é, em grande medida, comodificado. A prostituição é comumente descrita – não sem uma conotação sexista – como a profissão mais antiga do mundo. De mais a mais, embora haja a criminalização de certas condutas que buscam a exploração da prostituição, como no caso do rufianismo, a prática em si não é tipificada.[41] Trata-se, contudo, de uma justificativa falaciosa. Ora, a constatação de que a prostituição existe não implica, necessariamente, que ela deva existir – embora sirva para evidenciar o quão distante se encontram as demandas da justiça ideal. Por outro lado, em uma perspectiva de justiça não ideal, a proibição da prostituição pode piorar a situação de mulheres que se sujeitam ao mercado do sexo em busca de melhores oportunidades. Mulheres pobres e vulneráveis que vendem serviços sexuais para sobreviver são submetidas à desaprovação moral, contágio de doenças, ausência de benefícios trabalhistas, violências físicas e psicológicas, dentre diversos ou-

---

41. Cf. LEITE, Rafaela Fernandes. *Constituição da sexualidade e autonomia das mulheres que se prostituem*: contributos dos fundamentos de justiça e de liberdade para a ordenação das racionalidades estruturantes do direito privado. Dissertação (Mestrado em Direito) Universidade Federal de Ouro Preto, Ouro Preto, 2019.

tros danos decorrentes da proibição. Assim, a proibição pode ocasionar danos e deixar as mulheres que exercem a prostituição em uma situação social ainda mais vulnerável, ao passo que a permissão da prostituição pode impedir a verdadeira evolução da sociedade nas diversas constrições que impedem o livre desenvolvimento da pessoalidade feminina.[42]

Nas interações sociais que emanam e são conformadas valores plurais e conflitantes, não sendo possível identificar com clareza qual seria a alternativa adequada para tutelar o bem em questão – duplo vínculo –, a solução proposta por Margaret Radin seria a regulação do mercado. Nos casos de mercadorias incompletas, a regulação do mercado seria a melhor alternativa para reconhecer a pluralidade axiológica, incentivando e compatibilizando os diversos valores e critérios distributivos que incidem sobre o bem social. O trabalho assalariado é um dos exemplos utilizados para ilustrar a forma de atuação do mercado regulado. Por mais que o trabalho seja descrito na tradição marxista como uma forma de exploração do trabalhador pelos proprietários dos meios de produção que buscam sempre e exclusivamente a mais-valia, parece ser inegável que o trabalho possui uma dimensão existencial. Seja pelo seu vínculo com a subsistência e com a existência, pela vocação com que se exerce, ou pelas relações sociais que emergem do vínculo trabalhista, não há como defender que o mercado de trabalho seja uma interação social inteiramente comodificada – sendo, portanto, enquadrado no escopo da comodificação incompleta. Nesse sentido, ao invés de propor a sua desregulamentação ou a sua eliminação, Radin defende que a regulação do mercado consegue compatibilizar os valores econômicos e existenciais que se relacionam com o trabalho assalariado, seja por meio das regras de negociações coletivas, estabelecimento de salário-mínimo, limitação da jornada de trabalho, dentre outros.

Por fim, a jurista defende a concepção de florescimento humano como o limite para a comodificação, de forma que o conceito de pessoa se torna um pressuposto fundamental para sua tese. *Grosso modo*, Margaret Radin compreende que o florescimento humano possui sentido próximo à *eudaimonia* aristotélica. A teoria do florescimento humano é calcada em dois níveis: o primeiro elenca dez atributos que limitam ou possibilitam o florescimento humano (v.g. mortalidade, corpo humano, prazer, dor, capacidade cognitiva, razão prática); o segundo corresponde às circunstâncias necessárias para se viver uma vida boa, sejam essas circunstâncias externas ou internas (v.g. em relação à mortalidade, o contexto precisa permitir à pessoa viver e terminar uma vida humana completa, na medida do possível, evitando-se mortes prematuras e a redução da vida à uma vivência

---

42. RADIN, Margaret. *Contested Commodities*. Cambridge: Harvard University Press, 2001, p. 132-136.

que não vale a pena ser vivida).⁴³ Portanto, se a comodificação de um bem social impede o florescimento humano, dever-se-ia afastar a lógica de mercado. Nos outros casos, haveria a possibilidade de regulamentação.

Assim, pode-se sintetizar a hipótese da comodificação incompleta no seguinte excerto:

> Algumas coisas são completamente comodificadas – consideradas adequadas para a troca em um livre mercado. Outras são completamente não comodificadas – removidas completamente do mercado. Na minha visão, entretanto, muitas coisas podem ser entendidas como incompletamente comodificadas – nem completamente comodificadas, nem completamente removidas do mercado. Dada a possibilidade da comodificação incompleta, podemos decidir que algumas coisas são ou deveriam ser inalienáveis em um mercado apenas em certo grau, ou apenas em alguns aspectos. Coisas que são incompletamente comodificadas não exibem completamente os indícios típicos da propriedade e do contrato tradicionais. Coisa que são submetidas ao controle de preços, por exemplo, são mercadorias incompletas, pois a liberdade de estipular preços é uma parte do entendimento tradicional da propriedade e do contrato.⁴⁴

Pegue-se, por fim, o caso dos gametas para ilustrar a tese da comodificação incompleta. A troca de gametas por dinheiro, no contexto social dos mercados, pode ocorrer de diversas maneiras. Entre a compra e venda realizada em um livre mercado e a doação puramente altruísta, há uma série de práticas que podem ser enquadradas no escopo da comodificação incompleta: a compensação por custos, despesas ou sofrimento vivenciados no processo de transferência; a doação compartilhada de oócitos; permutas realizadas com os bancos de gametas e clínicas de reprodução assistida; além de uma infinidade de maneiras possíveis de se regular a prática de cessão onerosa de gametas (v.g. limitando-se a repetição do procedimento por cedentes; a quantidade de gametas cedidos; o montante máximo a ser pago; a possibilidade de importação e exportação, dentre diversos outros aspectos que sejam pertinentes). Desse modo, não correspondendo a limitação ao florescimento humano, haveria a possibilidade de regulamentação da comodificação de gametas humanos.

CONCLUSÃO

Afinal, teria a vida humana valor ou preço? Estabelecer a pergunta nesses termos já implica a assunção de uma premissa determinada: a de que pessoas não poderiam aglutinar valores existenciais e patrimoniais, uma vez que seriam excludentes. Ou se tem valor, ou se tem preço, não havendo a possibilidade de coexistirem valores morais e valores de mercado. Como visto, tal pressuposto pode ser sustentado

---

43. RADIN, Margaret. *Contested Commodities*. Cambridge: Harvard University Press, 2001, p. 66-68.
44. RADIN, Margaret. *Contested Commodities*. Cambridge: Harvard University Press, 2001, p. 20, tradução nossa.

a partir de várias bases filosóficas e sociológicas. A mais difundida parte do imperativo categórico kantiano, o qual estabelece que pessoas possuem dignidade – um valor incomensurável e infungível –, ao passo que coisas teriam preço, podendo ser substituídas ou negociadas. Seria, portanto, uma distinção ontológica, impassível de superação. Outra possível sustentação teórica ao pressuposto, lastreia-se na noção de corrupção de valores, calcada em noções marxistas. Nesse sentido, a razão instrumental teria como consequência a deterioração ou dominação de todos outros valores que antes regiam determinada ação ou prática social.

Se se entende que esse pressuposto é válido, a conclusão somente pode ser uma: a pessoalidade não admite qualquer tipo de economicidade. A vida humana estaria para além de qualquer dimensão patrimonial. Contudo, esse não é um pressuposto necessário. É possível pensar em pressupostos distintos. Pode-se partir, como argumentado ao longo do artigo, da premissa de que é possível que valores distintos compartilhem e tensionem a mesma prática social. É possível partir da premissa que a pessoalidade emana valores plurais, sejam econômicos ou existenciais.

À guisa de conclusão, defende-se que essa é uma premissa mais compatível com o contexto social e econômico contemporâneos. Uma proposta mais condizente com uma teoria da justiça não ideal, propondo soluções e critérios de justiça a partir do contexto fático existente. Pesquisas empíricas analisando motivações em vendas de gametas, sangue, gestação de substituição onerosa e participação remunerada em ensaios clínicos demonstram que as pessoas são movidas por motivos variados e, muitas vezes, conflitantes.[45] As razões, os impulsos, os desejos, os valores que engendram a agência humana são múltiplos. Extirpar a dimensão patrimonial da pessoalidade é uma utopia. Não há pessoa fora do contexto e das relações sociais.

Mas isso significa, portanto, que tudo se resume a dinheiro e que tudo pode ser regido pela lógica econômica, podendo ser comprado e vendido livremente? Certamente, não. Há uma série de constrições jurídicas e éticas. O que se propõe, a partir da hipótese da comodificação incompleta é apenas a *possibilidade*, em relação a certos bens sociais, de que valores plurais e conflitantes, sejam patrimoniais ou extrapatrimoniais, possam coexistir sem a necessária compartimentalização, tampouco a exclusão da razão instrumental ou a dominação da lógica de mercado. A saída, nessas situações, caminharia para a regulamentação, de forma a delimitar e compatibilizar esses interesses complexos – desde que não haja, de maneira determinante, o impedimento ao florescimento humano.

---

45. Cf. OLIVEIRA, Lucas Costa de. *Gametas como mercadorias*: a superação dos desafios ético-jurídicos da comodificação de gametas humanos. Indaiatuba: Foco, 2023; OLIVEIRA, Lucas Costa de. *Mercado regulado de órgãos e tecidos humanos*: entre o Direito, a Economia e a Ética. Porto Alegre: Editora Fi, 2020.

REFERÊNCIAS

ANDERSON, Elizabeth. *Value in ethics and economics*. Boston: Harvard University Press, 1993.

BAUMAN, Zygmunt. *Vida para consumo*: a transformação das pessoas em mercadoria. Rio de Janeiro: Zahar, 2008.

BECKER, Gary. Nobel Lecture: The economic way of looking at behavior. *The Journal of Political Economy*, v. 101, n. 3, p. 389-409, 1993.

BECKER, Gary; ELÍAS, Julio Jorge. Introducing incentives in the market for live and cadaveric organ donations. *Journal of Economics Perspectives*, v. 21, n. 3, p. 3-24, 2007.

BECKER, Gary; POSNER, Richard. *Uncommon sense*: economics insights, from marriage to terrorism. Chicago: The University of Chicago Press, 2009.

BRENNAN, Jason; JAWORSKI, Peter. *Markets without limits*: moral virtues and commercial interests. New York: Routledge, 2016.

CHOMSKY, Noam. *O lucro os as pessoas?* Neoliberalismo e ordem global. Trad. Pedro Jorgensen Jr. Rio de Janeiro: Bertrand Brasil, 2018.

ERTMAN, Martha; WILLIAMS, Joan. Freedom, equality and the many futures of commodification. In: ERTMAN, Martha; WILLIAMS, Joan. *Rethinking commodification*: cases and readings in law and culture. New York: New York University Press, 2005.

KANT, Immanuel. *Fundamentação da metafísica dos costumes*. Trad. Paulo Quintela. Lisboa: Edições 70, 2011.

LANDES, Elisabeth M.; POSNER, Richard A. The economics of the baby shortage. *The Journal of Legal Studies*, v. 7, n. 2, p. 323-348, 1978.

LEITE, Rafaela Fernandes. *Constituição da sexualidade e autonomia das mulheres que se prostituem*: contributos dos fundamentos de justiça e de liberdade para a ordenação das racionalidades estruturantes do direito privado. Dissertação (Mestrado em Direito) Universidade Federal de Ouro Preto, Ouro Preto, 2019.

MARX, Karl; ENGELS, Friedrich. *Manifesto comunista*. Trad. Álvaro Pina e Ivana Jinkings. São Paulo: Boitempo, 2010.

OLIVEIRA, Lucas Costa de. *Gametas como mercadorias*: a superação dos desafios ético-jurídicos da comodificação de gametas humanos. Indaiatuba: Foco, 2023.

OLIVEIRA, Lucas Costa de. *Mercado regulado de órgãos e tecidos humanos*: entre o Direito, a Economia e a Ética. Porto Alegre: Editora Fi, 2020.

POSNER, Richard. *Economic analysis of the Law*. 3. ed. Boston: Little, Brown and Company, 1986.

POSNER, Richard. *Sex and reason*. Cambridge: Harvard University Press, 1994.

RADIN, Margaret Jane. *Contested Commodities*. Cambridge: Harvard University Press, 2001.

SANDEL, Michael. *Justiça*: o que é fazer a coisa certa? Trad. Heloísa Matias e Maria Alice Máximo. 4. ed. Rio de Janeiro: Civilização Brasileira, 2011.

SANDEL, Michael. *O que o dinheiro não compra*: os limites morais do mercado. Trad. Clóvis Marques. Rio de janeiro: Civilização Brasileira, 2014.

WALZER. Michael. *Spheres of justice*. New York: Basic Books, 1983.

OS TESTES CLÍNICOS COM SERES HUMANOS À LUZ DO DIREITO AO PRÓPRIO CORPO

Mariana Cardoso Penido dos Santos

Doutoranda e Mestre em Direito Civil pela Pontifícia Universidade Católica de Minas Gerais. Pós-graduada em Direito Médico e Bioética pelo IEC PUC Minas. Pós-graduanda em Direito Médico e da Saúde pela Legale. Membro do grupo de pesquisa em rede CEBID *JUS*BIOMED. Advogada. E-mail: mariana.penido@sga.pucminas.br.

Sumário: Introdução – 1. Da herança sombria dos testes clínicos com seres humanos – 2. Vulnerabilidade e autonomia – 3. Testes clínicos com seres humanos à luz do direito ao próprio corpo – Conclusão – Referências.

INTRODUÇÃO

Os testes clínicos envolvendo seres humanos suscitam questões éticas, jurídicas e sociais, permeadas um histórico de práticas controversas que impactam diretamente a condução e a credibilidade das pesquisas.

Nesse contexto, impõe-se a seguinte indagação: é possível manter uma concepção estática sobre o direito ao próprio corpo na contemporaneidade, especialmente no âmbito dos testes clínicos?

Para tentar responder à pergunta problema que norteia o presente artigo, torna-se essencial reconhecer que o tempo, as transformações sociais, as normas e os valores passaram por um processo contínuo de ressignificação, acompanhando a evolução e a inserção social do indivíduo. A ciência e a tecnologia, antes restritas a um determinado grupo, tornaram-se progressivamente mais acessíveis. O Estado Liberal, em diversos aspectos, integrou-se ao Estado Social, culminando na consolidação do Estado Democrático de Direito.

A Constituição da República de 1988 consagrou direitos fundamentais com o propósito de reforçar tratados e convenções internacionais voltados à proteção da dignidade humana, consolidando o indivíduo como sujeito de direitos e garantidor de sua própria autonomia e singularidade.

O Código Civil, que outrora desempenhava papel central na regulação das relações entre particulares, passou a ser reinterpretado à luz das novas demandas sociais e jurídicas. Conceitos como "autonomia privada" e "Direitos da Personalidade" tornaram-se essenciais para a salvaguarda da dignidade e para o pleno desenvolvimento do ser humano.

À luz desses elementos, parte-se da hipótese de que, desde que as pesquisas tragam benefícios – seja para o próprio participante, seja para a coletividade –, não haverá a objetificação nem a violação dos direitos existenciais. Isso porque o corpo deve ser compreendido como um espaço privilegiado de afirmação da pessoa enquanto ser biográfico, afastando-se qualquer imposição apriorística sobre quais usos do corpo seriam legítimos, válidos ou corretos.

1. DA HERANÇA SOMBRIA DOS TESTES CLÍNICOS COM SERES HUMANOS

A pesquisa é definida como "um dos processos de construção cujo objetivo principal é geral novo conhecimento e/ou corroborar ou refutar algum conhecimento preexistente".[1]

Para que uma pesquisa seja considerada "científica", é necessário que observe os critérios estabelecidos pelo método científico, sendo suas principais características o objetivo claro, a definição dos parâmetros a serem avaliados e a delimitação da população de estudo, incluindo seus critérios de inclusão e exclusão.[2]

De acordo com o Guia de Boas Práticas Clínicas (*Good Clinical Practice*),[3] a pesquisa clínica, ensaio clínico ou estudo clínico pode ser compreendida como:

> Qualquer investigação em seres humanos com o intuito de descobrir ou verificar os efeitos clínicos, farmacológicos e/ou outros efeitos farmacodinâmicos de um produto (medicamento, instrumento ou equipamento), e/ou identificar qualquer evento adverso a este(s), e ainda estudar a absorção, distribuição, metabolismo e excreção de produtos medicamentosos com objetivo de averiguar sua segurança e/ou eficácia.

Na primeira fase, conforme apontado por Roberto Baptista Dias da Silva e Thamires Pandolfi Cappelo,[4] são realizados testes laboratoriais e em animais,

---

1. CONSELHO REGIONAL DE FARMÁCIA DO ESTADO DE SÃO PAULO (Brasil, 2015). Pesquisa Clínica. São Paulo: Conselho Regional de Farmácia do Estado de São Paulo, 2015, p. 09. Disponível em: http://www.crfsp.org.br/images/cartilhas/pesquisaclinica.pdf. Acesso em: 10 fev. 2025.
2. CONSELHO REGIONAL DE FARMÁCIA DO ESTADO DE SÃO PAULO (Brasil, 2015). Pesquisa Clínica. São Paulo: Conselho Regional de Farmácia do Estado de São Paulo, 2015, p. 09. Disponível em: http://www.crfsp.org.br/images/cartilhas/pesquisaclinica.pdf. Acesso em: 10 fev. 2025.
3. INTERNACIONAL COUNCIL FOR HARMONISATION OF TECHNICAL REQUIREMENTS OF PHARMACEUTICALS FOR HUMAN USE (ICH). Integrated Addendum to ICH E6 (R1): Guideline for Good Clinical Practice E6 (R2). Current Step 4 version. 9 november 2016. Disponível em: https://database.ich.org/sites/default/files/E6_R2_Addendum.pdf. Acesso em: 10 fev. 2025.
4. SILVA, Roberto Baptista Dias da; CAPPELLO, Thamires Pandolfi. Renúncia a direitos fundamentais na submissão de seres humanos a estudos clínicos. *Revista de Bioética y Derecho*. Barcelona, v. 37, p. 88, 2016.

antes de qualquer experimento com seres humanos. Nessa etapa, a nova molécula, após análise *in vitro*, é testada em animais de diferentes portes, com o intuito de avaliar seu mecanismo de ação, a toxicidade e, principalmente, determinar a dose máxima tolerada.

Nesse contexto, Cristina Rodrigues de Souza e Cristina Grobério Pazó[5] afirmam que:

> Diante disso, uma nova substância farmacológica só será testada em seres humanos desde que tenha sido avaliada em pelo menos três animais. Após a liberação para os testes em humanos, existem fases que devem ser seguidas de modo que o experimento seja em um número seguro de pessoas, para que se evitem danos desnecessários.

A segunda fase, conhecida como fase clínica, é quando os testes em seres humanos são realizados. Após o refinamento do medicamento, incluindo a estimativa da dose máxima tolerada, o medicamento é então testado em humanos para identificar os efeitos biológicos do fármaco no organismo.

Destaca-se que a fase clínica é fundamental para confirmar o mecanismo de ação dos medicamentos, identificar seus benefícios e eventos adversos, além de possibilitar a introdução de tratamentos que ainda não estão disponíveis na prática clínica.

Contudo, segundo Mariana Cardoso Penido dos Santos,[6] embora a experimentação científica com seres humanos seja comumente realizada e essencial para a obtenção de resultados científicos, o tema ainda é delicado, haja vista que "os testes clínicos encontram, em seu nascedouro, implicações éticas, jurídicas e sociais que ainda não foram superadas, pairando uma herança sombria sobre as pesquisas científicas, principalmente quando envolve seres humanos".

Desse modo, destaca-se que em meados do século XX, particularmente durante a Segunda Guerra Mundial (1939-1945), ocorreram inúmeros abusos científicos, como por exemplo, "experimentos com gêmeos e prisioneiros, técnicas de congelamento, malária, esterilizações, gás, veneno, e a execução de mulheres com a retirada dos órgãos pélvicos para estudo do ciclo menstrual" foram algumas das atrocidades cometidas sob o regime nazista.

---

5. SOUZA, Cristina Rodrigues de; In, Cristina Grobério. Responsabilidade Civil pelo uso de Cobaias Humanas em Pesquisa de novos medicamentos. In: BUSSINGER, Elda Coelho de Azevedo (Org.). *Bioética*. Vitória: FDV Publicações, 2016.
6. SANTOS, Mariana Cardoso Penido dos Santos. *Cobaias Humanas Remuneradas*: uma perspectiva dialógica entre autonomia, vulnerabilidade e situação jurídica subjetiva dúplice. p. 60, 2024. Disponível em: https://bib.pucminas.br/teses/Direito_MarianaCardosoPenidoDosSantos_30936_TextoCompleto.pdf. Acesso em: 10 fev. 2025.

Tais atrocidades resultaram no julgamento de Nuremberg (1945-1946), que expôs ao mundo as violações cometidas em nome da ciência. Entretanto, cinco casos emblemáticos de violação de direitos humanos merecem destaque:

1. O caso Willowbrook State School (1947 a 1987):[7] O escândalo de abuso e negligência ocorreu em uma instituição de Nova York para pessoas com deficiência. A escola enfrentava superlotação, condições precárias e maus-tratos, com pacientes vivendo em ambientes sujos e sem cuidados médicos adequados. Em 1972, o jornalista Hugh Gallagher expôs a situação em reportagens, gerando indignação pública. Após pressão, a escola foi fechada em 1975, e os pacientes foram transferidos para instituições melhores.

2. Caso Tuskegee (1932 a 1972):[8] O estudo envolveu a observação de 399 homens afro-americanos com sífilis não tratada, sem que eles soubessem da doença ou recebessem tratamento adequado. Inicialmente, o objetivo era observar a evolução natural da sífilis, mas os participantes não foram informados de sua condição. Quando o tratamento com penicilina se tornou disponível nos anos 1940, eles foram deliberadamente privados do medicamento.

3. Caso Uganda e Milgram (década de 1940):[9] Durante a ocupação colonial britânica em Uganda, um estudo envolveu a infecção deliberada de 1.500 prisioneiros e mulheres com sífilis, sem seu consentimento, para observar o curso da doença. Mulheres grávidas e outros grupos foram infectados sem receber tratamento adequado. O estudo foi conduzido sob a direção de médicos e pesquisadores britânicos.

O Experimento de Milgram, conduzido por Stanley Milgram, testou a obediência à autoridade. Participantes foram instruídos a administrar choques elétricos (falsos) em uma pessoa sempre que ela errasse uma resposta. Os resultados mostraram que muitos participantes estavam dispostos a aplicar choques potencialmente letais apenas por seguirem ordens de uma figura de autoridade, apesar dos gritos de dor da "vítima".

4. Caso Vipeholm (1945-1955):[10] O estudo foi conduzido por médicos e pesquisadores para observar os efeitos do consumo de açúcar na saúde dental e no comportamento dos pacientes. Pessoas internadas foram alimentadas com

---

7. SÁ, Maria de Fátima Freire de; NAVES, Bruno Torquato de Oliveira. *Bioética e Biodireito.* 5. ed. Indaiatuba, SP: Foco, p. 5, 2021.
8. SÁ, Maria de Fátima Freire de; NAVES, Bruno Torquato de Oliveira. *Bioética e Biodireito.* 5. ed. Indaiatuba, SP: Foco, p. 5, 2021.
9. SOLANAS, Montserrat Mordes. Experimentación com seres humanos: elementos de casuística a la luz de princípios y reglas bioéticas. *Revista Bioética*, Brasília, v. 10, n. 2, p. 21, 2002.
10. SILVA, Mônica Neves Aguiar da; RECHMANN, Itanaina Lemos. A vulnerabilidade do participante de pesquisa diante da remuneração em ensaios clínicos. *Revista do Programa de Pós-Graduação em Direito da UFBA*, Salvador, v. 28, n. 01, p. 257, jan./jun. 2018.

grandes quantidades de doces sem seu consentimento, o que resultou em graves problemas dentários. Além disso, as condições do hospital eram precárias, e os pacientes foram tratados como sujeitos de estudo, sem respeito aos seus direitos. O caso gerou grande indignação quando se tornou público.

5. O caso Henrietta Lacks (1951):[11] Henrietta Lacks, uma mulher afro-americana, teve suas células cancerígenas coletadas sem consentimento durante o tratamento de um tumor cervical no Johns Hopkins Hospital, nos EUA. Suas células, chamadas de células HeLa, se multiplicaram de forma extraordinária e se tornaram fundamentais para pesquisas médicas e avanços científicos, como vacinas e estudos sobre o câncer. No entanto, Henrietta não foi informada sobre a coleta nem recebeu compensação, e sua família só descobriu a utilização das células anos depois.

De acordo com Santos,[12] mesmo todos os casos tendo suas próprias particularidades, todos partilham dos mesmos problemas:

> 1) Aconteceram no período das grandes guerras mundiais, época de grande avanço para a biotecnologia;
>
> 2) As pesquisas não beneficiavam os participantes e nem a coletividade;
>
> 3) Na maior parte dos experimentos já existia cura para as doenças pesquisadas, havendo omissão em termos de tratamento para os participantes.
>
> 4) Ausência de informação por parte dos pesquisadores para que os participantes pudessem consentir voluntariamente quanto a sua participação ou consentir nas pesquisas;
>
> 5) O tratamento não foi conduzido de maneira a evitar sofrimento físico ou mental desnecessário;
>
> 6) Os participantes não puderam se retirar no decorrer do experimento;
>
> 7) Os participantes estavam em situação de vulnerabilidade física, emocional, financeira, entre outros;
>
> 8) Não havia nenhuma norma que determinasse a obrigatoriedade do consentimento livre esclarecido do participante.

Frente aos acontecimentos mencionados e dos diversos abusos cometidos contra os participantes dos experimentos científicos, foram criados documentos internacionais, como por exemplo, a Declaração Universidade de Direitos Humanos (1948); a Declaração de Helsinque (1964); a Comissão Nacional para a Proteção dos Seres Humanos da Pesquisa Biomédica e Comportamental (1974);

---

11. SILVA, Mônica Neves Aguiar da; RECHMANN, Itanaina Lemos. A vulnerabilidade do participante de pesquisa diante da remuneração em ensaios clínicos. *Revista do Programa de Pós-Graduação em Direito da UFBA*, Salvador, v. 28, n. 01, p. 257, jan. /jun. 2018.

12. SANTOS, Mariana Cardoso Penido dos Santos. *Cobaias Humanas Remuneradas*: uma perspectiva dialógica entre autonomia, vulnerabilidade e situação jurídica subjetiva dúplice. p. 64, 2024. Disponível em: https://bib.pucminas.br/teses/Direito_MarianaCardosoPenidoDosSantos_30936_TextoCompleto.pdf. Acesso em: 10 fev. 2025.

o Relatório de Belmont (1979), dentre outros; com o objetivo de promover o respeito à dignidade humana e proteger os indivíduos envolvidos nas pesquisas.

Maria do Céu Patrão Neves[13] destaca que os cientistas recorreram a grupos de pessoas desprotegidas ou institucionalizadas para alcançar os objetivos científicos da época, sem garantir, nesse contexto, a dignidade da pessoa, a autonomia do paciente ou o consentimento livre e esclarecido. Havia uma situação de extrema vulnerabilidade no campo da experimentação científica, considerando que grupos considerados inferiores (como crianças, idosos, pessoas com doenças mentais, mulheres e etnias minoritárias) foram explorados inúmeras vezes.

No que diz respeito à vulnerabilidade, a Bioética vai além de um único saber definido, preocupando-se com a partilha de valores e interesses universais, reconhecendo as diferenças, a diversidade cultural e a interação entre valores comuns. Contudo, para que a vulnerabilidade seja compreendida em sua essência, é necessário explicar a origem etimológica da palavra "vulnerabilidade", e a vulnerabilidade como pressuposto para a legitimação da autonomia.

2. VULNERABILIDADE E AUTONOMIA

O termo *vulnus* (eris), originário do latim, que significa "ferida" ou "susceptibilidade de ser ferido", é utilizado para designar a vulnerabilidade. Neves[14] destaca que o conceito etimológico e fundamental do termo se mantém em todas as suas evocações, tanto na linguagem cotidiana quanto em áreas especializadas.

Embora a vulnerabilidade seja frequentemente associada a uma categoria subjetiva e de difícil verificação, o termo pode ser aplicado em uma diversidade de contextos e situações, culminando na compreensão de que pode também se referir a outros tipos de vulnerabilidade.

No campo das relações bioéticas, a vulnerabilidade assume contornos mais complexos, uma vez que está intimamente relacionada a questões sobre experimentação humana. Inicialmente, foi considerada tacitamente uma expressão de discriminação positiva no discurso bioético. No entanto, quando a classificação de vulnerabilidade foi trazida à tona nos ensaios clínicos, passou a representar uma forma de discriminação negativa.[15]

---

13. NEVES, Maria do Céu Patrão. Sentidos da vulnerabilidade: característica, condição, princípio. *Revista Brasileira de Bioética*, v. 2, n. 2, p. 159, 2006. Disponível em: https://periodicos.unb.br/index.php/rbb/article/view/7966. Acesso em: 10 fev. 2025.
14. NEVES, Maria do Céu Patrão. Sentidos da vulnerabilidade: característica, condição, princípio. *Revista Brasileira de Bioética*, v. 2, n. 2, p. 158, 2006. Disponível em: https://periodicos.unb.br/index.php/rbb/article/view/7966. Acesso em: 10 fev. 2025.
15. NEVES, Maria do Céu Patrão. Sentidos da vulnerabilidade: característica, condição, princípio. *Revista Brasileira de Bioética*, v. 2, n. 2, p. 165, 2006. Disponível em: https://periodicos.unb.br/index.php/rbb/article/view/7966. Acesso em: 10 fev. 2025.

A Declaração Universal sobre Bioética e Direitos Humanos, da UNESCO, aprovada em outubro de 2005, propôs o "respeito pela vulnerabilidade humana" como princípio ético. Contudo, alguns bioeticistas questionam a legitimidade de a vulnerabilidade ser reconhecida como um "princípio". Existem aqueles que argumentam que o conceito é excessivamente ambíguo, especialmente quando confrontado com a possibilidade de duas acepções distintas, ou ainda quando é entendido como uma "condição humana", o que muitos consideram ser demasiado abrangente. Por outro lado, outros, ao focarem na acepção mais ampla do conceito, defendem que não possui qualquer dimensão normativa, tornando-a inapta para ser considerada um princípio.

A vulnerabilidade, quando considerada um princípio, gera implicações não apenas no plano teórico e reflexivo, mas também no âmbito prático e da ação efetiva. O status de "princípio" atribuído à vulnerabilidade confere-lhe uma nova dimensão, pois um princípio impõe obrigações. Neves[16] enfatiza que "todo princípio exprime uma obrigação que, como tal, se impõe à consciência moral sob a expressão de um dever a ser cumprido." Portanto, o aspecto central da consideração da vulnerabilidade como princípio ético é o estabelecimento de uma obrigação moral de ação.

Para Neves,[17] "o princípio da vulnerabilidade obriga ao reconhecimento de que o exercício da autonomia e o ato de dar consentimento não eliminam a vulnerabilidade".

Essa vulnerabilidade, ainda que sutil e frequentemente disfarçada, continua a ser explorada no contexto da experimentação humana. Exemplos disso incluem a apresentação otimista de ensaios clínicos que buscam voluntários ou as contrapartidas oferecidas, como exames médicos e assistência clínica gratuita, além da hiperbolização dos êxitos biomédicos pela mídia. Nessa última situação, são geradas expectativas irrealistas tanto nos pacientes quanto na sociedade em geral, o que agrava o processo de medicalização da sociedade.

Nesse contexto, ressalta-se que, no âmbito da assistência clínica, o princípio da vulnerabilidade exige que o profissional da saúde se responsabilize por estabelecer relações simétricas com o paciente, impondo às instituições a obrigação de proteger e zelar por todos os cidadãos de maneira igualitária, mesmo quando estes não possuem poder de reivindicação.

---

16. NEVES, Maria do Céu Patrão. Sentidos da vulnerabilidade: característica, condição, princípio. *Revista Brasileira de Bioética*, v. 2, n. 2, p. 169, 2006. Disponível em: https://periodicos.unb.br/index.php/rbb/article/view/7966. Acesso em: 10 fev. 2025.
17. NEVES, Maria do Céu Patrão. Sentidos da vulnerabilidade: característica, condição, princípio. *Revista Brasileira de Bioética*, v. 2, n. 2, p. 169, 2006. Disponível em 10 fev. 2025. https://periodicos.unb.br/index.php/rbb/article/view/7966. Acesso em: 10 fev. 2025.

Márcio Fabri dos Anjos[18] destaca que, apesar de a vulnerabilidade ser amplamente reconhecida e discutida no campo bioético, ela continua a representar um desafio para a ação ética do sujeito autônomo diante dos sujeitos vulneráveis. Isso ocorre porque a vulnerabilidade é frequentemente vista como característica "dos outros", raramente sendo atribuída ao próprio agente. Dessa perspectiva, surge a exigência ética de defender os sujeitos vulneráveis.

Ademais, Anjos[19] questiona se a tentativa de defender a vulnerabilidade a qualquer custo não colocaria o próprio sujeito da ação à sombra da vulnerabilidade. Para o autor,[20] é crucial que o agente autônomo tenha consciência de sua própria vulnerabilidade, pois somente dessa forma é possível compreender de maneira mais plena o exercício da autonomia.

> O reconhecimento da própria vulnerabilidade é ponto de partida para uma construção maior. Possibilita o encontro construtivo com o outro e os passos de superação das próprias fragilidades. Neste reconhecimento e encontro se dá uma realidade aparentemente paradoxal, que Paulo de Tarso formulou dizendo: 'quando sou fraco, então é que sou forte'.

Em face dessas considerações, é impossível abordar a noção de pessoa dentro da sociedade sem destacar que bens jurídicos fundamentais, e, portanto, existenciais, não devem ser interpretados de maneira genérica, como se todos compartilhassem a mesma vulnerabilidade. Cada indivíduo apresenta diferentes graus de vulnerabilidade, e essa diversidade deve ser reconhecida e respeitada nas interpretações e ações jurídicas e sociais.

Assim, se a vulnerabilidade é uma característica intrínseca ao ser humano, decorrente de sua condição de pessoa, o agente autônomo deve ter plena consciência de sua própria vulnerabilidade para ser capaz de exercer sua autonomia de forma mais eficaz. Reconhecer a própria vulnerabilidade e saber como lidar com ela em diferentes situações não é uma tarefa simples. No entanto, é essencial ter a consciência de que existem diversas formas de vulnerabilidade, e que o indivíduo precisará conviver com elas, independentemente da época ou do paradigma estatal vigente.

Nesse contexto, a vulnerabilidade está frequentemente associada à área da saúde, especialmente em virtude do avanço tecno científico previamente abor-

---

18. ANJOS, Márcio Fabri dos. A vulnerabilidade como parceira da autonomia. *Revista Brasileira De Bioética*, Brasília, v. 2, n. 2, p. 174, 2006. Disponível em: https://periodicos.unb.br/index.php/rbb/article/view/7967. Acesso em: 10 fev. 2025.
19. ANJOS, Márcio Fabri dos. A vulnerabilidade como parceira da autonomia. *Revista Brasileira De Bioética*, Brasília, v. 2, n. 2, p. 174, 2006. Disponível em: https://periodicos.unb.br/index.php/rbb/article/view/7967. Acesso em: 10 fev. 2025.
20. ANJOS, Márcio Fabri dos. A vulnerabilidade como parceira da autonomia. Revista Brasileira *De Bioética, Brasília*, v. 2, n. 2, p. 184, 2006. Disponível em: https://periodicos.unb.br/index.php/rbb/article/view/7967. Acesso em: 10 fev. 2025.

dado. Contudo, o principal desafio relacionado à vulnerabilidade reside em sua materialização e concretização enquanto uma realidade individual, levando em consideração as características particulares do sujeito e suas condições de vida.

Anjos[21] salienta que, no contexto atual, em que estamos inseridos em uma cultura de culto ao poder, há um receio em relação ao reconhecimento da vulnerabilidade, o que leva ao seu ocultamento. "Existe o medo das imperfeições estéticas, e lidamos com certa dificuldade ao lidar com a tolerância às imperfeições funcionais." Esse temor em relação à vulnerabilidade reflete uma sociedade que, muitas vezes, prefere negligenciar suas limitações em busca de uma perfeição muitas vezes inalcançável.

> É certo que nossa participação nesta cultura de poder e de medos é variável. Mas há que se ter em conta que a cultura é um grande ambiente que nos possibilita a afirmação de significados e, em grande parte, também nos condiciona.

A ocultação da vulnerabilidade pode ocorrer em dois contextos distintos: no âmbito da autonomia e no das causas sociais. No primeiro contexto, "a ocultação da vulnerabilidade se manifesta também por meio de uma ficção de autonomia. Afirma-se a capacidade de livre escolha, quando, na realidade, essa capacidade não existe ou é extremamente limitada".[22] Assim, cria-se uma ilusão de autonomia, que compromete até mesmo o desenvolvimento de uma consciência crítica. Esse fenômeno reflete a dificuldade de reconhecer as limitações reais de escolhas individuais em um cenário que supostamente valoriza a liberdade e a autodeterminação.

Quando uma vulnerabilidade é ocultada, ela inevitavelmente gera efeitos sociais. É inegável que a vulnerabilidade se manifesta por meio de pessoas que foram feridas, ou seja, por vítimas, e, por essa razão, pode rapidamente se transformar em uma acusação das injustiças relacionadas ao uso do poder. Ao tentar ocultar as causas da vulnerabilidade, a autonomia acaba sendo interpretada como um "discurso de responsabilização das vítimas por suas próprias feridas".[23] Esse processo contribui para a perpetuação de uma narrativa que desconsidera as verdadeiras causas das vulnerabilidades, transferindo a culpa para aqueles que já estão em situações de fragilidade.

---

21. ANJOS, Márcio Fabri dos. A vulnerabilidade como parceira da autonomia. *Revista Brasileira de Bioética*, Brasília, v. 2, n. 2, p. 182. Disponível em: https://periodicos.unb.br/index.php/rbb/article/view/7967. Acesso em: 10 fev. 2025.
22. ANJOS, Márcio Fabri dos. A vulnerabilidade como parceira da autonomia. *Revista Brasileira de Bioética*, Brasília, v. 2, n. 2, p. 182, 2006. Disponível em: https://periodicos.unb.br/index.php/rbb/article/view/7967. Acesso em: 10 fev. 2025.
23. ANJOS, Márcio Fabri dos. A vulnerabilidade como parceira da autonomia. *Revista Brasileira De Bioética*, Brasília, v. 2, n. 2, p. 182, 2006. Disponível em: https://periodicos.unb.br/index.php/rbb/article/view/7967. Acesso em: 10 fev. 2025.

Por essa perspectiva, Anjos[24] ressalta que "o próprio avanço das ciências nos sugere contar sempre com a dúvida sobre a situação real de nossas autonomias." No entanto, ao levar a sério a vulnerabilidade em tais contextos, o sujeito é capaz de tomar decisões mais informadas, levando em consideração os limites e condicionamentos de sua própria liberdade.

Para o autor,[25] isso implica que o reconhecimento da vulnerabilidade desempenha uma função metodológica essencial para o próprio estabelecimento da autonomia, uma vez que permite uma reflexão mais profunda sobre as reais condições em que o indivíduo pode exercer sua liberdade.

Indubitavelmente, vulnerabilidade e autonomia estão entrelaçadas em uma rede de interdependência. Isso evidencia a necessidade de mudanças nas interpretações da vulnerabilidade e da autonomia dentro da Bioética e do Biodireito. Anjos[26] destaca que, embora os conceitos de vulnerabilidade e autonomia possam ser formalmente separados, para que sejam adequadamente aplicados no contexto bioético, devem ser considerados como conceitos complementares, ou seja, "como condição conjunta do sujeito ético em ação".

Dessa forma, a abordagem bioética deve reconhecer que a autonomia do indivíduo está intrinsecamente ligada à sua vulnerabilidade, sendo ambos aspectos fundamentais para a ação ética. No entanto, sob uma perspectiva jurídica, Ana Thereza Meirelles et al.[27] sugerem que o Direito deve passar a considerar a necessidade de construção das normas e suas respectivas interpretações, levando em conta a autonomia também a partir das dimensões da vulnerabilidade.

Isso se justifica pelo fato de que as vulnerabilidades refletem aspectos subjetivos, enraizados na pluralidade, no multiculturalismo e, frequentemente, na falta de acesso a direitos fundamentais. A generalização normativa e ética promove uma presunção que impõe a ideia de que se deve escolher entre ser "autônomo ou vulnerável".

---

24. ANJOS, Márcio Fabri dos. A vulnerabilidade como parceira da autonomia. *Revista Brasileira De Bioética*, Brasília, v. 2, n. 2, p. 177, 2006. Disponível em: https://periodicos.unb.br/index.php/rbb/article/view/7967. Acesso em: 10 fev. 2025.
25. ANJOS, Márcio Fabri dos. A vulnerabilidade como parceira da autonomia. *Revista Brasileira De Bioética*, Brasília, v. 2, n. 2, p. 183, 2006. Disponível em: https://periodicos.unb.br/index.php/rbb/article/view/7967. Acesso em: 10 fev. 2025.
26. ANJOS, Márcio Fabri dos. A vulnerabilidade como parceira da autonomia. *Revista Brasileira De Bioética*, Brasília, v. 2, n. 2, p. 184, 2006. Disponível em: https://periodicos.unb.br/index.php/rbb/article/view/7967. Acesso em: 10 fev. 2025.
27. MEIRELLES, Ana Thereza; SÁ, Maria de Fátima Freire de; VERDIVAL, Rafael; LAGE, Caio. A compreensão das dimensões da vulnerabilidade humana nas situações jurídicas existenciais: uma perspectiva a partir da autonomia. *Revista da Faculdade Mineira de Direito*. v. 25, n. 49, 2022, p. 127-128. Disponível em: https://periodicos.pucminas.br/index.php/Direito/article/view/27748. Acesso em: 10 fev. 2025.

Nesta senda, propõe-se que a vulnerabilidade seja entendida como um pressuposto para a legitimação da autonomia em uma perspectiva dialógica. Assim, abre-se espaço para avaliar, de maneira concreta e em consonância com as realidades específicas, qual o grau de vulnerabilidade presente dentro da autonomia e qual o grau de autonomia existente dentro da vulnerabilidade.

Meirelles et al.[28] destacam que a influência da Bioética na definição do conceito de autonomia, voltado para as situações jurídicas existenciais, tem como ponto de partida a abordagem principialista. Contudo, embora no Direito seja possível identificar os vícios nas decisões humanas que podem levantar questionamentos sobre a validade do que foi decidido, recomenda-se que, nesse contexto, a investigação seja mais aprofundada.

"A tutela das situações jurídicas existenciais deve assimilar a dimensão subjetiva do conceito de vulnerabilidade como uma condição humana ontológica, mas também circunstancial e adquirida".[29] Dessa forma, o campo jurídico não só precisa se envolver, mas também promover e identificar as diversas formas e possibilidades de vulnerabilidade, com o objetivo de garantir e avaliar a autonomia dos sujeitos nas situações jurídicas existenciais que envolvem bens fundamentais.

A vulnerabilidade, portanto, não deve ser entendida como uma condição que anula a autonomia, mas sim como um pressuposto que garante que a autonomia seja exercida de forma plena e adequada, especialmente em situações de extrema relevância para o desenvolvimento da pessoalidade do sujeito, como no âmbito da vida e da saúde.

3. TESTES CLÍNICOS COM SERES HUMANOS À LUZ DO DIREITO AO PRÓPRIO CORPO

Lucas Costa de Oliveira[30] afirma que "a história do corpo se confunde com a própria história da humanidade, particularmente com a história das culturas desenvolvidas em cada comunidade ao longo do tempo". Indiscutivelmente, o conceito de corpo humano está impregnado de diversos significados históricos.

---

28. MEIRELLES, Ana Thereza; SÁ, Maria de Fátima Freire de; VERDIVAL, Rafael; LAGE, Caio. A compreensão das dimensões da vulnerabilidade humana nas situações jurídicas existenciais: uma perspectiva a partir da autonomia. *Revista da Faculdade Mineira de Direito*. v. 25, n. 49, 2022, p. 128. Disponível em: https://periodicos.pucminas.br/index.php/Direito/article/view/27748. Acesso em 10 fev. 2025.
29. MEIRELLES, Ana Thereza; SÁ, Maria de Fátima Freire de; VERDIVAL, Rafael; LAGE, Caio. A compreensão das dimensões da vulnerabilidade humana nas situações jurídicas existenciais: uma perspectiva a partir da autonomia. *Revista da Faculdade Mineira de Direito*. v. 25, n. 49, 2022, p. 129. Disponível em: https://periodicos.pucminas.br/index.php/Direito/article/view/27748. Acesso em 10 fev. 2025.
30. OLIVEIRA, Lucas Costa de. *Mercado regulado de órgãos e tecidos humanos*: entre o Direito, a Economia e a Ética. Porto Alegre, RS: Editora Fi, p. 66, 2020.

Brunello Stancioli e Nara Pereira de Carvalho[31] destacam que, durante o período medieval, o corpo humano era tratado de forma dual, ora visto como fonte de pecado, o que levava à sua negação, ora como morada da alma, devendo permanecer intocado. Dessa forma, o corpo tornava-se um componente essencial da pessoalidade. A moral ocidental dominante concebia o corpo como algo sagrado, intangível, e imune a qualquer forma de mercantilização que pudesse resultar em sua objetificação.

Qualquer ato que violasse essa sacralidade era considerado imoral. Práticas como eutanásia, suicídio assistido, participação em testes clínicos com remuneração, comercialização de gametas, entre outras, seriam vistas (e ainda são, para muitos) como uma afronta direta à indisponibilidade e intangibilidade do corpo humano.

Entretanto, um questionamento se impõe: qual é o conceito de moral? Como a moral era entendida nesse período? Seria essa moral absoluta e imutável?

Diogo Luna Moureira[32] sustenta que, em cada momento histórico, "o indivíduo teve ou lhe foram impostas concepções de moralidade que se entrelaçam, em continuidade espacial e temporal, para construir o multifacetado e controverso entendimento do termo autonomia". No período medieval, a Igreja Católica exercia uma influência determinante sobre a vida social, impondo, por meio de sua autoridade, um conceito de moralidade que estava fundamentado em um modelo de vida boa, estabelecido por ela mesma.

Entretanto, a moral dominante apresenta um grande dilema. Maria de Fátima Freire de Sá e Lucas Costa de Oliveira[33] afirmam que a moral dominante se propõe como absoluta, sustentando que não há outra além dela. "Tudo o que está fora de seu campo de incidência é considerado mau, hostil, cruel, imoral. Nessa perspectiva, só é bom ou moral aquele que age de acordo com o padrão de pensamento e conduta imposto externamente".[34] Com a queda do domínio moral da Igreja, ou sua ruína no contexto político e social, "passou a ser possível ao

---

31. STANCIOLI, Brunello; CARVALHO, Nara Pereira. Da integridade física ao livre uso do corpo: releitura de um direito de personalidade. In: TEXEIRA, Ana Carolina Brochado; RIBEIRO, Gustavo Pereira Leite. *Manual de teoria geral do direito civil*. 1. ed. Belo Horizonte: Del Rey, p. 274, 2011.
32. MOUREIRA, Diogo Luna. A morte como expressão da autonomia no contexto do Direito contemporâneo. *Revista M. Estudos Sobre a Morte, Os Mortos E O Morrer*. v. 1, n. 1, p. 195, 2016. Disponível em: https://seer.unirio.br/revistam/article/view/8117. Acesso em: 10 fev. 2025.
33. SÁ, Maria de Fátima Freire de; OLIVEIRA, Lucas Costa de. O corpo sob a perspectiva patrimonial: entre o mercado, a moral e o direito. In: PONA, Éverton Willian; AMARAL, Ana Cláudia Corrêa Zuin Mattos do; MARTINS, Priscila Machado. *Negócio Jurídico e Liberdades Individuais*. Curitiba: Juruá, 2017, p. 125.
34. SÁ, Maria de Fátima Freire de; OLIVEIRA, Lucas Costa de. O corpo sob a perspectiva patrimonial: entre o mercado, a moral e o direito. In: PONA, Éverton Willian; AMARAL, Ana Cláudia Corrêa Zuin Mattos do; MARTINS, Priscila Machado. *Negócio Jurídico e Liberdades Individuais*. Curitiba: Juruá, p. 125, 2017.

indivíduo adotar uma postura de autodeterminação que dispensa interferências externas, incluindo para assumir configurações de uma vida que lhe é própria".[35]

Enquanto no período medieval a autonomia estava intimamente ligada a uma moralidade fundamentada na obediência, a moralidade moderna reconhece a liberdade de indivíduos iguais, capazes de escolher qual moralidade adotar. Essa nova percepção da moralidade baseia-se na compreensão de mundo de cada indivíduo, que é capaz de tomar suas próprias decisões de maneira independente e se posicionar na sociedade. Moureira[36] enfatiza que essa moralidade diz respeito "à liberdade possibilitada e exercida pelo indivíduo no processo de construção de si mesmo. Trata-se do exercício da autonomia entendida como autorreflexão".

Para Maria de Fátima Freire de Sá e Bruno Torquato Naves,[37] embora as categorias abstratas tenham sido utilizadas por longo tempo "para enquadrar situações da vida às relações jurídicas previstas por um legislador que se aproximava da onisciência", atualmente surge um problema ao se estabelecer um conjunto fixo de categorias. De acordo com eles,[38] ao incluir apenas certos entes nessas categorias como detentores de direitos subjetivos, "o sistema também cria um rol paralelo de entes que foram abstratamente excluídos de participar do fenômeno jurídico, sem que isso seja necessariamente verdadeiro".

Nesse contexto, se anteriormente o corpo, enquanto um Direito da Personalidade, era considerado uma entidade extrapatrimonial (embora insuscetível de avaliação econômica, podendo ter repercussões no patrimônio), indisponível (não passível de disposição ou renúncia por seu titular) e intangível (intocável), agora ele também é abordado sob uma perspectiva patrimonial. Dessa forma, surgem novos contornos que demandam uma análise mais aprofundada.

Primeiramente, é necessário analisar como o corpo deve ser tratado sob essa nova perspectiva. Maria de Fátima Freire de Sá[39] faz a seguinte consideração:

> O corpo humano não deve ser visto como prisão da alma ou espectro de uma perfeição intangível, nem tampouco reduzir em si todo processo que é ser pessoa humana. Ao contrário, o corpo

---

35. MOUREIRA, Diogo Luna. A morte como expressão da autonomia no contexto do Direito contemporâneo. *Revista M. Estudos Sobre a Morte, Os mortos e o morrer*. v. 1, n. 1, p. 195, 2016. Disponível em: https://seer.unirio.br/revistam/article/view/8117. Acesso em: 10 fev. 2025.
36. MOUREIRA, Diogo Luna. O fundamento constitucional da dignidade da pessoa humana em movimento: o processo dialético de construção e afirmação da pessoalidade. *Revista Dixi*, v. 14, n. 16, jul./dic. 2012, p. 10.
37. SÁ, Maria de Fátima Freire de; NAVES, Bruno Torquato de Oliveira. *Bioética e Biodireito*. 5. ed. Indaiatuba, SP: Foco, p. 47, 2021.
38. SÁ, Maria de Fátima Freire de; NAVES, Bruno Torquato de Oliveira. *Bioética e Biodireito*. 5. ed. Indaiatuba, SP: Foco, p. 53, 2021.
39. SÁ, Maria de Fátima Freire de. Cuerpo Humano. In: CASABONA, Carlos María Romeo (Org.). *Enciclopédia de Bioderecho y Bioética*, p. 500. Granada: Comares, 2011.

deve ser tratado como elemento imprescindível para o reconhecimento da base sensível de uma pessoa que se manifesta através dele. Ser pessoa não é ser um corpo, mas ter um corpo.

Oliveira[40] destaca que "se o corpo deve ser entendido como um *locus* privilegiado para a afirmação da pessoa como ser biográfico, não faz sentido estabelecer um conteúdo apriorístico sobre quais usos do corpo são possíveis, válidos ou corretos", pois, "se cada pessoa é um ser único e autêntico, a limitação dos possíveis usos do corpo pode representar a limitação da própria pessoa".

Complementando o pensamento de Oliveira, Stancioli e Carvalho[41] enfatizam que "uma vez experimentando o autodomínio de si, a intangibilidade torna-se um mito a ser esquecido e o livre uso do corpo sobreleva-se como Direito da Personalidade, promotor da autorrealização e da vida boa".

Se o corpo está inserido na esfera dos Direitos da Personalidade/direitos fundamentais, tais direitos devem possibilitar a vivência das escolhas pessoais (autonomia) de cada indivíduo. Nessa linha de pensamento, Cristina Queiroz[42] destaca o seguinte:

> Direitos da Personalidade são direitos subjetivos que põem em vigor, através de normas cogentes, valores constitutivos da pessoa natural e que permitem a vivência de escolhas pessoais (autonomia), segundo a orientação do que significa vida boa, para cada pessoa, em um dado contexto histórico-cultural e geográfico.

Sá e Naves[43] afirmam que "direitos da personalidade são aqueles que têm por objetivo os diversos aspectos da pessoa humana, caracterizando-a em sua individualidade e servindo de base para uma vida digna." De maneira similar, Stancioli e Carvalho[44] destacam que os Direitos da Personalidade devem ser compreendidos "como autoconstruções que viabilizam a seus autores-destinatários aquilo que, hoje, pode ser considerado a grande busca do Direito: a autorrealização".

Nesse sentido, Sá e Oliveira[45] concluem que os Direitos da Personalidade "são aqueles que possibilitam e protegem o desenvolvimento da pessoa enquanto ser

---

40. OLIVEIRA, Lucas Costa de. *Mercado regulado de órgãos e tecidos humanos*: entre o Direito, a Economia e a Ética. Porto Alegre, RS: Editora Fi, p. 67, 2020.
41. STANCIOLI, Brunello; CARVALHO, Nara Pereira. Da integridade física ao livre uso do corpo: releitura de um direito de personalidade. In: TEXEIRA, Ana Carolina Brochado; RIBEIRO, Gustavo Pereira Leite. *Manual de teoria geral do direito civil*. Belo Horizonte: Del Rey, p. 20, 2011.
42. QUEIROZ, Cristina. A Tradição Ocidental do Direito Natural. In: CUNHA, Paulo Ferreira da (Org.). *Direito Natural, Religiões e Culturas*. [S. l]: Coimbra, p. 184, 2004.
43. SÁ, Maria de Fátima Freire de; NAVES, Bruno Torquato de Oliveira. *Bioética e Biodireito*. 5. ed. Indaiatuba, SP: Foco, p. 49, 2021.
44. STANCIOLI, Brunello; CARVALHO, Nara Pereira. Da integridade física ao livre uso do corpo: releitura de um direito de personalidade. In: TEXEIRA, Ana Carolina Brochado; RIBEIRO, Gustavo Pereira Leite. *Manual de teoria geral do direito civil*. Belo Horizonte: Del Rey, p. 2, 2011.
45. SÁ, Maria de Fátima Freire de; OLIVEIRA, Lucas Costa de. O corpo sob a perspectiva patrimonial: entre o mercado, a moral e o direito. In: PONA, Éverton Willian; AMARAL, Ana Cláudia Corrêa Zuin

criativo, livre, digno." Os autores acrescentam ainda que "através da construção desses direitos, estabelece-se uma esfera para cada ser humano se tornar a pessoa que escolha ser, por meio de sua própria concepção de vida boa, tornando-se apto para a construção de sua identidade e pessoalidade".

Os Direitos da Personalidade devem garantir que as pessoas possam ser elas mesmas em todas as suas dimensões, como seres biográficos, livres e dialógicos. Mariana Lara[46] ressalta que o direito à integridade física deve ser substituído pelo direito à liberdade de uso e (auto)manipulação do corpo:

> Mais precisamente um direito à liberdade de uso e (auto)manipulação do corpo – enfatizando a pessoa como sujeito ativo na reconstrução da sua corporeidade. Trata-se de um direito que permite usar, modificar e transformar o corpo, amputar partes, acrescentar outras, alterar seu sexo, criar aptidões, buscar a imortalidade, fundi-lo à máquina. Esse direito não privilegia qualquer forma de vivência da corporeidade, nem impõe nenhuma concepção moral. Ao contrário, enfatiza a autonomia, permitindo que cada pessoa dê o contorno que desejar a sua vida e ao seu elemento corpóreo.

De acordo com Oliveira,[47] ao substituir o direito à integridade física pelo livre uso e (auto)manipulação do corpo humano, diversas manifestações da corporeidade tornam-se possíveis no discurso: "os usos estéticos do corpo, como as cirurgias plásticas e as modificações corporais; os usos médicos, como os melhoramentos humanos; os usos sexuais, como a homossexualidade e a transexualidade, e assim por diante".

Lara[48] (2014, p. 118) defende que "qualquer modificação corporal deve ser permitida até que surja uma razão forte o suficiente para limitar essa liberdade" e que a pessoa que deseja manipular livremente o seu corpo não tem o dever de provar se isso é bom ou possível. De fato, "aquele que quer limitar a liberdade individual de alguém é que tem que demonstrar que esse exercício traz um dano sério à sociedade e aos demais, e que esse dano é real e presente, e não futuro e especulativo".

Sá[49] (2011, p. 503), corroborando com o pensamento de Lara, acrescenta as seguintes lições sobre os contornos e limitações da autonomia corporal:

Mattos do; MARTINS, Priscila Machado. *Negócio Jurídico e Liberdades Individuais*. Curitiba: Juruá, 2017, p. 129.
46. LARA, Mariana. *O direito à liberdade de uso e (auto) manipulação do corpo*. Belo Horizonte: D'Plácido, p. 122, 2014.
47. OLIVEIRA, Lucas Costa de. *Mercado regulado de órgãos e tecidos humanos*: entre o Direito, a Economia e a Ética. Porto Alegre, RS: Editora Fi, p. 69, 2020.
48. LARA, Mariana. *O direito à liberdade de uso e (auto) manipulação do corpo*. Belo Horizonte: D'Plácido, p. 118, 2014.
49. SÁ, Maria de Fátima Freire de. Cuerpo Humano. In: CASABONA, Carlos María Romeo (Org.). *Enciclopédia de Bioderecho y Bioética*, p. 503. Granada: Comares, 2011.

Não sendo o corpo humano espectro de uma perfeição intangível, ele é assumido pela própria pessoa na medida em que esta é livre para construir a sua própria pessoalidade. Porém, como estas pessoalidades não são construídas num contexto isolado, mas sim dentro de uma rede de interlocução democrática, o corpo humano é tutelado por instrumentos normativos que impõem limites à assunção da corporeidade. [...] Essa relação pessoa e corpo está sendo discutida cada vez mais com os avanços das biotecnologias. O corpo humano, compreendido cientificamente como fonte primária para inúmeras investigações biotecnológicas, possibilitou uma série de possibilidades que, em princípio, viabilizaria um ato de livre disposição individual, como o caso da comercialização do corpo e seus elementos pela pessoa que o constitui. Poder-se-ia pensar no corpo humano como um produto a ser comercializado?

Desse modo, em consonância com o entendimento de Santos, chega-se à conclusão de que o exercício da autonomia individual, seja corporal, procriativa, de fazer escolhas que, "mesmo que não sejam aceitas por alguma espécie de comunidade científica ou acadêmica, liguem-se ao desenvolvimento de suas personalidades – deve ser sempre preservado quando expressar uma afirmação de liberdade, alteridade e dignidade".

CONCLUSÃO

A inter-relação entre autonomia, vulnerabilidade e direito ao próprio corpo constitui um eixo fundamental na análise dos testes clínicos com seres humanos. A autonomia, entendida como a capacidade do indivíduo de tomar decisões sobre sua própria existência, não pode ser dissociada da vulnerabilidade, pois é justamente o reconhecimento dessa condição que reforça a necessidade de proteger e garantir escolhas livres e informadas. Da mesma forma, o direito ao próprio corpo emerge como elemento essencial dos Direitos da Personalidade, assegurando que cada indivíduo possa dispor de sua corporeidade de maneira consciente e legítima.

Nesse sentido, a participação voluntária em testes clínicos, longe de configurar uma simples cessão do corpo à ciência, representa um exercício legítimo da autonomia e uma afirmação concreta dos direitos individuais. Ao consentir de maneira esclarecida, o participante não apenas reforça sua autodeterminação, mas também contribui para o avanço da pesquisa médica sem que isso implique sua objetificação. Trata-se, portanto, de um ato que, paradoxalmente, evidencia a vulnerabilidade humana ao mesmo tempo em que a supera, transformando a decisão individual em um mecanismo de reafirmação da dignidade e da singularidade do sujeito.

Assim, conclui-se que a experimentação científica, quando conduzida sob rigorosos parâmetros éticos e jurídicos, não apenas protege a integridade do participante, mas também fortalece os princípios fundamentais da Bioética e do Biodireito. A possibilidade de dispor do próprio corpo para a pesquisa clínica não deve ser vista como uma renúncia à dignidade, mas como uma forma legítima de ratificar os Direitos da Personalidade, assegurando que o progresso científico se alinhe ao respeito à autonomia e à vulnerabilidade inerente à condição humana.

REFERÊNCIAS

ANJOS, Márcio Fabri dos. A vulnerabilidade como parceira da autonomia. *Revista Brasileira De Bioética*, Brasília, v. 2, n. 2, p. 173-186, 2006. Disponível em: https://periodicos.unb.br/index.php/rbb/article/view/7967. Acesso em: 10 fev. 2025.

BRASIL. [Constituição (1988)]. Constituição da República Federativa do Brasil de 1988: Brasília, DF: Presidência da República. Disponível em: nós, representantes do povo brasileiro, reunidos em Assembleia Nacional Constituinte para instituir um Estado Democrático, destinado a assegurar o exercício dos direitos sociais e individuais[...]. Disponível em: https://www.planalto.gov.br/ccivil_03/constituicao/constituicao.htm. Acesso em 10 fev. 2025.

BRASIL. Lei 10.406, de 10 de janeiro de 2002. Institui o Código Civil. Brasília, DF: Presidência da República. Disponível em: http://www.planalto.gov.br/ccivil_03/leis/2002/l10406.htm. Acesso em

CONSELHO REGIONAL DE FARMÁCIA DO ESTADO DE SÃO PAULO (Brasil, 2015). Pesquisa Clínica. São Paulo: Conselho Regional de Farmácia do Estado de São Paulo, 2015. Disponível em: http://www.crfsp.org.br/images/cartilhas/pesquisaclinica.pdf. Acesso em: 10 fev. 2025.

INTERNACIONAL COUNCIL FOR HARMONISATION OF TECHNICAL REQUIREMENTS OF PHARMACEUTICALS FOR HUMAN USE (ICH). Integrated Addendum to ICH E6 (R1): Guideline for Good Clinical Practice E6 (R2). Current Step 4 version. 9 november 2016. Disponível em: https://database.ich.org/sites/default/files/E6_R2_Addendum.pdf. Acesso em: 10 fev. 2025.

LARA, Mariana. *O direito à liberdade de uso e (auto) manipulação do corpo*. Belo Horizonte: D'Plácido, 2014.

MEIRELLES, Ana Thereza; SÁ, Maria de Fátima Freire de; VERDIVAL, Rafael; LAGE, Caio. A compreensão das dimensões da vulnerabilidade humana nas situações jurídicas existenciais: uma perspectiva a partir da autonomia. *Revista da Faculdade Mineira de Direito*. v. 25, n. 49, 2022, p. 113-133. Disponível em: https://periodicos.pucminas.br/index.php/Direito/article/view/27748. Acesso em: 10 fev. 2025.

MOUREIRA, Diogo Luna. A morte como expressão da autonomia no contexto do Direito contemporâneo. *Revista M. Estudos Sobre a Morte, Os Mortos E O Morrer*. v. 1, n. 1, p. 194-212, 2016. Disponível em: https://seer.unirio.br/revistam/article/view/8117. Acesso em: 10 fev. 2025.

MOUREIRA, Diogo Luna. O fundamento constitucional da dignidade da pessoa humana em movimento: o processo dialético de construção e afirmação da pessoalidade. *Revista Dixi*, v. 14, n. 16, p. 8-23, jul./dic. 2012.

NEVES, Maria do Céu Patrão. Sentidos da vulnerabilidade: característica, condição, princípio. *Revista Brasileira de Bioética*, v. 2, n. 2, p. 157-172, 2006. Disponível em: https://periodicos.unb.br/index.php/rbb/article/view/7966. Acesso em 10 fev. 2025.

OLIVEIRA, Lucas Costa de. *Mercado regulado de órgãos e tecidos humanos*: entre o Direito, a Economia e a Ética. Porto Alegre, RS: Editora Fi, 2020.

QUEIROZ, Cristina. A Tradição Ocidental do Direito Natural. In: CUNHA, Paulo Ferreira da (Org.). *Direito Natural, Religiões e Culturas*. [S. l]: Coimbra, 2004.

SÁ, Maria de Fátima Freire de. Cuerpo Humano. In: Carlos María Romeo Casabona. (Org.). *Enciclopédia de Bioderecho y Bioética*,. Granada: Comares, 2011.

SÁ, Maria de Fátima Freire de; OLIVEIRA, Lucas Costa de. O corpo sob a perspectiva patrimonial: entre o mercado, a moral e o direito. In: PONA, Éverton Willian; AMARAL, Ana Cláudia Corrêa Zuin Mattos do; MARTINS, Priscila Machado. *Negócio Jurídico e Liberdades Individuais*. Curitiba: Juruá, 2017.

SÁ, Maria de Fátima Freire de; NAVES, Bruno Torquato de Oliveira. *Bioética e Biodireito*. 5. ed. Indaiatuba, SP: Foco, 2021.

SANTOS, Mariana Cardoso Penido dos Santos. *Cobaias Humanas Remuneradas*: uma perspectiva dialógica entre autonomia, vulnerabilidade e situação jurídica subjetiva dúplice. p. 14-179, 2024. Disponível em: https://bib.pucminas.br/teses/Direito_MarianaCardosoPenidoDosSantos_30936_TextoCompleto.pdf. Acesso em: 10 fev. 2025.

SILVA, Mônica Neves Aguiar da; RECHMANN, Itanaina Lemos. A vulnerabilidade do participante de pesquisa diante da remuneração em ensaios clínicos. *Revista do Programa de Pós-Graduação em Direito da UFBA*, Salvador, v. 28, n. 01, p. 251-281, jan./jun. 2018.

SILVA, Roberto Baptista Dias da; CAPPELLO, Thamires Pandolfi. Renúncia a direitos fundamentais na submissão de seres humanos a estudos clínicos. *Revista de Bioética y Derecho*. Barcelona, v. 37, p. 88, 2016.

SOLANAS, Montserrat Mordes. Experimentación con seres humanos: elementos de casuística a la luz de princípios y reglas bioéticas. *Revista Bioética*, Brasília, v. 10, n. 2, p. 15-30, 2002.

SOUZA, Cristina Rodrigues de; In, Cristina Grobério. Responsabilidade Civil pelo uso de Cobaias Humanas em Pesquisa de novos medicamentos. In: BUSSINGER, Elda Coelho de Azevedo (Org.). *Bioética*. Vitória: FDV Publicações, 2016.

ASSISTÊNCIA À SAÚDE E DIMENSÕES BIOJURÍDICAS DA VULNERABILIDADE DO PROFISSIONAL MÉDICO

Ana Thereza Meirelles

Pós-Doutora em Medicina e Saúde pela Universidade Federal da Bahia (UFBA). Doutora e Mestre em Direito pela Universidade Federal da Bahia (UFBA). Professora da Universidade do Estado da Bahia (UNEB), da Universidade Católica do Salvador (UCSAL) e da Faculdade Baiana de Direito. Coordenadora da pós-graduação em Direito Médico, da Saúde e Bioética da Faculdade Baiana de Direito. Líder da rede CEBID *JUS*BIOMED – Grupo de Pesquisa em Bioética, Biodireito e Direito Médico (UNEB/UCSAL).

Rafael Verdival

Doutorando em Direito pela Universidade Federal da Bahia (UFBA). Mestre em Direito pela Universidade Católica do Salvador (UCSAL). Professor do Centro Universitário Jorge Amado (UNIJORGE). Membro da rede CEBID *JUS*BIOMED – Grupo de Pesquisa em Bioética, Biodireito e Direito Médico (UNEB/UCSAL).

Caio Lage

Mestre em Direito pela Universidade Católica do Salvador (UCSAL). Especialista em Direito Médico, da Saúde e Bioética pela Faculdade Baiana de Direito. Professor da graduação em Direito do Centro Universitário Jorge Amado (UNIJORGE) e do núcleo de pós-graduação *lato sensu* da Faculdade Baiana de Direito. Membro da rede CEBID *JUS*BIOMED – Grupo de Pesquisa em Bioética, Biodireito e Direito Médico (UNEB/UCSAL).

Sumário: Introdução – 1. Contornos atuais da relação médico-paciente – 2. O pressuposto da vulnerabilidade – 3. Vulnerabilidades dos médicos; 3.1 Complexidade da profissão e álea terapêutica; 3.2 Sociedade da (des)informação – Conclusão – Referências.

INTRODUÇÃO

A assistência à saúde passou por diversas transformações ao longo do último século. A concepção tradicional que desenhava a relação entre médicos e pacientes, sedimentada em um forte paternalismo, cedeu espaço para uma abordagem que se consolidou por meio de um novo paradigma – o respeito essencial à autonomia dos pacientes. Essa conformação recepcionou a importância da decisão do paciente, garantindo sua efetiva participação na escolha do tratamento adequado e reconhecendo o protagonismo do direito de ser devidamente informado.

Apesar da superação de alguns desafios, este cenário ainda exige um olhar atento para outros pontos estruturais que podem gerar problemas nas relações assistenciais em saúde. Para tanto, faz-se necessário atentar que aspectos como a precarização das condições do trabalho do profissional da medicina, a pressão por atendimentos rápidos e genéricos, que possibilitem um maior número de pessoas e, em diversas ocasiões, a falta de recursos para o exercício de uma boa prática clínica geram impactos significativos. Dessa forma, a vulnerabilidade emerge enquanto elemento ínsito na assistência à saúde e envolve ambos os sujeitos – o paciente, historicamente vulnerável, e, em muitas circunstâncias, o médico.

Registre-se não ser a intenção dessa pesquisa descortinar todo o cenário complexo de vulnerabilidades que podem atingir os médicos, em especial se inseridos em contextos de precarização da mão de obra e de ausência de recursos disponíveis para atendimentos no setor público da saúde.

A pesquisa busca investigar a medida de vulnerabilidade dos médicos, dentro da relação médico-paciente, considerando a sua realidade de exercício profissional, com especial foco na natureza da área, que se revela pela inerência da álea terapêutica, e dos problemas que pode envolver uma sociedade mal informada e com constante acesso a informações falsas na área da saúde. Pretende, portanto, identificar algumas situações que podem apontar a condição de vulnerabilidade dos profissionais da medicina, independentemente das possíveis vulnerabilidades do paciente.

1. CONTORNOS ATUAIS DA RELAÇÃO MÉDICO-PACIENTE

A medicina é marcada pela sua dinamicidade, evoluindo continuamente de acordo com os saberes que são descortinados a cada momento histórico. Esses saberes, por sua vez, não se restringem ao surgimento de novas tecnologias e protocolos terapêuticos. Para além do aspecto técnico, o caráter dinâmico da medicina também é vislumbrado nas mudanças sociais, culturais e religiosas. Nesse contexto, se a prática clínica é dinâmica e evolui, essa evolução também pode ser verificada em um dos seus principais focos: a relação médico-paciente.

Para que se possa compreender os atuais contornos da relação médico-paciente, primeiro é preciso entender que, nas últimas décadas, a lógica dessa relação deixou de ser pautada na ideia do médico como uma figura intangível e passou a se basear na busca pela diminuição da assimetria entre as partes.

Partindo da perspectiva do passado, nota-se que o alicerce da relação médico-paciente era a confiança, manifestada sob duas óticas. Na primeira, o médico é visto como aquele que detém o saber científico, o conhecimento técnico necessário para tratar os sintomas físicos das enfermidades. Na segunda, a figura do profissional da medicina se confunde com a de um intermediário entre humanos e deuses, capaz de intervir na saúde de alguém através do contato divino direto. Ao paciente, restava confiar sua saúde àqueles que ocupavam posição de tamanho poder. Com o advento da Modernidade, o maior acesso ao corpo humano permitiu que se aprofundasse os estudos em anatomia e, aos poucos, foi se consolidando conhecimentos científicos em detrimento de visões exotéricas, místicas e religiosas.

De acordo com Ferrer e Álvarez, a prática médica paternalista clássica é caracterizada por negar "às pessoas autônomas o direito de agir segundo seus próprios valores e decisões".[1] Nesse diapasão, o médico age de forma independente, assumindo a tomada de decisão do paciente e comunicando-se com este apenas de forma declarativa, ou seja, com o objetivo de dar comando acerca do que deveria ser feito e garantir que as instruções sejam cumpridas.[2]

Conforme ensina Veatch,[3] o paternalismo se assemelha a um modelo sacerdotal de comportamento. De acordo com esse modelo, o médico passa a ser o balizador moral da relação, entregando decisões prontas aos pacientes. A carga valorativa dessas decisões, por sua vez, é atribuída também pelo profissional da medicina. Na perspectiva puramente paternalista, ao paciente, cabia apenas acatar o que lhe foi comandado, independentemente de sua compreensão.

A partir de meados do século XX, com a emergência de problemas sociais decorrentes de processos biotecnológicos controvertidos, com grande potencial destrutivo e que não respeitavam a autonomia dos envolvidos, passou-se a se pensar limites para os "processos biológicos e médicos que se relacionam com a vida".[4]

Essa mudança de perspectiva em relação aos processos científicos também influenciou na relação médico-paciente. A reestruturação da dinâmica dessa relação, que passou a considerar o agir autônomo, livre e desembaraçado como pressuposto de legitimidade, deu-se em consonância com o aumento do acesso à informação. O conhecimento se torna uma das bases da autonomia.

No que tange à normativa deontológica brasileira, é possível perceber como a decisão autônoma do paciente é um dos elementos mais importantes nos contornos atuais da relação. Nesse sentido, pode-se mencionar o artigo 15 do Código

---

1. FERRER, Jorge José; ÁLVAREZ, Juan Carlos. *Para fundamentar a bioética*: teorias e paradigmas teóricos na bioética contemporânea. São Paulo: Editora Loyola, 2005. p. 125.
2. BARBOSA, Heloísa Helena. Responsabilidade civil em face das pesquisas em seres humanos: efeitos do consentimento livre e esclarecido. In: MARTINS-COSTA, Judith; MÖLLER, Letícia Ludwig (Org.). *Bioética e Responsabilidade*. Rio de Janeiro: Forense, 2009. p. 224.
3. VEATCH, Robert. Models for Ethical Medicine in a Revolutionary Age. *The Hasting Center Report*, v. 2, n. 3, jun./1972, p. 5-7. Disponível em: https://doi.org/10.2307/3560825. Acesso em: 10 fev. 2025.
4. MEIRELLES, Ana Thereza. *Neoeugenia e reprodução humana artificial*: limites éticos e jurídicos. Salvador: JusPodivm, 2014. p. b28.

Civil, que reconhece o direito de recusa terapêutica, também já reconhecido pelo Supremo Tribunal Federal, quando julgou ação que reconheceu o direito de recusar transfusão sanguínea por pacientes testemunhas de Jeová.

No mesmo sentido, o artigo 24 do Código de Ética Médica proíbe o médico de deixar de garantir ao paciente decidir autonomamente sobre seu próprio bem-estar. Os artigos 31 e 42 reforçam a importância da autonomia ao vedarem ao médico, respectivamente, a execução de práticas que impeçam o paciente de decidir sobre opções terapêuticas e que maculem a sua livre decisão sobre métodos contraceptivos.[5] Vale dizer que, em todos os casos, a garantia da autonomia deve ocorrer considerando o fornecimento da adequada informação para decidir.

Atualmente, a confiança continua sendo o alicerce da relação médico-paciente. Porém, diferentemente de períodos históricos anteriores, essa confiança agora não decorre da figura absoluta do médico, detentor do saber, mas da comunicação efetiva entre as partes. Por meio do diálogo, médico e paciente se tornam capazes de se reconhecer mutuamente como integrantes de uma relação ética. Nesse sentido, o adequado desenrolar da relação médico-paciente assenta em comunicar-se eficientemente, afastando a impessoalidade da prática médica.[6]

Ao se analisar a importância da comunicação na prática médica, o consentimento livre e esclarecido emerge como um dos principais aspectos da relação hoje. O ato de consentir deve evidenciar os resultados do diálogo entre as partes, obtidos adequadamente através da efetiva transmissão de informações entre as pessoas que fazem parte da relação. Comunicar é informar e compreender. É nessa perspectiva que o consentimento extrapola a assinatura do termo, tratando, em verdade, de um processo gradual pelo qual o paciente expressa sua vontade sem embaraços.[7]

Nessa senda, é possível afirmar que a assinatura do termo de consentimento é apenas o registro de uma manifestação de vontade descortinada a partir da interlocução entre médico e paciente. Consentir é um processo que diz respeito à compreensão dos elementos verificados no contexto da relação médico-paciente. Apenas firma-se a existência de consentimento quando o paciente compreende as nuances de sua condição de saúde e, esclarecido e consciente das informações que tem, decide.[8]

---

5. Ibidem, p. 27.
6. ANNAS, George. Informed Consent: Charade or Choice? *The Journal of Law, Medicine & Ethics*, v. 45, n. 1, p. 10-11, 2017. Disponível em: https://journals.sagepub.com/doi/full/10.1177/1073110517703096. Acesso em: 10 fev. 2025.
7. QUINTANA TRÍAS, Octavi. Bioética y consentimiento informado. In: CASADO, Maria (Ed.). *Materiales de bioética y derecho*. Barcelona: CEDECS Editorial, 1996.
8. OCHOA, Francisco Bernate. Deber de Información, Consentimiento Informado y Responsabilidad en el ejercicio de la actividad médica. In: LOBO, Alirio Gómez; DELGADO, Óscar. *Ideas políticas filosofía y derecho*: el maestro : liber amicorum en homenaje a Alirio Gómez Lobo. Bogotá: Universidad del Rosario, 2006.

Diante disso, nota-se que a relação médico-paciente atual se consubstancia na comunicação entre os indivíduos que a compõem. Para tanto, é preciso observar que existem diversas variáveis que incidem sobre cada relação e as tornam específicas. Logo, como afirma Brent Ruben, a transferência de informação entre médicos e pacientes ocorre em meio a conflitos de interesses, preocupações, ansiedades, situações estressantes. Cada uma dessas variáveis elucida individualidades do próprio paciente, como seus valores, história de vida, cultura, objetivos e medos.[9]

Ocorre que, na esfera dos contornos atuais, a comunicação deve se basear em outro elemento de suma importância: a alteridade. O objeto da comunicação vai além da informação a ser transmitida e envolve, também, aspectos subjetivos, sociais e pessoais de cada parte.[10]

A subjetividade forma a experiência particular de cada ser e influencia a maneira como cada um compreende discursos. Sendo assim, o diálogo de subjetividades – entre médicos e pacientes – deve se pautar em uma lógica de alteridade.[11] O agir ético defendido por Patrão Neves reflete a necessidade de se buscar equilíbrio em relações assimétricas, valendo-se de um "esforço cognitivo" para entender o interesse do "outro", que pode ser diametralmente oposto ao "eu".

As concepções de comunicação efetiva e alteridade são fundamentais para uma nova compreensão acerca da relação médico-paciente, que é naturalmente assimétrica. O médico detém o saber técnico, o que o coloca em uma situação de desigualdade em relação ao paciente. A fim de equilibrar essa relação, tem-se a construção de um diálogo eficiente, onde o médico transmite informações ao paciente e garante que essas foram compreendidas.

A medicina foi tradicionalmente construída a partir de uma abordagem pela qual o paciente doente era definido pela sua patologia, confundindo-se com esta. Porém, em uma ótica mais atual, o paciente não é mais visto como um receptáculo patológico, mas como uma pessoa com subjetividades. Nesse sentido, conforme assevera Canguilhem,[12] a racionalidade médica não deve anular ou se sobrepor às particularidades da experiência do paciente.

A comunicação baseada na alteridade é benéfica tanto para o médico, quanto para o paciente, pois leva em consideração a presença indissociável do Outro que compõe a relação. Supera-se o ideal paternalista e foca-se no diálogo e na

---

9. RUBEN, Brent. Communication Theory and Health Communication Practice: The More Things Change, the More They Stay the Same. *Health Communication*, v. 31, n. 1, p. 1-11, 2014. Disponível em: https://pubmed.ncbi.nlm.nih.gov/25365726/. Acesso em: 10 fev. 2025.
10. HABERMAS, Jurgen. *Teoria do Agir Comunicativo*. São Paulo: WMF Martins Fontes, 2012.
11. NEVES, Maria do Céu Patrão. Alteridade e deveres fundamentais: uma abordagem ética. *Revista Alteridade e Direitos Fundamentais*, v. 1, n. 1, p. 69-86, jul./dez. 2017. p. 78. Disponível: https://periodicos.ucsal.br/index.php/direitosfundamentaisealteridade/article/view/429/348. Acesso em: 10 fev. 2025.
12. CANGUILHEM, Georges. *Escritos sobre medicina*. Rio de Janeiro: Forense Universitária, 2012. p. 450.

compreensão mútua da informação transmitida na interlocução em processo. Ao se comunicar com alteridade, de acordo com Joachim Boldt,[13] diminui-se a vulnerabilidade emocional e cognitiva.

Considerando o pressuposto da alteridade, é possível estender os efeitos descritos por Boldt também para a esfera do médico. O equilíbrio da relação médico-paciente e a melhora na eficiência da comunicação viabilizam diagnósticos mais precisos, uma vez que o médico consegue transmitir melhor o próprio saber. Consequentemente, a compreensão pelo paciente se torna mais fácil, implicando maior adesão ao tratamento, bem como maior sucesso terapêutico do protocolo adotado.[14]

Quando a informação é bem transmitida e compreendida, o médico passa a ter um panorama mais preciso acerca da saúde do paciente. Munido desta informação, o profissional delibera melhor sobre quais alternativas terapêuticas adotar e amplia a chance de alcançar resultados benéficos. Sendo assim, é possível afirmar que as consequências de uma comunicação baseada na alteridade são positivas para todas as partes envolvidas.[15]

A informação é o elemento que empodera o paciente e o torna apto a exercer plenamente sua autonomia – principalmente através da manifestação livre e consciente de suas decisões. Nessa senda, a comunicação é o elo entre a compreensão acerca das implicações de uma ação e o agir propriamente dito.[16] A ação autônoma do paciente é resultado da mitigação da assimetria entre médicos e pacientes, oriunda da comunicação que permitir mitigar a vulnerabilidade técnica preexistente.[17] Nesse contexto, é possível dizer que autonomia é um dos pressupostos centrais da relação médico-paciente atual.

Apesar da aproximação da prática médica moderna com a ideia de valorização da autonomia do paciente, os profissionais da medicina também estão

---

13. BOLDT, Joachim. The concept of vulnerability in medical ethics and philosophy. *Philosophy, ethics, and Humanities in Medicine*, v. 14, n. 6, 2019. Disponível em: https://pubmed.ncbi.nlm.nih.gov/30975177/#:~:text=While%20the%20ethical%20role%20of,that%20are%20regarded%20as%20valuable. Acesso em: 10 fev. 2025.
14. PROVENZANO, Bruna et al. A empatia médica e a graduação em medicina. *Brazilian Journal of Health and Biomedical Sciences*, v. 13, n. 4, out./dez. 2014. p. 22. Disponível em: http://bjhbs.hupe.uerj.br/?handler=artigo&id=505&lang=pt. Acesso em: 10 fev. 2025.
15. MEIRELLES, Ana Thereza; FERNANDES, Lyellen Silva. Liberdade decisória do médico e compreensão pelo paciente: o dever recíproco de informação como pressuposto fundamental. *Cadernos Ibero-Americanos de Direito Sanitário*, v. 10, n. 1, jan./mar. 2021. Disponível em: https://www.cadernos.prodisa.fiocruz.br/index.php/cadernos/article/view/645. Acesso em: 10 fev. 2025.
16. MEIRELLES, Ana Thereza. A informação na relação médico-paciente: o delineamento da obrigação mútua face ao argumento da vulnerabilidade. *Biodireito e direitos dos animais [Internet]*. XXVI Encontro Nacional do Conpedi, p. 8-24, Salvador, 2018. p. 15. Disponível em: http://conpedi.danilolr.info/publicacoes/0ds65m46/kz37jz13/kIL5YD8yCe3ObVLU.pdf. Acesso em: 10 fev. 2025.
17. BEAUCHAMP, Tom; CHILDRESS, James. *Principles of Biomedical Ethics*. 7. ed. New York: Oxford University Press, 2013. p. 101.

sujeitos, em um cenário de interseções subjetivas, à incidência de elementos que os deixam vulneráveis.

Não é possível pensar o livre exercício da autonomia dos sujeitos sem que se leve em consideração as vulnerabilidades. Nesse contexto, autonomia e vulnerabilidade se relacionam e sua análise conjunta é fundamental quando se pretende pensar a relação médico-paciente.

A legítima manifestação de vontade depende das dimensões das vulnerabilidades humanas, que, por sua vez, fazem-se presentes de acordo com o contexto. Logo, não apenas o paciente pode se encontrar em situação de vulnerabilidade, mas, também, o médico. Pensar nos contornos atuais da relação médico-paciente, portanto, é entender que ambas as partes, a depender do contexto, podem ser vulneráveis.

Por conta disso, passa-se a explorar um pouco mais sobre o que é vulnerabilidade e como ela pode ser uma condição do profissional médico.

2. O PRESSUPOSTO DA VULNERABILIDADE

Uma análise etimológica e conceitual atesta que o termo "vulnerabilidade" é proveniente de origem latina. Derivada de "*vulnus*", a palavra remete ao significado de ferida. Dessa forma, o conceito da palavra "vulnerabilidade" perpassa pela possibilidade de que a pessoa possa sofrer danos em distintas esferas da vida. No contexto bioético, o primeiro registro do uso das noções de vulnerabilidade é encontrado no Relatório Belmont, no ano de 1978.[18]

O documento, desenvolvido pela Comissão Nacional para a Proteção de Seres Humanos de Pesquisa Biomédica e Comportamental dos EUA, buscou consolidar princípios éticos a serem seguidos e respeitados em investigações com seres humanos, garantindo o mínimo de dignidade e proteção a estes sujeitos.[19]

A necessidade de desenvolvimento do Relatório emergiu a partir de um cenário histórico crítico. Com a evolução das práticas biomédicas, a atividade e o participação de seres humanos em pesquisas se tornaram cada vez mais frequentes. Para garantir que este avanço nas pesquisas não fosse interrompido, diversas investigações acabaram por recorrer a pessoas desprotegidas ou até mesmo institucionalizadas, como, por exemplo, idosos, órfãos, judeus, prisioneiros, dentre outros grupos minoritários vistos como inferiores ao longo dos séculos.[20]

---

18. PATRÃO NEVES, Maria do Céu. Sentidos da vulnerabilidade: característica, condição, princípio. *Revista Brasileira de Bioética*, v. 2, n. 2, p. 157-172, 2006. p. 158. Disponível em: https://periodicos.unb.br/index.php/rbb/article/view/7966. Acesso em: 10 fev. 2025.
19. Ibidem, p. 160.
20. Ibidem, p. 161.

Em consonância e em sentido complementar, o conceito de integralidade também ganhou destaque a partir das pesquisas com seres humanos. O conceito é trabalhado de forma inaugural pela Declaração de Helsinki, que apresenta indicativos éticos direcionados ao pesquisador, devendo este garantir a inexistência de danos psicológicos, físicos e/ou sociais aos participantes. O indivíduo em sua totalidade deve ser considerado e o resguardo à sua dignidade deve ser visto como aspecto fundamental pela parametrização da ética em pesquisa.[21]

Em 2005, com o advento da Declaração Universal sobre Bioética e Direitos Humanos (DUBDH), o Brasil teve grande avanço na busca pela proteção aos vulneráveis frente aos avanços biomédicos e biotecnológicos. O artigo 8º da referida Declaração trata especificamente do respeito pelas vulnerabilidades humanas e integridade individual, asseverando que "indivíduos e grupos de vulnerabilidade específica devem ser protegidos e a integridade individual de cada um deve ser respeitada".[22]

Para a execução de ações e atos autônomos em matéria de saúde, faz-se necessária melhor compreensão das dimensões da vulnerabilidade, conforme destaca Márcio Fabri.[23] O reconhecimento e não ocultação das vulnerabilidades permitem o estabelecimento das bases autônomas com maior propriedade, podendo mensurar, de forma mais assertiva, os limites e as condições de exercício das liberdades.

Maria do Céu Patrão Neves[24] assevera que, a partir da identificação destes grupos sociais vulnerados, surge a obrigação ética de proteção. Para atingir este fim, o debate precisa alcançar uma dimensão abrangente, onde o enfoque deve se direcionar à proteção ao indivíduo cuja autonomia é reduzida, reconhecendo, assim, as distintas necessidades para gozo de uma vida com o maior grau de dignidade possível. A autora enfatiza que a vulnerabilidade tem uma estreita relação com a subjetividade, já que, ao emergir face ao chamamento do outro, concretiza-se o cenário de exposição.

---

21. MORAIS, Talita Cavalcante Arruda de; MONTEIRO, Pedro Sadi. Conceitos de vulnerabilidade humana e integridade individual para a bioética. *Revista Bioética*, v. 25, n. 2, p. 311-319. 2017. p. 312. Disponível em: https://doi.org/10.1590/1983-80422017252191. Acesso em: 10 fev. 2025.
22. UNESCO. Declaração Universal sobre Bioética e Direitos Humanos. *Trata das questões éticas relacionadas à medicina, às ciências da vida e às tecnologias associadas quando aplicadas aos seres humanos, levando em conta suas dimensões sociais, legais e ambientais.* Cátedra UNESCO de Bioética da UnB. 2005. Disponível em: http://bvsms.saude.gov.br/bvs/publicacoes/declaracao_univ_bioetica_dir_hum.pdf Acesso em: 12 abr. 2022.
23. ANJOS, Márcio Fabri dos. A vulnerabilidade como parceira da autonomia. *Revista Brasileira de Bioética*, v. 2, n. 2, p. 173-186, 2006. Disponível em: https://periodicos.unb.br/index.php/rbb/article/view/7967. Acesso em: 10 fev. 2025.
24. PATRÃO NEVES, Maria do Céu. Sentidos da vulnerabilidade: característica, condição, princípio. *Revista Brasileira de Bioética*, v. 2, n. 2, p. 157-172. Disponível em: https://periodicos.unb.br/index.php/rbb/article/view/7966. Acesso em: 10 fev. 2025.

Ao considerar o cenário global, é imprescindível que países desenvolvidos possam reconhecer que o cenário do sul possui indicadores de maior vulnerabilização, sendo essencial não apenas a identificação mais o desenvolvimento e cooperação de políticas para efetivação de direitos e garantias fundamentais.

Em consonância à busca pela proteção e em oposição a um entendimento hermético, Florência Luna[25] propõe que o ideal da vulnerabilidade deveria ser pensado a partir de um conceito mais flexível, intitulado como "as capas de vulnerabilidade". Partindo da observação de que inexiste uma única forma de fragilização e a mesma não persiste de modo permanente, esta metáfora trabalha com a identificação das possíveis causas da problemática, podendo estar ligadas às mais diversas questões, como condições sociais ou mesmo o consentimento informado. Portando, o reconhecimento da capa utilizada influenciaria num resultado mais assertivo.

Aliado a este entendimento, Emmanuel Levinás, em suas obras, já retratava que a condição humana frente à existência das relações sociais, por si só, implica a vulnerabilização do sujeito. Não obstante, a avaliação das dimensões da vulnerabilidade perpassa pela necessidade de compreensão da primeira e mais difundida condição: a ontológica, constitutiva ou universal.[26]

Observa-se que o ser humano é confrontado diariamente com o risco de adoecimento físico e mental, de sofrimento a partir dos riscos ambientais e de diversas outras mazelas que podem o acometer. O reconhecimento desta realidade inescapável é essencial para que a ação humana de maneira global possa vislumbrar que as vulnerabilidades implicam a necessária ação para com o Outro a partir da alteridade.[27]

A vulnerabilidade intrínseca e presente na relação entre médicos e pacientes deve ser avaliada também por outro prisma. A relação de assistência em saúde pode ser comparada a um sistema de integração, de acordo com William Hossne,[28] formado por diversos elos. Neste cenário, o paciente figuraria enquanto o último elo e, consequentemente, o mais frágil.

---

25. LUNA, Florência. Vulnerabilidad: la metáfora de las capas (CONICET/ FLACSO). *Jurisprudencia Argentina*, IV, n. 1, 2008, p. 67. Disponível em: https://www.fbioyf.unr.edu.ar/evirtual/pluginfile.php/9572/mod_page/content/17/3.1.%20Luna%2C%20F.%20282008%29%20Vulnerabilidad.%20La%20metafora%20de%20las%20capas.pdf. Acesso em: 10 fev. 2025.
26. HOSSNE, William Saad. Dos referenciais da Bioética – a vulnerabilidade. *Bioethikos*, v. 3, n. 1, p. 41-51. 2009. p. 44. Disponível em: http://www.saocamilo-sp.br/pdf/bioethikos/68/41a51.pdf. Acesso em: 10 fev. 2025.
27. PESSINI, Leo. Elementos para uma bioética global: solidariedade, vulnerabilidade e precaução. *Thaumazein*, v. 10, n. 19, p. 75-85, 2017. p. 82 Disponível em: https://periodicos.ufn.edu.br/index.php/thaumazein/article/view/1983. Acesso em: 10 fev. 2025.
28. HOSSNE, William Saad. Op. cit. 2009, p. 47.

A partir de uma leitura do Direito brasileiro, pode-se constatar que a tutela jurídica das vulnerabilidades humanas é insuficiente frente ao conteúdo dos diplomas vigentes. O Código Civil de 2002, por exemplo, considera, em diversos momentos do seu texto, aspectos patrimoniais em detrimento da perspectiva existencial, consolidando uma lacuna na proteção das demandas que envolvem vida, corpo, saúde e autonomia individual.[29]

O reconhecimento jurídico efetivo das vulnerabilidades pode atender a questões sociais de maneira mais incisiva, a partir de uma identificação para além da mera vertente ontológica.

O que não é notado, muitas vezes, é que a vulnerabilização da última ligação desta cadeia pode ser proveniente de outras conexões desse mesmo sistema assistencial e não apenas de um único ponto isolado. As políticas de saúde, as instituições, as gestões e, em alguns casos, todo o sistema podem gerar um panorama de vulnerabilização que não impacta exclusivamente no paciente, mas, também, no profissional da medicina.

Portanto, tornam-se indispensáveis medidas em sentido macro, onde, a partir desta constatação, ações sejam tomadas em prol do resguardo do médico na redução de suas vulnerabilidades ligadas ao campo de atuação, garantindo, como um dos reflexos, a redução da chance de vulnerabilização do próprio paciente e a proteção ao exercente da prática clínica.

3. VULNERABILIDADES DOS MÉDICOS

A relação entre médicos e paciente é tradicionalmente assimétrica. O saber científico do médico o coloca, normalmente, em posição de maior conforto e segurança em relação ao paciente. Porém, o reconhecimento da autonomia do paciente, construído a partir de um processo comunicativo, no qual há a preocupação com a compreensão acerca do que está sendo comunicado, vem auxiliando na mitigação desse desequilíbrio.

Com efeito, o balizamento da relação é habitualmente voltado à diminuição das vulnerabilidades do paciente. Essa perspectiva decorre do entendimento de que o médico estaria sempre em uma posição privilegiada na relação. Porém, nos contornos atuais, é fundamental atentar para dimensões que passam desapercebidas. Nesse sentido, um adequado estudo do exercício da medicina implica no

---

29. MEIRELLES, Ana Thereza; SÁ, Maria de Fátima Freire de; VERDIVAL, Rafael; LAGE, Caio. A compreensão das dimensões da vulnerabilidade humana nas situações jurídicas existenciais: uma perspectiva a partir da autonomia. *Revista da Faculdade Mineira de Direito*, Belo Horizonte, v. 25, n. 49, 2022, p. 113-133. Disponível em: http://periodicos.pucminas.br/index.php/Direito/article/view/27748. Acesso em: 10 fev. 2025.

reconhecimento das vulnerabilidades experimentadas não apenas pelo paciente, mas, também, pelos médicos.

No ano 1972, um estudo publicado no *The New England Journal of Medicine* demonstrou que médicos, especialmente aqueles envolvidos com o cuidado direto de pacientes, têm maiores chances de desenvolverem relações matrimoniais "pobres", vício em álcool e drogas, além de apresentarem maior necessidade de psicoterapia.[30]

Em 2009, uma pesquisa realizada com médicos de um hospital público de Recife associou a incidência de *burnout* à alta exaustão emocional, à necessidade de realizar tarefas com muita rapidez e à baixa realização profissional.[31]

Outro estudo realizado no mesmo ano, com médicos intensivistas de Salvador, constatou que profissionais com alta carga de exigência têm 10,2 vezes mais *burnout* que aqueles que trabalham com baixa exigência, estando a síndrome mais associada a aspectos da demanda psicológica do trabalho.[32] Os estudos são apenas ilustrativos e os dados apresentados permitem observar como as condições psicológicas no exercício da medicina afetam diretamente os profissionais.

Além da Síndrome de *Burnout*, é possível verificar condições de vulnerabilidade dos médicos a partir de situações de violência decorrentes de diversas fontes. Nesse sentido, conforme explica Abdalla-Filho, um profissional da medicina pode se tornar vulnerável em razão: a) de condições de violência institucional, quando a carga de trabalho extrapola muito os recursos humanos disponíveis; b) do assédio moral praticado por colegas de profissão do médico, mas que ocupem, mesmo que temporariamente, posições de poder; e c) da violência física praticada por pacientes, podendo causar, até mesmo, a morte.[33]

Atualmente, especialmente após a pandemia de COVID-19, a saúde mental dos profissionais da medicina continua sendo objeto de preocupação da comunidade científica, registrando-se aumento significativo de relatos de sintomas

---

30. VAILLANT, George *et al*. Some Psychologic Vulnerabilities of Physicians. *The New England Journal of Medicine*, v. 287, n. 8, p. 372-375, 1972. Disponível em: https://www.nejm.org/doi/full/10.1056/NEJM197208242870802. Acesso em: 10 fev. 2025.
31. LIMA, Raitza et al. Vulnerabilidade ao burnout entre médicos de hospital público do Recife. *Ciência & Saúde Coletiva*, v. 18, n. 4, 2013. Disponível em: https://doi.org/10.1590/S1413-81232013000400018. Acesso em: 10 fev. 2025.
32. TIRONI, Márcia *et al*. Trabalho e síndrome da estafa profissional (Síndrome de Burnout) em médicos intensivistas de Salvador. *Revista da Associação Médica Brasileira*, v. 55, n. 6, 2009. Disponível em: https://www.scielo.br/j/ramb/a/yMkf4zsb4T9KWdYpq9MpHxs/?lang=pt. Acesso em: 10 fev. 2025.
33. ABDALLA-FILHO, Elias. Violência em saúde: quando o médico é o vulnerável. *Revista Bioética*, v. 12, n. 2, 2004. Disponível em: https://revistabioetica.cfm.org.br/index.php/revista_bioetica/article/view/139. Acesso em: 10 fev. 2025.

enfermidades mentais – incluindo aumento do risco de suicídio entre médicos.[34] Vale ressaltar que os problemas envolvendo a saúde mental dos médicos são identificados ainda durante a graduação em medicina.[35]

Com efeito, profissionais de saúde podem agregar condição de vulnerabilidade, também, nas seguintes situações: a) ausência ou insuficiência de medicamentos e tratamentos disponíveis pelo SUS; b) ausência ou insuficiência de leitos de emergência ou de terapia intensiva suficientes; c) protocolos terapêuticos restritos; d) jornadas de trabalhos excessivas; e) ausência de equipamentos de proteção individual; e f) exposição a riscos em locais perigosos e insalubres.[36]

Todas as circunstâncias acima descritas auxiliam na desconstrução da ideia de que os médicos não podem ser partes vulneráveis na relação médico-paciente. Nesse sentido, deve-se ampliar a incidência do conceito de vulnerabilidade na relação médico-paciente, englobado todos os sujeitos envolvidos na relação.

A partir de uma ótica filosófica, ser vulnerável é uma condição humana. A vulnerabilidade é o elemento que torna todos os indivíduos iguais, justamente pela nossa finitude intrínseca.[37] Nesse sentido, o médico, simplesmente por ser humano e mortal, é vulnerável.

Não obstante o aspecto universal da vulnerabilidade, a condição de vulnerável também pode incidir a partir de dimensões específicas, concretizadas por meio de elementos sociais, profissionais, físicos, mentais ou culturais.[38] De acordo com Ana Thereza Meirelles e Itanaina Rechmann,[39] a noção de vulnerabilidade evidência o caráter dinâmico da construção da proteção de pessoas vulneráveis, uma vez que o "o ser humano, em essência, é vulnerável universalmente e, no entanto, ganha vulnerabilidades específicas considerando o contexto em que está inserido".

---

34. HARVEY, Samuel et al. Mental illness and suicide among physicians. The Lancet, v. 398, issue 10303, p. 920 930, set. 2021. Disponível em: https://doi.org/10.1016/S0140-6736(21)01596-8. Acesso em: 10 fev. 2025.
35. BASTOS, Tamires et al. Mental health help-seeking among Brazilian medical students: Who suffers unassisted? International Journal of Social Psychiatry, mar. 2022. Disponível em: https://doi.org/10.1177/00207640221082930. Acesso em: 10 fev. 2025.
36. MEIRELLES, Ana Thereza; RECHMMAN, Itanaina. Panorama da vulnerabilidade dos pacientes oncológicos nas demandas por tratamentos de alto custo: o Sistema Único de Saúde à luz da Bioética. Cadernos Ibero-Americanos de Direito Sanitário, v. 10, n. 4, out./dez. 2021. p. 115-116. Disponível em: https://www.cadernos.prodisa.fiocruz.br/index.php/cadernos/article/view/654/853. Acesso em 20 jun. 2022.
37. KEMP, Peter; RENDTORFF, Jacob Dahl. Princípio da vulnerabilidade. In: HOTTOIS, G; MISSA, Jean-Noel. Nova Enciclopédia da Bioética: medicina, ambiente, tecnologia. Trad. Maria Carvalho. Lisboa: Instituto Piaget, 2003. p. 687-692.
38. LUNA, Florência. Vulnerabilidad: la metáfora de las capas (CONICET/ FLACSO) Jurisprudencia Argentina, IV, n. 1, 2008, p: 60-67. Disponível em: https://www.fbioyf.unr.edu.ar/evirtual/pluginfile.php/9572/mod_page/content/17/3.1.%20Luna%2C%20F.%20282008%29%20Vulnerabilidad.%20La%20metafora%20de%20las%20capas.pdf. Acesso em: 10 fev. 2025.
39. MEIRELLES, Ana Thereza; RECHMMAN, Itanaina. Op. cit., 2021. p. 113.

Dessa forma, torna-se possível observar que o médico pode experimentar situações de vulnerabilidade, no âmbito da relação médico-paciente, de maneiras diferentes. As variadas circunstâncias nas quais o profissional da Medicina está inserido descortinam aspectos da vulnerabilidade – ou das vulnerabilidades – que influenciam diretamente o desenvolvimento da relação.

Diante desse contexto, a fim de melhor elucidar como essas vulnerabilidades impactam no exercício da medicina, em especial no âmbito da relação médico-paciente, passa-se a investigar alguns elementos que refletem diferentes condições de vulnerabilidade dos médicos, como a complexidade científica da profissão e sua álea terapêutica e a influência da sociedade da (des)informação na prática médica.

3.1 Complexidade da profissão e álea terapêutica

A compreensão de que o profissional da medicina, por deter o saber médico, estaria imune a situações de vulnerabilidade não coaduna com a realidade complexa da área e com os atuais contornos da relação médico-paciente.

Com efeito, mesmo que o médico seja dotado de um saber específico sobre a sua profissão, é importante observar que a medicina não é uma ciência exata. O conhecimento técnico é imprescindível para a atividade profissão do médico, porém, é apenas um dos elementos que compõem essa complexa atividade. Disso, não se pode deixar de registrar que a evolução do conhecimento médico científico aglutina um complexo de informações racionais que se manifestam em diferentes e múltiplos estudos clínicos. A medicina é uma ciência extremamente dinâmica e capaz de produzir novos achados científicos com uma importante velocidade.

Como destaca Gadamer, a própria ideia de saúde envolve diversos fatores. A "recuperação completa", inclusive, engloba a realocação do paciente na sua condição originária. Dessa forma, deve-se perceber que esse restabelecimento total da saúde de um indivíduo, muitas vezes, extrapola "as possibilidades e competências do médico".[40]

O Código de Ética Médica, em seu artigo 1º, veda expressamente ao médico "causar dano ao paciente, por ação ou omissão, caracterizável como imperícia, imprudência ou negligência".

Muitas vezes, mesmo diante da conduta adequada do médico, tem-se uma situação grave ou uma evolução própria da doença cujo saber científico disponível não é suficiente para contornar ou impedir.[41] Nenhuma técnica médica é absolutamente segura ou eficaz. A diligência e perícia do profissional e da equipe, bem

---

40. GADAMER, Hans-Georg. *O mistério da saúde*: o cuidado da saúde e a arte da medicina. Lisboa, Portugal: Edições 70, 2009. p. 145.
41. DINIZ, Maria Helena. *O estado atual do biodireito*. São Paulo: Saraiva, 2006. p. 687.

como a qualidade dos recursos disponíveis, são fatores de redução de resultados adversos.[42] Porém, ainda assim, o exercício da prática médica é complexo e gira em torno de possibilidades. Não cabe ao médico garantir resultados, mas agir da melhor maneira possível – dentro das circunstâncias – para contribuir beneficamente com a saúde do paciente.

Para além dos saberes fundamentais que formam um médico, a medicina é caracterizada pela incidência de situações que estão além da esfera de controle do profissional. Essa esfera incontrolável, por sua vez, pode ser responsável por consubstanciar uma condição de vulnerabilidade ao médico na relação.

A incontrolabilidade decorre da denominada álea terapêutica – o aspecto de imprevisibilidade indissociável da prática médica. Essa imprevisibilidade, vale destacar, não necessariamente se restringe à aptidão de antever o desenrolar negativo de uma patologia. Em verdade, trata-se da incerteza acerca da plena funcionalidade do protocolo terapêutico ou conduta adotada, mas, uma incerteza que se concretiza dentro da álea da profissão e não revela nenhuma imperícia ou falta de conhecimento profissional.

Diante de um paciente, o profissional utiliza seu saber técnico com diligência, prudência e perícia a fim de estabelecer abordagens terapêuticas adequadas. Porém, pois mais preciso que seja o médico nessas abordagens, não há como garantir que o tratamento adotado implicará infalivelmente o resultado esperado. O médico pode controlar sua própria ação, mas não pode controlar os resultados. Neste ponto, está a complexidade da prática médica.

A pandemia de COVID-19 ilustra bem possíveis vulnerabilidades do médico pode em sua prática profissional. No que tange à COVID-19, duas vulnerabilidades se destacaram. A primeira, especialmente nos momentos mais críticos da pandemia, se refere à ausência de alternativas terapêuticas eficazes para o enfrentamento da doença e a saturação do sistema de saúde. A segunda, por sua vez, é verificada na incerteza científica e no risco à própria saúde dos profissionais.[43]

Embora a álea terapêutica e a complexidade da medicina façam parte da atuação profissional do médico, a incidência desses pressupostos deve ser compreendida como fatores que fomentam a vulnerabilidade. A incerteza acerca dos desdobramentos das condutas adotadas pode levar o médico a um estado

---

42. KALLAS FILHO, Elias. O fato da técnica: excludente da responsabilidade civil do médico. *Revista de Direito Sanitário*, v. 14, n. 2, 2013. p. 143. Disponível em: https://www.revistas.usp.br/rdisan/article/view/63998. Acesso em: 10 fev. 2025.
43. MEIRELLES, Ana Thereza; LINS-KUSTERER, Liliane. O redimensionamento das vulnerabilidades no âmbito da relação médico-paciente diante da COVID-19 no contexto brasileiro. *Revista da Faculdade Mineira de Direito*, v. 24, n. 47, 2021. p. 352-353. Disponível em: http://periodicos.pucminas.br/index.php/Direito/article/view/26180. Acesso em: 10 fev. 2025.

de angústia e aflição – não apenas em razão das consequências da enfermidade tratada na saúde do paciente, mas, também, por conta de eventuais demandas jurídicas decorrentes da relação.

Sabe-se do crescimento da judicialização da relação médico-paciente e do receio que os profissionais possuem de enfrentarem demandas éticas e judiciais, podendo-se incluir ações no Conselho profissional ou que tramitem no Poder Judiciário.

Com receio da judicialização, o médico se retrai e, vulnerável, em razão da situação de aflição, pode não atuar da melhor maneira que poderia. Esse tipo de conduta, por sua vez, impede que a relação médico-paciente se desenvolva com base na alteridade. A prática profissional deixar de ser ética, pois o foco deixa de ser a saúde do paciente e passa a ser a do próprio médico.[44]

Consequentemente, os benefícios à saúde do paciente deixam de ser efetivados como poderiam. Observa-se que tal condição de vulnerabilidade tem base na incerteza acerca do desenvolvimento das abordagens terapêuticas adotadas. O que deveria ser compreendido como um elemento intrínseco à complexidade da prática médica se torna um obstáculo ao melhor desenrolar da imprescindível interação entre pacientes e profissionais da medicina.

Apesar de inerente ao exercício da medicina, a complexidade da profissão e a sua álea terapêutica conformam situações que potencializam a vulnerabilidade do médico e, portanto, precisam ser levadas em consideração quando emergem possibilidades de demandas deontológicas ou judiciais sobre a relação. Propõe-se que o contexto e as características ínsitas a cada relação dessa natureza sejam considerados, em prol de aferir a incidência da complexidade dos conhecimentos científicos necessários e o grau de risco (ou álea) pertencente.

3.2 Sociedade da (des)informação

O surgimento da Internet modificou as relações sociais e a Ciência na atualidade, delimitando novas experiências e novos desafios para todos os campos do conhecimento. Dados apontam que o número de usuários sofreu forte crescente nas últimas duas décadas, com projeção que supera a marca de 116 milhões de conexões. O Brasil, por sua vez, figura no quadro global enquanto um dos cinco países com maior índice de acessos aos espaços virtuais.[45]

---

44. ALMADA, Hugo Rodriguez. De la medicina defensiva a la medicina assertiva. *Revista Médica Del Uruguay*, v. 22, n. 3, p. 167-168, 2006. Disponível em: http://www.scielo.edu.uy/scielo.php?script=sci_arttext&pid=S1688-03902006000300001. Acesso em: 10 fev. 2025.
45. KNORST, Gabriel Rocha Santos; JESUS, Victor Machado; MENEZES JUNIOR, Antônio da Silva. A relação com o médico na era do paciente expert: uma análise epistemológica. *Interface* –

O acesso rápido às informações por meio de veículos diversos pode empoderar e garantir benefícios ao meio social que não eram passíveis de concretização em outros momentos. Contudo, é importante salientar que este acesso também pode gerar novos cenários dentro das relações em saúde. Desde 2010, mais de 85% dos brasileiros buscam orientações médicas no ciberespaço sobre o uso de medicamentos e sobre experiências compartilhadas que envolvem diagnósticos e condições médicas. Essa busca incessante por novos conteúdos ultrapassa o perfil do paciente informado e autônomo, descortinando um novo horizonte: o paciente *expert*.[46]

Mesmo sendo inegável que a democratização do acesso à informação gerou impactos positivos, em especial no que tange à saúde humana, registra-se o forte risco de um uso inadequado, de uma compreensão equivocada ou, até mesmo, da disseminação de dados controvertidos e/ou falsos, que podem vir a gerar pânico social e implicações severas na confiança dos indivíduos nas ciências sociais, biológicas e da saúde. No mundo globalizado (e principalmente medicalizado), observa-se uma grande difusão de dados que mesclam noções científicas com entendimentos subjetivos e completamente alheios à construção de estudos clínicos desenvolvidos e reconhecidos por profissionais competentes.[47]

Estudos empíricos apontam que, no Brasil, diversas pessoas partem de um autodiagnóstico equivocado, consubstanciado por descrições na Internet, situação que vem solidificando quadros ansiogênicos importantes. Essa preocupação generalizada também possibilita uma mácula na relação médico-paciente antes mesmo de ser formalmente construída, tendo em vista que o paciente parte de um diagnóstico inexistente com o objetivo de realizar exames subsidiários, que são, muitas das vezes, desnecessários, e não pela busca de uma consulta médica.[48]

Partindo da falácia de que os dados disponíveis na Internet são absolutamente verdadeiros, muitos pacientes recorrem a medicações não prescritas e modificações inadequadas do tratamento. Com o aumento desses casos, muitos profissionais apresentam desconforto não apenas com o confronto da prescrição

---

Comunicação, Saúde, Educação, v. 23, p. e180308, 2019. Disponível em: https://www.scielo.br/j/icse/a/hG8tCQ4zRBGGBJSDp8zbyLk/?lang=pt. Acesso em: 10 fev. 2025.
46. KNORST, Gabriel Rocha Santos; JESUS, Victor Machado; MENEZES JUNIOR, Antônio da Silva. A relação com o médico na era do paciente expert: uma análise epistemológica. *Interface – Comunicação, Saúde, Educação*, v. 23, p. e180308, 2019. Disponível em: https://www.scielo.br/j/icse/a/hG8tCQ4zRBGGBJSDp8zbyLk/?lang=pt. Acesso em: 10 fev. 2025.
47. SCHIMIDT, Eder et al. A inclusão da internet na relação médico-paciente: apenas prós? *Revista da Sociedade Brasileira de Clínica Médica*, São Paulo, v. 1, n. 1, p. 1679-1010, 2003. Disponível em: http://www.sbcm.org.br/ojs3/index.php/rsbcm/article/view/31/29. Acesso em: 10 fev. 2025.
48. COELHO, Elisa Quaresma; COELHO, Augusto Quaresma; CARDOSO, José Eduardo Dias. Informações médicas na internet afetam a relação médico-paciente? *Revista Bioética*, v. 21, n. 1, p. 142–149, 2013. Disponível em: https://www.scielo.br/j/bioet/a/t8DDcqLcDQv6qg5867nBYFQ/. Acesso em: 10 fev. 2025.

com as informações obtidas na Internet, mas, principalmente, com a possibilidade de judicialização caso exista um dano, mesmo que a partir da modificação da prescrição médica.[49]

O risco do uso de informações disponíveis no ambiente digital, mesmo que sejam cientificamente reconhecidas e estejam de acordo com a terapêutica recomendada pelo médico responsável pelo caso, é alto. A autonomia do paciente não deve englobar a autoprescrição e o achismo, em detrimento de orientações individualizadas e clínicas. O conhecimento técnico também é fundamental para a garantia de uma decisão autônoma.

As informações relacionadas à saúde devem ser fiscalizadas nos ambientes virtuais e isso envolve uma atuação social conjunta, incluindo o Estado, por meio de seus três Poderes, os segmentos científicos de especialidades médicas, os conselhos de classe e a sociedade como um todo. A disseminação de conteúdos médicos diversos, sem a observância da validade clínica da informação, potencializa vulnerabilidades dentro da relação médico-paciente e pode colocar o profissional em situações complexas, geradoras de danos físicos e psíquicos em ambos os sujeitos, que podem desembocar em conflitos éticos e jurídicos.

CONCLUSÃO

A vulnerabilidade pode ser considerada enquanto elemento inafastável dentro da relação entre médicos e pacientes. Ela é inerente à condição humana, mas deve ser aferida, pragmaticamente, a partir do contexto individual e da vivência dos indivíduos no meio social, ou seja, as circunstâncias podem ensejar ou revelar vulnerabilidades de naturezas diversas. Dessa forma, ela transcende a condição da enfermidade, incluindo aspectos outros.

Hoje, são diversos os cenários que podem ampliar as vulnerabilidades dentro da assistência, sobretudo diante da sobrecarga dos profissionais e das desigualdades no acesso a materiais, medicações e instrumentos. A própria complexidade da profissão impõe desafios na atuação, gerando incertezas comuns à prática do médico, já que o profissional não pode garantir o resultado muitas vezes esperado pelo paciente e pela família, mesmo que tenha agido em conformidade às regras de prudência, diligência e perícia.

A álea terapêutica deve, então, ser considerada pressuposto importante à interpretação de problemas que possam surgir decorrentes da consulta, do pro-

---

49. COELHO, Elisa Quaresma; COELHO, Augusto Quaresma; CARDOSO, José Eduardo Dias. Informações médicas na internet afetam a relação médico-paciente? *Revista Bioética*, v. 21, n. 1, p. 142-149, 2013. Disponível em: https://www.scielo.br/j/bioet/a/t8DDcqLcDQv6qg5867nBYFQ/. Acesso em: 10 fev. 2025.

cedimento ou do tratamento prescrito. O exercício prudente, diligente e perito da prática médica não garante êxito no resultado, já que médicos não possuem poderes de cura em muitos contextos patológicos. Reconhecer a inerência da complexidade dos conhecimentos médicos e da sua álea terapêutica é também admitir que ambas conformam a condição de vulnerabilidade do profissional diante de desafios diversos das práticas clínica e cirúrgica.

O acesso a informações falsas em saúde no ambiente digital contribui para a vulnerabilização do profissional e atinge a confiança na relação médico-paciente, o que, muitas vezes, é motivo de judicialização. Reconhecer circunstâncias onde a influência de informações inverídicas seja determinante deve afastar a procedência de possíveis ações éticas e judiciais.

Para atenuar os impactos das vulnerabilidades médicas, algumas medidas são essenciais, como o alinhamento das expectativas entre os indivíduos da relação, que precisa estar calcado na responsabilidade e na confiança, por meio de um processo dialógico de comunicação e cuidado informacional. Nesse sentido, é de extrema importância o aprimoramento da comunicação aliada a uma conscientização da população acerca do acesso e uso das informações disponíveis na Internet, o que pode gerar um ambiente mais seguro para os pacientes e menos hostil e litigante para os profissionais da saúde.

REFERÊNCIAS

ABDALLA-FILHO, Elias. Violência em saúde: quando o médico é o vulnerável. *Revista Bioética*, v. 12, n. 2, 2004. Disponível em: https://revistabioetica.cfm.org.br/index.php/revista_bioetica/article/view/139. Acesso em: 10 fev. 2025.

ALMADA, Hugo Rodriguez. De la medicina defensiva a la medicina assertiva. *Revista Médica Del Uruguay*, v. 22, n. 3, p. 167-168, 2006. Disponível em: http://www.scielo.edu.uy/scielo.php?script=sci_arttext&pid=S1688-03902006000300001. Acesso em: 10 fev. 2025.

ANJOS, Márcio Fabri dos. A vulnerabilidade como parceira da autonomia. *Revista Brasileira de Bioética*, v. 2, n. 2, p. 173-186, 2006. Disponível em: https://periodicos.unb.br/index.php/rbb/article/view/7967. Acesso em: 10 fev. 2025.

ANNAS, George. Informed Consent: Charade or Choice? *The Journal of Law, Medicine & Ethics*, v 45, n. 1, p. 10-11, 2017. Disponível em: https://journals.sagepub.com/doi/full/10.1177/1073110517703096. Acesso em: 10 fev. 2025.

BARBOSA, Heloísa Helena. Responsabilidade civil em face das pesquisas em seres humanos: efeitos do consentimento livre e esclarecido. In: MARTINS-COSTA, Judith; MÖLLER, Letícia Ludwig (Org.). *Bioética e Responsabilidade*. Rio de Janeiro: Forense, 2009.

BASTOS, Tamires *et al*. Mental health help-seeking among Brazilian medical students: Who suffers unassisted? *International Journal of Social Psychiatry*, mar. 2022. Disponível em: https://doi.org/10.1177/00207640221082930. Acesso em: 10 fev. 2025.

BEAUCHAMP, Tom; CHILDRESS, James. *Principles of Biomedical Ethics*. 7. ed. New York: Oxford University Press, 2013.

BOLDT, Joachim. The concept of vulnerability in medical ethics and philosophy. *Philosophy, ethics, and Humanities in Medicine*, v. 14, n. 6, 2019. Disponível em: https://pubmed.ncbi.nlm.nih.gov/30975177/#:~:text=While%20the%20ethical%20role%20of,that%20are%20regarded%20as%20valuable. Acesso em: 10 fev. 2025.

CANGUILHEM, Georges. *Escritos sobre medicina*. Rio de Janeiro: Forense Universitária, 2012.

COELHO, Elisa Quaresma; COELHO, Augusto Quaresma; CARDOSO, José Eduardo Dias. Informações médicas na internet afetam a relação médico-paciente? *Revista Bioética*, v. 21, n. 1, p. 142–149, 2013. Disponível em: https://www.scielo.br/j/bioet/a/t8DDcqLcDQv6qg5867nBYFQ/. Acesso em: 10 fev. 2025.

DE MORAIS, Talita Cavalcante Arruda; MONTEIRO, Pedro Sadi. Conceitos de vulnerabilidade humana e integridade individual para a bioética. *Revista Bioética*, vol. 25, n. 2, p. 311-319. 2017. Disponível em: https://doi.org/10.1590/1983-80422017252191. Acesso em: 10 fev. 2025.

DINIZ, Maria Helena. *O estado atual do biodireito*. São Paulo: Saraiva, 2006.

FERRER, Jorge José; ÁLVAREZ, Juan Carlos. *Para fundamentar a bioética*: teorias e paradigmas teóricos na bioética contemporânea. São Paulo: Editora Loyola, 2005.

GADAMER, Hans-Georg. *O mistério da saúde*: o cuidado da saúde e a arte da medicina. Lisboa, Portugal: Edições 70, 2009.

HABERMAS, Jurgen. *Teoria do Agir Comunicativo*. São Paulo: WMF Martins Fontes, 2012.

HARVEY, Samuel et al. Mental illness and suicide among physicians. *The Lancet*, v. 398, issue 10303, p. 920-930, set. 2021. Disponível em: https://doi.org/10.1016/S0140-6736(21)01596-8. Acesso em: 10 fev. 2025.

HOSSNE, William Saad. Dos referenciais da Bioética – a vulnerabilidade. *Bioethikos*, v. 3, n. 1, p.41-51. 2009. Disponível em: http://www.saocamilo-sp.br/pdf/bioethikos/68/41a51.pdf. Acesso em: 10 fev. 2025.

KALLAS FILHO, Elias. O fato da técnica: excludente da responsabilidade civil do médico. *Revista de Direito Sanitário*, v. 14, n. 2, 2013. Disponível em: https://www.revistas.usp.br/rdisan/article/view/63998. Acesso em: 10 fev. 2025.

KEMP, Peter; RENDTORFF, Jacob Dahl. Princípio da vulnerabilidade. In: HOTTOIS, G; MISSA, Jean-Noel. *Nova Enciclopédia da Bioética*: medicina, ambiente, tecnologia. Trad. Maria Carvalho. Lisboa: Instituto Piaget, 2003.

KNORST, Gabriel Rocha Santos; JESUS, Victor Machado; MENEZES JUNIOR, Antônio da Silva. A relação com o médico na era do paciente expert: uma análise epistemológica. *Interface – Comunicação, Saúde, Educação*, v. 23, p. e180308, 2019. Disponível em: https://www.scielo.br/j/icse/a/hG8tCQ4zRBGGBJSDp8zbyLk/?lang=pt. Acesso em: 10 fev. 2025.

LIMA, Raitza et al. Vulnerabilidade ao burnout entre médicos de hospital público do Recife. *Ciência & Saúde Coletiva*, v. 18, n. 4, 2013. Disponível em: https://doi.org/10.1590/S1413-81232013000400018. Acesso em: 10 fev. 2025.

LUNA, Florência. Vulnerabilidad: la metáfora de las capas (CONICET/ FLACSO) *Jurisprudencia Argentina*, IV, n. 1, 2008, p. 60-67. Disponível em: https://www.fbioyf.unr.edu.ar/evirtual/pluginfile.php/9572/mod_page/content/17/3.1.%20Luna%2C%20F.%20282008%29%20Vulnerabilidad.%20La%20metafora%20de%20las%20capas.pdf. Acesso em: 10 fev. 2025.

MEIRELLES, Ana Thereza. A informação na relação médico-paciente: o delineamento da obrigação mútua face ao argumento da vulnerabilidade. *Biodireito e direitos dos animais [Internet]*. XXVI Encontro Nacional do Conpedi, p. 8-24, Salvador, 2018. Disponível em:

http://conpedi.danilolr.info/publicacoes/0ds65m46/kz37jz13/kIL5YD8yCe3ObVLU.pdf. Acesso em: 10 fev. 2025.

MEIRELLES, Ana Thereza. *Neoeugenia e reprodução humana artificial*: limites éticos e jurídicos. Salvador: JusPodivm, 2014.

MEIRELLES, Ana Thereza; FERNANDES, Lyellen Silva. Liberdade decisória do médico e compreensão pelo paciente: o dever recíproco de informação como pressuposto fundamental. *Cadernos Ibero-Americanos de Direito Sanitário*, v. 10, n. 1, jan./mar. 2021. Disponível em: https://www.cadernos.prodisa.fiocruz.br/index.php/cadernos/article/view/645. Acesso em: 10 fev. 2025.

MEIRELLES, Ana Thereza; LINS-KUSTERER, Liliane. O redimensionamento das vulnerabilidades no âmbito da relação médico-paciente diante da COVID-19 no contexto brasileiro. *Revista da Faculdade Mineira de Direito*, v. 24, n. 47, 2021. Disponível em: http://periodicos.pucminas.br/index.php/Direito/article/view/26180. Acesso em: 10 fev. 2025.

MEIRELLES, Ana Thereza; RECHMMAN, Itanaina. Panorama da vulnerabilidade dos pacientes oncológicos nas demandas por tratamentos de alto custo: o Sistema Único de Saúde à luz da Bioética. *Cadernos Ibero-Americanos de Direito Sanitário*, v. 10, n. 4, out./dez. 2021. Disponível em: https://www.cadernos.prodisa.fiocruz.br/index.php/cadernos/article/view/654/853. Acesso em: 10 fev. 2025.

MEIRELLES, Ana Thereza; SÁ, Maria de Fátima Freire de; VERDIVAL, Rafael; LAGE, Caio. A compreensão das dimensões da vulnerabilidade humana nas situações jurídicas existenciais: uma perspectiva a partir da autonomia. *Revista da Faculdade Mineira de Direito*, Belo Horizonte, v. 25, n. 49, 2022, p. 113-133. Disponível em: http://periodicos.pucminas.br/index.php/Direito/article/view/27748. Acesso em: 10 fev. 2025.

NEVES, Maria do Céu Patrão. Alteridade e deveres fundamentais: uma abordagem ética. *Revista Alteridade e Direitos Fundamentais*, v. 1, n. 1, p. 69-86, jul./dez. 2017. Disponível: https://periodicos.ucsal.br/index.php/direitosfundamentaisealteridade/article/view/429/348. Acesso em: 10 fev. 2025.

OCHOA, Francisco Bernate. Deber de Información, Consentimiento Informado y Responsabilidad en el ejercicio de la actividad médica. In: LOBO, Alirio Gómez; DELGADO, Óscar. *Ideas políticas filosofía y derecho*: el maestro: liber amicorum en homenaje a Alirio Gómez Lobo. Bogotá: Universidad del Rosario, 2006.

PATRÃO NEVES, Maria do Céu. Sentidos da vulnerabilidade: característica, condição, princípio. *Revista Brasileira de Bioética*, v. 2, n. 2, p. 157-172, 2006. Disponível em: https://periodicos.unb.br/index.php/rbb/article/view/7966. Acesso em: 10 fev. 2025.

PESSINI, Leo. Elementos para uma bioética global: solidariedade, vulnerabilidade e precaução. *Thaumazein*, v. 10, n. 19, p. 75-85, 2017. Disponível em: https://periodicos.ufn.edu.br/index.php/thaumazein/article/view/1983 Acesso em: 10 fev. 2025.

PROVENZANO, Bruna *et al.* A empatia médica e a graduação em medicina. *Brazilian Journal of Health and Biomedical Sciences*, v. 13, n. 4, out./dez. 2014. Disponível em: http://bjhbs.hupe.uerj.br/?handler=artigo&id=505&lang=pt. Acesso em: 10 fev. 2025.

QUINTANA TRÍAS, Octavi. Bioética y consentimiento informado. In: CASADO, Maria (Ed.). *Materiales de bioética y derecho*. Barcelona: CEDECS Editorial, 1996.

RUBEN, Brent. Communication Theory and Health Communication Practice: The More Things Change, the More They Stay the Same. *Health Communication*, v. 31, n. 1, p. 1-11, 2014. Disponível em: https://pubmed.ncbi.nlm.nih.gov/25365726/. Acesso em: 10 fev. 2025.

SCHIMIDT, Eder et al. Trabalho e síndrome da estafa profissional (Síndrome de Burnout) em médicos intensivistas de Salvador. *Revista da Associação Médica Brasileira*, v. 55, n. 6, 2009. Disponível em: https://www.scielo.br/j/ramb/a/yMkf4zsb4T9KWdYpq9MpHxs/?lang=pt. Acesso em: 10 fev. 2025.

SCHIMIDT, Eder et al. A inclusão da internet na relação médico-paciente: apenas prós? *Revista da Sociedade Brasileira de Clínica Médica*, São Paulo, v. 1, n. 1, p. 1679-1010, 2003. Disponível em: http://www.sbcm.org.br/ojs3/index.php/rsbcm/article/view/31/29. Acesso em: 10 fev. 2025.

UNESCO. Declaração Universal sobre Bioética e Direitos Humanos. *Trata das questões éticas relacionadas à medicina, às ciências da vida e às tecnologias associadas quando aplicadas aos seres humanos, levando em conta suas dimensões sociais, legais e ambientais.* Cátedra UNESCO de Bioética da UnB. 2005. Disponível em: http://bvsms.saude.gov.br/bvs/publicacoes/declaracao_univ_bioetica_dir_hum.pdf. Acesso em: 10 fev. 2025.

VAILLANT, George et al. Some Psychologic Vulnerabilities of Physicians. *The New England Journal of Medicine*, v. 287, n. 8, p. 372-375, 1972. Disponível em: https://www.nejm.org/doi/full/10.1056/NEJM197208242870802. Acesso em: 10 fev. 2025.

VEATCH, Robert. Models for Ethical Medicine in a Revolutionary Age. *The Hasting Center Report*, v. 2, n. 3, jun./1972, p. 5-7. Disponível em: https://doi.org/10.2307/3560825. Acesso em: 10 fev. 2025.

RESPONSABILIDADE CIVIL MÉDICA E A AUTONOMIA DO PACIENTE À LUZ DOS PRINCÍPIOS DA BIOÉTICA E DO BIODIREITO

Karina Pinheiro de Castro

Mestre e doutoranda em Direito Privado PUC/MG. Professora de Direito Civil. Advogada. Associada IBERC.

Victória Rocco Melo

Graduada em Direito PUC/MG. Pós-graduanda em Direito Médico e Bioética PUC/MG.

Sumário: Introdução – 1. A relação médico-paciente: definições e principiologia; 1.1 Conceito; 1.2 Princípios da bioética e do biodireito – 2. Responsabilidade civil médica clássica e contemporânea; 2.1 Responsabilidade civil médica clássica; 2.2 Responsabilidade civil médica contemporânea – 3. Responsabilidade civil médica e a autonomia do paciente; 3.1 O consentimento informado, livre e esclarecido como corolário da bioética; 3.2 As regras deontológicas aplicáveis; 3.3 As relativizações da autodeterminação do paciente; 3.3.1 Urgências e emergências; 3.3.2 Pacientes inconscientes ou incapazes; 3.3.3 Menores de idade e a autonomia progressiva; 3.3.4 Sonegação de informações pelo paciente; 3.4 O termo de consentimento: uma excludente de responsabilidade civil? – Conclusão – Referências.

INTRODUÇÃO

O presente trabalha busca, através de pesquisa bibliográfica, discutir acerca da responsabilidade civil médica no que tange à tutela dos direitos do paciente, notadamente, da sua autonomia privada tendo como pano de fundo os princípios da Bioética e do Biodireito. Defende-se que o consentimento do paciente deve ser livre e esclarecido acerca dos riscos, sequelas, dores e privações decorrentes dos tratamentos e intervenções médicas aos quais tenha que se submeter.

Para tanto, traçou-se, no primeiro capítulo, um breve resgate dos princípios da Bioética e Biodireito, como disciplinas basilares e sua função de orientar os aspectos éticos e morais das práticas médicas. Tais princípios são alicerces que conduzem os médicos e demais profissionais da saúde à observância do respeito da autonomia do paciente que tenha plena consciência e competência para opinar acerca da sua vontade (ou não) de se submeter a um tratamento médico, seja ele qual for.

Perpassou-se, ainda, pelo princípio da dignidade da pessoa humana, tendo em vista que a dignidade do paciente é o núcleo valorativo a se buscar numa relação médico-paciente.

Após, percorreu-se o caminho da responsabilidade civil médica clássica e contemporânea, que, de acordo com a atual tendência doutrinária e jurisprudencial, tem como premissa a tutela do consentimento adequadamente informado, livre e esclarecido. Para tanto, a violação da autodeterminação do paciente causa-lhe um dano, independentemente de um dano físico.

Ainda, analisaram-se as regras deontológicas aplicáveis à responsabilidade civil médica, as hipóteses de relativização da autodeterminação do paciente, o termo de consentimento que, no mais das vezes, não tem o condão de eximir o médico da responsabilização civil. Apresentaram-se também alguns julgados sobre o tema que revelam a atual tendência dos tribunais brasileiros no sentido de, cada vez mais, resguardarem a autonomia do paciente mediante condenações àqueles que violarem sua capacidade de autorregulação.

Desta forma, é imprescindível que os estudiosos da responsabilidade civil médica voltem seus estudos e pesquisas para a tutela da autodeterminação do paciente, principalmente em virtude da evolução da tecnologia da medicina em vários aspectos e o consequente distanciamento entre médicos e pacientes.

Para tanto, o presente trabalho amparou-se, como método de investigação científica, na revisão da bibliografia existente sobre o tema, sobretudo na doutrina da professora e doutora Maria de Fátima Freire de Sá como a grande referência nos estudos e na pesquisa da Bioética e do Biodireito, a quem rendem-se todas as homenagens. Almeja-se, assim, atingir o resultado esperado nas proposições supramencionadas.

1. A RELAÇÃO MÉDICO-PACIENTE: DEFINIÇÕES E PRINCIPIOLOGIA

1.1 Conceito

A relação médico-paciente remonta aos primórdios da civilização e, desde então, perpassa por constantes modificações. No passado era pautada numa relação paternal, verticalizada e meramente informativa, baseada no respeito e amizade recíprocos como premissas básicas que deveriam ser mantidas como substrato fático nas relações médicas contemporâneas.

Antigamente, na relação médico-paciente não havia dúvidas nem desconfianças. Ao contrário, o paciente confiava sua vida e sua integridade física integralmente ao médico, o conhecido médico de família.

No entanto, com a evolução tecnológica e científica, o crescimento dos hospitais, as múltiplas especializações médicas, muitas vezes necessárias, a necessidade de adoção de planos de saúde, dentre outros, são fatores que acarretaram um distanciamento entre médico e paciente. Segundo Maria de Fátima Freire de Sá e Bruno Torquato (2023) "[M]odifica-se, assim, a denominação dos sujeitos da relação jurídica, que passam a figurar como usuário (paciente) e prestador de serviços (médico). A ótica agora é a de uma sociedade consumista."

Revela-se imprescindível o estudo e a pesquisa acerca da relação médico-paciente, cada vez mais objetificada e judicializada buscando-se um resgate dos seus fundamentos basilares como a interação do médico com os direitos existenciais do seu paciente. Para tanto, fundamental o papel da Bioética, eis que o pensamento ético visa a influenciar o processo de socialização e interação, apontando-se os métodos para se alcançar o bem-estar do paciente.

Imprescindível, pois, se revela a abordagem dos princípios que norteiam essa relação e quais as suas implicações específicas, quais os verdadeiros deveres éticos e morais do médico levando-se em consideração as expectativas do paciente, sua vida e integridade física, seus medos, angústias, sua dignidade como pessoa humana, vale dizer, seus direitos da personalidade.

Oportuno é o seguinte pensamento dos mestres Júlio Cezar Meirelles Gomes, José Geraldo de Freitas Drumond e Genival Veloso de França:[1]

> [V]ale salientar que nem sempre a boa medicina decorre da disponibilidade mais sofisticada de técnicas e instrumentos desse modelo chamado de 'medicina armada', onde se procura resultados de alta complexidade. *Mas do equilíbrio entre as disponibilidades da técnica e da ciência, o bom senso e a arte do bom relacionamento médico-paciente.* (Grifo nosso)

É neste contexto que se faz necessária uma reflexão sobre o papel da Bioética no exercício da medicina, seus princípios basilares e sua função de orientar os aspectos éticos e morais das práticas médicas, como efetivar e colocar em prática a ideal relação médico-paciente pautada na maturidade, competência, sensibilidade, respeito e dignidade.

1.2 Princípios da Bioética e do Biodireito

A origem da Bioética pode ser atribuída ao oncologista norte-americano, Van Rensselaer Potter, ao publicar, em 1971, a obra *Bioethics: a Bridge to the Future* (Bioética: uma ponte para o futuro), que foi o marco inicial da história da bioética.

---

1. GOMES, J. C. M.; DRUMOND, J. G. F.; FRANÇA, G. V. *Erro médico*. 3. ed. Montes Claros: Unimontes, 2001, p. 179.

Apesar do uso comum dos termos Bioética e Biodireito como sinônimos, tratam-se de ordens normativas distintas. A Bioética, que tem como base a moral, a ética e a Filosofia, é fonte e base do Biodireito. Este, por sua vez, é um ramo da ciência jurídica, uma disciplina típica da dogmática jurídica oriunda da Bioética da qual se extraem as noções de licitude e ilicitude.

Dessa forma, mister destacar os princípios da Bioética e do Biodireito e as principais premissas sobre as quais a relação médico-paciente deve se sustentar.

Os princípios da Bioética foram erigidos como metodologia de ação com o Relatório Belmont, um documento estadunidense oriundo a Comissão nacional para a proteção dos interesses humanos de pesquisa comportamental e Biomédica (*National Commission for the Protecion of Human Subjetcs of Biomedical and Behavioral Research*) em 1978.

Já os princípios do Biodireito, por sua vez, não são delineados formalmente por um documento, mas são fruto de múltiplas nomenclaturas e interpretações doutrinárias e jurisprudenciais.

Destacam-se aqui os principais princípios da Bioética e do Biodireito aplicáveis à autonomia do paciente, quais sejam, beneficência, não maleficência, respeito à autonomia (Bioética) e autonomia privada (Biodireito). Todos eles tendo como fundamento o princípio constitucional da dignidade da pessoa humana.

Segundo Maria de Fátima Freire de Sá, "o princípio da beneficência impõe ao profissional da saúde ou ao biólogo o dever de dirigir esforços no sentido de beneficiar o ser pesquisado. Beneficência vem do latim *bonum facere*, literalmente 'fazer o bem'". (2023)

No princípio da beneficência, estão implícitas duas obrigações: a de não causar danos ao paciente e a de maximizar o maior número possível de benefícios e minimizar os prejuízos. Baseia-se na ideia de uma conduta orientada a fazer-lhe o bem.

O princípio da não maleficência, por sua vez, rege-se pela obrigação de não causar mal ou dano à pessoa humana. Pelo recorte do presente trabalho, o dano pode ser aqui entendido de extrapatrimonial, ou seja de não violação à autodeterminação do paciente.

O princípio de não maleficência envolve abstenção, enquanto o princípio da beneficência requer ação, uma conduta positiva para fazer o bem ao paciente.

São, portanto, princípios que devem pautar, de forma contínua e irrestrita, toda a conduta médica pois impõe-lhes um dever de agir em benefício e interesse do paciente, subordinada ao seu consentimento, à sua autonomia. Por isso, a relação médico-paciente de outrora, caracterizada pela verticalização e imposição do médico, perde espaço para uma relação contemporânea norteada pelo respeito à autonomia do paciente.

Da principiologia jurídica do Biodireito, destaca-se, para o presente trabalho, a autonomia privada como a "concessão de poderes de atuação à pessoa. O ordenamento confere uma amplitude de comportamento ao ser humano", nos dizeres de Maria de Fátima Freire de Sá (2023).

Destaca-se o princípio da dignidade da pessoa humana, como fundamento da República do Brasil por lastrear o ponto central do presente trabalho, eis que tem como objeto, dentre tantos valores caros ao ser humano, a honra, a integridade física, a autodeterminação e, sobretudo, a vida.

Nesse contexto, a doutrina de Nathalia Masson:

> No que se refere à proteção a vida digna, que expande o conceito de viver para além da simples subsistência física, temos uma íntima e indissociável relação com a dignidade da pessoa humana, um dos fundamentos da República Federativa do Brasil (art. 1º, III, CF/88).[2]

Essa proteção se refere à garantia de uma vida minimamente digna com base naquilo que cada um, em seu íntimo, sabe o que é melhor para si.

Enfim, na visão bioética, autonomia significa a liberdade do paciente em consentir ou recusar determinado tipo de tratamento terapêutico de acordo com seus próprios desejos, anseios, prioridades e valores.

Conforme defende Maria de Fátima Freire de Sá e Bruno Torquato,

> verifica-se que o princípio da autonomia na Bioética representa a liberdade das pessoas na autodeterminação e na prerrogativa de escolher as intervenções que serão realizadas em seu corpo e é fundamento para autonomia privada no Biodireito, que concede poderes de atuação ao titular.

2. RESPONSABILIDADE CIVIL MÉDICA CLÁSSICA E CONTEMPORÂNEA

2.1 Responsabilidade civil médica clássica

O instituto da responsabilidade civil pode ser entendido, em apertada síntese, como o dever de indenizar um dano injusto, causado por um ato ilícito, conforme nexos de imputação previamente previstos em lei.

Nesse ínterim, o art. 186 CC/02 prevê uma das espécies de ato ilícito e, para tanto, determina como elementos completantes a conduta, o dano, nexo causal e culpa para configuração da responsabilidade civil subjetiva.

---

2. MASSON, Nathalia. *Manual de Direito Constitucional*. 8. ed. rev. ampl. e atual. Salvador: JusPodivm, 2020. p. 281.

Responsabilidade subjetiva, portanto, é aquela que irá permitir a discussão a respeito do elemento culpa, um elemento subjetivo que fundamenta a imputação da responsabilidade.

A responsabilidade do médico é considerada subjetiva, conforme dispõe o art. 14 § 4º CDC. Equivale dizer que o profissional da saúde responde por seus atos mediante a comprovação de sua culpa no evento danoso alegado.

O disposto no art. 951 CC/02 reforça a responsabilidade civil subjetiva do médico quando viola uma conduta técnica, pelo inadimplemento da obrigação de meio de agir com diligência, perícia e prudência no exercício da sua atividade profissional da qual resultou um dano ao paciente.

2.2 Responsabilidade Civil Médica contemporânea

Os parâmetros normais para se aferir a responsabilidade civil médica são os pressupostos já conhecidos como o dano, a conduta omissiva ou comissiva e o nexo causal, bem como a culpa.

Porém, de acordo com as atuais tendências, esses pressupostos não se revelam mais suficientes como critérios únicos de imputação da responsabilidade médica.

O dano, como protagonista do dever de indenizar, não pode ser considerado tão somente como um dano físico, mas ocorre também pela violação da autodeterminação do paciente, a não observância ao seu consentimento nas hipóteses em que ele tenha plena capacidade de discernir e decidir sobre seu próprio corpo.

Tutela-se, na contemporaneidade, a integridade psicofísica, pois o ser humano deve integrar o corpo e a mente. Assim, a ideia da autodeterminação corporal que se resume na palavra "consentimento".

Baseia-se na tutela da esfera de liberdade do paciente para delimitar o espaço de autorregulação, como observância à autonomia do paciente e, assim, observância aos princípios da Bioética e do Biodireito.

3. RESPONSABILIDADE CIVIL MÉDICA E A AUTONOMIA DO PACIENTE

A análise da responsabilidade civil médica está intrinsecamente ligada ao princípio da autonomia do paciente, uma vez que este tem o direito de tomar decisões informadas sobre seu próprio tratamento, sobre as intervenções médicas, inclusive, exames que lhes são indicados.

Nesse contexto, a relação entre médico e paciente deve se basear nos princípios fundamentais da Bioética e do Biodireito, acima discutidos, garantindo que qualquer intervenção ocorra com total transparência e respeito à vontade do indivíduo.

O consentimento informado, conforme se demonstrará a seguir, constitui um pilar essencial, assegurando não apenas a segurança do paciente, mas também a legitimidade da atuação médica, prevenindo eventuais conflitos decorrentes da ausência de informação clara e acessível.

3.1 O consentimento informado, livre e esclarecido como corolário da Bioética

A autonomia do paciente na relação médico-paciente se concretiza por meio do consentimento informado, que deve ser prestado de forma livre e esclarecida.

Para que esse consentimento seja válido, é essencial que o paciente compreenda integralmente o procedimento ao qual será submetido, incluindo as alternativas terapêuticas disponíveis, os riscos e benefícios inerentes a cada uma delas e as possíveis consequências de sua escolha. Além disso, deve-se assegurar que a decisão seja tomada de maneira consciente e voluntária, sem qualquer forma de coação ou influência indevida.

O respeito à autonomia do paciente reflete uma abordagem holística da sua condição, reconhecendo-o em sua integralidade, tanto física quanto psicologicamente. A tutela da integridade psicofísica reforça a necessidade de garantir que o indivíduo exerça plenamente sua autodeterminação, tendo controle sobre as decisões médicas que envolvem seu próprio corpo.

Nesse contexto, o consentimento informado não se trata de mera formalidade, mas sim de um direito fundamental que assegura ao paciente o poder de decidir sobre sua saúde, delimitando sua esfera de autorregulação e evitando intervenções médicas arbitrárias.

A violação desse princípio representa afronta direta à dignidade humana e pode configurar ilícito civil, gerando a responsabilização do profissional ou da instituição de saúde envolvida.

No Brasil, não há uma legislação específica que regulamente expressamente a autodeterminação do paciente. No entanto, esse princípio é amparado por normas constitucionais e infraconstitucionais, além de preceitos deontológicos que reforçam a liberdade individual nas decisões médicas.

Destaca-se, nesse sentido, a Resolução CFM 2.232/2019 a qual determina que o médico deve respeitar a recusa terapêutica do paciente, desde que este esteja plenamente consciente das consequências de sua decisão.

Entretanto, em casos de risco iminente de morte, o profissional de saúde pode intervir sem o consentimento do paciente, com o objetivo de preservar sua vida. Essa medida excepcional fundamenta-se no dever do médico de zelar pela saúde e integridade física do indivíduo, mesmo na ausência de autorização expressa.

Todavia, essa exceção deve ser aplicada com rigor técnico e ético, evitando violações à autonomia do paciente. O juízo sobre a necessidade da intervenção deve ser pautado pelos princípios da proporcionalidade e necessidade, garantindo que a conduta médica esteja restrita aos limites da legalidade e da ética profissional.

Diante desse cenário, torna-se evidente que o equilíbrio entre a autodeterminação do paciente e a responsabilidade do médico exige um diálogo transparente e ético. A observância rigorosa ao consentimento informado fortalece a relação de confiança entre as partes, garantindo não apenas a proteção jurídica dos envolvidos, mas também o respeito inegociável à dignidade e aos direitos fundamentais do paciente.

3.2 As regras deontológicas aplicáveis

Dentre as regras deontológicas regulamentadoras da responsabilidade civil médica, destaca-se o Código de Ética Médica o qual representa um pilar fundamental na regulação entre médicos e pacientes, estabelecendo diretrizes que asseguram a autonomia do indivíduo no contexto da assistência à saúde.

A observância dessas normas é essencial para garantir o respeito aos direitos do paciente e evitar condutas que possam comprometer sua autodeterminação.

Sobre o tema, merecem destaque os seguintes artigos:

> Art. 22. É vedado ao médico: Deixar de obter consentimento do paciente ou de seu representante legal após esclarecê-lo sobre o procedimento a ser realizado, salvo em caso de risco iminente de morte.
>
> Art. 31. É vedado ao médico: Desrespeitar o direito do paciente ou de seu representante legal de decidir livremente sobre a execução de práticas diagnósticas ou terapêuticas, salvo em caso de iminente risco de morte.
>
> Art. 34. Deixar de informar ao paciente o diagnóstico, o prognóstico, os riscos e os objetivos do tratamento, salvo quando a comunicação direta possa lhe provocar dano, devendo, nesse caso, fazer a comunicação a seu representante legal.

O descumprimento dessas normas pode acarretar não apenas sanções ético-disciplinares, mas também responsabilização civil e penal do profissional de saúde, especialmente nos casos em que a ausência de informações adequadas compromete a capacidade do paciente de exercer sua autodeterminação.

Nesse sentido, vejamos recentes entendimentos aplicados pelo Tribunal de Justiça do Estado de Minas Gerais e Tribunal de Justiça do Rio Grande do Sul:

Apelação cível – Ação indenizatória – Realização de laqueadura tubária sem consentimento expresso da paciente – Risco à vida ou à saúde – Não comprovação – Necessidade de perigo iminente – Responsabilidade configurada – Danos morais – Quantum indenizatório – Critério bifásico. 1. De acordo com o art. 10 da Lei 9.263/96, a laqueadura tubária pode ser realizada quando houver expressa manifestação de vontade em documento escrito e firmado 60 dias antes do procedimento; ou em caso de risco à vida ou à saúde da mulher ou do futuro concepto, desde que haja relatório escrito e assinado por dois médicos. 2. Segundo o Código de Ética Médica, a situação de risco autorizadora da intervenção sem o consentimento prévio do paciente consiste no "iminente perigo de vida", isto é, quando a intervenção se torna necessária – num curto prazo de tempo – para afastar o risco de morte ou o agravamento da saúde do paciente. Se o risco alegado somente se concretizaria em caso de nova gravidez, a situação não se amolda à hipótese do inciso II do art. 10 da Lei 9.263/96, pois se trata de evento futuro e incerto. 3. *A realização de laqueadura sem o prévio consentimento configura lesão à autonomia da paciente, sobretudo ao seu direito de decidir sobre o próprio corpo e sobre a própria família, configurando comportamento imprudente e ensejador de danos morais.* 4. O critério bifásico de quantificação do dano moral considera i) o interesse jurídico lesado e os julgados semelhantes; e ii) a gravidade do fato, a responsabilidade do agente e o poder econômico do ofensor. (TJMG – Apelação Cível 1.0000.24.348391-4/001, Relator(a): Des.(a) Leonardo de Faria Beraldo, 9ª Câmara Cível, julgamento em 29.10.2024, publicação da súmula em 05.11.2024) – grifo nosso.

Apelação Cível 70074611658, julgado em 25 de abril de 2018 – Tribunal de Justiça do rio Grande do Sul.

Responsabilidade civil. Erro médico. *Ausência do consentimento informado. Dever de informação dos riscos ao paciente. Dano mitigado.* 1. Ocorrendo simultaneamente diversas patologias é inevitável a necessidade de associação de medicamentos. 2. Paciente portador de GOTA e ocorrendo a necessidade de colocação de válvula mitral é inevitável a necessidade de utilização de diversos medicamentos. 3. A prova coletada não indica equívocos na associação de medicamentos utilizada. Igualmente pelos elementos contidos nos autos buscaram os profissionais minimizar os efeitos. 4. A ciência médica ainda não atingiu o estágio de afastar danos colaterais quando do tratamento. 5. *Os réus não providenciaram o termo do consentimento informado em relação ao autor. Ausência de comprovação que o paciente tenha sido convenientemente informado dos riscos do procedimento.* 6. Dano moral devido, porém, mitigado em decorrência do acerto do procedimento realizado. 7. Nestas circunstâncias o dano moral é fixado em R$25.000,00 (grifo nosso)

Assim, a observância das regras deontológicas não é apenas uma exigência normativa, mas um princípio essencial para a proteção da dignidade e da autonomia do paciente no exercício de seu direito à saúde.

3.3 As relativizações da autodeterminação do paciente

Como demonstrado, a autonomia do paciente é um princípio fundamental no Direito Médico e Bioética, garantindo-lhe o direito de decidir sobre sua própria saúde.

No entanto, essa autodeterminação não é absoluta, sendo relativizada em determinadas circunstâncias, onde outros princípios, como o da beneficência e da não maleficência, podem prevalecer.

Dentre as principais situações em que a autonomia do paciente pode ser mitigada, destacam-se:

3.3.1 Urgências e emergências

Em casos de risco iminente de morte ou danos graves à saúde, o médico pode intervir independentemente do consentimento do paciente.

O Enunciado 533 do Conselho da Justiça Federal (CJF) estabelece que, em tais situações, a assistência médica deve ser prestada ainda que contra a vontade expressa do paciente, quando houver perigo à vida. Essa exceção está baseada na necessidade de preservar a integridade física e evitar um dano irreparável à saúde do indivíduo.

Essa relativização tem respaldo no Código de Ética Médica e no Código Penal, que, no artigo 146, § 3º, inciso I, prevê que não configura crime a intervenção médica necessária para evitar um risco imediato de morte, mesmo sem autorização do paciente.

3.3.2 Pacientes inconscientes ou incapazes

Quando o paciente está inconsciente, impossibilitado de expressar sua vontade ou declarado incapaz, o consentimento deve ser obtido por meio de um representante legal.

O Código Civil de 2002, em seus artigos 3º e 4º, classifica como absolutamente e relativamente incapazes aqueles que, por condições físicas ou mentais, não podem manifestar vontade válida, devendo ser assistidos ou representados por terceiros.

Em determinadas situações, pode-se adotar o consentimento presumido, especialmente em atendimentos de emergência, quando não há tempo hábil para buscar autorização de um familiar ou tutor.

Nesses casos, considera-se que qualquer pessoa, em sã consciência, consentiria com a realização do procedimento necessário à sua sobrevivência.

3.3.3 Menores de idade e a autonomia progressiva

A autodeterminação do paciente também pode ser relativizada quando se trata de menores de idade.

O Estatuto da Criança e do Adolescente (ECA – Lei 8.069/1990) estabelece que os pais ou responsáveis têm o dever de decidir sobre os tratamentos médicos aplicáveis a seus filhos.

No entanto, o princípio da autonomia progressiva reconhece que adolescentes, a depender de seu grau de maturidade e capacidade de discernimento, podem participar ativamente da tomada de decisões sobre sua própria saúde.

O Código de Ética Médica reforça essa diretriz ao permitir que menores de idade tenham sua vontade respeitada em questões médicas, principalmente quando estiverem em condições de compreender os riscos e benefícios do tratamento. Isso se aplica, por exemplo, em atendimentos ginecológicos, psiquiátricos e em casos de recusa de transfusão de sangue por adolescentes que professam crenças religiosas específicas.

3.3.4 Sonegação de informações pelo paciente

A relação médico-paciente deve ser pautada na confiança e na transparência. Caso o paciente omita informações relevantes sobre seu estado de saúde, histórico médico ou hábitos que possam influenciar no tratamento, essa atitude pode comprometer a responsabilização civil do médico por eventuais danos decorrentes da conduta adotada.

O Código Civil/02, em seu artigo 186, prevê que aquele que, por ação ou omissão voluntária, causar dano a outrem comete ato ilícito. Assim, se a omissão de informações prejudicar a eficácia do tratamento ou levar a consequências adversas, a responsabilidade pode ser afastada ou atenuada.

Nesse cenário, conclui-se que a autonomia do paciente é um direito fundamental, mas sua aplicação não pode ser absoluta.

O ordenamento jurídico e as normas deontológicas estabelecem limites para garantir a proteção da vida, da saúde e da dignidade do indivíduo. Situações de urgência, incapacidade, menoridade e até mesmo a omissão de informações pelo próprio paciente demonstram que a autodeterminação deve ser equilibrada com outros princípios, como a beneficência e a não maleficência.

Assim, a relativização da autonomia do paciente não significa sua anulação, mas sim a necessidade de ponderação em contextos específicos, sempre observando critérios técnicos, éticos e jurídicos.

Desse modo, cabe ao profissional de saúde agir com responsabilidade, buscando respeitar a vontade do paciente sempre que possível, mas sem negligenciar seu dever de proteção à vida e à integridade física.

3.4 O termo de consentimento: uma excludente de responsabilidade civil?

Embora o consentimento informado seja essencial para garantir a autonomia do paciente, ele não isenta automaticamente o médico de responsabilidade civil. Isso porque não se trata apenas da assinatura de um documento, mas de um processo contínuo de comunicação, no qual o profissional deve fornecer informações claras e completas sobre diagnóstico, prognóstico, riscos, benefícios e alternativas de tratamento.

A formalização por escrito não exime o médico de responsabilidade se os esclarecimentos não forem adequados. Ele pode ser responsabilizado em casos de omissão de informações, conduta negligente, imprudente ou imperita, vícios no consentimento ou termos genéricos. No Recurso Especial 1.848.862-RN, o Superior Tribunal de Justiça reconheceu a falha de um profissional que não explicou corretamente os riscos de um procedimento cirúrgico, destacando a violação ao dever de informação.

Além disso, é essencial considerar a capacidade do paciente de compreender as informações. No caso de menores ou incapazes, a autorização cabe aos responsáveis legais, mas a "autonomia progressiva" permite que adolescentes participem da decisão, desde que tenham discernimento suficiente.

Mais do que uma exigência burocrática, o consentimento informado é um direito do paciente e um dever ético do médico. Sua observância fortalece a segurança jurídica dos profissionais de saúde, previne litígios e reforça a relação de confiança entre médico e paciente. O descumprimento desse dever pode gerar responsabilização civil, pois a falta de informação adequada pode resultar em danos evitáveis.

CONCLUSÃO

Diante do exposto, conclui-se que a evolução da responsabilidade civil médica contemporânea reflete a mudança na percepção do paciente como sujeito de direitos, dotado de autonomia e capacidade de decisão sobre seu próprio corpo, ao tratamento e intervenções médicas aos quais será submetido.

O consentimento informado, nesse contexto, deixou de ser uma mera formalidade e se tornou um elemento essencial na prestação de serviços de saúde, garantindo que o paciente exerça sua autodeterminação de forma consciente e esclarecida. A ausência dessa comunicação eficaz pode configurar falha na conduta médica e, consequentemente, gerar responsabilização civil, independentemente da ocorrência de dano físico.

Contudo, a autonomia do paciente não é absoluta. Em situações excepcionais, como risco iminente de morte, incapacidade de manifestação da vontade ou outras circunstâncias que impeçam o consentimento, a atuação médica pode ser pautada pelos princípios da beneficência e da não maleficência. No entanto, tais exceções devem ser interpretadas de maneira restritiva, evitando que se tornem justificativas genéricas para suprimir o direito do paciente de decidir sobre sua própria saúde.

Além disso, é fundamental destacar que a assinatura de um termo de consentimento não isenta automaticamente o profissional de saúde de sua responsabilidade. A obtenção do consentimento deve ser fruto de um processo contínuo e transparente, no qual o paciente receba todas as informações necessárias para uma escolha informada. A inobservância desse dever pode acarretar responsabilização, especialmente nos casos em que a decisão do paciente foi viciada por omissão de informações relevantes.

Dessa forma, a responsabilidade civil médica não pode ser dissociada do respeito à autonomia do paciente, sendo imprescindível que a prática médica se alinhe aos princípios da dignidade da pessoa humana, da transparência e da ética profissional.

Assim, o consentimento informado deve ser compreendido não apenas como um requisito legal, mas como uma garantia fundamental do paciente, prevenindo abusos, fortalecendo a relação médico-paciente e assegurando a conformidade da conduta médica com os ditames do ordenamento jurídico vigente.

Não observar e, efetivamente, não pôr em prática o princípio bioético da autonomia do paciente, pode gerar a responsabilidade dos médicos pelos atos praticados sem o seu consentimento, com esteio no princípio da dignidade da pessoa humana constitucionalmente garantido.

REFERÊNCIAS

CASABONA, Romeo. *El médico ante el derecho. La responsabilidad penal y civil del médico*. Madrid: Ministério de Sanidad y Consumo, 1990.

CASTRO, Karina Pinheiro de. Seguro de Responsabilidade Civil Médica e a relação médico-paciente. 2. ed. Rio de Janeiro: Lumen Juris, 2021.

DANTAS, Eduardo. *Direito Médico*. 4. ed. rev. ampl. e atual. Salvador: JusPodivm, 2019.

GODINHO, Adriano Marteleto. A responsabilidade civil dos profissionais da saúde pela violação da autonomia dos pacientes. In: ROSENVALD, Nelson. MILAGRES, Marcelo (Coord.). *Responsabilidade civil*: novas tendências. 2. ed. Indaiatuba, Editora Foco, 2018.

GOMES, J. C. M.; DRUMOND, J. G. F.; FRANÇA, G. V. *Erro médico*. 3. ed. Montes Claros: Unimontes, 2001.

MASSON, Nathalia. *Manual de Direito Constitucional*. 8. ed. rev. ampl. e atual. Salvador: JusPodivm, 2020. p. 281.

MILAGRES, Marcelo; ROSENVALD, Nelson. (Org.). *Responsabilidade Civil*: Novas Tendências. 2. ed. Indaiatuba/SP: Foco, 2018.

SÁ, Maria de Fátima Freire de. TORQUATO, Bruno. *Bioética e Biodireito*. 6. ed. Indaiatuba: Foco, 2023.

SOARES, Flaviana Rampazzo. *Consentimento do paciente no direito médico*: validade, interpretação e responsabilidade. Indaiatuba, SP: Foco, 2021.

PLANEJAMENTO FAMILIAR E SELEÇÃO POR DEFICIÊNCIAS: BREVES CONSIDERAÇÕES SOBRE PRÁTICAS DISGÊNICAS NO CONTEXTO DA REPRODUÇÃO HUMANA ASSISTIDA[1]

Ana Flávia Pereira de Almeida

Mestra e Doutoranda em Direito pelo Programa de Pós-graduação em Direito da PUC Minas. Pós-graduada em Direito Médico e Bioética pelo Instituto de Educação Continuada da PUC Minas. Pós-graduada em Direito Notarial e Registral pela Universidade Cândido Mendes. Pesquisadora do Grupo de Pesquisa em Rede CEBID JUSBIOMED. Bolsista CAPES.

Sumário: Introdução – 1. Planejamento familiar e reprodução humana assistida – 2. Eugenia e disgenia nos projetos parentais – 3. Deficiência e identidade vertical – Considerações finais – Referências.

INTRODUÇÃO

Nos últimos cinquenta anos, os avanços na Medicina reprodutiva, impulsionados pelo progresso da genética, abriram novas e surpreendentes possibilidades para aqueles que desejam ter filhos. Dentre essas inovações, destaca-se a evolução da técnica de fertilização *in vitro* (FIV), que possibilita a realização do diagnóstico genético pré-implantacional (DGPI). Esse procedimento permite a identificação de embriões portadores de genes associados a doenças ou deficiências, possibilitando a seleção daqueles que serão implantados no útero.

A prática da seleção embrionária pode ser ética e juridicamente questionada a partir de, pelo menos, cinco diferentes objetivos. Aqui, importa-nos tratar a seleção embrionária por deficiências, que foi objeto da pesquisa de mestrado intitulada "Planejamento familiar e seleção por deficiências: o uso das técnicas de reprodução humana assistida como mecanismo de transmissão de identidade vertical com objetivos disgênicos e suas conformações bioéticas e biojurídicas", de cuja íntegra se extrai o presente excerto, aqui retomada para homenagear a

---

1. O presente trabalho foi realizado com apoio da Coordenação de Aperfeiçoamento de Pessoal de Nível Superior – Brasil (CAPES) – Código de Financiamento 001 "This study was financed in part by the Coordenação de Aperfeiçoamento de Pessoal de Nível Superior – Brasil (CAPES) – Finance Code 001.

grande responsável e condutora do percurso, através do qual, nasceu essa pesquisa: a Professora Maria de Fátima Freire de Sá.

O objetivo do presente artigo é apresentar, de maneira breve, considerações biojurídicas a respeito da escolha de idealizadores de projetos parentais por embriões que carreguem mutações genéticas causadoras de deficiências para reforçar uma identidade vertical, que é aquela transmitida dos pais para os filhos.

Serão apresentados casos reais de pais que pretenderam a utilização das técnicas de reprodução humana assistida (DGPI e seleção embrionária) para a transmissão de surdez e nanismo, por entenderem tais características como traços de uma identidade cultural e não uma deficiência.

Nesse aspecto, propõe-se refletir sobre o tema não sob o aspecto da conhecida eugenia, mas da disgenia: conceito resgatado do início do século XX, aqui proposto a partir de uma releitura, que é, em verdade, uma contraposição àquela concepção de eugenia que pretende um "melhoramento" da espécie.

O problema que a pesquisa pretende responder é se as conformações biojurídicas do direito ao livre exercício do planejamento familiar permitem aos idealizadores do projeto parental a utilização das técnicas de reprodução humana assistida como mecanismo para a transmissão de identidade vertical com objetivo disgênico.

Trata-se de pesquisa qualitativa, realizada a partir de levantamento bibliográfico e estudos de casos reais.

1. PLANEJAMENTO FAMILIAR E REPRODUÇÃO HUMANA ASSISTIDA

A Constituição Federal de 1988, em seu artigo 226, § 7º, garante o direito ao planejamento familiar, assegurando a liberdade de decisão aos envolvidos. A Lei do Planejamento Familiar (n. 9.263/1996) define que o planejamento familiar é o "conjunto de ações de regulação da fecundidade que garanta direitos iguais de constituição, limitação ou aumento da prole pela mulher, pelo homem ou pelo casal".[2]

Nota-se que essa definição legislativa enfatiza o controle do número de filhos. No entanto, como aponta Renata de Lima Rodrigues,[3] o avanço das biotecnologias aplicadas à reprodução humana assistida demanda uma ressignificação desse conceito tradicional. Isso porque, se antes o planejamento familiar estava

---

2. BRASIL. Lei 9.263 de 12 de janeiro de 1996. Regula o § 7º do art. 226 da Constituição Federal, que trata do planejamento familiar, estabelece penalidades e dá outras providências. Brasília, DF: Presidência da República, [2022]. Disponível em: https://www.planalto.gov.br/ccivil_03/leis/l9263.htm. Acesso em: 22 fev. 2025.
3. RODRIGUES, Renata de Lima. *Planejamento familiar*: limites e liberdades parentais. Indaiatuba: Foco, 2015.

restrito à quantidade da prole, hoje, com as técnicas de reprodução assistida, surgem possibilidades de escolha relacionadas à qualidade da prole, que passam a integrar essa concepção.

No que tange à titularidade desse direito ao livre planejamento familiar, Renata Barbosa de Almeida e Walsir Edson Rodrigues Júnior[4] entendem que consiste em um direito de titularidade individual, que pode ter seu exercício compartilhado se realizado conjuntamente por mais de uma pessoa.

Considerando a possibilidade plural das formas de constituição da família no contexto do Estado Democrático de Direito, aliado às tecnologias em reprodução humana assistida, a realização do projeto parental deixou de depender da coexistência de duas pessoas biologicamente fêmea e macho, para a sua concretização. Veja-se que a monoparentalidade tornou-se uma realidade juridicamente pautada que pode ser assim idealizada, desde a sua origem, por meio da utilização da doação de gametas e embriões.[5]

Assim, a filiação e o planejamento familiar se viram tocados por importantes fenômenos científicos decorrentes do surgimento das novas tecnologias em reprodução humana, que insere os idealizadores do projeto parental numa esfera de possibilidades, antes inexistente. A aleatoriedade da vida cede espaço às escolhas, o que, frequentemente, desafia o Direito a fornecer também um novo olhar às relações de filiação e ao planejamento familiar.

Não é demais recordar que a primeira humana do mundo a ser gerada e a nascer a partir da técnica de fertilização *in vitro* (FIV),[6] Louise Brown, completa, em 2025, 47 anos de idade. No Brasil, a primeira vez que se teve notícia do sucesso da aplicação da técnica, em humanos, foi há apenas 40 anos, com o nascimento de Anna Paula Caldeira.[7]

---

4. ALMEIDA, Renata Barbosa de; RODRIGUES JR, Walsir Edson. *Direito Civil*: famílias. 3. ed. Belo Horizonte: Editora Expert, 2023. p. 157-158.
5. SÁ, Maria de Fátima Freire de. Monoparentalidade e Biodireito. In: PEREIRA, Rodrigo da Cunha. (Org.). *Afeto, Ética, Família e o Novo Código Civil*. Belo Horizonte: Del Rey, 2004. v. 1.
6. Segundo Mariângela Badalotti et al., "o termo FIV designa o procedimento projetado para superar a infertilidade e produzir a gravidez como resultado direto da manipulação dos gametas em laboratório. Um ciclo de fertilização ocorre ao longo de um intervalo de duas a três semanas, e compreende as seguintes etapas: indução da ovulação e aspiração folicular. Preparo do sêmen. Fertilização: FIV clássica ou ICSI (inseminação dos óvulos). Cultivo e transferência embrionária. Suporte hormonal da fase lútea" (BADALOTTI, Mariangela; COLOMBO, Talita; KIRA, Ariane Tieko Frare; PETRACCO, Álvaro. Fertilização *in vitro* (FIV) e injeção introplasmática de espermatozoides (ICSI). In: CAETANO, João Pedro Junqueira; MARINHO, Ricardo Mello; PETRACCO, Álvaro; LOPES, Joaquim Roberto Costa; FERRIANI, Rui Alberto (Org.). *Medicina Reprodutiva* – SBRH. São Paulo: Segmento Farma: SBRH, 2018. Cap. 28. p. 198).
7. HÁ 40 anos nascia o primeiro bebê de proveta do mundo. Época Negócios, Rio de Janeiro, 25 jul. 2018. Mundo. Disponível em: https://epocanegocios.globo.com/Mundo/noticia/2018/07/ha-40-anos-nascia-o- primeiro-bebe-de-proveta-do-mundo.html. Acesso em: 15 fev. 2022.

Nesse contexto, existe atualmente uma gama de possibilidades técnicas que vão desde a descoberta do sexo ainda em fase embrionária até a descoberta pré-implantatória (por meio do DGPI) de predisposição ao desenvolvimento de doenças ou deficiências.

Bruno Henrique Andrade Alvarenga citando Sanchez[8] apresenta o conceito de DGPI, como sendo

> (...) uma técnica de reprodução assistida que consiste na análise genética de embriões vivos, havidos por fecundação *in vitro* (FIV) para a transferência posterior ao útero de uma mulher aqueles que se encontrem sadios e sejam viáveis. De forma mais precisa, o DGPI pode ser definido como uma aproximação ao diagnóstico de um defeito genético, mediante a biópsia e análise *in vitro* de um corpúsculo polar após um processo de fertilização *in vitro*, ou de bastômero ou de uma blastocisto, com o objetivo de prevenir transtornos genéticos em casais que apresentem um risco de terem uma descendência afetada por uma enfermidade genética.

Dentre as diversas doenças e anomalias genéticas que são diagnosticáveis em fase embrionária, citam-se as aneuploidias (alterações cromossômicas numéricas) e doenças de herança monogênica (doenças que decorrem de uma única variante genética definida, ou seja, afeta apenas um gene), tais como, a anemia falciforme, a fibrose cística, doença de Huntington, distrofia muscular de Duchenne, síndrome do X Frágil, hemofilia A, retinoblastoma, a surdez decorrente de mutações genéticas e algumas formas de câncer de mama hereditário.[9]

Além disso, é possível o uso do DGPI para a seleção de embriões HLA – compatíveis (HLA – Antígeno Leucocutário Humano) com algum irmão afetado por doença, cujo tratamento efetivo seja o transplante de células-tronco.[10]

MAZZA, Malu. Primeiro bebê de proveta do Brasil e da América Latina completa 30 anos, Anna Paula Caldeira nasceu por fertilização in vitro em 1984. Seu nascimento foi um marco para a história da medicina. G1. Curitiba/PR, 07 out. 2014. JornalHoje.Disponívelem:https://g1.globo.com/jornal-hoje/noticia/2014/10/primeiro-bebe-proveta-do-brasil-e-da-america-latina-completa-30- anos.html#:~:text=Anna%20Paula%20foi%20o%20primeiro,chamada%20de%20fertiliza%C3%A7%C3%A3o%20in%20vitro. Acesso em: 15 fev. 2022.

8. SANCHEZ, 2007, p. 77 apud ALVARENGA, Bruno Henrique Andrade. *Reprodução Humana Assistida*: aspectos jurídicos na seleção pré-implantacional de embriões. Curitiba: Appris, 2020.
9. NUSSBAUM, Robert L.; MCINNES, Roderick R.; WILLIARD, Huntington F.; *Thompson & Thompson Genética Médica*. Trad. Ana Julia Perrotti-Garcia. 8. ed. Rio de Janeiro: GEN | Grupo Editorial Nacional, 2016. MENDES, Marcela Custódio; COSTA, Ana Paula Pimentel. Diagnóstico genético pré- implantacional: prevenção, tratamento de doenças genéticas e aspectos ético-legais. *Revista de Ciências Médicas e Biológicas*, v. 12, n. 3, p. 374-379, Salvador, set./dez. 2013. Disponível em: https://periodicos.ufba.br/index.php/cmbio/article/view/8269. Acesso em: 22 fev. 2025.
10. NUSSBAUM, Robert L.; MCINNES, Roderick R.; WILLIARD, Huntington F.; *Thompson & Thompson Genética Médica*. Trad. Ana Julia Perrotti-Garcia. 8. ed. Rio de Janeiro: GEN | Grupo Editorial Nacional, 2016. MENDES, Marcela Custódio; COSTA, Ana Paula Pimentel. Diagnóstico genético pré- implantacional: prevenção, tratamento de doenças genéticas e aspectos ético-legais. *Revista de Ciências Médicas e Biológicas*, v. 12, n. 3, p. 374-379, Salvador, set./dez. 2013. Disponível em: https://periodicos.ufba.br/index.php/cmbio/article/view/8269. Acesso em: 22 fev. 2025.

Com o resultado desses exames, o médico geneticista, especialista em reprodução humana assistida, irá proceder ao aconselhamento genético, que, uma vez feito no período pré-implantatório, poderá propor ao paciente: 1) Se não for detectada qualquer deficiência ou doença: a gravidez; 2) Se for detectada a possibilidade de transmissão de deficiência ou doença: a) a realização de terapia gênica sobre o embrião; b) a seleção de embriões; c) não implantar embriões; d) implantação do embrião e posterior realização de um diagnóstico prá-natal; e/ou e) seleção de sexo do embrião por motivos terapêuticos.[11]

No Brasil, a prática do DGPI é regulamentada pelo Conselho Federal de Medicina, por meio da vigente Resolução n. 2.320/2022, que autoriza o uso da técnica apenas em três situações: para a seleção de sexo quando este está ligado à predisposição para o desenvolvimento de doenças, para a seleção de embriões submetidos a diagnóstico de alterações genéticas causadoras de doenças e para a seleção de embrião HLA-compatível.

Em que pese os benefícios que o DGPI pode proporcionar àqueles que buscam a reprodução humana assistida para a realização do projeto parental, discussões éticas em relação à sua prática são suscitadas. A principal delas diz respeito à preocupação com práticas eugênicas, que se explica adiante.

2. EUGENIA E DISGENIA NOS PROJETOS PARENTAIS

Todos os escritos encontrados a respeito do uso das técnicas de reprodução humana assistida aliada à genética e a aplicação de suas tecnologias na realização de projetos parentais vertem, em algum momento, para a discussão sobre práticas eugênicas.

O primeiro uso da expressão eugenia é atribuído a Francis Galton que teria cunhado o termo em 1883 em suas pesquisas de aplicação de métodos estatísticos ao estudo da hereditariedade, por meio do qual acreditava ser possível projetar um aprimoramento da raça humana que seria mais talentosa se casamentos fossem planejados criteriosamente ao longo de gerações consecutivas.

Segundo o autor, a eugenia é a "ciência que trata de todas as influências que melhoram as qualidades inatas de uma raça; é também sobre aqueles que podem desenvolvê-lo até a superioridade máxima".[12] (tradução nossa).

---

11. CASABONA, et al., 2006, p. 194 apud SOUZA, Iara Antunes de. *Aconselhamento Genético e Responsabilidade civil*: as ações por concepção indevida (wrongful conception), nascimento indevido (wrongful birth) e vida indevida (wrongful life). Belo Horizonte: Arraes Editores, 2014. p. 37.
12. "*Ciencia que trata de todas las influencias que mejoran las cualidades innatas de una raza; también trata de aquéllas que la pueden desarrollar hasta alcanzar la máxima superioridad*" (SOLUTO, Daniel. Eugenesia (ético). In: ROMEO CASABONA, Carlos María. (Dir.). *Enciclopedia de Bioderecho y Bioética*. Granada: Editorial Comares, 2011. p. 811).

A disseminação desse ideal de um aprimoramento humano culminou no crescente movimento eugenista que eclodiu no século XIX e se estendeu até meados do século XX nos Estados Unidos onde políticas legislativas foram aprovadas tendo como parâmetro o ideal de que todas as características (sejam positivas ou negativas, vinculadas à biologia, à intelectualidade ou ao comportamento social) estariam vinculadas à hereditariedade. Nesse movimento, foram aprovadas leis que instituíam políticas públicas de caráter seletivo e discriminatório de esterilização forçada e restrição matrimonial de pessoas consideradas indesejáveis para a sociedade e políticas de contenção da imigração, ao passo em que a reprodução de pessoas de "qualidade biológica e moral" era incentivada.[13]

Esse movimento que tinha o seu núcleo político-ideológico centrado na resolução de problemas sociais através da seleção e da mudança genética recebeu o nome de *eugenismo*.[14] Nos Estados Unidos, o eugenismo só teve fim após a revelação sobre as políticas eugenistas nazistas, "que envolveram o extermínio de categorias inteiras de pessoas e a experimentação médica com gente considerada geneticamente inferior".[15]

Foi assim que a concepção clássica de eugenia tomou a forma repugnante, que, corriqueiramente, a expressão carrega em si até os dias atuais.

Após o fim da Segunda Guerra Mundial surge o que Daniel Soutullo[16] chama de *eugenia reformista*, que tinha por objetivos:

1) eliminar a eugenia de prejuízos racistas e de classes; 2) fazer da genética humana uma disciplina científica séria em que se podem apoia-se os programas eugênicos; 3) estudar as características hereditárias humanas com o objetivo de alcançar a cura de doenças hereditárias; 4) melhorar o patrimônio genético da humanidade recomendando a procriação dos melhores dotados mediante a educação e a aceitação voluntária. (tradução nossa).

O surgimento dessa eugenia reformista foi marcado pelo afastamento do caráter ideológico e o enfoque no caráter científico da prática, ou seja, mais preocupado com resolver problemas de saúde do que propor um programa de higiene social. O autor critica, contudo, que essa forma de eugenia não abandona os ideais

---

13. ARAÚJO, Ana Thereza Meirelles. *Neoeugenia e Reprodução Humana Artificial*: limites éticos e jurídicos. Salvador: JusPodivm, 2014. p. 82.
14. SOLUTO, Daniel. Eugenesia (ético). In: ROMEO CASABONA, Carlos María. (Dir.). *Enciclopedia de Bioderecho y Bioética*. Granada: Editorial Comares, 2011.
15. FUKUYAMA, Francis. *Nosso futuro pós-humano*: consequências da revolução da biotecnologia. Trad. Maria Luiza X. de A. Borges. Rio de Janeiro: Rocco, 2003. p. 96.
16. "*1) expurgar la eugenesia de prejuicios racistas y clasistas; 2) hacer de la genética humana una disciplina científica seria en la que puedan apoyarse los programas eugenésicos; 3) estudiar los caracteres hereditarios humanos con vistas a lograr la curación de las enfermedades hereditarias; 4) mejorar el patrimonio genético de la humanidad recomendando la procreación de los mejor dotados mediante la educación y la aceptación voluntaria*" (SOLUTO, Daniel. Eugenesia (ético). In: ROMEO CASABONA, Carlos María. (Dir.). *Enciclopedia de Bioderecho y Bioética*. Granada: Editorial Comares, 2011 p. 814).

de melhoria social a partir de seleções eugênicas, apesar de enfatizar a importância de que os métodos fossem empregados mediante a aceitação voluntária.

Daniel Soutullo[17] afirma que as diferenças entre as práticas da eugenia clássica e da eugenia moderna (também chamada de neoeugenia) são evidentes. Dentre elas, cita: o caráter privado e voluntário das práticas eugênicas na neoeugenia, o declínio do uso das tecnologias para reforçar ideais racistas e discriminatórios explícitos (apesar das consequências da prática terem o potencial de criar desigualdades sociais) e a utilização das técnicas tanto para promover melhoramento, quanto para evitar doenças e deficiências, enquanto que, na eugenia clássica, o autor entende ter sido reforçada apenas essa última possibilidade, a partir das esterilizações forçadas.

Fala-se, ainda, em uma outra classificação da eugenia, que são distinguidas, basicamente, pelo seu objetivo: a eugenia negativa, que objetiva evitar doenças e deficiências hereditárias, ou seja, vincula-se a um caráter terapêutico; e a eugenia positiva, que objetiva a seleção de características genéticas do ser humano gerado, a fim de promover um melhoramento genético (Alvarenga, 2020).

Ana Thereza Meirelles Araújo[18] assevera que as práticas de seleção embrionária em processos de reprodução estão inseridas em contextos que não devem ser desconsiderados:

> As práticas seletivas em sede de procriação sugerem um revestimento de natureza cultural, ou seja, são alicerçadas em fundamentos e valores culturais expressos em ideologias e preferências. Não há como negar a contextualização econômica, política e social na qual elas estão inseridas.

Ao confrontar os conceitos e classificações acima apresentadas com o escopo da presente pesquisa (a seleção embrionária por deficiências), logo conclui-se que o conceito de eugenia (positiva ou negativa) não se prestam a analisar o objeto da pesquisa.

Na seleção por deficiências, não há intenção de evitar características comumente indesejáveis (eugenia negativa) e, tampouco, objetiva-se reforçar traços para um melhoramento de habilidades naturais (eugenia positiva). Antes, a presente pesquisa estuda a perspectiva de pais/mães que, no exercício de seu direito ao livre planejamento familiar, buscam as técnicas de reprodução humana assistida (mais especificamente, de DGPI e de seleção embrionária) para reforçar características

---

17. SOLUTO, Daniel. Eugenesia (ético). In: ROMEO CASABONA, Carlos María. (Dir.). *Enciclopedia de Bioderecho y Bioética*. Granada: Editorial Comares, 2011.
18. ARAÚJO, Ana Thereza Meirelles. *Neoeugenia e Reprodução Humana Artificial*: limites éticos e jurídicos. Salvador: JusPodivm, 2014. p. 76.

tidas como indesejáveis pela maioria das pessoas. Tal condição em nada se adapta aos conceitos de eugenia elaborados até o presente momento.

Em documentário intitulado *No Som ou no Silêncio*,[19] divulgado pela CNN Portugal, são levantadas questões éticas no entorno da escolha de pais surdos que desejam transmitir tal característica a seus filhos, entendendo-a como traço de uma identidade cultural, e não como uma deficiência. Ali, o conceito de disgenia foi apresentado para descrever precisamente o oposto do que é a eugenia positiva; a disgenia seria, portanto, a prática que teria o objetivo de "transmitir deliberadamente uma característica que a sociedade, na sua maioria, encara como uma doença" ou deficiência.[20]

Diante desse termo, buscou-se na literatura brasileira e estrangeira, autores que trabalhassem a referida expressão ou que, ao menos, a mencionassem em seus estudos, a fim de verificar seu conceito e possível aplicabilidade aos casos em análise no presente estudo.

Nessa busca, a primeira constatação foi o uso incipiente da expressão nas publicações científicas. O que não seria diferente já que o tema é ainda pouco trabalhado no âmbito da bioética e do biodireito.

David Starr Jordan (cientista, educador e escritor americano, presidente da Stanford University) mencionou a disgenia em seu livro *War and the Breed; the relation of war to the downfall of nations*, escrito em 1915, ao abordar os impactos da guerra sobre a evolução social da espécie humana, correlacionando-os com a filosofia do Darwinismo Social. Em contraposição à eugenia (prática incentivada à época, inclusive pelo Estado Norte-Americano),[21] o autor aponta que a guerra tem o potencial de causar a disgenia porque aqueles que estariam mais aptos a lutar eram exatamente os "homens de mente nobre, corajosos e saudáveis" que eram recrutados para morrer no combate ou em decorrência de doenças adquiridas nele, impedindo que esses cumprissem seu papel na evolução social de se

---

19. NO SOM ou no silêncio. Direção: Wilson Ledo. [S. l.]: *CNN Portugal*, 02 abr. 2023. 4 cap. 1 vídeo (17 min). Disponível em: https://cnnportugal.iol.pt/dossier/video-no-som-ou-no-silencio-como-um-teste-genetico-pode- eliminar-a-surdez-mas-ha-surdos-a-usa-lo-para-terem-filhos-que-nao-ouvem/6464b39bd34ea91b0aac9792.
Acesso em: 15 fev. 2025.
20. NO SOM ou no silêncio. Direção: Wilson Ledo. [S. l.]: *CNN Portugal*, 02 abr. 2023. 4 cap. 1 vídeo (17 min). Disponível em: https://cnnportugal.iol.pt/dossier/video-no-som-ou-no-silencio-como-um-teste-genetico-pode- eliminar-a-surdez-mas-ha-surdos-a-usa-lo-para-terem-filhos-que-nao-ouvem/6464b39bd34ea91b0aac9792.
Acesso em: 15 fev. 2025.
21. Contextualizando no período em que a obra foi escrita, pode-se compreender que o autor mencionava a eugenia aqui, como sendo a prática discriminatória incentivada pelo Estado onde era desejável que pessoas mais inteligentes, mais fortes, mais corajosos e saudáveis se reproduzissem e que pessoas que eram consideradas não detentoras dessas características eram desestimuladas (ou até impedidas) de se reproduzirem.

reproduzirem. Dessa forma, não davam sequência à evolução da espécie. Enquanto isso, pessoas doentes e deficientes que não eram recrutadas para a guerra permaneceriam dando continuidade à espécie.[22]

Contemporâneo a David Starr Jordan, Caleb Williams Saleeby (médico, escritor e jornalista inglês) associou a disgenia à deterioração genética da espécie humana que acreditava estar em curso e dedicou seus estudos à defesa da eugenia como método que poderia impedir sua continuidade.[23]

Os eugenistas estadunidenses consideravam disgênicos não apenas aqueles que carregavam deficiências ou doenças. Nesse grupo eram também enquadrados os negros e os imigrantes, cuja eliminação pelo controle de natalidade (prática eugênica chancelada pelo Estado no início do século XX) era explicitamente defendida.[24]

Mais recentemente, Nick Bostrom[25] fez breve menção à disgenia (mais especificamente as "pressões disgênicas") vinculando a ideia como um dos fatores potenciais de uma crise futura, caso riscos existenciais se concretizem e a sociedade civilizada não consiga regressar aos níveis tecnológicos atuais. Mais uma vez, a disgenia é vinculada a características não desejadas, analisadas a um nível amplo da humanidade.

Em que pese a apropriação do termo disgenia para designar um declínio da espécie humana, como o antônimo de eugenia positiva, observa-se que a atualização conceitual que foi empregada para a eugenia não o foi para a disgenia. Isso porque, da mesma forma que a eugenia deixou de ser considerada um objetivo estatal com vistas apenas ao melhoramento da espécie como um todo e passou a ser percebida no contexto da autonomia dos pais na consecução de seus projetos parentais, a disgenia também precisa ser vista sob o aspecto da autonomia privada.

Do mesmo modo que os idealizadores dos projetos parentais pretendem o uso do DGPI e da seleção embrionária para evitar a transmissão de doenças a seus filhos (sem o objetivo maior de eliminar da existência humana doenças e deficiências ou praticar alguma forma de melhoramento da espécie), assim

---

22. JORDAN, David Star. *War and the breed; the relation of war to the downfall of nations*. Boston: The Beacon Press, 1915. p. 92. Disponível em: https://archive.org/details/warbreedrelation00jord/page/n7/mode/2up. Acesso em: 25 out. 2023.
23. SALEEBY, Caleb Williams. *The progress of eugenics*. Londres: Cassell and Company Ltd., 1914. Disponível em: https://wellcomecollection.org/works/psdu7up8/items?canvas=13. Acesso em: 25 out. 2023.
24. HOLMES, A. J. The effect of migration on the natural increase of the negro. In: *A decade of progress in eugenics* – scientifc papers of the Third International Congress of Eugenics. Baltimore: The Williams & Wilkins Company, 1934.   Disponível em: https://ia800200.us.archive.org/29/items/decadeofprogress00inte/decadeofprogress00inte.pdf. Acesso em: 25 out. 2023.
25. BOSTROM, Nick. Existential Risks: Analyzing Human Extinction Scenarios and Related Hazards. *Journal of Evolution and Technology*, v. 9, mar. 2002. Disponível em: https://ora.ox.ac.uk/objects/uuid:827452c3- fcba-41b8-86b0-407293e6617c. Acesso em: 23 out. 2023.

também a disgenia não deve mais ser vista tão somente como um "declínio" da espécie. Antes, qualquer manipulação genética ou seleção embrionária que tenha por objetivo reforçar uma característica considerada como doença ou deficiência, constitui-se uma prática disgênica.

Nesse sentido, propõe-se a distinção entre a cacogenia, definida no dicionário Michaelis Online como sendo a "degeneração da raça por má seleção dos pais ou reprodutores"[26] e a disgenia *stricto sensu*, que, propõe-se seja conceituada como a tentativa de reforçar traços genéticos tidos comumente como indesejáveis (que resultam, por exemplo, em uma limitação habilidades naturais do corpo), ainda que não se tenha como objetivo consciente um impacto nas futuras gerações ou no patrimônio genético da humanidade.

Assim, a disgenia seria um gênero da qual decorrem as espécies cacogenia (como um projeto de intervenção na espécie) e a disgenia em sentido estrito (como um projeto de intervenção em um projeto parental).

Há, pelo menos, três importantes diferenças entre a cacogenia e a disgenia em sentido estrito:

1) pelo seu alcance: A cacogenia tem por objetivo a projeção de uma intervenção na espécie humana enquanto a disgenia em sentido estrito tem o objetivo de realizar a intervenção em um projeto parental, sem ter em foco as repercussões na espécie;

2) pelo seu objetivo: A cacogenia é um objetivo que é evitado com intervenções eugênicas enquanto a disgenia em sentido estrito é um objetivo a ser alcançado pelos idealizadores do projeto parental.

3) por seus idealizadores: A cacogenia, enquanto degradação da espécie, fez parte de projetos de governo eugenistas como um mal a ser combatido, tal como ocorreu até meados do século XX nos Estados Unidos. Já a disgenia em sentido estrito parte da idealização de pais que pretendem ter filhos com características que podem ser consideradas como deficiências. Diferenciam-se, portanto, exigências e imposições estatais do exercício da liberdade procriativa.

É importante frisar que não se está descartando a possibilidade de que a abertura para a realização de práticas disgênicas em projetos parentais privados pelas técnicas de reprodução humana assistida tenha por consequência um impacto na espécie humana (apesar disso depender da realização da prática em larga escala, o que não se acredita ser provável no cenário atual onde a maior parte das pessoas deseja filhos mais saudáveis e dotados de características de melhorias). Entretanto, no âmbito do exercício da liberdade procriativa, essa seria uma consequência, não um objetivo. Veja-se que, nem por isso, a prática deixa de ser disgênica.

---

26. CACOGENIA. *Dicionário Michaelis online*. [S.l.] Disponível em: https://michaelis.uol.com.br/moderno-portugues/busca/portugues- brasileiro/cacogenia#:~:text=1%20Degenera%C3%A7%C3%A3o%20 da%20ra%C3%A7a%20por%20m%C3%A1%20sele%C3%A7%C3%A3o%20dos%20pais%20ou%20 reprodutores. Acesso em: 16 fev. 2025.

A partir disso, poder-se-ia questionar se os efeitos disgênicos do uso das técnicas de reprodução humana assistida na consecução de projetos parentais, isoladamente, seriam suficientes para afetar a natureza humana, criando uma situação de cacogenia.

Nos casos analisados na pesquisa, os pais que desejaram ter filhos com surdez ou com nanismo não o fizeram porque queriam promover uma alteração no patrimônio genético da humanidade mas, tão somente, porque entendiam tais características como qualquer outra que, ao invés de diminuírem sua condição de vida, acrescentariam a seus filhos um universo de possibilidades e de inclusão identitária.

Entende-se que, para que o risco de uma cacogenia fosse previsível e real, seria necessária a realização de práticas disgênicas em uma escala muito maior do que os casos isolados de que se têm notícia, apresentam. Como já noticiada anteriormete, a tendência do uso das biotecnologias em genética e em reprodução humana assistida está muito mais pendente para práticas eugênicas (terapêutica ou de melhoramento) do que para produzir resultados disgênicos. Por essa razão não se desconsidera que tais escolhas pelos pais tenham um significativo impacto na natureza humana.

Em conclusão às considerações propostas aqui, entende-se mais adequado que as conformações bioéticas e biojurídicas para que os pais exerçam sua liberdade procriativa escolhendo embriões que possuem determinada característica, considerada como deficiência sejam analisadas tendo como foco os possíveis problemas decorrentes da disgenia em sentido estrito – e não da eugenia nem da cacogenia.

3. DEFICIÊNCIA E IDENTIDADE VERTICAL

O conceito de identidade vertical a que o presente artigo se refere, foi tomado emprestado do autor Andrew Solomon (que, portanto, constitui o marco teórico sobre esse aspecto da pesquisa), segundo o qual, essa é conceituada como sendo a "transmissão de identidade de uma geração para a seguinte", seja através de cadeias de DNA (que representam os traços genéticos compartilhados de pais para os filhos), seja através de normas culturais compartilhadas.[27]

O conceito de identidade vertical proposto por Andrew Solomon é trabalhado no presente artigo sob a perspectiva específica da transmissão de identidade através de traços genéticos que são carregados no DNA e que, em conformidade com o atual estado da arte da medicina genética e reprodutiva, podem ser identi-

---

27. SOLOMON, Andrew. *Longe da árvore*: pais, filhos e a busca da identidade. São Paulo: Companhia das Letras, 2012.

ficados ainda em fase embrionária, por exames de diagnóstico genético pré-implantatório, possibilitando aos pais realizar escolhas pelos filhos, tais como, ser ou não doente/deficiente.

A escolha de traços genéticos dos filhos carrega em si uma série de problemas bioéticos e biojurídicos que surgem, especialmente quando o uso das técnicas de reprodução humana assistida está sendo feito com o objetivo de promover ou selecionar mutações genéticas que são limitadoras de uma vida tida como biológicamente saudável.

Após ter realizado o DGPI e identificado que alguns embriões produzidos carregam a mutação genética causadora de determinada doença ou deficiência, questiona-se: poderiam os pais optarem por implantar os embriões que carregam a mutação genética, a despeito da existência de outros embriões tidos como saudáveis, tendo como fundamento a transmissão de uma identidade vertical? E se não houver outros embriões sem a condição diagnosticada, poderiam os pais escolher pela implantação do embrião?

O casal britânico, Tomato Lichy e Paula Garfield, que tinham surdez e já tinham uma filha, que também era surda, pretenderam, pelo uso das técnicas de reprodução humana assistida, diagnosticar e selecionar embriões que também carregassem o gene da surdez, com a finalidade de transmitir ao segundo filho aquilo que eles tinham não como uma deficiência, mas como uma identidade.

Para o casal, a surdez era uma chave para um mundo diferente com sua própria linguagem, sua própria cultura e sua própria história. Em entrevista à ABC News, o casal afirmou levar uma vida perfeitamente normal, descrevendo suas ocupações, que foram retratadas na reportagem da seguinte forma:

> Ela dirige uma companhia de teatro que produz regularmente peças em linguagem de sinais, e ele é diretor da escola de sua filha, além de professor no museu Tate Modern. Eles vão ver filmes de Shakespeare e Pixar no cinema local, com legendas. Eles pegam a filha na escola e ficam presos no trânsito, como todo mundo. "Não consigo ver onde nossa vida está atrofiada", disse Lichy.[28]

Esse caso dividiu opiniões e tomou proporções ainda mais significativas no ano de 2008, quando o parlamento inglês esteve discutindo um projeto de Lei que proibia expressamente a escolha de embriões que tivessem sido diagnosticados com mutações genéticas capazes de desenvolver a surdez. De um lado, debateu-se o cunho eugênico do projeto de lei, que estava sendo interpretado pelos ativistas como um modo de segregação. De outro lado, aqueles que se opunham à reali-

---

28. BOVA, Malaika. ABC NEWS GO. *Não aos embriões 'surdos'*: nova lei de fertilidade tornaria ilegal para os britânicos surdos escolherem embriões surdos. 10 fev. 2009. Disponível em: https://abcnews.go.com/Health/story?id=4464873&page=1. Acesso em: 16 abr. 2022.

zação do desejo de Tomato Lichy e Paula Garfield, argumentavam os prejuízos neurocognitivos que poderiam se desdobrar em dificuldades no desenvolvimento biopsicossocial desse filho, além do custo social de uma criança surda.[29]

Não há como negar que o contorno desse tipo de escolha pelos pais pode ter consequências prejudiciais aos filhos, não somente no âmbito biológico, por ter-lhe sido tirada a oportunidade de ter um corpo naturalmente saudável (por naturalmente, entenda-se, decorrente da natureza), como também, no âmbito existencial, caso os filhos não tomem para si a surdez como identidade.

O G1 noticiou duas pesquisas que foram feitas em clínicas de reprodução humana assistida nos Estados Unidos, que revelaram dados sobre a procura desse tipo de pedido. A primeira pesquisa foi publicada no periódico *Fertility and Sterility*, no ano de 2006, e revelou que 4% das 196 clínicas participantes da pesquisa já tinham utilizado o DGPI com a intenção de selecionar embriões com alguma deficiência. Em uma segunda pesquisa, feita pela Universidade John Hopkins no ano de 2007, verificou-se que 4 clínicas, das 186 participantes da pesquisa, admitiram já terem realizado a implantação de embriões que carregavam traços genéticos de alguma deficiência.[30]

A questão dessas escolhas pelos pais foi trabalhada por Renata de Lima Rodrigues[31] que, assertivamente, questiona: "quanta liberdade podemos ter?". Será possível falar em autonomia desses pais no âmbito do planejamento familiar, ao fazerem, conscientemente, essas escolhas pelos filhos?

Reflita-se sobre três situações hipotéticas:

1: do procedimento de FIV resultam embriões saudáveis e embriões com mutações genéticas causadoras de deficiências e os pais só desejam implantar os embriões que possuem o gene da deficiência;

2: do procedimento resultam embriões saudáveis e deficientes e os pais desejam implantar primeiro os deficientes e deixar os demais embriões guardados para posteriores tentativas;

3: do procedimento de FIV só resultam embriões com o gene causador da deficiência.

Questiona-se: o que torna menos legítima uma escolha deliberada ou mais legítima uma escolha motivada pela falta de outras opções, se o resultado será o mesmo: uma criança com determinada limitação nas habilidades naturais do

---

29. BOVA, Malaika. ABC NEWS GO. *Não aos embriões 'surdos'*: nova lei de fertilidade tornaria ilegal para os britânicos surdos escolherem embriões surdos. 10 fev. 2009. Disponível em: https://abcnews.go.com/Health/story?id=4464873&page=1. Acesso em: 16 abr. 2022.
30. ARNAZ, Roberto. G1. *Pais que escolhem bebês com deficiências genéticas acendem debate nos EUA*. 21 jan, 2007. Disponível em: https://g1.globo.com/Noticias/Mundo/0,,AA1428612-5602,00.html. Acesso em: 16 abr. 2022.
31. RODRIGUES, Renata de Lima. *Planejamento familiar*: limites e liberdades parentais. Indaiatuba: Foco, 2021. p. 98.

corpo? Analisando biojuridicamente os casos, é possível concluir que o Direito diferencia as razões pelas quais os pais estão optando por terem filhos com deficiência?

Assim como o Direito não se ocupa de perseguir os motivos pelos quais as pessoas optam por ter filhos, desde que a maternidade/paternidade seja exercida de maneira responsável e tendo como foco a dignidade e o melhor interesse da criança nascida, não há diferença, para o Direito, se a opção dos pais é uma mera liberalidade ou se não lhes restara outra opção. Essa discussão só encontra lugar na seara moral. Moralmente pode-se julgar uma atitude mais ou menos legítima por suas razões. Juridicamente, a análise só pode perpassar pela legalidade/ilegalidade da conduta. Se a consequência é a mesma (o nascimento de uma criança com deficiência), a liberdade de ter filhos deficientes por escolha ou por falta de opção encontra limites no resultado e não na motivação: à criança nascida é assegurada a dignidade, devendo os pais ofertar aos filhos o que for necessário para seu melhor interesse, estimulando seu desenvolvimento biopsicossocial.

É certo que a legislação brasileira atual (em sentido estrito) não autoriza nem proíbe expressamente a prática da seleção por deficiências. Nesse momento, vale lembrar que a reprodução humana assistida é regulamentada apenas por Resolução do Conselho Federal de Medicina, que ditou em vagas linhas quais práticas os médicos (sujeitos às suas normas deontológicas) podem aplicar a técnica. Por essa análise simplória, apenas da legislação, não haveria impedimento para pedidos dessa natureza fossem direcionados às clínicas de reprodução humana assistida.

Entretanto, na era do pós-positivismo, não se pode restringir o Direito apenas a um sistema fechado de regras; antes, esse também é integrado pelos princípios jurídicos. Assim sendo, a inexistência de regras que expressamente proíbam a prática não implica, automaticamente, em sua permissão.

De todo modo, há que se pensar que, na inexistência de liberdades fundamentais que sejam absolutas e que todas elas, no paradigma do Estado Democrático de Direito, encontram necessidade de conformação em outras liberdades fundamentais, não se poderia defender uma liberdade irrestrita no exercício do direito ao planejamento familiar. Na medida em que as escolhas feitas pelos pais afetam diretamente as possibilidades de construção de pessoalidade, mediante a irreversibilidade da decisão dos pais, além de ter o potencial de afetar a dignidade futura do ser em formação, não há como defender que, juridicamente, no contexto atual, haveria abertura para que a escolha pela surdez dos filhos, ao menos na existência de outros embriões saudáveis, seja admitida.

Nesse caso, as conformações biojurídicas são encontradas nos princípios da precaução, da autonomia privada, da responsabilidade e da dignidade, tendo em consideração o modelo social de deficiência adotado pelo ordenamento jurídico brasileiro (Lei 13.146/2015), que representariam impedimentos à concretização do objetivo disgênico apenas na medida em que os pais não puderem fornecer aos filhos sua participação plena e efetiva em sociedade, a despeito da interação desses com as barreiras. Por isso, essa análise só poderia ser realizada a partir do caso concreto.

Ocorre que, admitir tal prática demandaria a existência de uma sociedade ideal que contribuísse para sua inclusão, já que a inexistência de barreiras que impeçam a participação plena e efetiva da pessoa com tais características em sociedade, não depende somente dos pais mas também de existir uma sociedade preparada e inclusiva, capaz de receber e integrar pessoas com deficiência.

CONSIDERAÇÕES FINAIS

A divisão entre o normal e o patológico é, em alguns pontos, tênue e os discursos que dividem opiniões sobre o tema da pesquisa, em sua maioria, estão carregados de concepções morais elaboradas a partir da perspectiva de mundo que os debatedores possuem.

A concepção do que é saúde e do que é doença/deficiência altera significativamente de acordo com as construções sociais de cada grupo, de cada momento histórico e de cada cultura.

Andrew Solomon denuncia como a ideia de *antinatural* é frequentemente utilizada para dissimular preconceito e, a partir disso, questiona-se, em que outra circunstância, além da seara moral, o deixar nascer com deficiência tem menos peso do que o escolher o nascimento com deficiência? Em ambos os casos, o resultado é o mesmo: o nascimento de crianças com deficiência.

Então, por que a deficiência é melhor aceita como consequência de um planejamento reprodutivo heterossexual de duas pessoas que carreguem genes de determinada deficiência (determinado, portanto, por uma suposta aleatoriedade genética) do que se essa possibilidade for escolhida (ou assumida como possível) por quaisquer outras pessoas mediante um procedimento de reprodução humana assistida?

Repita-se que a diferença não está no resultado. Em ambas as situações o resultado será o nascimento de uma pessoa com deficiência. A diferença está nos argumentos que vão legitimar e deslegitimar uma ou outra prática.

Há que se tomar cuidado, entretanto, que o discurso moral que busca impedir esse resultado atinja patamares de discussões que sustentem ideais eugênicos tais como foram sustentados até meados do século XX nos Estados Unidos e na Europa, em que pessoas com deficiência poderiam ter tolhidos os seus direitos reprodutivos haja vista o resultado dessa reprodução não ser socialmente desejável ou aceitável.

Nesse sentido, acompanha-se o entendimento segundo o qual "mostrar às pessoas as dificuldades que seus filhos podem herdar é sensato, mas impedi-las de ter filhos por achar que sabemos qual é o valor dessas vidas beira o fascismo".[32]

De outro lado, há uma preocupação válida de não se admitir o uso deliberado das tecnologias em genética e em reprodução humana assistida.

Não há desafio algum em reconhecer que o uso de biotecnologias precisa de limitações. Há séculos se defende isso e o próprio nascimento da bioética surgiu a partir dessa constatação. O desafio latente dos estudos bioéticos e biojurídicos reside é em delimitar onde é que as linhas vermelhas precisam ser traçadas e, em que medida, concepções morais de um grupo podem ditar a interpretação principiológica para um outro grupo que não compartilha da mesma perspectiva, para ditar o que é normal e o que é patológico, o que é deficiência e o que é apenas uma característica não compartilhada com a maioria.

É inegável que o movimento que o mundo faz não é em prol da manutenção de deficiências nem das diversidades que elas representam. Os casos estudados na presente pesquisa representam um número isolado frente à alta demanda pelo melhoramento da espécie, pela eliminação de doenças e deficiências. O mundo caminha para que toda forma de deficiência seja derrubada pelo advento das biotecnologias que buscam, cada vez mais, atingir o corpo perfeito, a saúde perfeita e a longevidade saudável.

O que restará da cultura surda, das pessoas pequenas ou de qualquer outra forma de deficiência em torno da qual se estabeleceu uma identidade cultural, será a contribuição que essa cultura trouxe à humanidade. Parafraseando Andrew Solomon,[33] pode-se concluir que o destino dessas comunidades será tornar-se cada vez menor e, quando a saúde perfeita estiver disponível para todos, as pessoas com deficiência e suas identidades culturais desaparecerão junto com muitas etnias, suas línguas junto com muitas línguas.

O autor conclui, com maestria, cujas palavras toma-se emprestado para encerrar as presentes considerações sobre as perspectivas futuras dos projetos parentais disgênicos, que mesmo que a diversidade cultural e genética sejam desejáveis, o caminho que as novas tecnologias abrem é um só: "a demanda vertical pelo progresso da Medicina superará inevitavelmente qualquer agenda social horizontal".[34]

---

32. SOLOMON, Andrew. *Longe da árvore*: pais, filhos e a busca da identidade. São Paulo: Companhia das Letras, 2012. p. 793.
33. SOLOMON, Andrew. *Longe da árvore*: pais, filhos e a busca da identidade. São Paulo: Companhia das Letras, 2012. p. 141.
34. SOLOMON, Andrew. *Longe da árvore*: pais, filhos e a busca da identidade. São Paulo: Companhia das Letras, 2012. p. 141.

REFERÊNCIAS

ALMEIDA, Renata Barbosa de; RODRIGUES JR, Walsir Edson. *Direito Civil*: famílias. 3. ed. Belo Horizonte: Editora Expert, 2023.

ARAÚJO, Ana Thereza Meirelles. *Neoeugenia e Reprodução Humana Artificial*: limites éticos e jurídicos.

ARNAZ, Roberto. G1. *Pais que escolhem bebês com deficiências genéticas acendem debate nos EUA*. 21 jan, 2007. Disponível em: https://g1.globo.com/Noticias/Mundo/0,,AA1428612-5602,00.html. Acesso em: 16 abr. 2022.

BADALOTTI, Mariangela; COLOMBO, Talita; KIRA, Ariane Tieko Frare; PETRACCO, Álvaro. Fertilização *in vitro* (FIV) e injeção introplasmática de espermatozoides (ICSI). In: CAETANO, João Pedro Junqueira; MARINHO, Ricardo Mello; PETRACCO, Álvaro; LOPES, Joaquim Roberto Costa; FERRIANI, Rui Alberto (Org.). *Medicina Reprodutiva – SBRH*. São Paulo: Segmento Farma: SBRH, 2018.

BOSTROM, Nick. Existential Risks: Analyzing Human Extinction Scenarios and Related Hazards. In: *Journal of Evolution and Technology*, v. 9, mar. 2002. Disponível em: https://ora.ox.ac.uk/objects/uuid:827452c3-fcba-41b8-86b0-407293e6617c. Acesso em: 23 out. 2023.

BOVA, Malaika. ABC NEWS GO. *Não aos embriões 'surdos'*: nova lei de fertilidade tornaria ilegal para os britânicos surdos escolherem embriões surdos. 10 fev. 2009. Disponível em: https://abcnews.go.com/Health/story?id=4464873&page=1. Acesso em: 16 abr. 2022.

BRASIL. Lei 9.263 de 12 de janeiro de 1996. Regula o § 7º do art. 226 da Constituição Federal, que trata do planejamento familiar, estabelece penalidades e dá outras providências. Brasília, DF: Presidência da República, [2022]. Disponível em: https://www.planalto.gov.br/ccivil_03/leis/l9263.htm. Acesso em: 22 fev. 2025.

CACOGENIA. *Dicionário Michaelis online*. [S.l.] Disponível em: https://michaelis.uol.com.br/moderno-portugues/busca/portugues-brasileiro/cacogenia#:~:text=1%20Degenera%C3%A7%C3%A3o%20da%20ra%C3%A7a%20por%20m%C3%A1%20sele%C3%A7%C3%A3o%20dos%20pais%20ou%20reprodutores.Acesso em: 16 fev. 2025.

FUKUYAMA, Francis. *Nosso futuro pós-humano*: consequências da revolução da biotecnologia. Trad. Maria Luiza X. de A. Borges. Rio de Janeiro: Rocco, 2003.

HÁ 40 anos nascia o primeiro bebê de proveta do mundo. Época Negócios, Rio de Janeiro, 25 jul. 2018. Mundo. Disponível em: https://epocanegocios.globo.com/Mundo/noticia/2018/07/ha-40-anos-nascia-o-primeiro-bebe-de-proveta-do-mundo.html. Acesso em: 15 fev. 2022.

HOLMES, A. J. The effect of migration on the natural increase of the negro. In: *A decade of progress in eugenics* – scientifc papers of the Third International Congress of Eugenics. Baltimore: The Williams & Wilkins Company, 1934. Disponível em: https://ia800200.us.archive.org/29/items/decadeofprogress00inte/decadeofprogress00inte.pdf.Acesso em: 25 out. 2023.

JORDAN, David Star. *War and the breed; the relation of war to the downfall of nations*. Boston: The Beacon Press, 1915. p. 92. Disponível em: https://archive.org/details/warbreedrelation00jord/page/n7/mode/2up. Acesso em: 25 out. 2023.

MAZZA, Malu. Primeiro bebê de proveta do Brasil e da América Latina completa 30 anos, Anna Paula Caldeira nasceu por fertilização in vitro em 1984. Seu nascimento foi um marco para a história da medicina. G1. Curitiba/PR, 07 out. 2014. Jornal Hoje. Disponível em: https://g1.globo.com/jornal-hoje/noticia/2014/10/primeiro-bebe-proveta-do-brasil-e-da-america-latina-completa-30- anos.html#:~:text=Anna%20Paula%20foi%20o%20primeiro,chamada%20 de%20fertiliza%C3%A7%C3%A 3o%20in%20vitro. Acesso em: 15 fev. 2022.

MENDES, Marcela Custódio; COSTA, Ana Paula Pimentel. Diagnóstico genético pré- implantacional: prevenção, tratamento de doenças genéticas e aspectos ético-legais. *Revista de Ciências Médicas e Biológicas*, v. 12, n. 3, p. 374-379, Salvador, set./dez. 2013. Disponível em: https://periodicos. ufba.br/index.php/cmbio/article/view/8269. Acesso em: 22 fev. 2025.

NO SOM ou no silêncio. Direção: Wilson Ledo. *[S. l.]*: *CNN Portugal*, 02 abr. 2023. 4 cap. 1 vídeo (17 min). Disponível em: https://cnnportugal.iol.pt/dossier/video-no-som-ou-no-silencio-como-um-teste-genetico-pode- eliminar-a-surdez-mas-ha-surdos-a-usa-lo-para-terem-filhos-que-nao-ouvem/6464b39bd34ea91b0aac9792. Acesso em: 15 fev. 2025.

NUSSBAUM, Robert L.; MCINNES, Roderick R.; WILLIARD, Huntington F.; *Thompson & Thompson Genética Médica*. Trad. Ana Julia Perrotti-Garcia. 8. ed. Rio de Janeiro: GEN | Grupo Editorial Nacional, 2016.

RODRIGUES, Renata de Lima. *Planejamento familiar: limites e liberdades parentais*. Indaiatuba: Foco, 2015.

ROMEO CASABONA, Carlos María. (Dir.). *Enciclopedia de Bioderecho y Bioética*. Granada: Editorial Comares, 2011.

SÁ, Maria de Fátima Freire de. Monoparentalidade e Biodireito. In: PEREIRA, Rodrigo da Cunha. (Org.). *Afeto, Ética, Família e o Novo Código Civil*. Belo Horizonte: Del Rey, 2004. v. 1.

SALEEBY, Caleb Williams. *The progress of eugenics*. Londres: Cassell and Company Ltd., 1914. Disponível em: https://wellcomecollection.org/works/psdu7up8/items?canvas=13.Acesso em: 25 out. 2023. Salvador: JusPodivm, 2014.

SANCHEZ, 2007, p. 77 apud ALVARENGA, Bruno Henrique Andrade. *Reprodução Humana Assistida*: aspectos jurídicos na seleção pré-implantacional de embriões. Curitiba: Appris, 2020.

SOLOMON, Andrew. *Longe da árvore*: pais, filhos e a busca da identidade. São Paulo: Companhia das Letras, 2012.

SOLUTO, Daniel. Eugenesia (ético). In: ROMEO CASABONA, Carlos María. (Dir.). *Enciclopedia de Bioderecho y Bioética*. Granada: Editorial Comares, 2011.

SOUZA, Iara Antunes de. *Aconselhamento Genético e Responsabilidade civil*: as ações por concepção indevida (wrongful conception), nascimento indevido (wrongful birth) e vida indevida (wrongful life). Belo Horizonte: Arraes Editores, 2014.

EUGENIA, PESSOA COM DEFICIÊNCIA E ACONSELHAMENTO GENÉTICO JUNTO À REPRODUÇÃO ASSISTIDA: REFLEXÕES BIOÉTICAS E BIOJURÍDICAS NA PERSPECTIVA DOS ENSINAMENTOS DA PROFA. MARIA DE FÁTIMA FREIRE DE SÁ

Iara Antunes de Souza

Doutora e Mestre em Direito Privado pela PUC Minas. Professora Associada da Graduação em Direito e do Mestrado "Novos Direitos, Novos Sujeitos" da Universidade Federal de Ouro Preto – UFOP. Coordenadora do Núcleo de Direitos Humanos e do Projeto de Extensão Direitos da Pessoa com Deficiência – DPD/NDH. Líder e Pesquisadora do Grupo de Pesquisa em Bioética, Biodireito e Direito Médico – CEBID *JUS*BIOMED. iara@ufop.edu.br.

Sumário: Introdução – 1. Aconselhamento genético junto à reprodução assistida – 2. Eugenia e pessoa com deficiência – 3. Autonomias bioética e biojurídica: possibilidades e exercício – Considerações finais – Referências.

INTRODUÇÃO

Antes de iniciarmos o Centro de Estudos em Biodireito – CEBID na PUC Minas, ainda em 2009, já tendo ingressado no mestrado sob orientação da Professora Maria de Fátima Freire de Sá, Fatinha como prefiro, eu já estudava seus escritos em grupo de pesquisa que se denominava: Biodireito – estudos das obras da Profa. Maria de Fátima Freire de Sá.

A influência de Fatinha como mestra e maestra de minha pesquisa é perceptível. Tanto é assim que mantive o seu legado, trazendo para a Universidade Federal de Ouro Preto (UFOP), a disciplina Tópicos em Biodireito como eletiva na graduação e a disciplina Biodireito e Reconhecimento como eletiva no Programa de Pós-Graduação "Novos Direitos, Novos sujeitos". Seguimos, hoje, como líderes do Grupo de Pesquisa em Bioética, Biodireito e Direito Médico – CEBID *JUS*BIOMED,[1] de forma interinstitucional, Fatinha na PUC Minas, eu na UFOP e Ana Thereza Meirelles na Universidade Católica do Salvador (UCSAL).

---

1. No Instagram: @cebidjusbiomed.

Aqui nesse artigo, a intenção é esboçar um recorte da pesquisa orientada por Fatinha no meu mestrado na PUC Minas, onde foi trabalhado o aconselhamento genético na reprodução assistida e seus potenciais eugênicos; junto à pesquisa do doutorado, também na PUC Minas, que foi orientada pelo Professor Walsir Edson Rodrigues Júnior, mas teve como referencial o trabalho de Fatinha e Diogo Luna acerca da capacidade dos incapazes,[2] em especial das pessoas com deficiência, que é, hoje, minha agenda de pesquisa. Sempre, claro em reflexão Bioética e Biojurídica.

O aconselhamento genético é prática realizada quando da reprodução assistida (RA) e permite, por exemplo, identificar doenças ou deficiência nos gametas, nos embriões ou no próprio nascituro ou feto, a depender do momento em que é realizado.

O que vou questionar aqui são as decisões oriundas do diagnóstico genético, em especial na esfera da pessoa com deficiência em uma perspectiva eugênica, gerando perquirição acerca de suas possibilidades e exercício das autonomias bioética e biojurídica.

Para buscar uma resposta a esses questionamentos bioéticos e biojurídicos inicialmente trarei a compreensão da RA e do aconselhamento genético realizado junto a ela; depois, então, trarei a perspectiva eugênica e a possibilidade de decisões junto ao aconselhamento genético quando envolver a questão da pessoa com deficiência; e, por fim, as autonomias bioética e biojurídica.

1. ACONSELHAMENTO GENÉTICO JUNTO À REPRODUÇÃO ASSISTIDA

A reprodução assistida (RA) foi regulada pelo Conselho Federal de Medicina (CFM) em 6 (seis) Resoluções, quais sejam: Resoluções CFM 1.358/1992, 1.957/2010, 2.013/2013, 2.121/2015, 2.168/2017 e 2.294/21. Atualmente, a regulamentação é feita pela Resolução CFM 2.320/22.

Até a Resolução de 2017, a RA era concebida como mecanismo de auxílio aos problemas de reprodução humana, de forma a facilitar o processo de procriação. Logo, essa concepção era restritiva à infertilidade física. Dessa forma, seria necessário socorrer-se à RA nos casos de *impotentia coeundi* (de ereção ou de ejaculação), incluindo-se aí a esterilização voluntária, quando há escassez de espermatozoides ou ovulação insuficiente; quando há incapacidade de retenção do embrião no útero para o seu natural desenvolvimento; ou, ainda, diante de qualquer forma de infertilidade inexplicada.

---

2. SÁ, Maria de Fátima Freire de; MOUREIRA, Diogo Luna. *A capacidade dos incapazes*: saúde mental e uma releitura da teoria das incapacidades no direito privado. Rio de Janeiro: Lumen Juris, 2011. 190p.

A Resolução CFM 2.294/21 amplia esse conceito, em que é seguida pela atual n.º 2.320/22, garantindo auxílio no processo de procriação (item I.1 e I.2)[3] para além dos impedimentos físicos, incluindo, então, as motivações de ordem pessoal, como nos casos das pessoas solteiras e viúvas e das pessoas homossexuais, que não querem contrariar sua orientação sexual ou identidade de gênero, em que pese férteis.

Isso representa, na prática, a garantia efetiva de acesso às técnicas de RA por todas as pessoas. A Resolução CFM 2.294/21 foi expressa quanto à sua aplicação às pessoas heterossexuais, como às homoafetivas e às transgêneras[4] (item II.2),[5] o que, de todo modo, já havia sido incluído na Resolução de 2017 em 2020. A Resolução CFM 2.320/22, atual, é genérica:

> II – Pacientes das técnicas de reprodução assistida
>
> 1. Todas as pessoas capazes que tenham solicitado o procedimento e cuja indicação não se afaste dos limites desta resolução podem ser receptoras das técnicas de reprodução assistida, desde que os participantes estejam de inteiro acordo e devidamente esclarecidos, conforme legislação vigente.
>
> 2. É permitida a gestação compartilhada em união homoafetiva feminina. Considera-se gestação compartilhada a situação em que o embrião obtido a partir da fecundação do(s) oócito(s) de uma mulher é transferido para o útero de sua parceira.

São vários os métodos de reprodução assistida,[6] contudo um dos mais conhecidos e importantes é a FIV – fertilização *in vitro*. Esse método consiste na promoção do encontro do espermatozoide com o óvulo em laboratório. Após a fertilização, o embrião é transferido para o útero da mulher que vai gestar. Tal método somente deve ser utilizado quando esgotadas as demais formas menos invasivas.

Quando o material genético a ser utilizado for dos(a) pacientes que buscam as técnicas, fala-se em RA homóloga. Em termos de resultado quanto à filiação biológica do embrião gerado, a FIV, no caso, nada difere da reprodução sem a

---

3. "I – Princípios gerais 1. As técnicas de reprodução assistida (RA) têm o papel de auxiliar no processo de procriação. 2. As técnicas de reprodução assistida podem ser utilizadas para doação de gametas e para preservação de gametas, embriões e tecidos germinativos por razões médicas e não médicas."
4. Nesses casos, as técnicas de RA são necessárias pois dependem de uma terceira pessoa que será a doadora de gametas e/ou gestante por substituição. A doação de gametas ou embriões, está prevista no item IV da Resolução CFM 2.320/22. Já a gestação por substituição, também conhecida como cessão temporária de útero e, vulgarmente, como barriga de aluguel, está prevista no item VII da Resolução CFM 2.320/22.
5. "2. É permitido o uso das técnicas de RA para heterossexuais, homoafetivos e transgêneros."
6. "Os métodos usados em reprodução assistida são: a inseminação intrauterina; a Injeção Intracitoplasmática de Espermatozóide, ICSI (*Intracytoplasmic Sperm Injection*); e a Fertilização *in vitro*, FIV. O primeiro apresenta Baixa complexidade e os dois outros são procedimento de alta complexidade." SÁ, Maria de Fátima Freire de; NAVES, Bruno Torquato de Oliveira. *Bioética e Biodireito*. 6. ed. Indaiatuba, SP: Foco, 2023. p. 112.

utilização das técnicas de RA. Entretanto, caso haja a utilização de um ou ambos os gametas doados ou de embrião doado, não haverá vinculação biológica entre um ou ambos os(as) pacientes usuários (as) das técnicas de RA, falando-se, portanto, em RA heteróloga.

É nesse contexto de RA que acontece o aconselhamento genética que aqui interessa. Segundo Aitziber Emaldi-Cirion,[7] o aconselhamento genético é um processo composto de atos médicos, dentro da medicina preditiva e preventiva, pelo qual é possível averiguar doenças ou deficiências genéticas,[8] possibilitando a advertência acerca de suas consequências, da probabilidade de o gameta, embrião ou o nascituro apresentá-las, bem como dos meios para evitá-las, melhorá-las ou minorá-las.

De fato, esse é o conceito de aconselhamento genético no art. 2º, XIII do Projeto de Declaração Internacional sobre os Dados Genéticos da Organização das Nações Unidas para a Educação, a Ciência e a Cultura – UNESCO:

> [...] Aconselhamento genético: procedimento destinado a explicar as possíveis consequências dos resultados de uma prova ou exame genético e suas vantagens e riscos, em qualquer caso, para ajudar uma pessoa a assumir essas consequências em longo prazo. Tem lugar tanto antes como depois de uma prova ou exame genéticos.[9] (tradução nossa).

O aconselhamento genético é composto 5 (cinco) fases: 1) onde o(a) médico(a) informa a possibilidade de se realizar exames preditivos aos(às) pacientes; 2) onde o(a) paciente será submetido aos exames genéticos pertinentes, após seu prévio consentimento livre e esclarecido, extraindo-se as provas médicas mediante as quais o(a) médico(a) poderá realizar o diagnóstico genético do(a) paciente, com a detecção de possíveis doenças, deficiências, suas causas, possibilidade de transmissão à descendência etc.; 3) onde é realizado o aconselhamento genético em sentido estrito[10], eis que é onde há interpretação e valoração dos

---

7. EMALDI-CIRIÓN, Aitziber. A responsabilidade dos profissionais sanitários no marco do assessoramento genético. In: ROMEO CASABONA, Carlos Maria; QUEIROZ, Juliane Fernandes (Coord.). *Biotecnologia e suas implicações ético-jurídicas*. Belo Horizonte: Del Rey, 2004. p. 63-127.
8. As enfermidades genéticas podem ser agrupadas em três grupos, a saber: 1 Transtornos de um único gen. 2 Alterações nos cromossomos – como a presença de um cromossomo 21, responsável pela Síndrome de Down. 3 Transtornos multifatoriais. Estes são oriundos da conjugação de fatores genéticos e sociais. AZCORRA, Miguel Urioste. Consejo genético y diagnóstico antenatal. In.: ROMEO CASABONA, Carlos (Dir.). *Genética y derecho*: estudios de derecho judicial, 36-2001. Madrid: Consejo General del Poder Judicial, 2001. p. 212.
9. [...] Asoramiento genético: procedimiento destinado a explicar las posibles consecuencias de los resultados de una prueba o un cribado genéticos y sus ventajas y riesgos y, en su caso, para ayudar a una persona a asumir esas consecuencias a largo plazo. Tiene lugar tanto antes como después de una prueba o un cribado genéticos." Organização das Nações Unidas para a Educação, a Ciência e a Cultura (UNESCO). *Proyecto de Declaración Internacional sobre los Datos Genéticos Humanos*: 2003. Disponível em: https://unesdoc.unesco.org/ark:/48223/pf0000131204_spa. Acesso em: 20 fev. 2025.
10. ROMEO CASABONA, Carlos María; EMALDI-CIRIÓN, Aitziber; EPIFANIO, Leire; ESCAJEDO San; JIMÉNEZ, Pilar Nicolás; MALANDA, Sergio Romeo; MORA, Asier Urruela. De la medicina curativa a

resultados obtidos junto às provas, culminando na conclusão médica acerca do procedimento indicado ao(à) paciente; 4) onde o(a) paciente consentirá de forma livre e esclarecida acerca de qual procedimento médico será adotado, podendo, inclusive, optar pela não realização de nenhum deles; e 5) onde há a execução do ato médico decorrente das escolhas no procedimento[11].

O aconselhamento genético é denominado de pré-conceptivo, de pré-implantatório, de pré-natal ou de pós-natal a depender do momento em que a prova, o diagnóstico e o aconselhamento genético, em si, são realizados.

Importa ao presente trabalho, com possível aplicação eugênica, os aconselhamentos genéticos pré-conceptivo, de pré-implantatório, de pré-natal.

O aconselhamento genético pré-conceptivo realiza-se antes da concepção (da união dos gametas masculino e feminino - espermatozoide e óvulo), *in vitro* ou *in vivo*. É realizado com o objetivo de verificar possível transmissão de enfermidades ou deficiências genéticas, hereditárias ou cromossômicas à descendência. O diagnóstico médico no aconselhamento genético pré-conceptivo pode oferecer ao(à) paciente as seguintes alternativas: 1) se não for identificada qualquer questão genética: a concepção e, portanto, a gravidez; 2) se for identificada alguma questão genética e a possibilidade de sua transmissão à descendência: a) que seja utilizada a FIV na RA e o exame, a seleção terapêutica ou a terapia gênica nos embriões, b) que seja realizada a esterilização ou o uso de métodos contraceptivos para se evitar a gravidez ou c) dentro do exercício da autonomia junto ao planejamento familiar, a continuação dos métodos para concepção e gravidez, devidamente cientificados os(as) pacientes de que a descendência poderá carregar as doenças e deficiências genéticas identificadas.

O aconselhamento genético pré-implantatório é realizado junto ao embrião *in vitro* decorrente da FIV, antes de sua da transferência ao útero da mulher. Identificadas questões genéticas, é possível a realização da seleção terapêutica de embriões, o que é permitido no item VI.1[12] da Resolução CFM 2.320/2022; a realização de terapias gênicas; não implantar o embrião; a implantação do embrião e, gerando a gravidez, a realização de aconselhamento genético pré-natal; e/ou a seleção de

---

la medicina preventiva: Consejo genético. *La ética y el derecho ante la biomedicina Del futuro*. Cátedra Interuniversitaria Fundación BBVA – Diputación Foral de Bizkaia de Derecho y Genoma Humano. Bilbao: Universidade de Deusto, 2006. p. 193.

11. EMALDI-CIRIÓN, Aitziber. A responsabilidade dos profissionais sanitários no marco do assessoramento genético. In: ROMEO CASABONA, Carlos Maria; QUEIROZ, Juliane Fernandes (Coord.). *Biotecnologia e suas implicações ético-jurídicas*. Belo Horizonte: Del Rey, 2004. p.64.

12. "VI – Diagnóstico Genético Pré-Implantacional de Embriões 1. As técnicas de reprodução assistida podem ser aplicadas à seleção de embriões submetidos a diagnóstico de alterações genéticas causadoras de doenças, podendo nesses casos ser doados para pesquisa ou descartados, conforme a decisão do(s) paciente(s), devidamente documentada com consentimento informado livre e esclarecido."

sexo do embrião por questões terapêuticas. Se não for identificada qualquer questão genética, a indicação médica será pela implantação e consequente gravidez.

O aconselhamento genético pré-natal é realizado junto ao nascituro ou feto, decorrente de gravidez oriunda ou não das técnicas da FIV. As provas são realizadas por meio de "técnicas não invasivas (ecografia) e/ou técnicas invasivas (amniocentese, biópsia dos velos coriais ou velocentese, fetos-copia, funiculocentese, remoção de uma ou mais células do blastocito etc.)".[13] Diante do diagnóstico no aconselhamento genético pré-natal, o(a) médico(a) poderá indicar ao(à) paciente as seguintes alternativas: se não for identificada qualquer questão genética, doença ou deficiência: continuidade da gravidez; se for identificada alguma questão genética, doença ou deficiência: interrupção terapêutica da gravidez, caso o ordenamento jurídico assim permita; ou proceder a uma terapia gênica fetal.

2. EUGENIA E PESSOA COM DEFICIÊNCIA

O aconselhamento genético e as técnicas existentes para excluir ou minimizar a possibilidade de transmissão de doenças ou deficiências genéticas, denota a preocupação excessiva com a ideia de não permitir que uma geração futura tenha doenças ou deficiências que a medicina reconhece e pode tentar impedir, dentro das técnicas de manipulação genética existentes.

O que se impõe ao ser humano é a manutenção de uma relação de responsabilidade, inclusive com as gerações futuras, com observância dos princípios bioéticos e biojurídicos quanto à legitimidade da prática. Logo, o aconselhamento genético e as práticas dele decorrentes constituem um grande avanço da ciência biomédica, contudo gera grandes debates éticos e jurídicos.

Maria de Fátima Freire de Sá e Bruno Torquato de Oliveira Naves discorrem sobre o direito à não discriminação genética, como um princípio a ser seguido na perspectiva bioética e biojurídica:

> [...] podemos dizer que o princípio é aplicável aos aspectos atinentes à realização, obtenção de informações e resultados de análises genéticas. Significa dizer que não haverá a possibilidade de utilização dos resultados dos testes genéticos para servir de qualificação a contratos de trabalho, como também as companhias de seguro não poderão valer-se dos testes para auferir lucros em relação aos seguros de vida e saúde.[14]

Nesse sentido é o artigo 6º da Declaração Universal sobre o Genoma Humano e os Direitos Humanos da UNESCO de 2001: "Nenhum indivíduo deve

---

13. LEONE, Salvino; PRIVITERA, Salvatore; CUNHA, Jorge Teixeira da. *Dicionário de bioética*. Aparecida (SP): Editora Santuário, 2001. p. 267.
14. SÁ, Maria de Fátima Freire de; NAVES, Bruno Torquato de Oliveira. *Bioética e Biodireito*. 6. ed. Indaiatuba, SP: Foco, 2023. p. 197.

ser submetido a discriminação com base em características genéticas, que vise violar ou que tenha como efeito a violação de direitos humanos, de liberdades fundamentais e da dignidade humana".[15]

Por essas e outras questões, o aconselhamento genético e suas práticas causam grande preocupação ética, em especial as ligadas à eugenia na sua espécie positiva. Trata-se de eugenia em sentido negativo, que segrega pessoa ou grupo de pessoas em razão de alguma característica, no caso a genética:

> [...] A seleção de qualquer característica biológica mostra-se muito próxima da eugenia, e o diagnóstico pré-implantação não representa nem pode representar um caminho para ela, na verdade, a linha divisória entre as duas técnicas é bastante tênue e, para isso, as normas éticas devem existir. Assim, cabe à bioética o papel de definir os limites de cada técnica, uma vez que a ciência deve ser orientada para o bem da humanidade.[16]

O termo eugenia, etimologicamente, significa "nobreza de origem".[17] Christina Féo e Tereza Rodrigues Vieira[18] (2009, p. 47) afirmam que a "[...] eugenia foi definida por F. Galton como a ciência que trata de todas as influências que melhoram as qualidades nativas (inborn) de uma raça".

Ao refletir sobre o futuro de uma sociedade eugênica[19], já expliquei que a eugenia é entendida ao longo do tempo em um sentido negativo, ligado aos abusos políticos na seleção das pessoas em razão de seus atributos de raça. Pois isso há remissão direta ao genocídio de pessoas e às experiências com seres humanos à época do holocausto, denominada de eugenia positiva (em sentido negativo). Tanto é assim que Helena Pereira de Melo[20] explica que:

> Se o Direito alemão tornou possível o nazismo e o horror, fê-lo porque à sociedade alemã da época interessava justificar, através da Medicina e da Biologia, um conjunto de "problemas sociais", como a criminalidade, a homossexualidade, a queda da natalidade, e as "questões" judaica e cigana. Ao considerarem os Judeus, os Ciganos, os Homossexuais como ameaças à saúde racial da nação alemã que deviam ser afastados, os nazis "medicalizaram" a política e o próprio Direito.

---

15. ORGANIZAÇÃO DAS NAÇÕES UNIDAS PARA A EDUCAÇÃO, A CIÊNCIA E A CULTURA (UNESCO *Declaração Universal sobre o Genoma Humano e os Direitos Humanos*: 2001. Disponível em: https://unesdoc.unesco.org/ark:/48223/pf0000122990_por. Acesso em: 20 fev. 2025.
16. GEBER, Selmo. Implicações éticas do diagnóstico pré-implantacional. In: CASABONA, Carlos Maria Romeo; QUEIROZ, Juliane Fernandes (Coord.). *Biotecnologia e suas implicações ético-jurídicas*. Belo Horizonte: Del Rey, 2004. p. 306.
17. MELO, Helena Pereira de. Manual de biodireito. Coimbra: Almedina, 2008. p. 19.
18. FÉO, Christina; VIEIRA, Tereza Rodrigues. Eugenia e o direito de nascer ou não com deficiência: algumas questões em debate. In: VIEIRA, Tereza Rodrigues. *Ensaios de Bioética e Direito*. Brasília: Editora Consulex, 2009. p. 47.
19. SOUZA, Iara Antunes de. Reflexões acerca do futuro de uma sociedade eugênica inspiradas no filme Gattaca. In.: LIMA, Taisa Maria Macena de; SÁ, Maria de Fátima Freire de; MOUREIRA, Diogo Luna (Coord.). *Direitos e fundamentos entre vida e arte*. Rio de Janeiro: Lumen Juris, 2010. p. 90.
20. MELO, Helena Pereira de. *Manual de biodireito*. Coimbra: Almedina, 2008. p. 72.

Esse sentido negativo para a palavra eugenia se instaurou, ainda, como reflexo da conduta de políticos e cientistas que propuseram medidas discriminatórias em sua utilização. Por isso, para muitas pessoas, a palavra contém uma hediondez. Entretanto, "[...] ela refere-se, apenas, a medidas que tendem a melhorar o patrimônio genético da humanidade, o que é uma tarefa benéfica e admirável, quando feita com total respeito aos direitos humanos e com base em conhecimentos científicos seguros".[21]

Por essa razão, a contação positiva (eugenia negativa) representa a possibilidade do melhoramento genético dos seres humanos, por meio da manipulação genética, buscando-se evitar a transmissão de doenças e deficiências às futuras gerações. Neste caso, é denominada, repito, de eugenia negativa.

Sobre a eugenia, a conclusão que se chega é a de que seu conceito é polissêmico, tendo seu significado variado no tempo, tendo em vista, político, social, jurídico e, especialmente, biológico e médico.

Nossa preocupação específica aqui é a eugenia positiva (em sentido negativo) realizada diante do aconselhamento genético na RA, especificamente diante das questões genéticas que envolvem a pessoa com deficiência. Principalmente diante da alteração do conceito de deficiência a partir da Carta de Nova Iorque, como é conhecida a Convenção sobre os Direitos Humanos das Pessoas com Deficiência da ONU, que foi incorporada ao direito brasileiro com status de norma constitucional, eis que aprovada nos termos do art. 5°, § 3° da Constituição da República de 1988, pelo Decreto 6.949/09; e no art. 2° e seu § 1°[22] do Estatuto da Pessoa com Deficiência (EPD), como é conhecida a Lei Brasileira de Inclusão (LBI), Lei 13.146/15.

O que ocorreu do ponto de vista dos Direitos Humanos das pessoas com deficiência, foi a ressignificação do seu conceito, que deixa de adotar o modelo médico, atrelado à doença; e passa a ser concebida no modelo biopsicossocial de avaliação multidisciplinar. Foi reconhecido que a deficiência não é algo que a pessoa porta e que pode (e deve) ser retirado dela. A deficiência é algo que pessoa

---

21. CONTI, Matilde Carone Slaibi. *Ética e direito na manipulação do genoma humano*. Rio de Janeiro: Forense, 2001. p. 35.
22. "Art. 2° Considera-se pessoa com deficiência aquela que tem impedimento de longo prazo de natureza física, mental, intelectual ou sensorial, o qual, em interação com uma ou mais barreiras, pode obstruir sua participação plena e efetiva na sociedade em igualdade de condições com as demais pessoas.
  § 1° A avaliação da deficiência, quando necessária, será biopsicossocial, realizada por equipe multiprofissional e interdisciplinar e considerará:
  I – os impedimentos nas funções e nas estruturas do corpo;
  II – os fatores socioambientais, psicológicos e pessoais;
  III – a limitação no desempenho de atividades; e
  IV – a restrição de participação.

é dentro da compreensão de diversidade humana e que, em contato com barreiras presentes na sociedade, impedem com que ela exerça seus direitos em igualdade de condições com as demais.

O sistema anterior, baseado no modelo médico, aplicava a lógica: doente ou deficiente consequentemente a pessoa seria considerada com deficiência e, então, alguns direitos eram lhe retirados, como, por exemplo, a possibilidade de exercício, por si só, de sua autonomia em perspectiva de capacidade civil. Isso fez com que, ao longo do tempo, a doença e a doença fossem questões indesejáveis e que deveriam ser eliminadas, rodeada de vários preconceitos. Contudo, no que tange à deficiência, sendo questão da diversidade humana, o que se tem, de fato, é que a deficiência está é na sociedade que não é capaz de quebrar as barreiras que impedem a plena inclusão das pessoas.

Maria de Fátima Freire de Sá e Bruno Torquato de Oliveira Naves[23] entendem que:

> O respeito às minorias e à pluralidade só é possível garantindo-se a concepção de vida boa para cada um. Não é juridicamente aceitável, em um Estado Democrático de Direito, a imposição do conteúdo do conteúdo de valores universalizantes. Logo, o desafio da época em que vivemos é trazer a concepção do Direito como racionalidade de fins, ao autorizar, ordenar ou proibir uma conduta, bem diversa da racionalidade instrumental defendida pela Medicina que busca, tão somente, a eficácia da medida tomada.

Vou além, a construção social e jurídica hegemônica e universalizante das pessoas é uma herança da colonialidade do poder e do saber,[24] onde precisamos nos adequar à uma concepção preestabelecida por outras pessoas que se julgam superiores e impõe suas verdades, o homem branco, europeu e que se diz heterossexual; sem o reconhecimento da diversidade intrínseca aos seres, em especial os humanos.

Entretanto, as pessoas no mundo real são diversas, tanto do ponto de vista biológico quanto dos pontos de vista social e jurídico, são diversas. Isso significa, que nem todas as pessoas se enquadram no modelo hegemônico e universal, contudo mantém sua dignidade.

---

23. SÁ, Maria de Fátima Freire de; NAVES, Bruno Torquato de Oliveira. *Bioética e Biodireito*. 6. ed. Indaiatuba, SP: Editora Foco, 2023. p. 205.
24. Conforme explicam Wanderson Nascimento e Volnei Garrafa (NASCIMENTO, Wanderson Flor do; GARRAFA, Volnei. Por uma Vida não Colonizada: diálogo entre bioética de intervenção e a colonialidade. *Saúde e Sociedade*, v. 20, n. 20, 2011, p. 287-299. disponível em: https://www.revistas.usp.br/sausoc/article/view/29791/31673. Acesso em: 23 nov. 2024.), a colonialidade do saber representa a forma de produção do conhecimento e de conceitos que legitimam e dão fundamento à colonialidade do poder. Esta, por sua vez, representa uma classificação racial/étnica da população mundial (QUIJANO, Aníbal. Colonialidade do poder e classificação social. In. SANTOS, Boaventura de Sousa; MENESES, Maria Paula. *Epistemologias do Sul*. Coimbra: Edições Almedina, 2009. p. 73), representada pelo eurocentrismo, modelo hegemônico, imposto e admitido como única racionalidade válida.

Por isso é que a avaliação das questões genéticas (doença ou deficiência), em qualquer caso, deve levar em conta que seu resultado prático depende da combinação de fatores genéticos e socioambientais, em especial quando se tratar de deficiência, considerando o conceito biopsicossocial e de avaliação multidisciplinar previsto no já citado art. 2º do Estatuto da Pessoa com Deficiência, sob pena de discriminação, que é criminalizada expressamente no art. 88:[25]

> Art. 4º Toda pessoa com deficiência tem direito à igualdade de oportunidades com as demais pessoas e não sofrerá nenhuma espécie de discriminação.
>
> § 1º Considera-se discriminação em razão da deficiência toda forma de distinção, restrição ou exclusão, por ação ou omissão, que tenha o propósito ou o efeito de prejudicar, impedir ou anular o reconhecimento ou o exercício dos direitos e das liberdades fundamentais de pessoa com deficiência, incluindo a recusa de adaptações razoáveis e de fornecimento de tecnologias assistivas.

A discriminação contra a pessoa com deficiência é denominada de Capacitismo.

Diante do aconselhamento genética na RA, a partir do momento em que se é verificada uma doença ou deficiência, a opção pela não concepção, não implantação do embrião ou do não nascimento (quanto o ordenamento jurídico permite o aborto) seria uma prática eugenista, discriminatória e capacitista? Se sim, haveria a possibilidade de exercício de autonomias nesse caso?

3. AUTONOMIAS BIOÉTICA E BIOJURÍDICA: POSSIBILIDADES E EXERCÍCIO

A autonomia é um princípio bioético oriundo o Relatório de Belmont de 1978 e "[...] pode ser entendido como o reconhecimento de que a pessoa possui capacidade para se autogovernar. Assim, de modo livre e sem influências exter-

---

25. "Art. 88. Praticar, induzir ou incitar discriminação de pessoa em razão de sua deficiência:
Pena: reclusão, de 1 (um) a 3 (três) anos, e multa.
§ 1º Aumenta-se a pena em 1/3 (um terço) se a vítima encontrar-se sob cuidado e responsabilidade do agente.
§ 2º Se qualquer dos crimes previstos no *caput* deste artigo é cometido por intermédio de meios de comunicação social ou de publicação de qualquer natureza:
Pena: reclusão, de 2 (dois) a 5 (cinco) anos, e multa.
§ 3º Na hipótese do § 2º deste artigo, o juiz poderá determinar, ouvido o Ministério Público ou a pedido deste, ainda antes do inquérito policial, sob pena de desobediência:
I – recolhimento ou busca e apreensão dos exemplares do material discriminatório;
II – interdição das respectivas mensagens ou páginas de informação na internet.
§ 4º Na hipótese do § 2º deste artigo, constitui efeito da condenação, após o trânsito em julgado da decisão, a destruição do material apreendido."

nas, preceitua-se o respeito pela capacidade de decisão e ação do ser humano".[26] Na medicina ainda é trabalhado o conceito de competência,[27] que representa a capacidade em termos clínicos para tomar decisões sobre seu próprio corpo. Tal princípio também é previsto na Declaração Universal de Bioética e Direitos Humanos da UNESCO de 2005, que buscou agregar a dimensão social como intrínseca à bioética, trazendo um novo referencial de orientação, voltado à real efetivação da aplicação dos Direitos Humanos.[28]

No biodireito encontra respaldo no reconhecimento de que as pessoas têm liberdade de atuação, uma vez que a Constituição da República de 1988[29] garante isso a todas as pessoas como Direito Fundamental.

A autonomia no Direito, em especial na teoria geral do Direito Civil, é trabalhada junto à teoria das capacidades civis onde, ao se reconhecer as pessoas que nascem com vida como detentoras de capacidade de direito, reconhece que os critérios etários e de saúde mental para o seu exercício autônomo, sua capacidade de exercício. Representa, portanto, a competência da pessoa com mais de 18 (dezoito) anos de idade e que tenha discernimento, para que possa se autodeterminar. Sua expressão externa se dá por meio da manifestação de vontade. Para a manifestação de vontade discernida, a pessoa tem que ter conhecimento da realidade, compreender as variantes, as possibilidades, o que é positivo e o que é negativo e, dentro das escolhas possíveis, fazer a sua.

Maria de Fátima Freire de Sá e Bruno Torquato de Oliveira Naves[30] entendem que a autonomia é "a concessão de poderes de atuação à pessoa." A autora e o autor trabalham a autonomia na perspectiva da autonomia privada "em detrimento da antiga autonomia da vontade. Essa possui uma conotação psicológica, ligada ao momento do Estado Liberal em que a vontade ocupava lugar privilegiado, sendo suficiente para criar Direito, cabendo ao Estado apenas sancioná-la".[31]

---

26. SÁ, Maria de Fátima Freire de; NAVES, Bruno Torquato de Oliveira. *Bioética e Biodireito*. 6. ed. Indaiatuba, SP: Editora Foco, 2023. p. 26.
27. MOREIRA, Luiza Amélia Cabus; OLIVEIRA, Irismar Reis de. Algumas questões éticas no tratamento da anorexia nervosa. *Jornal de Psiquiatria*, Rio de Janeiro, v. 57, n. 3, 2008. Disponível em: http://www.scielo.br/pdf/jbpsiq/v57n3/01.pdf. Acesso em: 20 fev. 2025.
28. SOUZA, Iara Antunes de; LISBÔA, Natalia de Souza. PRINCÍPIOS BIOÉTICOS E BIOJURÍDICOS: UMA VISÃO BASEADA NOS DIREITOS HUMANOS. In: SÁ, Maria de Fátima Freire de; NOGUEIRA, Roberto Henrique Pôrto; SCHETTINI, Beatriz. (Org.). *Novos direitos privados*. 1.ª ed. Belo Horizonte: Arraes Editores, 2016, v. 1, p. 1-15.
29. "Art. 5º Todos são iguais perante a lei, sem distinção de qualquer natureza, garantindo-se aos brasileiros e aos estrangeiros residentes no País a inviolabilidade do direito à vida, *à liberdade*, à igualdade, à segurança e à propriedade, nos termos seguintes: [...]." (grifo nosso).
30. SÁ, Maria de Fátima Freire de; NAVES, Bruno Torquato de Oliveira. *Bioética e Biodireito*. 6. ed. Indaiatuba, SP: Editora Foco, 2023. p. 29.
31. SÁ, Maria de Fátima Freire de; NAVES, Bruno Torquato de Oliveira. *Bioética e Biodireito*. 6. ed. Indaiatuba, SP: Editora Foco, 2023. p. 30.

Prefiro trabalhar autonomias no plural, eis que são diversas, em especial se tratando de questões patrimoniais e existências. Entendo que tanto a autonomia privada quanto a autonomia da vontade vinculam-se ao exercício de questões patrimoniais essencialmente. Em bioética e biodireito, a autonomia é essencialmente existencial, muitas vezes de forma pura; outras vezes com reflexo patrimonial.

Na relação médico(a)-paciente as autonomias bioética e biojurídica de médico(a) e paciente são exercidas junto ao Termo de Consentimento Livre e Esclarecido (TCLE). Carlos María Romeo-Casabona[32] ensina que o consentimento livre e esclarecido te, origem em fenômenos complementares: de um lado, a necessidade de reconhecimento e consequente tutela dos direitos dos(as) pacientes; e, de outro lado, a transformação da relação médico-paciente, uma vez que o(a) médico(a) não tem o condão de decidir sobre o interesse dos(as) pacientes.

A posição da bioética e do biodireito é a de que todo procedimento terapêutico deve contar com a concordância do(a) paciente, pois trata-se, em primeiro lugar, de sua vida, de sua saúde, de sua integridade física. Logo, em regra, não seria legítima qualquer intervenção médica sem o seu consentimento[33].

O exercício da autonomia do paciente, para ter validade jurídica, especialmente na seara médica, deve preencher os seguintes requisitos: ser esclarecida, oriunda de uma informação correta e suficiente; ter o agente que a manifesta perfeito discernimento; e inexistir qualquer condicionante que a vicie, tais como: erro, dolo, coação, estado de perigo e lesão.

É dever do(a) médico informar ao(à) paciente de forma suficiente e completa, inclusive sobre os riscos envolvidos na prática médica. Diante de tal informação é que o(a) paciente poderá livre e conscientemente exercer sua autonomia, expressamente por meio do termo próprio[34].

Ainda que se reconheça o direito a não saber do paciente, é necessário fazer constar a vontade dele em um termo de consentimento – ligado ao conteúdo de não querer conhecer a informação a ser prestada pelo médico resguardando-se, assim, futura responsabilidade do profissional.

---

32. ROMEO-CASABONA, Carlos María. O consentimento informado na relação entre médico e paciente: aspectos jurídicos. In.: ROMEO-CASABONA, Carlos Maria; QUEIROZ, Juliane Fernandes (Coord.). *Biotecnologia e suas implicações ético-jurídicas*. Belo Horizonte: Del Rey, 2004. p. 132.

33. SÁ, Maria de Fátima Freire; SOUZA, Iara Antunes de. Termo de consentimento livre e esclarecido e responsabilidade civil do médico e do hospital. In: ROSENVALD, Nelson; MENEZES, Joyceane Bezerra de; DADALTO, Luciana. (Org.). *Responsabilidade civil e medicina*. 2. ed. Indaiatuba, SP: Editora Foco, 2021, v. 1, p. 63.

34. ROMEO-CASABONA, Carlos María. O consentimento informado na relação entre médico e paciente: aspectos jurídicos. In.: ROMEO-CASABONA, Carlos Maria; QUEIROZ, Juliane Fernandes (Coord.). *Biotecnologia e suas implicações ético-jurídicas*. Belo Horizonte: Del Rey, 2004. p. 130.

A autonomia do(a) médico e sua manifestação de vontade se dá, de um lado, pela real e completa informação passada ao paciente; e, de outro lado, pela manifestação de vontade do(a) paciente que se perfaz pelo seu consentimento à prática médica. O TCLE deve ser levado a sério pelo(a) profissional, uma vez que como Maria de Fátima Freire de Sá e eu[35] defendemos, ele é um instrumento de garantia de direitos do profissional, capaz de limitar ou excluir sua responsabilidade, diante da comprovação da boa prática médica.

A regulamentação do TCLE no Brasil se dá nas Resoluções 466/12 e 510/16 do Conselho Nacional de Saúde (CNS), na Lei 14.874/2024; e na Recomendação 1/16 do CFM.

O exercício das autonomias bioética e biojurídica deve ser atrelado à responsabilidade pelas escolhas, pelas informações e pelas consequências das decisões. Nesse sentido é o artigo 5º[36] da Declaração Universal de Bioética e Direitos Humanos da UNESCO, que agrega os termos autonomia e responsabilidade. Sendo assim, a autonomia é exercida com responsabilidade e concretizada pelo consentimento.

Aqui podemos, então, retomar a perquirição da possibilidade de exercício das autonomias bioética e biojurídica diante do aconselhamento genético junto a RA, considerando seu potencial eugênico, em especial diante do diagnóstico relacionado à deficiência.

A legitimidade do exercício dessa autonomia, que não será da pessoa que nascerá com deficiência, mas sim de seus genitores (pai e/ou mãe), somente se afastará da eugenia positiva (em sentido negativo) se não for discriminatória. Nesse caso, a eugenia seria negativa (em sentido positivo). E é essa reflexão que precisamos fazer como sociedade, em especial médica e jurídica: qual é o limite entre a eugenia negativa e a discriminação?

Se o conceito de deficiência é hoje biopsicossocial, não é o diagnóstico genético, por si só, que determinará a qualidade de vida da pessoa. A diversidade faz parte do ser humano, seria adequado não a ter?

---

35. SÁ, Maria de Fátima Freire; SOUZA, Iara Antunes de. Termo de consentimento livre e esclarecido e responsabilidade civil do médico e do hospital. In: ROSENVALD, Nelson; MENEZES, Joyceane Bezerra de; DADALTO, Luciana. (Org.). *Responsabilidade civil e medicina*. 2. ed. Indaiatuba, SP: Foco, 2021, v. 1, p. 75.

36. "Artigo 5º Autonomia e responsabilidade individual. A autonomia das pessoas no que respeita à tomada de decisões, desde que assumam a respectiva responsabilidade e respeitem a autonomia dos outros, deve ser respeitada. No caso das pessoas incapazes de exercer a sua autonomia, devem ser tomadas medidas especiais para proteger os seus direitos e interesses."

CONSIDERAÇÕES FINAIS

Ao final, reconheço que acabei trazendo mais reflexões do que, de fato, respostas. As decisões oriundas do diagnóstico genético, em especial na esfera da pessoa com deficiência em uma perspectiva eugênica, são possíveis de serem exercidas, em autonomias bioética e biojurídica, contudo, apenas se não for discriminatória, sob pena de consequente responsabilidade.

Precisamos refletir sobre se diante do aconselhamento genética na RA, a partir do momento em que se é verificada uma doença ou deficiência, a opção pela não concepção, não implantação do embrião ou do não nascimento (quanto o ordenamento jurídico permite o aborto) seria uma prática eugenista, discriminatória e capacitista, o que vetaria o exercício das autonomias. Não se pode aceitar um modelo hegemônico de seres humanos, pois é preciso reconhecer a diversidade. De outro lado, não é adequado fechar os olhos à evolução científica se ela for capaz de trazer qualidade de vida, sem discriminação.

Acredito fielmente que os ensinamentos da Professora Maria de Fátima Freire de Sá aqui trazidos são fundamento precioso para nossas reflexões bioéticas e biojurídicas.

REFERÊNCIAS

AZCORRA, Miguel Urioste. Consejo genético y diagnóstico antenatal. In.: ROMEO CASABONA, Carlos (Dir.). *Genética y derecho*: estudios de derecho judicial, 36-2001. Madrid: Consejo General del Poder Judicial, 2001.

BRASIL. Constituição da República Federativa do Brasil de 1988. Brasília, DF: Presidência da República, 1988. Disponível em: http://www.planalto.gov.br/ccivil_03/constituicao/constituicaocompilado.htm. Acesso em: 20 fev. 2025.

BRASIL. Decreto 3.298, de 20 de dezembro de 1999. Regulamenta a Lei 7.853, de 24 de outubro de 1989, dispõe sobre a Política Nacional para a Integração da Pessoa Portadora de Deficiência, consolida as normas de proteção, e dá outras providências. Disponível em: https://www.planalto.gov.br/ccivil_03/decreto/d3298.htm#:~:text=DECRETO%20N%C2%BA%203.298%2C%20DE%2020,prote%C3%A7%C3%A3o%2C%20e%20d%C3%A1%20outras%20provid%C3%AAncias. Acesso em: 20 fev. 2025.

BRASIL. Decreto 6.949, *de 25 de agosto de 2009*. Promulga a Convenção Internacional sobre os Direitos das Pessoas com Deficiência e seu Protocolo Facultativo, assinados em Nova York, em 30 de marco de 2007. Brasília, DF: Presidência da República, 2009. Disponível em: http://www.planalto.gov.br/ccivil_03/_ato2007-2010/2009/decreto/d6949.htm. Acesso em: 20 fev. 2025.

BRASIL. Lei 13.146, de 6 de julho de 2015. Institui a Lei Brasileira de Inclusão da Pessoa com Deficiência (Estatuto da Pessoa com Deficiência). Brasília, DF: Presidência da República, 2015b. Disponível em: http://www.planalto.gov.br/ccivil_03/_ato2015-2018/2015/lei/l13146.htm. Acesso em: 20 fev. 2025.

BRASIL. Lei 14.874, de 28 de maio de 2024. Dispõe sobre a pesquisa com seres humanos e institui o Sistema Nacional de Ética em Pesquisa com Seres Humanos. Disponível em: https://www.planalto.gov.br/ccivil_03/_ato2023-2026/2024/lei/L14874.htm. Acesso em: 20 fev. 2025.

CONSELHO FEDERAL DE MEDICINA. *Recomendação* CFM 1/2016. Dispõe sobre o processo de obtenção de consentimento livre e esclarecido na assistência médica. Disponível em: https://sistemas.cfm.org.br/normas/visualizar/recomendacoes/BR/2016/1. Acesso em: 20 fev. 2025.

CONSELHO FEDERAL DE MEDICINA. Resolução 1.358, de 19 de novembro de 1992. Adota as Normas Éticas para a Utilização das Técnicas de Reprodução Assistida, anexas à presente Resolução como dispositivo deontológico a ser seguido pelos médicos. Disponível em: https://sistemas.cfm.org.br/normas/arquivos/resolucoes/BR/1992/1358_1992.pdf. Acesso em: 20 fev. 2025.

CONSELHO FEDERAL DE MEDICINA. Resolução 1.957, de 15 de dezembro de 2010. Normas éticas para a utilização das técnicas de reprodução assistida. Disponível em: https://sistemas.cfm.org.br/normas/visualizar/resolucoes/BR/2010/1957. Acesso em: 20 fev. 2025.

CONSELHO FEDERAL DE MEDICINA. Resolução 2.013, de 09 de maio de 2013. Adota as normas éticas para a utilização das técnicas de reprodução assistida, anexas à presente resolução, como dispositivo deontológico a ser seguido pelos médicos e revoga a Resolução CFM 1.957/10. Disponível em: https://portal.cfm.org.br/images/PDF/resoluocfm%202013.2013.pdf. Acesso em: 20 fev. 2025.

CONSELHO FEDERAL DE MEDICINA. Resolução 2.121/2015, de 24 de setembro de 2015. Adota as normas éticas para a utilização das técnicas de reprodução assistida – sempre em defesa do aperfeiçoamento das práticas e da observância aos princípios éticos e bioéticos que ajudarão a trazer maior segurança e eficácia a tratamentos e procedimentos médicos –tornando-se o dispositivo deontológico a ser seguido pelos médicos brasileiros e revogando a Resolução CFM 2.013/13, publicada no D.O.U. de 9 de maio de 2013, Seção I, p. 119. Disponível em: https://sistemas.cfm.org.br/normas/visualizar/resolucoes/BR/2015/2121. Acesso em: 20 fev. 2025.

CONSELHO FEDERAL DE MEDICINA. Resolução 2.168/2017, de 10 de novembro de 2017. Adota as normas éticas para a utilização das técnicas de reprodução assistida –sempre em defesa do aperfeiçoamento das práticas e da observância aos princípios éticos e bioéticos que ajudam a trazer maior segurança e eficácia a tratamentos e procedimentos médicos –, tornando-se o dispositivo deontológico a ser seguido pelos médicos brasileiros e revogando a Resolução CFM nº 2.121, publicada no D.O.U. de 24 de setembro de 2015, Seção I, p. 117. Disponível em: https://sistemas.cfm.org.br/normas/visualizar/resolucoes/BR/2017/2168. Acesso em: 20 fev. 2025.

CONSELHO FEDERAL DE MEDICINA (CFM). Resolução 2.294, de 15 de junho de 2021. Adota as normas éticas para a utilização das técnicas de reprodução assistida – sempre em defesa do aperfeiçoamento das práticas e da observância aos princípios éticos e bioéticos que ajudam a trazer maior segurança e eficácia a tratamentos e procedimentos médicos, tornando-se o dispositivo deontológico a ser seguido pelos médicos brasileiros e revogando a Resolução CFM 2.168, publicada no D.O.U. de 10 de novembro de 2017, Seção I, p. 73. Disponível em: https://sistemas.cfm.org.br/normas/arquivos/resolucoes/BR/2021/2294_2021.pdf. Acesso em: 20 fev. 2025.

CONSELHO FEDERAL DE MEDICINA. Resolução 2.320, de 20 de setembro de 2022 Adota normas éticas para a utilização de técnicas de reprodução assistida – sempre em defesa do aperfeiçoamento das práticas e da observância aos princípios éticos e bioéticos que ajudam a trazer maior segurança e eficácia a tratamentos e procedimentos médicos, tornando-se o dispositivo deontológico a ser seguido pelos médicos brasileiros e revogando a Resolução CFM nº 2.294, publicada no Diário Oficial da União de 15 de junho de 2021, Seção I, p. 60.. Disponível em: https://sistemas.cfm.org.br/normas/arquivos/resolucoes/BR/2022/2320_2022.pdf. Acesso em: 20 fev. 2025.

CONSELHO NACIONAL DE SAÚDE. Resolução n. 466, de 12 de dezembro de 2012. Aprova diretrizes e normas regulamentadoras de pesquisas envolvendo seres humanos. Disponível em: http://www.conselho.saude.gov.br/resolucoes/2012/Reso466.pdf. Acesso em: 20 fev. 2025.

CONSELHO NACIONAL DE SAÚDE. Resolução 510, de 07 de abril de 2016. Disponível em: http://conselho.saude.gov.br/resolucoes/2016/Reso510.pdf. Acesso em: 20 fev. 2025.

CONTI, Matilde Carone Saib. *Ética e direito na manipulação do genoma humano*. Rio de Janeiro: Forense, 2001.188p.

EMALDI-CIRIÓN, Aitziber. A responsabilidade dos profissionais sanitários no marco do assessoramento genético. In: ROMEO CASABONA, Carlos Maria; QUEIROZ, Juliane Fernandes (Coord.). *Biotecnologia e suas implicações ético-jurídicas*. Belo Horizonte: Del Rey, 2004.

FÉO, Christina; VIEIRA, Tereza Rodrigues. Eugenia e o direito de nascer ou não com deficiência: algumas questões em debate. In: VIEIRA, Tereza Rodrigues. *Ensaios de Bioética e Direito*. Brasília: Editora Consulex, 2009.

GEBER, Selmo. Implicações éticas do diagnóstico pré-implantacional. In: ROMEO CASABONA, Carlos Maria; QUEIROZ, Juliane Fernandes (Coord.). *Biotecnologia e suas implicações ético-jurídicas*. Belo Horizonte: Del Rey, 2004.

MELO, Helena Pereira de. *Manual de biodireito*. Coimbra: Almedina, 2008.

MOREIRA, Luiza Amélia Cabus; OLIVEIRA, Irismar Reis de. Algumas questões éticas no tratamento da anorexia nervosa. *Jornal de Psiquiatria*, Rio de Janeiro, v. 57, n. 3, 2008. Disponível em: http://www.scielo.br/pdf/jbpsiq/v57n3/01.pdf. Acesso em: 20 fev. 2025.

NASCIMENTO, Wanderson Flor do; GARRAFA, Volnei. Por uma Vida não Colonizada: diálogo entre bioética de intervenção e a colonialidade. *Saúde e Sociedade*, v. 20, n. 20, 2011, p. 287-299. disponível em: https://www.revistas.usp.br/sausoc/article/view/29791/31673. Acesso em: 20 fev. 2025.

ORGANIZAÇÃO DAS NAÇÕES UNIDAS PARA A EDUCAÇÃO, A CIÊNCIA E A CULTURA (UNESCO). Declaração Universal sobre Bioética e Direitos Humanos. 2005. Disponível em: http://unesdoc.unesco.org/images/0014/001461/146180por.pdf. Acesso em: 20 fev. 2025.

ORGANIZAÇÃO DAS NAÇÕES UNIDAS PARA A EDUCAÇÃO, A CIÊNCIA E A CULTURA (UNESCO) Declaração Universal sobre o Genoma Humano e os Direitos Humanos: 2001. Disponível em: https://unesdoc.unesco.org/ark:/48223/pf0000122990_por. Acesso em: 20 fev. 2025.

ORGANIZAÇÃO DAS NAÇÕES UNIDAS PARA A EDUCAÇÃO, A CIÊNCIA E A CULTURA (UNESCO). *Proyecto de Declaración Internacional sobre los Datos Genéticos Humanos*: 2003. Disponível em: https://unesdoc.unesco.org/ark:/48223/pf0000131204_spa. Acesso em: 20 fev. 2025.

QUIJANO, Aníbal. Colonialidade do poder e classificação social. In: SANTOS, Boaventura de Sousa; MENESES, Maria Paula. *Epistemologias do Sul*. Coimbra: Edições Almedina, 2009.

ROMEO CASABONA, Carlos María. O consentimento informado na relação entre médico e paciente: aspectos jurídicos. In: ROMEO CASABONA, Carlos Maria; QUEIROZ, Juliane Fernandes (Coord.). *Biotecnologia e suas implicações ético-jurídicas*. Belo Horizonte: Del Rey, 2004.

ROMEO CASABONA, Carlos María; EMALDI-CIRIÓN, Aitziber; EPIFANIO, Leire; ESCAJEDO San; JIMÉNEZ, Pilar Nicolás; MALANDA, Sergio Romeo; MORA, Asier Urruela. De la medicina curativa a la medicina preventiva: Consejo genético. *La ética y el derecho ante la biomedicina Del futuro*. Cátedra Interuniversitaria Fundación BBVA – Diputación Foral de Bizkaia de Derecho y Genoma Humano. Bilbao: Universidade de Deusto, 2006.

SÁ, Maria de Fátima Freire de; MOUREIRA, Diogo Luna. *A capacidade dos incapazes*: saúde mental e uma releitura da teoria das incapacidades no direito privado. Rio de Janeiro: Lumen Juris, 2011.

SÁ, Maria de Fátima Freire de; NAVES, Bruno Torquato de Oliveira. *Bioética e Biodireito*. 6. ed. Indaiatuba, SP: Foco, 2023.

SÁ, Maria de Fátima Freire; SOUZA, Iara Antunes de. Termo de consentimento livre e esclarecido e responsabilidade civil do médico e do hospital. In: ROSENVALD, Nelson; MENEZES, Joyceane Bezerra de; DADALTO, Luciana. (Org.). *Responsabilidade civil e medicina*. 2. ed. Indaiatuba, SP: Editora Foco, 2021. v. 1.

SOUZA, Iara Antunes de. Aconselhamento Genético e Responsabilidade Civil: As Ações por Concepção Indevida (*Wrongful Conception*), Nascimento Indevido (*Wrongful Birth*) e Vida Indevida (*Wrongful Life*). Belo Horizonte: Arraes Editores, 2014.

SOUZA, Iara Antunes de. Estatuto da Pessoa com Deficiência: curatela e saúde mental. Belo Horizonte: D'Plácido Editora, 2016.

SOUZA, Iara Antunes de. Reflexões acerca do futuro de uma sociedade eugênica inspiradas no filme Gattaca. In: LIMA, Taisa Maria Macena de; SÁ, Maria de Fátima Freire de; MOUREIRA, Diogo Luna (Coord.). *Direitos e fundamentos entre vida e arte*. Rio de Janeiro: Lumen Juris, 2010.

SOUZA, Iara Antunes de. (Re)Significação da (in)capacidade e da curatela no estatuto da pessoa com deficiência. *Empório do Direito*, São Paulo, p. 1 - 4, 29 jul. 2020. Disponível em: https://emporiododireito.com.br/leitura/re-significacao-da-in-capacidade-e-da-curatela-no-estatuto-da-pessoa-com-deficiencia. Acesso em: 20 fev. 2025.

SOUZA, Iara Antunes de; LISBÔA, Natalia de Souza. Autonomia decolonial da pessoa com deficiência no Brasil. In: ROCHA, Paulo Henrique Borges; MAGALHÃES, José Luiz Quadros de; OLIVEIRA, Patrícia Miranda Pereira. Decolonialidade a partir do Brasil. Belo Horizonte: Editora Dialética; 2020. v. III.

SOUZA, Iara Antunes de; LISBOA, Natália de Souza. Princípios bioéticos e biojurídicos: uma visão baseada nos direitos humanos. In: SÁ, Maria de Fátima Freire de; NOGUEIRA, Roberto Henrique Pôrto; SCHETTINI, Beatriz. (Org.). *Novos direitos privados*. Belo Horizonte: Arraes Editores, 2016. v. 1.

2 – NOVOS DIREITOS

INFÂNCIA E CÁRCERE: OS DIREITOS E O DESENVOLVIMENTO DA CRIANÇA FILHA DE MÃE PRIVADA DE LIBERDADE

Beatriz Schettini

Doutora e Mestre em Direito Privado pela PUC-Minas. Professora Associada de Direito Civil da UFOP.

Lorena Rodrigues de Souza

Pós-graduada em Direito das Famílias e Sucessões pela Faculdade Legale. Bacharela em Direito pela UFOP.

Sumário: Introdução – 1. O estatuto da criança e do adolescente (ECA) – 2. Os princípios do ECA – 3. A importância da relação mãe-filho e a teoria do apego – 4. Os direitos da criança no sistema carcerário feminino – 5. A situação carcerária após o *habeas corpus* 143.641/SP – Considerações finais – Referências.

INTRODUÇÃO

O presente texto é resultado de uma pesquisa de iniciação científica realizada na Universidade Federal de Ouro Preto no período de 2021/2022, intitulada: infância encarcerada, os direitos e o desenvolvimento da criança filha de mãe privada de liberdade.[1] A base teórica e científica que sustentou a propositura do projeto junto à PROPPI/UFOP (Pró-Reitora de Pesquisa e Inovação da UFOP), dando nome ao mesmo, foi o artigo da professora Dra. Maria de Fátima Freire de Sá em coautoria com a professora Dra. Taísa Maria Macena de Lima.[2] Por meio desse embasamento a pesquisa se desenvolveu e ao final fora concluída e aprovada na mesma Pró-Reitora.

Assim, o artigo versa sobre o tema direitos da criança, mais especificamente sobre os direitos da criança filha de mãe encarcerada, analisando a relação mãe e filho sob uma perspectiva jurídico-social e buscando responder ao questionamento: os direitos e o desenvolvimento de crianças são afetados pelas implicações do cárcere materno?

---

1. Edital/Programa:16/2020/PIVIC/UFOP/1ºSemestre.
2. LIMA, Taisa Maria Macena de; SÁ, Maria de Fátima Freire de. *Ensaios sobre a Infância e a adolescência*. 2. ed. Belo Horizonte: Arraes Editores, 2019, 131p.

A predileção pelo tema se deu devido às precárias condições em que vivem as mulheres encarceradas no Brasil, situação que se agrava à medida que é estendida a seus filhos, submetidos à condições tão insalubres quanto as de suas mães: falta infraestrutura que comporte, adequadamente, o exercício da maternidade pelos limitados seis meses que, embora acordantes à necessidade mínima de amamentação, rapidamente se tornam prazo máximo, justamente pela inadequação espacial dos locais que são o primeiro lar de inúmeras crianças.

No primeiro tópico deste artigo, analisa-se, de maneira sucinta, a história dos direitos das crianças no Brasil, usando como fonte primária o Estatuto da Criança e do Adolescente (ECA), demonstrando como essas pessoas passaram de "menores" a sujeitos de direitos. Seguindo essa mesma linha, a seção seguinte apresenta os princípios do ECA, responsáveis por nortear decisões atinentes as crianças.

Discute-se, após, sobre o vínculo entre mãe e filhos, apresentando como a limitação do convívio direto prejudica não só o desempenho da maternagem sob o viés da mulher, mas principalmente os filhos, que serão privados de criar vínculos concretos com suas mães, afetando o desenvolvimento infantil e, consequentemente, limitando o acesso dessas crianças a direitos básicos, como saúde, dignidade, educação e convivência familiar, arcabouços para o exercício de uma autonomia progressiva.

O tópico seguinte aprofunda a discussão sobre os direitos elencados e a dificuldade do sistema carcerário em garanti-los, vez que as condições oferecidas estão muito aquém do ideal, tanto para as mães quanto para as crianças. Utiliza-se, aqui, principalmente estudos de campo de outras pesquisadoras, demonstrando quais são as reais circunstâncias em que vivem mulheres e crianças no sistema penitenciário feminino brasileiro.

Por fim, como alternativa à realidade enfrentada por esses sujeitos nas prisões, observa-se as mudanças trazidas pelo *Habeas Corpus* Coletivo 143.641 (HC) – SP/ 2018, julgado pelo Supremo Tribunal Federal, de relatoria do Ministro Ricardo Lewandowski, que trata da possibilidade de prisão domiciliar para presas provisórias que possuam filhos de até 12 anos ou dependentes, em termos e situações específicas. Aqui, os direitos das crianças decorrentes de leis gerais e do próprio HC são contrastados com o contexto vivido por elas, além de analisar se a mudança legislativa implicou, ou não, em uma mudança prática.

No que diz respeito às referências gerais utilizadas, além do referido HC, fontes primárias sobre o assunto foram destaque, como o Estatuto da Criança e do Adolescente, a Constituição da República Federativa do Brasil, o Código Civil e o Código de Processo Penal. Após o exame das leis, foi feito um estudo de artigos relacionados ao tema, estudos de campo de diversas pesquisadoras e livros que destacam os direitos das crianças, como o direito à convivência familiar, por exemplo.

Sobre o desenvolvimento em si, utilizou-se da metodologia jurídico-compreensiva, traduzida como "[...] procedimento analítico de decomposição de um problema jurídico em seus diversos aspectos, relações e níveis" (Gustin; Dias; Nicácio; 2020, p. 84). Ademais, o método de investigação utilizado é o descritivo.

Em resumo, o texto tem como finalidade suscitar a discussão sobre os direitos de crianças filhas de mães privadas de liberdade, decompondo a problemática e analisando em detalhes a vida jurídico-social da criança e da mulher considerando o contexto prisional brasileiro e como as mães e filhos são vistos e tratados pelo sistema carcerário. A ideia, aqui, é trazer uma investigação sistemática sobre o tema.

1. O ESTATUTO DA CRIANÇA E DO ADOLESCENTE (ECA)

Nas palavras do doutrinador Flávio Tartuce (2021, p. 144), todo direito "deve corresponder um sujeito, uma pessoa, que detém a sua titularidade. Por isso, prescreve o art. 1º do Código Civil em vigor que "toda pessoa é capaz de direitos e deveres na ordem civil".

Desta forma, questiona-se: a partir de quando a pessoa natural é detentora de direitos? De acordo com a teoria da personalidade condicional, que, diga-se de passagem, é majoritariamente aceita em nosso ordenamento, a personalidade civil e, portanto, os direitos da pessoa, estão ligados ao nascimento com vida, salvaguardados, porém, os do nascituro, cujos direitos encontram-se suspensos até o evento "nascimento com vida".

Tal análise se mostra importante, pois enfatiza que a atual legislação visa a proteção jurídica da criança, que goza de direitos desde antes de seu nascimento. Entretanto, analisando historicamente, é possível concluir que nem sempre foi assim.

O Código de Menores de 1979, que precede o ECA em 11 anos, não foi a primeira legislação a tratar de assuntos que envolviam crianças e adolescentes, mas foi a última a abordar o tema antes das grandes mudanças de cunho assistencialista e humanizante trazidas pela Constituição de 1988.

A diferença entre tais leis começa na própria nomenclatura: enquanto o Código de 1979 trazia o termo "menores" como palavra genérica que se referia às pessoas que ainda não haviam completado dezoito anos, o ECA subdivide essa categoria em "crianças e adolescentes", explicitando seu caráter individualizador, reconhecendo que as faixas etárias possuem direitos fundamentais comuns, mas características diversas e, por isso, merecem tratamento adequado à cada necessidade.

Obviamente, as diferenças entre as legislações não residem somente nos nomes, afinal seus objetivos, tutelas e contextos são absolutamente opostos. O Código de Menores, criado em um cenário de fim da ditadura, tinha traços autoritários e pautava-se na ideia de regularidade ou irregularidade, sendo considerados irregulares os menores de 21 anos que se encaixassem em hipóteses variadas. A especificação de situação irregular era muito ampla, cabendo para aqueles que não possuíam condições adequadas à sua subsistência ou até mesmo para jovens "infratores", como previsto no referido Código, Lei 6.697/79:

> Art. 2º Para os efeitos deste Código, considera-se em situação irregular o menor:
>
> I – privado de condições essenciais à sua subsistência, saúde e instrução obrigatória, ainda que eventualmente, em razão de:
>
> a) falta, ação ou omissão dos pais ou responsável;
>
> b) manifesta impossibilidade dos pais ou responsável para provê-las;
>
> II – vítima de maus tratos ou castigos imoderados impostos pelos pais ou responsável;
>
> III – em perigo moral, devido a:
>
> a) encontrar-se, de modo habitual, em ambiente contrário aos bons costumes;
>
> b) exploração em atividade contrária aos bons costumes;
>
> IV – privado de representação ou assistência legal, pela falta eventual dos pais ou responsável;
>
> V – Com desvio de conduta, em virtude de grave inadaptação familiar ou comunitária;
>
> VI – autor de infração penal.
>
> Parágrafo único. Entende-se por responsável aquele que, não sendo pai ou mãe, exerce, a qualquer título, vigilância, direção ou educação de menor, ou voluntariamente o traz em seu poder ou companhia, independentemente de ato judicial.[3]

Enquanto a disposição do artigo 2º da Lei 6.697/79 mescla situações diversas, caracterizando-as, todas, como hipóteses em que os menores seriam considerados irregulares (apresentando, em alguns momentos, sutis ideias de proteção e em outros revelando sua face punitiva), o artigo 1º, ao trazer a vigilância como um dos objetivos daquela legislação, não abre espaço para dúvidas: a ideia do Código de Menores era, basicamente, ditar regramentos morais aos quais crianças e adolescentes eram submetidos, sendo considerados sujeitos capazes de se responsabilizar por determinadas ações, não havendo, porém, dispositivos que os tratassem como sujeitos de direitos.

Além disso, é possível identificar várias indeterminações terminológicas ao decorrer de todo o texto legal, especialmente no tocante a "moral", abrindo espaço para que o ente julgador responsável por analisar eventual infração à lei utilizasse sua própria interpretação, preenchendo as lacunas semânticas ao seu modo.

---

3. BRASIL, [Código de Menores (1979)]. Código de Menores. Disponível em: https://www.planalto.gov.br/ccivil_03/leis/1970-1979/l6697.htm. Acesso em: 23 fev. 2023.

Com o surgimento da Constituição da República Federativa do Brasil de 1988, ideias condizentes com a redemocratização foram trazidas, o que incluía a proteção de crianças e adolescentes. Dessa forma, a Constituição de 88 é um marco no que diz respeito aos direitos sociais e influenciou várias das leis brasileiras que abarcam grupos específicos.

No âmbito dos direitos das pessoas mais vulneráveis, pode-se citar, por exemplo, a criação do Código de Defesa do Consumidor (CDC) e do ECA, ambos da década de 90, criados apenas dois anos após a promulgação da referida Constituição.

No tocante, especificamente, aos direitos de crianças e adolescentes, a Constituição de 88 consolidou, em seu artigo 227, a ideia de que é um dever da família, do Estado e da sociedade como um todo assegurar que crianças e adolescentes tenham direito à saúde, educação, alimentação, cultura, dignidade, respeito, lazer, entre outros e foi partindo dessa proteção constitucional que surgiu o ECA.

Foi somente a partir da criação do ECA que crianças e adolescentes passaram a contar com a proteção integral de direitos, como previsto em seu artigo 1º. Além de ampliar o rol de assuntos pertinentes à vida e ao desenvolvimento de crianças e adolescentes, o ECA buscou especificar e minimizar a possibilidade de interpretações arbitrárias através de definições, como as presentes no Art. 18-A, parágrafo único, que conceitua o que é considerado "castigo físico", entre outros termos.

Ademais, o ECA é um marco no que diz respeito a sistematização de direitos de vulneráveis. Tal importância é traduzida e confirmada nas palavras da professora Maíra Zapater (2019, p. 249):

> O Estatuto da Criança e do Adolescente é a principal norma a tratar dos direitos de pessoas com menos de 18 anos: além de fornecer o critério legal definidor do limite etário da infância e adolescência, estabelece as diretrizes da doutrina da proteção integral e busca contemplar, com suas especificidades, todos os direitos assegurados a crianças e adolescentes no plano do Direito Internacional dos Direitos Humanos.[4]

Entende-se, portanto, que o ECA é mais que uma legislação que rompeu com os antigos ideais acerca de crianças e adolescentes, é também o grande símbolo de inclusão e reconhecimento dessas pessoas como sujeitos de direito, representando grande avanço na jurisdição brasileira, especialmente no tocante à igualdade, tão celebrada pela Constituição Federal, afinal, é somente através da validação desses indivíduos como cidadãos que é possível conferir-lhes direitos.

---

4. ZAPATER, Maíra. *Direito da criança e do Adolescente*. São Paulo – SP: Saraiva, 2019. E-book. ISBN 9788553613106. Disponível em: https://integrada.minhabiblioteca.com.br/reader/books/9788553613106/pageid/247. Acesso em: 23 out. 2023, p. 249.

2. OS PRINCÍPIOS DO ECA

Apesar de ser a principal fonte de direitos, o ECA não é o único dispositivo que versa sobre direitos de crianças e jovens no país. É possível destacar, por exemplo, a Convenção Internacional dos Direitos da Criança (CIDC), que foi ratificada pelo Brasil em 1990, pelo Decreto 99.710/1990, na mesma época da criação do ECA.

O CIDC trouxe contribuições no que tange garantias de direitos de crianças, principalmente ao implementar ideias como a de não discriminação de jovens, protegendo todos de maneira igualitária, e do respeito às opiniões, considerando que toda criança deve ser ouvida e suas opiniões têm tanta importância quanto a de qualquer outra pessoa.

Nesse sentido, alguns princípios foram absorvidos pela legislação brasileira, quais sejam: a não discriminação; o direito à vida, à sobrevivência e ao desenvolvimento; o princípio da participação; a autonomia progressiva e o melhor interesse da criança.

Em resumo, o princípio da não discriminação diz que todas as crianças, independente de sexo, etnia, religião, classe, deficiência ou qualquer outra característica, gozam dos direitos previstos na CIDC, e, no caso do Brasil, dos direitos previstos no ECA. Apesar de parecer "óbvio", a instituição desse princípio representou grande avanço ao romper com as antigas ideias de que só eram passíveis de proteção estatal as crianças que viviam em situação socioeconômica vulnerável.

O princípio do direito à vida, à sobrevivência e ao desenvolvimento, por sua vez, é quase autoexplicativo: trata-se da ideia de que crianças e adolescentes têm direito a viverem de maneira saudável e íntegra. Este, sem dúvidas, é um dos princípios mais importantes para entender como o encarceramento de mães afeta os direitos civis de seus filhos; afinal, a saúde e o desenvolvimento físico, mental e social das crianças são comprometidos quando elas são privadas da convivência adequada com suas mães.

De acordo com Marcelo de Mello Vieira,[5] "a efetivação do direito de crianças e adolescentes à participação passa necessariamente pelos direitos de formular, de expressar juízos, de ser ouvida (...)". Nesse sentido, o princípio da participação diz sobre a escuta ativa: é preciso que as crianças sejam ouvidas e que participem de decisões familiares, especialmente no que tange suas próprias vidas, seguindo, por óbvio, certa razoabilidade, respeitando a idade da criança em questão.

No que tange ao princípio da autonomia progressiva, estreitamente ligado ao da participação, está relacionado aos meios e condições necessários para que

---

5. VIEIRA, Marcelo de Mello. *Direito de crianças e de adolescentes à convivência familiar*. Belo Horizonte. Editora D'Plácido, 2016, p. 52.

o indivíduo cresça de maneira independente e autônoma, capaz de desenvolver todas as habilidades que são esperadas para sua idade e maturidade. Aprendendo de forma progressiva a cuidar de seus interesses, a criança ao fazer escolhas orientadas, promove sua pessoalidade enquanto protagonista de sua vida. Nesse sentido, afirmam Pereira, Lara e Rodrigues.[6]

> A autonomia progressiva de crianças e adolescentes evidencia que a capacidade decisória é construída ao longo de toda a vida do ser humano, sendo que esse processo não se dá de maneira uniforme entre os indivíduos e não é adequadamente capturado por um regime de incapacidades baseado unicamente em critérios etários.

Por fim, o princípio do melhor interesse da criança visa garantir que todas as decisões tomadas sobre a vida daquele indivíduo sejam benéficas à vida da criança, em todos os aspectos. Desta forma, entende-se que o exercício do poder familiar (autoridade parental) não é livre, eis que a decisão deve sempre ser tomada em prol da criança.

Conclui-se, portanto, que a importância desses princípios reside no fato de nortearem decisões visando sempre o melhor para os infantes, pois possuem em comum a intenção de conferir à criança o *status* de sujeito de direito, com autonomia que, ainda que limitada e progressiva, merece ser respeitada.

Além disso, a ideia aqui é promover a proteção integral desses indivíduos e apoiar iniciativas que visem melhorar a vida das crianças, sendo essa ideia incompatível com a realidade de distanciamento entre mãe e filho, que deve se dar em ambiente que possibilite, de fato, a criação de laços entre eles.

3. A IMPORTÂNCIA DA RELAÇÃO MÃE-FILHO E A TEORIA DO APEGO

O artigo 7º do ECA afirma que toda criança e adolescente "têm direito à proteção, à vida e à saúde, mediante a efetivação de políticas sociais públicas que permitam o nascimento e o desenvolvimento sadio e harmonioso, em condições dignas de existência". Em outras palavras, é garantido por lei que tal parcela da população tenha qualidade de vida, o que somente acontece através de um processo de crescimento com equilíbrio, considerando a saúde, a educação e também o convívio familiar, que é afetado em casos de mães privadas de liberdade e seus filhos.

O desenvolvimento adequado, princípio do ECA e direito reconhecido pela Convenção Internacional dos Direitos da Criança (CIDC), em seu artigo 27.1, é um direito relevante e está intimamente ligado aos processos físicos e psicológicos

---

6. PEREIRA, Fabio Queiroz; LARA, Mariana Alves; RODRIGUES, Anna Luísa Braz. A autonomia progressiva de crianças e adolescentes e a busca por um sistema de apoios. *Civilistica.com*, [S. l.], v. 12, n. 2, p. 1-23, 2023. Disponível em: https://civilistica.emnuvens.com.br/redc/article/view/889. Acesso em: 14 jan. 2024, p. 1.

do infante, que nessa fase desenvolve e amplia tanto suas capacidades motoras quanto psíquicas.

Assim sendo, infere-se que, para que o direito ao desenvolvimento adequado possa ser plenamente exercido, a saúde e o bem-estar das crianças devem ser garantidos e, nesse sentido, atos como o da amamentação se mostram importantes, pois nutrem fisiologicamente e emocionalmente mãe e filho.

Para além de questões como essa, que envolvem, imprescindivelmente, participação materna, a presença da mãe se mostra importante em outros aspectos. Desta forma, a relação das mães com seus filhos está ligada não somente ao conceito de maternidade como o *status* de ser mãe, mas também à maternagem, que, nas palavras de Buccini e Tulha[7] é quando:

> (...) a mãe (ou cuidador) realiza a atividade de cuidar denominada de Maternagem. Ao maternar, a mãe consegue transformar o bebê num sujeito integral, mas para que isso ocorra é necessário que a pessoa que presta assistência às necessidades básicas do bebê lhe transmita, com sua proximidade, informações sobre os mundos externo e interno.

Ou seja, a mãe é também personagem essencial que influencia na percepção da criança sobre tudo que existe no mundo, tanto coisas animadas (animais e plantas, por exemplo), quanto inanimadas (objetos), além de interferir na construção subjetiva, entendimento dos sentimentos e na transmissão de valores, sendo certo dizer que deveria lhe ser concedida a possibilidade de conviver com seu filho, uma vez que estes são elementos que fazem parte do desenvolvimento adequado de uma criança.

A mãe, aqui, atua como uma espécie de "modelo" do filho, extremamente necessária, vez que ocupa o lugar de primeiro ser humano a ter contato com a criança. A ligação e apego existentes na relação mãe e filho são tão poderosas que inspiraram estudos das áreas da psiquiatria e psicanálise, originando a Teoria do Apego. Os estudos das psicólogas Juliana Xavier Dalbem e Débora Dalbosco Dell'Aglio,[8] corroboram para essa ideia:

> As observações sobre o cuidado inadequado na primeira infância e o desconforto e a ansiedade de crianças pequenas relativos à separação dos cuidadores levaram o psiquiatra, especialista em psiquiatria infantil, e psicanalista inglês John Bowlby (1907-1990) a estudar os efeitos do cuidado materno sobre as crianças, em seus primeiros anos de vida. Bowlby impressionou-se com as evidências de efeitos adversos ao desenvolvimento, atribuídos ao rompimento na interação com a figura materna, na primeira infância.

---

7. BUCCINI, G. dos S.; TULHA, M. L. P. de A. Maternagem: estratégia de prevenção em saúde para formação de sujeitos saudáveis. *Revista Brasileira de Medicina de Família e Comunidade*, Rio de Janeiro, v. 6, n. 20, p. 203-206, 2011. Disponível em: https://rbmfc.org.br/rbmfc/article/view/257. Acesso em: 11 jan. 2024, p. 204.

8. DALBEM, J. X.; DELL'AGLIO, D. D. Teoria do apego: bases conceituais e desenvolvimento dos modelos internos de funcionamento. *Arquivos Brasileiros de Psicologia*, v. 57, n. 1, p. 12-24, 2005, p. 14.

A supracitada Teoria do Apego evidencia, portanto, a relevância do cuidado e do cuidador no processo de desenvolvimento da criança, pois, nessa relação, o ser humano melhor desenvolvido e mais experiente atua como uma espécie de guia, influenciando significativamente na evolução de seu filho ou filha.

A essencialidade de tal relação é confirmada pelos estudos de Dalbem e Dell'Aglio,[9] que concluem que o cuidador primário, e aqui com enfoque na mãe, exerce grande papel na vida do infante:

> O sistema de comportamento de apego é complexo e, com o desenvolvimento da criança, passa a envolver uma habilidade de representação mental, denominada modelo interno de funcionamento, que se refere a representações das experiências da infância relacionadas às percepções do ambiente, de si mesmo e das figuras de apego (Bowlby, 1969/1990; 1973/1980). De acordo com J. Bowlby (1989), as experiências precoces com o cuidador primário iniciam o que depois se generalizará nas expectativas sobre si mesmo, dos outros e do mundo em geral, com implicações importantes na personalidade em desenvolvimento. H. Waters, C. Hamilton & N. Weinfield (2000) apontam que, com a idade e o desenvolvimento cognitivo, as representações sensório-motoras das experiências de uma base segura na infância é que dão origem à representação mental, por meio de um processo no qual a criança constrói representações cada vez mais complexas.

Assim, é possível perceber que a presença da figura cuidadora é de suma importância na vida da criança, que conta com o apoio dos adultos como suporte emocional e de desenvolvimento em geral. Essa informação, aliada a questões como a relevância do aleitamento materno para a vida e saúde da criança, ideia já consolidada pela United Nations International Children's Emergency Fund (UNICEF [s.d.]), aponta para a confirmação de que a presença da mãe na vida de seu filho é um direito essencial de ambas as partes.

Nesse sentido, o principal ponto a ser analisado, a partir da contribuição da psicologia, juntamente com uma análise de viés jurídico sobre a relação maternal, é se as unidades prisionais estão aptas a permitir que crianças, filhas de mães encarceradas, acessem direitos fundamentais presentes no ECA. Seriam esses locais capazes de oportunizar que crianças filhas de mulheres encarceradas tenham um desenvolvimento saudável e completo dentro do ambiente prisional, evitando, ainda, a extensão da pena das mães a seus filhos? Tal questionamento exige uma análise específica do sistema carcerário feminino no Brasil.

4. OS DIREITOS DA CRIANÇA NO SISTEMA CARCERÁRIO FEMININO

Embora existam inúmeras abordagens que podem ser feitas a partir da análise do ECA, opta-se, aqui, por uma reflexão sobre os direitos das crianças filhas de

---

9. DALBEM, J. X.; DELL'AGLIO, D. D. Teoria do apego: bases conceituais e desenvolvimento dos modelos internos de funcionamento. *Arquivos Brasileiros de Psicologia*, v. 57, n. 1, p. 12-24, 2005, p. 15.

mães encarceradas e, para tanto, analisa-se alguns dos mais importantes direitos constantes na lei, como a saúde, a educação e a convivência familiar, investigando se esses direitos são acessados ou não nos espaços prisionais. Conforme Sá e Lima:[10]

> A maternidade encarcerada é uma questão social e juridicamente relevante, mas o tema central desse estudo é a infância encarcerada. Até que ponto a norma jurídica autoriza que uma criança, logo após o nascimento, não seja apartada da sua mãe e com ela permaneça por tempo determinado, está sendo aplicada para atender o melhor interesse da criança? E até que ponto a substituição do regime fechado pela prisão domiciliar é medida que pode ser aplicada em larga escala?

Ao falar especificamente dos direitos à vida e à saúde, presentes no artigo 7º do ECA,[11] observa-se estreita relação com outros dispositivos da lei, como o artigo 9º do Estatuto, que afirma que "o poder público, as instituições e os empregadores propiciarão condições adequadas ao aleitamento materno, inclusive aos filhos de mães submetidas a medida privativa de liberdade". A combinação de ambos os dispositivos leva a crer, portanto, que a garantia do direito à saúde está ligada, dentre outras coisas, à proteção da amamentação em todos os espaços.

Nesse sentido, o ambiente carcerário deveria constituir local que permite o acesso a esses direitos através da viabilização de espaços que propiciam o aleitamento, o que, infelizmente, não acontece, sendo negado, assim, o direito à saúde a essas crianças. Tal afirmação é confirmada por extenso estudo realizado por Angotti e Braga,[12] que descrevem a "Galeria A" da Penitenciária Feminina de Piraquara, no Paraná:

> A referida Galeria ocupa um espaço bem estreito (uma espécie de corredor com quartos), composto por sete celas com duas camas cada, um banheiro de uso geral e uma lavanderia. As condições de infraestrutura e higiene são completamente insalubres, sendo um lugar inapropriado ao período de gestação ou amamentação.

Ainda sobre essa realidade precária, Angotti e Braga[13] confirmam, no estudo supracitado, que a situação das prisões que abrigam mães e filhos não permite

---

10. LIMA, Taisa Maria Macena de.; DE SÁ, Maria de Fátima Freire. Infância encarcerada. *Revista Brasileira de Direito Civil*, [S. l.], v. 18, p. 183, 2018, p. 111-112. Disponível em: https://rbdcivil.ibdcivil.org.br/rbdc/article/view/311/250. Acesso em: 09 fev. 2024.
11. BRASIL, [Estatuto da Criança e do Adolescente (1990)]. Estatuto da Criança e do Adolescente. Disponível em: http://www.planalto.gov.br/ccivil_03/leis/l8069.htm. Acesso em: 29 out. 2023.
12. ANGOTTI, Bruna; BRAGA, Ana Gabriela Mendes. Da hipermaternidade à hipomaternidade no cárcere feminino brasileiro. *Revista Internacional dos Direitos Humanos*. SUR 22 – v. 12 n. 22. 229-239. 2015b. Disponível em: https://sur.conectas.org/wp-content/uploads/2015/12/16_SUR-22_PORTUGUES_ANA-GABRIELA-MENDES-BRAGA_BRUNA-ANGOTTI.pdf. Acesso em: 08 fev. 2024, p. 49.
13. ANGOTTI, Bruna; BRAGA, Ana Gabriela Mendes. Da hipermaternidade à hipomaternidade no cárcere feminino brasileiro. *Revista Internacional dos Direitos Humanos*. SUR 22 – v. 12 n. 22.229-239. 2015b. Disponível em: https://sur.conectas.org/wp-content/uploads/2015/12/16_SUR-22_PORTUGUES_ANA-GABRIELA-MENDES-BRAGA_BRUNA-ANGOTTI.pdf. Acesso em: 08 fev. 2024, p. 50.

que os direitos de ambos os envolvidos sejam considerados, pois não há infraestrutura digna:

> A ala das gestantes e puérperas precisa, com urgência, ser alterada. Trata-se de lugar insalubre, que não corresponde ao mínimo do que gestantes ou bebês recém-nascidos precisam para que tenham seus direitos respeitados.

Além disso, é possível dizer que as atuais condições carcerárias atingem não só o direito à saúde de crianças, mas também o direito à educação e desenvolvimento adequados, vez que brinquedos e brincadeiras constituem parte essencial da vida dos infantes, especialmente nos primeiros meses e anos de vida, mas, enquanto vivem com suas mães em presídios, os recursos lúdicos e de atividades didáticas são restritos. Nas palavras de Pereira e Silva.[14]

Destaca-se que o brincar orientado, pode ser utilizado como um recurso educativo durante o processo de ensino e aprendizagem, desenvolvendo e estimulando, além da parte motora, o respeito e a cooperação mútua, a criatividade, o raciocínio, a aquisição da espontaneidade, o respeito pelas regras e princípios sociais.

Nesse sentido, seria de extrema importância que os centros de reclusão que recebem mães e filhos oferecessem uma estrutura que possibilitasse esse tipo de atividade, porém não é o que ocorre. Segundo Simões,[15] as crianças da Prisão Estevão Pinto, em Belo Horizonte, Minas Gerais, por exemplo, não tinham, à época de seu estudo de campo, acesso a quase nenhum brinquedo. Ademais, apesar da presença de uma creche no local, a estrutura era insalubre e não atendia adequadamente as necessidades educacionais das crianças, como descreve a autora:

> A infraestrutura da creche era precária. Havia muita infiltração nas paredes (chegando a minar água e causando problemas respiratórios na maioria dos bebês), os colchões das crianças se encontram em péssimo estado, o ambiente era irrespirável e escuro, tornando-se insalubre.

Além destes, dados mais recentes apresentados pelo Infopen Mulheres (2018), por exemplo, corroboram para a confirmação de que o espaço prisional realmente não foi pensado para mulheres, muito menos para mulheres mães. De acordo com tal levantamento, no ano de 2018, 74% das mulheres encarceradas

---

14. PEREIRA, Danilo César; SILVA, Daniel de Souza. A importância do brincar para o desenvolvimento integral da criança na educação infantil. *EDUCERE* – Revista da Educação, Umuarama, v. 21, n. 1, p. 111-130, jan./jun. 2021. Disponível em: https://revistas.unipar.br/index.php/educere/article/view/7357/4153. Acesso em: 19 dez. 2023, p. 114.
15. SIMÕES, Vanessa Fusco Nogueira. *Filhos do cárcere*: limites e possibilidades de garantir os direitos fundamentais dos filhos das mulheres privadas de liberdade no Brasil. Porto Alegre: Núria Fabris Editora, 2013, p. 46.

eram mães, porém apenas 14% dos estabelecimentos penais eram dotados de berçário e/ou centro de referência materno-infantil e somente 3% possuíam creche.

Importante salientar, ainda, que, apesar da realidade prisional pouco adaptada às crianças, os filhos, quando separados de suas mães, geralmente após o período mínimo de seis meses de amamentação, previsto na Lei de Execução Penal, em seu artigo 83, § 2º, têm outro direito desrespeitado: o direito à convivência familiar.

O direito à convivência familiar, assegurado pelo artigo 19 do ECA, apresenta a ideia de que crianças e adolescentes devem, em regra, ser cuidados por seus familiares em ambientes que garantam seu desenvolvimento integral, dificilmente representados pelas prisões descritas acima, que em nada contribuem para um desenvolvimento adequado.

Nesse sentido, muito embora o Ministério da Justiça tenha elaborado a cartilha "Diretrizes para a Convivência mãe-filho (a) no Sistema Prisional", contendo orientações que norteiam como deve ser conduzida a convivência nesses espaços e a transição de saída da criança; na prática, a convivência saudável esbarra na falta de infraestrutura e a separação pode ser muito traumática para ambos os lados, como relatam Angotti e Braga:[16]

> Quando a convivência cessa e a criança é retirada do convívio materno (entregue para a família ou encaminhada para o abrigo), ocorre a transição da hiper para a hipomaternidade, que é o rompimento imediato do vínculo, sem transição e/ou período de adaptação. Chamamos de hipo (diminuição) e não de nula maternidade a vivência da ruptura, pois as marcas da maternagem interrompida, da ausência advinda da presença de antes, seguem no corpo e na mente da presa.

Assim, considerando os aspectos apresentados, conclui-se que o espaço prisional é um ambiente que não foi pensado por ou para mulheres, muito menos para mulheres mães e seus filhos. Fala-se, portanto, de um local dúbio: ao mesmo tempo que é importante que a criança viva ou visite sua mãe com regularidade no ambiente carcerário, frequentar esse espaço implica, na maioria das vezes, ter contato com local frígido e pouco acolhedor e que certamente não proporciona a melhor experiência de maternidade ou infância. gerando, ainda, uma "detenção por tabela".[17]

---

16. ANGOTTI, Bruna; BRAGA, Ana Gabriela Mendes. Da hipermaternidade à hipomaternidade no cárcere feminino brasileiro. *Revista Internacional dos Direitos Humanos*. SUR 22 – v. 12, n. 22, 229-239. 2015b. Disponível em: https://sur.conectas.org/wp-content/uploads/2015/12/16_SUR-22_PORTUGUES_ANA-GABRIELA-MENDES-BRAGA_BRUNA-ANGOTTI.pdf. Acesso em: 08 fev. 2024, p. 236.

17. SIMÕES, Vanessa Fusco Nogueira. *Filhos do cárcere*: limites e possibilidades de garantir os direitos fundamentais dos filhos das mulheres privadas de liberdade no Brasil. Porto Alegre: Núria Fabris Editora, 2013, p. 17.

Justamente pensando nisso, o *Habeas Corpus* Coletivo 143.641 – São Paulo, julgado em 20 de fevereiro de 2018 pelo Supremo Tribunal Federal, de relatoria do Ministro Ricardo Lewandowski, consolidou a possibilidade de manter mulheres, que estão presas provisoriamente, em regime domiciliar, visando diminuir os danos psicológicos de mães e filhos enquanto essas mães esperam uma sentença definitiva. Assim, é imprescindível a análise desse instrumento constitucional em específico.

5. A SITUAÇÃO CARCERÁRIA APÓS O *HABEAS CORPUS* 143.641/SP

Nas palavras de Simões,[18] "é praticamente impossível tratar do tema 'crianças atrás das grades' sem nos referirmos ao momento em que se determina a entrada dos mesmos no Sistema Penitenciário: a prisão de sua mãe". Por isso, as discussões jurídicas sobre o encarceramento de mulheres têm especial relevância em relação às crianças.

Embora seja de competência conjunta, sendo responsáveis a família, a sociedade e o Poder Público – inexistindo hierarquia –, o Estado exerce importante papel no que tange a efetivação de direitos infantis, pois é através da aplicação de legislações como o ECA e, combinada a decisões dos magistrados, representantes do Estado, que a teoria se une à vida prática e define como os envolvidos viverão.

Dessa forma, se torna de suma importância analisar o *Habeas Corpus* coletivo (HC) 143.641/SP, de 2018, que conheceu o pedido de conversão de prisão preventiva em domiciliar para algumas categorias, quais sejam, nos próprios termos do referido HC:[19]

> (...) mulheres presas, gestantes, puérperas, ou mães de crianças e deficientes sob sua guarda, nos termos do art. 2º do ECA e da Convenção sobre Direitos das Pessoas com Deficiências (Decreto Legislativo 186/2008 e Lei 13.146/2015), relacionadas nesse processo pelo DEPEN e outras autoridades estaduais, enquanto perdurar tal condição, excetuados os casos de crimes praticados por elas mediante violência ou grave ameaça, contra seus descendentes ou, ainda, em situações excepcionalíssimas, as quais deverão ser devidamente fundamentadas pelos juízes que denegarem o benefício (...).

Primeiramente, é mister dizer que essa foi uma decisão completamente convergente àquilo que já havia sido modificado pela Lei 13.257/2016, que alterou, entre outros tópicos, o Código de Processo Penal (CPP), adicionando ao

---

18. SIMÕES, Vanessa Fusco Nogueira. *Filhos do cárcere*: limites e possibilidades de garantir os direitos fundamentais dos filhos das mulheres privadas de liberdade no Brasil. Porto Alegre: Núria Fabris Editora, 2013, p. 19.
19. BRASIL. Supremo Tribunal Federal. Habeas Corpus 143641/SP. 2ª Turma. Relator: Ricardo Lewandowski. Julgado em: 20 de fevereiro de 2018. Disponível em: https://redir.stf.jus.br/paginadorpub/paginador.jsp?docTP=TP&docID=748401053. Acesso em: 28 out. 2023, p. 7.

artigo 318 os incisos IV, V e VI, sendo os dois primeiros relativos à substituição de prisão preventiva por domiciliar no caso de gestante ou mulher com filho de até 12 (doze) anos incompletos.

Além disso, tal disposição foi complementada com a inserção do artigo 318-A no CPP, pela Lei 13.769/2018, que acrescenta que os crimes cometidos por essas mulheres não podem ser dotados de violência ou grave ameaça, ou serem cometidos contra os filhos.

A importância dessas alterações legislativas, combinada com o reconhecimento desse direito pelo HC 143.641/SP, é evidente à medida que se percebe que, nesse caso, fala-se de uma prisão preventiva, ou seja, antes de tais mudanças, mulheres mães estavam esperando julgamento presas em celas do sistema carcerário, passando tempo crucial de suas vidas e da vida de seus filhos longe da convivência com as crianças, aguardando eventual sentença e pena.

Ora, se o cumprimento da própria pena, da maneira que ocorre hoje, é absurdamente prejudicial à vida tanto da mãe, quanto de seus filhos, parece desnecessária a prisão preventiva em local que não o domicílio da apenada, pois esse é um período que poderia e deveria ser investido na convivência familiar, o que é um direito de ambos.

Por óbvio, tal afirmação não visa ignorar os motivos da prisão preventiva elencados no artigo 312 do CPP, mas sim, através de um sopesamento de situações, propor uma contenção de danos no que diz respeito às crianças que dependem de suas mães, sujeitas ao encarceramento, o que está em completa conformidade com o artigo 5º, XLV da CF/88, evitando a extensão da pena para quem não ensejou motivo.

Além disso, ressalta-se que não há uma banalização do uso da possibilidade da prisão domiciliar, tão pouco um desrespeito ao já citado artigo 312 do CPP, pois a aplicação é limitada pelo próprio artigo 318-A do CPP, sendo analisado se o caso se encaixa nos critérios estabelecidos no dispositivo. Nesse mesmo sentido, Reis Junior, Cohn e Baretta[20]

> Ressalta-se que não se pretende defender a prisão domiciliar de modo que sua aplicação seja efetuada de forma generalizada e impensada, mas sim, de destacar seu papel diferencial no cumprimento da execução da pena, quando após analisada a concretude de cada caso, bem como preenchidos os requisitos necessários, o benefício possa ser concedido.

---

20. REIS JUNIOR, Almir Santos; COHN, Ana Clara da Silva; BARETTA, Gilciane Allen. Maternidade no cárcere: a prisão domiciliar como substitutiva à prisão preventiva. *Revista Vianna Sapiens*, [S. l.], v. 12, n. 1, p. 25, 2021. Disponível em: https://viannasapiens.emnuvens.com.br/revista/article/view/722. Acesso em: 19 jan. 2024, 206.

Apesar das mudanças legislativas, há que se comparar a lei com os dados fornecidos pelo Levantamento Nacional de Informações Penitenciárias (InfoPen), estudo feito pelo Departamento Nacional Penitenciário (DEPEN): se em 2014, o InfoPen Mulheres apresentou a taxa de 37.380 mulheres presas, sendo 30% das prisões sem condenação, a edição de 2018 trouxe o número de 42.355 mulheres presas no Brasil, do qual 45% estavam presas sem condenação.

Em que pese o aumento desses números se dar, também, pelo aprimoramento e expansão dos métodos de pesquisa e inclusão de novos centros prisionais, a política e a cultura de encarceramento feminino contribui para que a lei e a realidade se desencontrem.

Exemplo disso é o levantamento feito pelo dossiê "Mulheres e grupos específicos no sistema penitenciário", que demonstrou, através de números, como, um ano após a discussão do HC 143.641/SP e as mudanças legislativas trazidas por ele, o impacto causado foi abaixo do ideal, vez que muitas mulheres que se encaixavam nos critérios estabelecidos no artigo 318-A do CPP ainda esperavam pela transição para a prisão domiciliar.

O referido dossiê[21] apresenta que:

> No ano de 2019, o Depen conseguiu averiguar um número ainda mais expressivo, 3.388 (três mil trezentos e oitenta e oito) mulheres tiveram a prisão domiciliar concedida atendendo aos critérios do HC 143.641 (...). Contudo, até o levantamento, 5.111 (cinco mil, cento e onze) mulheres ainda aguardavam para conseguir o benefício.

Nesse mesmo sentido, Nunes, Deslandes e Jannotti[22] observam o efeito do HC no Rio de Janeiro, alertando, ainda, para a falta de infraestrutura em presídios que se dispõem a acolher mulheres mães, sendo esse um problema geral:

> Apesar dos avanços legais, nenhuma das unidades penitenciárias femininas brasileiras funciona em respeito pleno aos parâmetros vigentes. Ainda é grande o número de mães de filhos menores que continuam em privação de liberdade. No Rio de Janeiro, até outubro de 2018, das 217 mulheres que poderiam receber os benefícios do HC 143641, apenas 56 haviam sido colocadas em prisão domiciliar. As presas e seus bebês vivem muitas vezes em condições de insalubridade, desassistência e violência. As unidades femininas, assim como as masculinas,

---

21. Revista Brasileira de Execução Penal. Revista do Departamento Penitenciário Nacional (DEPEN). *Dossiê*: Mulheres e Grupos Específicos no Sistema Penitenciário. Brasília, ano 2, n. 2, p. 1-417, p. 93. Jul./Dez. 2021. Disponível em: https://rbepdepen.depen.gov.br/index.php/RBEP/issue/view/rbepv2n2/31. Acesso em: 19 jan. 2024.
22. NUNES, Lívia Rangel de Christo; DESLANDES, Suely Ferreira; JANNOTTI, Claudia Bonan. Narrativas sobre as práticas de maternagem na prisão: a encruzilhada da ordem discursiva prisional e da ordem discursiva do cuidado. *Cadernos de Saúde Pública*, v. 36, n. 12, 2020, p. 2. Disponível em: https://cadernos.ensp.fiocruz.br/ojs/index.php/csp/article/view/7257/15937. Acesso em: 27 nov. 2023.

são palco de violações referentes ao exercício de direitos, de forma geral, e, em especial, dos direitos sexuais, reprodutivos e referentes à saúde especializada.

Ademais, seguindo essa linha de raciocínio, Borges, Santana e Alves[23] discutem o efetivo cumprimento do que foi decidido pelo HC, afirmando que "(...) os magistrados permaneceram seguindo a lógica punitivista de encarcerar como regra, ao invés de como uma exceção (...)", corroborando para a ideia de que, factualmente, as mudanças carcerárias estão longe de serem as ideais.

Tais informações comprovam, assim, que as modificações trazidas pela Lei 13.257/2016 e pelo referido *Habeas Corpus* coletivo obtiveram um efeito teórico muito mais efetivo do que o prático, pois, enquanto há a defesa legislativa de que cada vez mais, menos mães sejam encarceradas pelo período de prisão cautelar, os dados mostram um descompasso entre a teoria e a realidade, havendo, ainda, um alto número de mulheres encarceradas sem condenação.

Embora não haja uma condenação penal para essas mulheres, as crianças, suas filhas, já possuem condenação certa: ou convivem junto com suas mães nas insalutíferas prisões e abrem mão de direitos como à saúde, ou são separados dessas mulheres e deixam de acessar o direito à convivência familiar. Quando não há aplicação do artigo 318-A do CPP e dos dispositivos constitucionais e do ECA supracitados, não há respeito aos princípios da proteção integral ou melhor interesse dessas crianças.

CONSIDERAÇÕES FINAIS

Diante dos estudos realizados, utilizando como base, fundamentalmente, as legislações brasileiras vigentes correlatas ao tema, artigos e estudos produzidos a partir da análise concreta da situação das penitenciárias femininas e das crianças que convivem com o cárcere materno, e a melhor doutrina, é possível concluir que o Brasil segue em vagaroso progresso.

A princípio, é importante notar que, as crianças, assim como suas mães, são, graças às mudanças da legislação infantil ao longo da história, sujeitos de direito, devendo ter a possibilidade de acessar plenamente seus direitos, independentemente do ambiente em que vivem, visando respeitar princípios como o melhor interesse da criança.

---

23. BORGES VIEIRA DE CARVALHO, G.; SANTANA SANTOS, H. G.; ALVES DE MATTOS, F. C. Encarceramento, decolonialidade e maternidade: direitos fundamentais de mães em situação de prisão e o controle eugênico de natalidade. *Revista da Faculdade de Direito da Universidade Federal de Uberlândia*, [S. l.], v. 51, n. 1, p. 703-724, 2023, p. 71. Disponível em: https://seer.ufu.br/index.php/revistafadir/article/view/69212. Acesso em: 19 fev. 2024.

Entretanto, nem todos os espaços são (propositalmente) adaptados para que pessoas consigam gozar de seus direitos. Exemplo disso é o ambiente carcerário, comprovadamente inadequado para mulheres mães e seus filhos. Os dados trazidos referentes à situação de prisões femininas de diferentes estados do Brasil confirmam que essa não é uma realidade restrita a um local específico: não há higiene ou infraestrutura básica para receber mulheres e crianças de maneira digna nas prisões femininas brasileiras.

Reconhecendo que esses não são espaços que colaboram com a autonomia e saúde dessas crianças e que, o relacionamento e a convivência entre mãe e filho, além de um direito, são essenciais para o desenvolvimento dos infantes, importantes alterações legislativas foram feitas, visando proteger esses sujeitos de direito.

Com a Lei 13.257/2016, consolidada pela concessão do *Habeas Corpus* 143.641-SP, que permitiu que todas as mulheres presas em regime cautelar, desde que gestantes, puérperas ou responsáveis por crianças de até 12 anos ou deficientes, tivessem sua pena substituída por domiciliar, contribuindo para o bem-estar dos dependentes, eram esperadas mudanças práticas na vida de mães e filhos encarcerados.

Entretanto, a diminuição significativa do número de afetados pela situação de cárcere feminino e a transformação da pena em algo realmente restrito à mulher, único indivíduo que deveria arcar com as consequências de seus atos transgressores, não ocorreu, o que significa que o cenário está longe de ser ideal e ainda afeta as crianças.

Enquanto algumas mães conseguem ter um tempo mínimo em regime domiciliar que possibilite o desenvolvimento de um relacionamento saudável que envolve cuidado, convivência e afeto, o Brasil segue com decisões que impedem mães de maternar e cumprirem, ao mesmo tempo, seu papel de indivíduo privado de liberdade.

Esse é o grande ponto: o sistema judiciário permanece incapaz de humanizar presídios femininos, alas de atenção à gestante e à mãe, áreas de convívio infantil e, principalmente, segue incapaz de humanizar e valorizar a relação mãe e filho.

A falta de reconhecimento dessa relação é fator que interfere na vida de todos os envolvidos, com especial ênfase no desenvolvimento infantil, que fica comprometido pela falta de acesso ao seu direito à saúde (aleitamento encerrado precocemente, saúde mental e psíquica comprometidas pela falta de convivência com a mãe), à autonomia (consequência da má nutrição e falta de contato com a cuidadora primária), à sobrevivência (ligada fisiologicamente à mãe no quesito amamentação), à convivência familiar e à vida no geral.

Além disso, é impossível não perceber que decisões judiciais que excluem ou dificultam a convivência da criança com a mãe vão contra o princípio do melhor interesse da criança, que sempre que possível deve estar acompanhada daquela que lhe gerou.

Conclui-se, assim, que as mudanças estão sendo feitas, mas a passos muitíssimo lentos e, para que esse processo seja acelerado, dois grandes pontos carecem de atenção e comprometimento: alteração da infraestrutura carcerária e respeito às leis.

É preciso movimentação do Estado em prol da construção de presídios específicos para mulheres mães, bem como reformas e adaptações dos centros prisionais com a instalação de berçários, creches e lactários adequados, além de fornecimento de alimentos, medicamentos, brinquedos e todo tipo de material que vise suprir as necessidades de mães e filhos que não possam gozar da companhia um do outro em regime domiciliar.

Já sobre a legislação, visando atender mulheres mães que cumprem os requisitos para o regime domiciliar, faz-se necessária conscientização e humanização jurídica, especialmente penal, concomitante ao cumprimento das leis, como o artigo 318-A do CPP, pois somente a correta aplicação legislativa e uma mudança de concepção sobre a função da prisão, a vida e, principalmente sobre mulheres mães e seus filhos, acarretará no tratamento respeitoso que ambos merecem e têm direito.

REFERÊNCIAS

ANGOTTI, Bruna; BRAGA, Ana Gabriela Mendes. Dar à luz na sombra: condições atuais e possibilidade futuras para o exercício da maternidade por mulheres em situação de prisão. *Série Pensando o Direito*. Brasília, 2015a. Disponível em: https://edisciplinas.usp.br/pluginfile.php/5768795/mod_resource/content/1/Ana%20Gabriela%20Mendes%20Braga%20e%20Bruna%20Angotti%20-%20Dar%20a%20luz%20na%20sombra%20-%20Pensando%20o%20Direito.pdf. Acesso em: 11 fev. 2024.

ANGOTTI, Bruna; BRAGA, Ana Gabriela Mendes. Da hipermaternidade à hipomaternidade no cárcere feminino brasileiro. *Revista Internacional dos Direitos Humanos*. SUR 22, v. 12, n. 22. 229-239. 2015b. Disponível em: https://sur.conectas.org/wp-content/uploads/2015/12/16_SUR-22_PORTUGUES_ANA-GABRIELA-MENDES-BRAGA_BRUNA-ANGOTTI.pdf. Acesso em: 08 fev. 2024.

BORGES VIEIRA DE CARVALHO, G.; SANTANA SANTOS, H. G.; ALVES DE MATTOS, F. C. Encarceramento, decolonialidade e maternidade: direitos fundamentais de mães em situação de prisão e o controle eugênico de natalidade. *Revista da Faculdade de Direito da Universidade Federal de Uberlândia*, [S. l.], v. 51, n. 1, p. 703-724, 2023. Disponível em: https://seer.ufu.br/index.php/revistafadir/article/view/69212. Acesso em: 19 fev. 2024.

BRASIL, [Código de Processo Penal (1941)]. Código de Processo Penal. Disponível em https://www.planalto.gov.br/ccivil_03/decreto-lei/del3689.htm. Acesso em: 23 jan. 2024.

BRASIL. Ministério da Justiça. Departamento Penitenciário Nacional. Sistema Integrado de Informações Penitenciárias – InfoPen. 06/2014. Disponível em: https://www.justica.gov.br/news/estudo-traca-perfil-da-populacao-penitenciaria-feminina-no-brasil/relatorio-infopen-mulheres.pdf.Acesso em: 22 jan. 2024.

BRASIL. Ministério da Justiça. Departamento Penitenciário Nacional. Sistema Integrado de Informações Penitenciárias – InfoPen. 2018. Disponível em: https://conectas.org/wp-content/uploads/2018/05/infopenmulheres_arte_07-03-18-1.pdf. Acesso em: 27 nov. 2023.

BRASIL. Ministério da Justiça. Diretrizes para a Convivência Mãe-Filho/a no Sistema Prisional. Brasília, 2016. Disponível em: https://carceraria.org.br/wp-content/uploads/2018/01/formacao-diretrizes-convivencia-mae-filho-1.pdf. Acesso em: 27 nov. 2023.

BRASIL, [Constituição (1988)]. Constituição da República Federativa do Brasil. Disponível em: http://www.planalto.gov.br/ccivil_03/constituicao/constituicao.htm. Acesso em: 01 dez. 2023.

BRASIL, [Lei de Execução Penal (1984)]. Lei de Execução Penal. Disponível em: https://www.planalto.gov.br/ccivil_03/leis/L7210compilado.htm. Acesso em: 23 jan. 2024.

BRASIL, [Promulgação da Convenção Internacional dos Direitos da Criança (Decreto 99710/1990)]. Convenção Sobre os Direitos da Criança. Disponível em: https://www.planalto.gov.br/ccivil_03/decreto/1990-1994/d99710.htm. Acesso em: 27 nov. 2023.

BRASIL, [Estatuto da Criança e do Adolescente (1990)]. Estatuto da Criança e do Adolescente. Disponível em: http://www.planalto.gov.br/ccivil_03/leis/l8069.htm. Acesso em: 29 out. 2023.

BRASIL. Supremo Tribunal Federal. Habeas Corpus 143641/SP. 2ª Turma. Relator: Ricardo Lewandowski. Julgado em: 20 de fevereiro de 2018. Disponível em: https://redir.stf.jus.br/paginadorpub/paginador.jsp?docTP=TP&docID=748401053. Acesso em: 28 out. 2023.

BRASIL, [Código de Menores (1979)]. Código de Menores. Disponível em: https://www.planalto.gov.br/ccivil_03/leis/1970-1979/l6697.htm. Acesso em: 23 fev. 2023.

BUCCINI, G. dos S.; TULHA, M. L. P. de A. Maternagem: estratégia de prevenção em saúde para formação de sujeitos saudáveis. *Revista Brasileira de Medicina de Família e Comunidade*, Rio de Janeiro, v. 6, n. 20, p. 203-206, 2011. Disponível em: https://rbmfc.org.br/rbmfc/article/view/257. Acesso em: 11 jan. 2024.

DALBEM, J. X.; DELL'AGLIO, D. D. Teoria do apego: bases conceituais e desenvolvimento dos modelos internos de funcionamento. *Arquivos Brasileiros de Psicologia*, v. 57, n. 1, p. 12-24, 2005.

GUSTIN, Miracy Barbosa de Sousa; DIAS, Maria Tereza Fonseca; NICÁCIO, Camila Silva. *(Re) pensando a pesquisa jurídica*: teoria e prática. 5. ed. rev., ampl. e atual. São Paulo: Almedina, 2020.

LIMA, Taisa Maria Macena de; DE SÁ, Maria de Fátima Freire. Infância encarcerada. *Revista Brasileira de Direito Civil*, [S. l.], v. 18, p. 183, 2018. Disponível em: https://rbdcivil.ibdcivil.org.br/rbdc/article/view/311/250. Acesso em: 09 fev. 2024.

NUNES, Lívia Rangel de Christo; DESLANDES, Suely Ferreira; JANNOTTI, Claudia Bonan. Narrativas sobre as práticas de maternagem na prisão: a encruzilhada da ordem discursiva prisional e da ordem discursiva do cuidado. *Cadernos de Saúde Pública*, v. 36, n. 12, 2020. Disponível em: https://cadernos.ensp.fiocruz.br/ojs/index.php/csp/article/view/7257/15937. Acesso em: 27 nov. 2023.

PEREIRA, Danilo César; SILVA, Daniel de Souza. A importância do brincar para o desenvolvimento integral da criança na educação infantil. *EDUCERE* – Revista da Educação, Umuarama, v. 21, n. 1, p. 111-130, jan./jun. 2021. Disponível em: https://revistas.unipar.br/index.php/educere/article/view/7357/4153. Acesso em: 19 dez. 2023.

PEREIRA, Fabio Queiroz; LARA, Mariana Alves; RODRIGUES, Anna Luísa Braz. A autonomia progressiva de crianças e adolescentes e a busca por um sistema de apoios. *Civilistica.com*, [S. l.], v. 12, n. 2, p. 1–23, 2023. Disponível em: https://civilistica.emnuvens.com.br/redc/article/view/889. Acesso em: 14 jan. 2024.

REIS JUNIOR, Almir Santos; COHN, Ana Clara da Silva; BARETTA, Gilciane Allen. Maternidade no cárcere: a prisão domiciliar como substitutiva à prisão preventiva. *Revista Vianna Sapiens*, [S. l.], v. 12, n. 1, p. 25, 2021. Disponível em: https://viannasapiens.emnuvens.com.br/revista/article/view/722. Acesso em: 19 jan. 2024.

REVISTA BRASILEIRA DE EXECUÇÃO PENAL. Revista do Departamento Penitenciário Nacional (DEPEN). *Dossiê*: Mulheres e Grupos Específicos no Sistema Penitenciário. Brasília, ano 2, n. 2, p. 1-417, jul./dez. 2021. Disponível em: https://rbepdepen.depen.gov.br/index.php/RBEP/issue/view/rbepv2n2/31. Acesso em: 19 jan. 2024.

SIMÕES, Vanessa Fusco Nogueira. *Filhos do cárcere*: limites e possibilidades de garantir os direitos fundamentais dos filhos das mulheres privadas de liberdade no Brasil. Porto Alegre: Núria Fabris Editora, 2013.

TARTUCE, Flávio. *Direito Civil* – Lei de Introdução e Parte Geral. Rio de Janeiro – RJ: Grupo GEN, 2021. v. 1, p. 144 E-book. ISBN 9788530993870. Disponível em: https://integrada.minhabiblioteca.com.br/#/books/9788530993870/. Acesso em: 13 dez. 2023.

UNICEF. *Aleitamento materno*. [s.d.]. Disponível em: https://www.unicef.org/brazil/aleitamento-materno. Acesso em: 08 jan. 2024.

VIEIRA, Marcelo de Mello. *Direito de crianças e de adolescentes à convivência familiar*. Belo Horizonte. Editora D'Plácido, 2016.

ZAPATER, Maíra. *Direito da criança e do Adolescente*. São Paulo – SP: Saraiva, 2019. E-book. ISBN 9788553613106. Disponível em: https://integrada.minhabiblioteca.com.br/reader/books/9788553613106/pageid/247. Acesso em: 23 out. 2023.

INFÂNCIA E ADOLESCÊNCIA VITIMIZADAS: O TRATAMENTO JURÍDICO DISPENSADO À CRIANÇA E AO ADOLESCENTE EM RETROSPECTIVA

Luciana Fernandes Berlini

Pós-doutora em Direito das Relações Sociais pela UFPR. Doutora e Mestre em Direito Privado pela PUC/Minas. Presidente da Comissão de Responsabilidade Civil da OAB/MG. Professora Adjunta do Curso de Direito e do Mestrado da Universidade Federal de Ouro Preto. Membro da Comissão Nacional de Responsabilidade Civil do Conselho Federal da OAB. Pesquisadora líder do Terra Civilis. Autora de livros e artigos jurídicos. Advogada. Lattes: http://lattes.cnpq.br/8274959157658475. Orcid: https://orcid.org/0000-0001-5379-974X. Email: lucianaberlini@gmail.com.

Sumário: Introdução – 1. Panorama histórico-jurídico dos direitos de crianças e adolescentes; 1.1 O sistema de proteção integral – 2. A busca pela concretização do princípio do melhor interesse da criança – Considerações finais – Referências.

INTRODUÇÃO

O presente trabalho retoma o tema central das minhas pesquisas desenvolvidas no âmbito do programa de pós graduação da PUC/Minas. Esse resgate é dedicado à homenageada desta obra, professora Maria de Fátima Freire de Sá, minha professora na graduação, mestrado e doutorado. Mais do que professora, Maria de Fátima sempre foi inspiração, acolhimento e referência profissional. Hoje, tenho a honra e o privilégio de desfrutar de sua amizade e eternizar neste trabalho meu sincero agradecimento por tudo que representa.

O estudo aborda a escalada histórico-jurídico dos direitos das crianças e adolescentes, tema sensível e que ainda enfrenta desafios em seus aspectos práticos, especialmente quando se entende que a maior vitimização da população infantil ocorre em contexto familiar, por quem em regra tem o dever legal de cuidar, proteger e promover seus direitos.

Ao longo da história do Direito das Crianças e dos Adolescentes, até chegar-se ao momento atual, houve expressiva mudança legislativa, doutrinária e jurisprudencial.

Tais mudanças demonstram a necessidade de modificar a realidade de crianças e adolescentes vitimizados.

A Constituição da República de 1988 é um marco na história social e jurídica do Brasil. No que tange ao Direito da Criança e do Adolescente, representa, de forma decisiva, os anseios sociais, implementa o Estado Democrático de Direito e consolida o sistema de proteção integral, fundamental à compreensão do atual paradigma a que estão submetidos crianças e adolescentes.

Constata-se que a vitimização de crianças e adolescentes constitui um problema antigo e universal, e seu enfrentamento varia e deve variar de acordo com cada país, diferenciando-se conforme a situação política, econômica e social de cada nação.

Chama a atenção, no entanto, que a vitimização de crianças e adolescentes ocorra predominantemente em sua própria esfera familiar.[1]

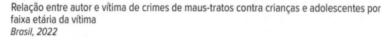

Relação entre autor e vítima de crimes de maus-tratos contra crianças e adolescentes por faixa etária da vítima
Brasil, 2022

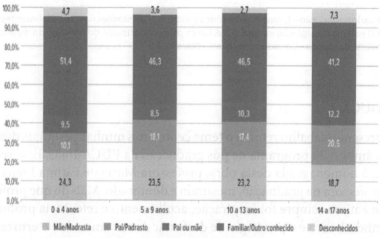

Fonte: Secretarias de Segurança Pública e/ou Defesa Social; Fórum Brasileiro de Segurança Pública.

Esses são dados da realidade brasileira, no entanto, a preocupação com a violência doméstica ocorre no mundo todo.

> Cerca de 1 bilhão de crianças estão sendo vítimas de violência todos os anos. A principal razão é a falha dos países em implementar estratégias de proteção da população infantil. O Relatório do Status Global sobre Prevenção da Violência contra Crianças 2020, o primeiro do tipo, mapeia progresso em 155 países, mas revela que quase a metade de todas as crianças

---

1. REINACH, Sofia; BARROS, Betina Warmling. O aumento da violência contra crianças e adolescentes no Brasil em 2022. *Fórum Brasileiro de Segurança Pública*. 17º Anuário Brasileiro de Segurança Pública. São Paulo: Fórum Brasileiro de Segurança Pública, p. 188-203, 2023. Disponível em: https://forumseguranca.org.br/wp-content/uploads/2023/07/anuario-2023.pdf. Acesso em: 20 fev. 2025.

no mundo sofrem violência física, sexual e psicológica regularmente. Com a pandemia de Covid-19, fechamentos de escolas e restrições de movimentos, muitas crianças acabaram caindo nas mãos dos agressores. O documento foi publicado pela Organização Mundial da Saúde, OMS, pelo Fundo das Nações Unidas para a Infância, Unicef, e pela Organização das Nações Unidas para Educação, Ciência e Cultura, Unesco, além da representante especial para o fim da violência a crianças e outros parceiros. Em quase 88% dos países, existem legislações de proteção a menores, mas menos da metade (47%) aplica essas leis.[2]

Fala-se apenas em estimativa, mas sabe-se que os números são ainda mais alarmantes, haja vista que esse tipo de violência é de difícil constatação. As notificações costumam ocorrer apenas nos casos de maior gravidade, mesmo assim tenta-se, muitas vezes, esconder o problema, como relatam Maria Amélia Azevedo e Viviane Nogueira de Azevedo Guerra:

> Atualmente, 40,16% da população brasileira tem de 0 a 19 anos. Apesar da grandeza desse dado, o país integra o triste contingente das nações que não possuem estatísticas confiáveis relacionadas ao fenômeno da violência doméstica contra os jovens, ao lado de países como Equador, Bangladesh, Paquistão e Tunísia. Os dados são esparsos, fragmentários, quase episódicos. Dizem respeito mais à incidência e quase nunca à prevalência. Cobrem a realidade de algumas modalidades do fenômeno (violência física e sexual), enquanto outras continuam maquiavelicamente ocultas (violência psicológica e negligência). Mesmo a violência doméstica fatal, aquela que leva a criança ou o jovem à morte, recebe outras denominações e acaba encoberta. Diante desse quadro, a construção do perfil contemporâneo da violência doméstica contra crianças e adolescentes no país tem de se apoiar em dados de pesquisa, assim como em relatos de casos, depoimentos e outras fontes. O retrato emergente revela um fenômeno extenso, grave, desigual e endêmico.[3]

No Canadá, por exemplo, um estudo realizado pela Divisão de Serviços Policiais aponta que 82% dos casos de violência física e 91% dos casos de violência sexual praticados contra crianças e adolescentes canadenses foram perpetrados por pessoas residentes ou com estreita relação com as vítimas.[4]

Para enfrentar a situação, a sociedade canadense adotou políticas formais e não formais, como a criação de políticas públicas voltadas para pesquisa e promoção dos direitos humanos, fomentando uma reação social que abrange escolas, os meios de comunicação e também a legislação. Legislação essa que trata dos direitos fundamentais de forma ampla na Constituição Canadense e criminaliza a violência

---

2. ONU – Organização das Nações Unidas. O Relatório do Status Global sobre Prevenção da Violência contra Crianças 2020. Disponível em: https://news.un.org/pt/story/2020/06/1717372. Acesso em: 20 fev. 2025.
3. AZEVEDO, Maria Amélia; GUERRA, Viviane Nogueira de Azevedo. *Violência doméstica contra crianças e adolescentes*: um cenário em (des)construção. Disponível em: https://www.paulus.com.br/assistencia-social/wp-content/uploads/2016. Acesso em: 20 jan. 2025.
4. FIORINI, Diana. Diversos aspectos de la violência familiar em Canadá. *Maltrato Y Violência Infantil*. Associacion Argentina para la Infancia. Buenos Aires: Nuevo Pensamiento Judicial Editora, 2003. p. 79.

doméstica no Código Penal canadense, que vem sofrendo diversas alterações ao longo do tempo. A jurisprudência vem sendo consolidada, progressivamente, para se adequar à realidade pretendida, de forma a combater a violência.[5]

No Brasil não se tem um aparato estatal eficiente para o atendimento às vítimas; as políticas públicas de prevenção são precárias e fatores externos, tais como desemprego, miséria e falta de planejamento familiar, contribuem para o fenômeno da violência doméstica.

Mais próxima à realidade brasileira está a Argentina, em relação à carência de estatísticas sobre as diferentes formas de violência exercidas contra crianças e adolescentes argentinos que permita determinar, com precisão, a incidência dos danos à saúde produzidos por essa violência no país.[6]

Atualmente, 66 países proíbem a prática de castigos corporais em crianças e adolescentes. Panamá, Quirguizistão, Uganda, Burundi, Sri Lanka e República Checa anunciaram que vão aderir à proibição dessa prática. Na Gâmbia e na Nigéria, os castigos corporais vão passar a ser proibidos em contexto escolar.[7]

A Suécia foi o primeiro país a adotar uma legislação voltada para a proteção de crianças e adolescentes vítimas de violência doméstica.

> Segundo o Governo da Suécia, os dados dos anos 1970 indicaram que menos de 50% das crianças tinham sofrido palmadas. Durante a década de 1980, esses números caíram para cerca de um terço. Após 2000, os dados fornecidos por pais sugerem que a porcentagem, agora, é muito pequena. Não só o número de crianças que levam palmadas caiu, mas aquelas que já experimentaram esse tipo de castigo ou sofrem com frequência muito menor e quase nunca como o uso de implementos (de 1 a 1,5%). Somente em 1994, as crianças foram indagadas sobre a frequência com que apanhavam em casa. Naquele ano, 35% delas disseram que tinham apanhado alguma vez e, depois de 2000, esse número caiu consideravelmente. Uma em dez, dentre as que apanharam, disse que isso acontecia regularmente, e o mesmo percentual disse que apanhava com implementos. Portanto, crianças em idade escolar nascidas em torno de 1990 afirmam sofrer castigo físico com frequência consideravelmente menor e com menos força que crianças nascidas uma década antes. Entrevistas com pais em 1980, 2000 e 2006 revelam um drástico declínio das formas mais severas de castigo físico, como socos ou o uso de implementos. Isso significa que os casos de castigos pesados, com o potencial de causar danos sérios, caíram substancialmente (Hägglund, 2009).[8]

---

5. FIORINI, Diana. Diversos aspectos de la violência familiar em Canadá. *Maltrato Y Violência Infantil*. Associacion Argentina para la Infancia. Buenos Aires: Nuevo Pensamiento Judicial Editora, 2003. p. 80.
6. MATEOS, Roberto José María. Violencia contra niños y adolescentes. *Maltrato y Violência Infantil*. Associacion Argentina para la Infancia. Buenos Aires: Nuevo Pensamiento Judicial Editora, 2003. p. 107.
7. Organização das Nações Unidas. 1ª Conferência Mundial sobre Maus Tratos na Infância da ONU, 2024. Disponível em: https://www.publico.pt/2024/11/07/mundo/noticia/oito-paises-vao-proibir-pratica-castigos-corporais-criancas-2110928. Acesso em: 21 fev. 2025.
8. HÄGGLUND, Göran. *Violência jamais*: trinta anos da abolição do castigo físico na Suécia. Governo da Suécia e Save the Children Suécia: 2009. Trad. Ariadne Costa. Disponível em: http://www.naobataeduque.org.br/documentos/Viol__ncia%20Jamais.pdf. Acesso em: 25 jan. 2025.

Segundo o estudo, o número de pais que defendem o castigo físico caiu de mais de 50% a quase 10% desde 1960, assim como o número de crianças em idade pré-escolar que recebem palmadas caiu de mais de 90% para cerca de 10% no mesmo período.[9]

O exemplo sueco traz subsídios para a implementação do enfrentamento da violência infantil como também comprova que alguns obstáculos semelhantes podem ser superados, como foi apresentado, por exemplo, em relação ao repúdio de parte da população, ao receio de intervenção na esfera privada e à preocupação com os "direitos dos pais", o que acontece no Brasil em razão do advento da Lei da Palmada que alterou o Estatuto da Criança e do Adolescente e proibiu castigos físicos e tratamento cruel e degradante contra a população infantil.

> Em 1989, a Assembleia geral das Nações Unidas concordou numa lista de direitos que deviam ser respeitados para todas as crianças. Estes direitos foram coligidos num documento chamado Convenção das Nações Unidas sobre os Direitos da Criança. Esta Convenção foi assinada – ratificada - por 191 países – todos os países no mundo exceto os Estados Unidos e a Somália. Isto significa que países de todas as religiões e culturas concordaram em respeitar os direitos humanos das crianças, e em agir para assegurar que estes são respeitados para todas as crianças nos seus países. Todas as crianças têm os mesmos direitos no mundo inteiro, seja qual for a sua raça, religião, cultura ou deficiência, e sejam quais forem as suas circunstâncias pessoais ou familiares. Estes direitos só podem ser promulgados através de mudanças políticas. Infelizmente, nem todos os 191 governos que ratificaram a Convenção se estão a esforçar por cumprirem os seus objetivos. As crianças são frequentemente vítimas de decisões políticas, de rupturas familiares, de políticas econômicas míopes, de guerras e de conflitos.[10]

A experiência estrangeira demonstra os desafios na proteção de crianças e adolescentes vitimizados e apresenta as possíveis soluções que o Brasil pode e deve incorporar.

No Brasil, percebe-se que os institutos jurídicos passaram por uma releitura, de forma a adaptarem-se à nova realidade trazida pela atual Constituição, que afetou diretamente o tratamento jurídico destinado à população infantil, de forma que a pessoa – criança ou adolescente – em consonância com sua dignidade, não pode ser tratada como objeto. Nesse sentido:

> A Constituição (CF 207) e o ECA acolheram a doutrina da proteção integral. Modo expresso, crianças e adolescentes foram colocados a salvo de toda forma de negligência. Transformaram-se em sujeitos de direito e foram contemplados com enorme número de garantias e prerrogativas. Mas direitos de uns significam obrigações de outros. Por isso, a Constituição

---

9. HÄGGLUND, Göran. *Violência jamais*: trinta anos da abolição do castigo físico na Suécia. Governo da Suécia e Save the Children Suécia: 2009. Trad. Ariadne Costa. Disponível em: http://www.naobataeduque.org.br/documentos/Viol__ncia%20Jamais.pdf. Acesso em: 25 jan. 2025.
10. JONES, Hazel. *Os direitos das crianças portadoras de deficiências*: um guia prático. Trad. de Octávio Gameiro. Impresso por Bergs Grafiska AB 2002. p. 52.

enumera quem são os responsáveis a dar efetividade a esse leque de garantias: a família, a sociedade e o Estado.[11]

A mudança de paradigma faz toda a diferença, primeiro porque a criança e o adolescente passam a ser tratados como sujeitos, em sua individualidade; segundo porque, como a Constituição é hierarquicamente superior às demais normas, a vedação à violência e também a consolidação do sistema de proteção integral fazem com que todas as esferas do Direito estejam pautadas nessas premissas.

No entanto, grande parte da população infantil permanece vitimizada pela violência, que ainda ocorre como resquício de um longo percurso histórico de invisibilidade e abusos.

1. PANORAMA HISTÓRICO-JURÍDICO DOS DIREITOS DE CRIANÇAS E ADOLESCENTES

No Brasil, tratou-se pela primeira vez das crianças e dos adolescentes, em uma codificação, em 1830, com a promulgação de um Código Penal, feita pelo Império.

Esse momento histórico, no qual emerge uma codificação, advém da necessidade de desvincular o Brasil da ideia de colônia, após a independência, que ocorreu em 1822.

Nesse contexto, a codificação penal de 1830, que regulamentava a situação jurídica da população infantojuvenil, restringindo-se à denominada "teoria do discernimento", estabelecia que a criança e o adolescente seriam ou não considerados criminosos em razão do discernimento.

Assim, no artigo 27 do Código Penal de 1830, os menores de 9 anos não seriam criminosos, pois presumia-se que, até essa idade, as crianças não tinham nenhum discernimento.

O mesmo ocorria com os menores de 14 anos que, ao agirem sem discernimento em condutas delituosas, também não seriam considerados criminosos, os demais, menores entre 14 e 17 anos estariam sujeitos à dois terços da pena aplicada aos adultos, enquanto os menores de 21 e maiores de 17 anos contariam apenas com atenuante para o delito praticado.[12]

Se fosse o caso de recolhimento, esses menores eram encaminhados às instituições próprias, mas, na falta delas, eram encaminhados às prisões de adultos, sem qualquer isolamento.

---

11. DIAS, Maria Berenice. *Manual do direito das famílias*. 3. ed. São Paulo: Revista dos Tribunais, 2022. p. 148.
12. SOUZA, Laura de Mello. *História da criança no Brasil*. 4. ed. São Paulo: Contexto, 1996. p. 31.

Com razão, afirma Sônia Vieira Coelho que o tratamento jurídico dispensado às crianças e adolescentes visava a moldar a natureza infantil através da disciplina, como influência da cultura europeia, presente em instituições, como a família e a escola, em uma frequente ingerência do Estado na vida privada (Coelho, 2007, p. 189).

A promulgação do Código Penal de 1890, já no período republicano, não alterou a situação da população infantil, que não contava com o amparo social ou políticas públicas, ainda que tímidas, em prol do desenvolvimento de crianças e adolescentes

A única preocupação do legislador brasileiro, no tocante às crianças e aos adolescentes restringia-se ao tratamento dado a esses jovens em caso de infração penal, mas, mesmo nesses casos, o Estado omitia-se em protegê-los ou garantir--lhes um mínimo de dignidade, eram lembrados apenas quando apresentavam-se como problema e como tal eram tratados.

Situação essa que perdurou até 1924, quando foi criado, no Brasil, o primeiro Juizado de Menores, na cidade do Rio de Janeiro, por influência direta dos países estrangeiros.

Sob este enfoque:

Como um reflexo da iniciativa dos Estados Unidos de criar no Estado de Illinois o primeiro Tribunal de Menores, em 1899, a ideia se espalhou pela Europa com marcante movimento entre 1905 e 1921, quando, praticamente, todos os países europeus criaram também seus Tribunais de Menores.[13]

O advento do Estado Social também contribuiu de forma decisiva para que a criança e o adolescente fossem protegidos pelo Direito, o que aos poucos permitiu à infância proteção, decorrente da preocupação da própria sociedade, ainda que de forma restrita e pouco incisiva.

Ainda no século XX, a situação das crianças abandonadas passou a ser regulada, no Brasil, por um código de menores, consolidado pelo Decreto 17.943-A, de 12 de outubro de 1927, dia em que se comemora o dia das crianças, redigido por Mello Matos.

Foi o primeiro código de menores da América Latina, que estabeleceu no ordenamento jurídico brasileiro a consolidação da assistência e proteção aos menores delinquentes e abandonados.

Visava-se, com tal código, regulamentar a situação conhecida como roda dos expostos e, também, combater a marginalização dos menores infratores.

---

13. PEREIRA, Tânia da Silva. *Direito da criança e do adolescente*: uma proposta interdisciplinar. 2. ed. Rio de Janeiro: Renovar, 2008. p. 8-9.

Não havia distinção no tratamento dos menores infratores e das crianças abandonadas por sua família ou em condição de miserabilidade, a preocupação de tal legislação era claramente repressiva, uma vez que não trazia medida para o efetivo combate à delinquência e abandono.

Tratava, tão somente, de remediar a situação existente, tanto é que os próprios abandonados eram responsabilizados por sua situação, como objetos da ação estatal.

Havia, nesses casos, a mitigação do então pátrio poder e, também, a remoção da família ou tutela pública, para que o menor sofresse as consequências de seu abandono.

Nesses casos de abandono, o juiz só deixaria de aplicar a medida se o pai, a mãe ou o responsável legal prestasse fiança para garantir que o menor seria bem tratado ou se comprometesse a internar o mesmo em estabelecimento de ensino.

Dessa forma, a tutela pública partia do pressuposto de que a família que abandonava a criança ou o adolescente não tinha condições de cuidar do menor, motivo pelo qual encaminhava os abandonados para instituições de ensino, reforma, asilos, hospitais, oficinas ou abrigos.

Nessa época, vigorava o Código Civil de 1916, inspirado na legislação francesa - Código de Napoleão - que tratava a questão dos filhos muito diferente do que se tem hoje, mas que, de certa forma, orientava a proteção à criança e ao adolescente, ainda que de forma discriminatória.

Tinha-se, nesse período a distinção dos filhos em naturais; adulterinos e incestuosos; adotados; legítimos ou ilegítimos. Desvalorizava, ainda, a mãe/esposa ao outorgar ao homem total poder de decisão na família e na vida de seus membros.

Em contrapartida, o Código Civil de 1916, apontava algumas situações que demonstravam interesse da sociedade em resguardar as relações familiares contra a violência. Assim, a punição no caso de abuso do pátrio poder, as limitações legais às atribuições do tutor, a fixação de obrigação dos pais para com a família e a possibilidade de propor investigação de paternidade são, enfim, algumas conquistas e demonstram um grande avanço para a época.[14]

Posteriormente ao Código de Menores de 1927, o tratamento jurídico dispensado às crianças e aos adolescentes advinha do Código de Menores de 1979, Lei 6.697, de 10 de outubro de 1979, que tratava da proteção dos menores, mas tão somente nos casos de situação irregular, como se verifica no artigo 2º, do referido diploma legal:

---

14. PEREIRA, Tânia da Silva. *Direito da criança e do adolescente*: uma proposta interdisciplinar. 2. ed. Rio de Janeiro: Renovar, 2008.

Art. 2º Para os efeitos deste Código, considera-se em situação irregular o menor:

I – privado de condições essenciais à sua subsistência, saúde e instrução obrigatória, ainda que eventualmente, em razão de:

a) falta, ação ou omissão dos pais ou responsáveis;

b) manifesta impossibilidade dos pais ou responsável para provê-las.

II – vítima de maus tratos ou castigos imoderados impostos pelos pais ou responsável;

III – em perigo moral, devido a:

a) encontrar-se, de modo habitual, em ambiente contrário aos bons costumes;

b) exploração em atividade contrária aos bons costumes.

IV- privado de representação ou assistência legal, pela falta eventual dos

pais ou responsável;

V – com desvio de conduta, em virtude de grave inadaptação familiar ou

comunitária;

VI – autor de infração penal.

Parágrafo único. Entende-se por responsável aquele que, não sendo pai ou mãe, exerce, a qualquer título, vigilância, direção ou educação de menor, ou voluntariamente o traz em seu poder ou companhia, independentemente de ato judicial (Brasil, 1979).

Pela leitura do dispositivo acima, percebe-se que tal código nada mais fez que dar continuidade ao código anterior, com poucas alterações relevantes no tocante à infância e à juventude, aliás pecou muito ao estabelecer a prisão provisória para os menores, que sequer precisava de curador para ser decretada.

O que fazia a legislação de 1979 era tentar coibir a prática de atos infracionais cometidos pelos menores, sem levar em conta a condição de ser em desenvolvimento e a necessidade de proteção e amparo deles (Arantes, 2003).

Essa teoria da situação irregular tratava as crianças e os adolescentes como objeto de medidas sociais, porque não os colocava na posição de sujeitos de direitos, tratando apenas dos conflitos decorrentes da situação irregular, como instrumento de controle social, e não da prevenção e proteção de forma integral.

Outro problema decorre do fato do Código de Menores não tratar de todas as crianças e adolescentes, mas apenas dos menores infratores e abandonados, motivo pelo qual sua aplicação era restrita, assim como a proteção dedicada aos menores.

Por essa razão, com o advento da Constituição da República de 1988 (Brasil, 2008) e do Estatuto da Criança e do Adolescente de 1990 (Brasil, 1991), preferiu-se não utilizar a palavra menor, privilegiando o uso da expressão criança e adolescente, pela carga pejorativa e discriminatória que a palavra "menores" havia adquirido, na tentativa de incorporar a nova concepção jurídica e democrática também na terminologia utilizada.

Cumpre destacar finalmente que, embora os Códigos de Menores, de 1927 e 1979 tenham deixado a desejar no que interessa aos direitos das crianças e dos adolescentes, ambos foram de suma importância para a escalada democrática e para a consolidação do paradigma atual do sistema de proteção integral.

1.1   O sistema de proteção integral

Em 1988, tem-se um marco para o que se refere aos direitos das crianças e dos adolescentes e, a partir de então, o Código de Menores de 1979 não mais era compatível com a nova doutrina trazida pela atual Constituição.

Através da ruptura doutrinária da situação irregular, crianças e adolescentes passaram a desfrutar de proteção integral, sem a necessidade de verificar situação de risco ou vitimização, haja vista que, pelo simples fato de serem crianças ou adolescentes, gozam de proteção ampla e irrestrita, tendo assegurados todos os seus direitos e garantias.

Como explica Tânia da Silva Pereira:

> Adotada a Doutrina Jurídica da Proteção Integral, a população infantojuvenil, em qualquer situação deve ser protegida e seus direitos, garantidos, além de terem sido reconhecidas prerrogativas idênticas às dos adultos. A proteção, como prioridade absoluta, não é mais obrigação exclusiva da família e do Estado: é um dever social. As crianças e os adolescentes devem ser resguardados e defendidos por serem pessoas em condição peculiar de desenvolvimento.[15]

Nesse sentido, o artigo 227 da Constituição da República de 1988:

> É dever da família, da sociedade e do Estado assegurar à criança, ao adolescente e ao jovem, com absoluta prioridade, o direito à vida, à saúde, à alimentação, à educação, ao lazer, à profissionalização, à cultura, à dignidade, ao respeito, à liberdade e à convivência familiar e comunitária, além de colocá-los a salvo de toda forma de negligência, discriminação, exploração, violência, crueldade e opressão.

À criança e ao adolescente deve ser assegurada prioritariamente a efetivação de políticas púbicas que estimulem positivamente o seu desenvolvimento e os ponha a salvo de qualquer tratamento que importe em violência ou ameace os direitos constitucionalmente assegurados, como preconiza a doutrina jurídica de proteção integral.

A inexistência de tais políticas públicas compromete a saúde, a educação, o lazer, a alimentação e outros direitos da criança e do adolescente, prejudicando seu pleno desenvolvimento. Com isso, cria-se um obstáculo para a criança e o adolescente exercerem direitos de cidadania, continuando-se um processo vicioso

---

15. PEREIRA, Tânia da Silva. *Direito da criança e do adolescente*: uma proposta interdisciplinar. 2. ed. Rio de Janeiro: Renovar, 2008. p. 759-760.

de exclusão e violência, fazendo com que as leis bem como os direitos e garantias fundamentais não consigam ultrapassar o plano da expectativa.

No que tange à violência doméstica contra crianças e adolescentes, também passou a ser tratada de maneira mais adequada a partir da Constituição da República de 1988:

> Artigo 226: A família, base da sociedade, tem especial proteção do Estado.
>
> § 8º O Estado assegurará a assistência à família na pessoa de cada um dos que a integram, criando mecanismos para coibir a violência no âmbito de suas relações.

Percebe-se, desde então, a preocupação do Direito, por seu constituinte, com a questão da violência doméstica, preocupação que, apesar de relevante, até hoje não foi solucionada e, ainda aflige muitas famílias, prejudicando, na maioria das vezes, a dignidade de seus integrantes.

E, como a violência doméstica continua acontecendo, o Direito deve propiciar condições de reprimir essa prática, o que ora é defendido através da conjugação de fatores, como prevenção e responsabilização, com respaldo no sistema de proteção integral e no princípio do melhor interesse da criança, tendo em vista que:

> Apesar de a Constituição assegurar assistência à família na pessoa de cada um dos que a integram, é imposta à família o dever de garantir, à criança e ao adolescente, com absoluta primazia, todos os direitos que lhe são assegurados, bem como o dever de amparar as pessoas idosas. Só em caráter secundário tal dever é atribuído à sociedade, ou, em ordem sucessiva, é invocada a participação do Estado de forma supletiva ou residual. Ou seja, exime-se o Estado de seus deveres sociais, delegando-os à família, sem garantir-lhes condições ou repassar-lhes recursos para o desempenho de tais funções.[16]

Assim, sob o paradigma da proteção integral, já tratado na legislação internacional e incorporado pela Constituição brasileira, os direitos das crianças e adolescentes devem ser promovidos e protegidos em caso de violação.

> A doutrina jurídica da proteção integral, por sua vez, teve como origem os instrumentos de direito internacional oriundos principalmente das Nações Unidas, dos quais se destaca a convenção Internacional sobre os Direitos da Criança, aprovada pela ONU, por unanimidade, na sessão de 20 de novembro de 1989, e ratificada pelo Brasil através do decreto 99.710, de 21.11.1990.[17]

---

16. DIAS, Maria Berenice. *Manual do direito das famílias*. 3. ed. São Paulo: RT, 2022. p. 305.
17. ISQUIERDO, Renato Scalco. A tutela da criança e do adolescente como projeção dos princípios da dignidade da pessoa humana, da solidariedade e da autonomia: uma abordagem pela doutrina da proteção integral. In: MARTINS-COSTA, Judith. *A reconstrução do direito privado*: reflexos dos princípios, diretrizes e direitos fundamentais constitucionais no direito privado. São Paulo: RT, 2002. p. 526.

O texto constitucional, dessa forma, elege o segmento infanto-juvenil como prioridade para o desenvolvimento de políticas públicas e programas de proteção voltados à criança e ao adolescente.

Baseada nessa doutrina da proteção integral, foi aprovada a Lei 8.069, de 13 de julho de 1990, mais conhecida como Estatuto da Criança e do Adolescente, que trata, especificamente, dos direitos das crianças e adolescentes.

A entrada em vigor do Estatuto da Criança e do Adolescente, em 1990, põe fim, definitivamente, ao antigo Direito dos Menores, previsto pelo Código de Menores, de 1979. Ao mesmo tempo, confirma o sistema de proteção integral, no qual as crianças e os adolescentes figuram como titulares de direitos e deveres, tal qual elucidado pela Constituição de 1988.

O surgimento desse sistema de proteção integral, que culminou com o Estatuto da Criança e do Adolescente, decorre, como foi dito, da influência da Convenção Internacional sobre os Direitos da Criança da Organização das Nações Unidas (1989) e da influência da Declaração Universal sobre os Direitos da Criança (1959).

O novo paradigma de proteção integral, trazido pela Constituição da República de 1988 e, particularmente, pelo Estatuto da Criança e do Adolescente, se aproxima mais da realidade do Estado Democrático de Direito ao adotar normas de caráter fundamental e viabilizar a implementação de Juizados da Infância e da Juventude.

A proteção integral a que se refere abrange políticas dirigidas às crianças e aos adolescentes, de forma ampla, demonstrando seu caráter preventivo, em contrapartida ao antigo Código de Menores (meramente repressivo), coibindo a violação de direitos fundamentais de crianças e adolescentes.

É dessa forma que o Estatuto da Criança e do Adolescente dispõe sobre a proteção integral à criança e ao adolescente:

> Art 3º A criança e o adolescente gozam de todos os direitos fundamentais inerentes à pessoa humana, sem prejuízo da proteção integral de que trata esta Lei, assegurando-se-lhes, por lei ou por outros meios, todas as oportunidades e facilidades, a fim de lhes facultar o desenvolvimento físico, mental, moral, espiritual e social, em condições de liberdade e de dignidade.

Com o objetivo de trazer maior efetividade ao dispositivo, no dia 26 de junho de 2014 foi publicada a Lei Menino Bernardo, também conhecida como Lei da Palmada, que que alterou o Estatuto da Criança e do Adolescente para estabelecer o direito da criança e do adolescente de serem educados e cuidados sem o uso de castigos físicos ou de tratamento cruel ou degradante.

A dificuldade em combater a violência doméstica no Brasil é alarmante. O Poder Público encontra dificuldades para diagnosticar o problema, a sociedade quase sempre prefere não se intrometer em relações particulares e defende que o Estado não pode interferir. Alguns pais, por sua vez, defendem que o castigo físico é forma de educar, ao considerarem que as agressões físicas e psicológicas constituem uma faculdade a eles concedida pelo poder familiar.

Este o cenário em que estão inseridas as crianças e os adolescentes, vítimas de uma cultura violenta que se inicia no lar, ainda sem possibilidade de se insurgirem contra essa violência, silenciados pela condição de incapacidade e dependência.

2. A BUSCA PELA CONCRETIZAÇÃO DO PRINCÍPIO DO MELHOR INTERESSE DA CRIANÇA

Deve levar-se em conta, no caso concreto, a adoção de medidas que atendam ao melhor interesse da criança (e do adolescente),[18] como prerrogativa da doutrina jurídica de proteção integral.

O que traz dúvida é a exegese aplicada ao caso concreto, no exato momento de determinar o melhor interesse da criança e do adolescente.

> A adoção, em sede constitucional, da doutrina da proteção integral veio afirmar o princípio do melhor interesse da criança, já existente em nossa legislação e que encontra suas raízes na Declaração Universal dos Direitos da Criança, adotada pela ONU em 20 de novembro de 1959.[19]

O princípio do melhor interesse da criança é de observância obrigatória, sob pena de comprometer os direitos fundamentais infantojuvenis, o que enseja, por conseguinte, o respeito de todos, em todos os casos. Mas, o que é problemático é defender que a violência possa ser uma alternativa que atenda ao princípio do melhor interesse da criança e do adolescente.

A violência, seja qual for a forma, perpetrada contra criança ou adolescente não atende a esse princípio, pois não é forma de educar, não serve para impor limites, não é demonstração de afeto, tampouco traz qualquer benefício, mediato ou imediato, à criança e ao adolescente.

O que se observa é que o princípio do melhor interesse da criança perfaz-se através da concretização da doutrina da proteção integral, que não admite qualquer forma de violência.

---

18. Embora esse princípio jurídico seja denominado *princípio do melhor interesse da criança*, seu conteúdo abrange a criança e o adolescente.
19. BARBOZA, Heloisa Helena. O princípio do melhor interesse da criança e do adolescente. congresso *Brasileiro de Direito de Família*, 2, 1999, Belo Horizonte Anais... Belo Horizonte: Del Rey, 2000. p. 202.

A adoção do princípio do melhor interesse da criança, portanto, deve ocorrer em todos os casos, por concretizar o sistema de proteção integral trazido no âmbito constitucional e reiterado pelo Estatuto.

"É isso, principalmente, o que os modernos nos mostram a respeito da responsabilidade nas relações de família: elas só são legítimas enquanto se concentram no interesse pela formação e pela liberdade dos filhos".[20]

A observância, nessa perspectiva, do princípio do melhor interesse da criança não atende só às necessidades da pessoa em desenvolvimento é, também, premissa constitucional abarcada pelo sistema de proteção integral, que deve ser respeitada.

Tanto é que o Estatuto da Criança e do Adolescente não apenas adotou o referido princípio, como expressamente determinou que sua observância deva ocorrer também na adoção de medidas específicas de proteção à criança, de modo que a "intervenção deve atender prioritariamente aos interesses e direitos da criança e do adolescente, sem prejuízo da consideração que for devida a outros interesses legítimos no âmbito da pluralidade dos interesses presentes no caso concreto".[21]

É, desse modo, inquestionável que os direitos da população infantojuvenil só serão respeitados se for aplicado o princípio do melhor interessa da criança. Isso porque a observância desse princípio, analisado a partir do caso concreto, que sugere uma série de variáveis e possibilidades, permite a adequação das normas, ainda que estejam em conflito.

Tem-se, dessa forma, um parâmetro objetivo de aplicação das normas referentes às crianças e aos adolescentes, viabilizado por tal princípio, o que possibilita concretizar os direitos fundamentais, sem, contudo, estabelecer um escalonamento de direitos *a priori*.

É a partir do caso concreto que se verificará a melhor solução para a criança vitimizada, em consonância com o princípio do melhor interesse, capaz de garantir em todos os casos o respeito aos direitos fundamentais e a promoção da dignidade da pessoa humana.

A evolução histórica mostra exatamente isso, a violência é incompatível com o melhor interesse da criança e não mais pode ter lugar nas famílias brasileiras, pois a família é hoje um lugar de afeto, regido por normas que visam a proteger seus indivíduos, garantindo o que a sociedade anseia, uma vida digna, na qual seus indivíduos realizam-se de forma plena, o que deve ocorrer desde a infância.

---

20. HIRONAKA, Giselda Maria Fernandes Novaes. *Direito e responsabilidade*. Belo Horizonte: Del Rey, 2002. p. 431.
21. Artigo 100, parágrafo único, inciso IV, do Estatuto da Criança e do Adolescente.

Assim, ao analisar os casos de violência doméstica, o princípio do melhor interesse da criança e do adolescente deve ser observado, sem perder de vista sua real dimensão, que ora nenhuma abrange ou tolera a violência, pois é corolário do sistema de proteção integral, a que toda criança e adolescente estão submetidos.

A dificuldade de constatação dos casos de violência doméstica contra a criança e o adolescente somada às poucas pesquisas sobre o tema é um dos desafios a serem superados pelo Brasil, até para que se possa investir em políticas públicas de enfretamento.

> O que se pode depreender de tudo isto é que não há um plano de enfrentamento nacional para a violência física doméstica e a violência sexual tem sido enfrentada, prioritariamente, a partir da prostituição, da pornografia, do turismo sexual. O debate sobre a VDCA ainda é um debate difícil de ser sustentado em nossa sociedade embora devêssemos lutar por esta sustentação devido à gravidade de suas consequências. É um debate que, como enfatizamos anteriormente, remete de forma direta a questões de poder familiar, ao adultocentrismo nas relações domésticas, à ausência de uma escuta atenta das vozes de crianças e adolescentes enquanto portadores de direitos e vítimas muitas vezes de tal fenômeno.[22]

Muitos são os objetivos pretendidos pela nova legislação, assim como muitos são os desafios, mas o maior deles é conscientizar as pessoas – pais, Estado e sociedade – sobre a importância de respeitar crianças e adolescentes.

Na verdade, entre os fatores determinantes para que a violência doméstica ainda seja praticada estão a confusão que se faz de que bater é forma de disciplinar e educar; a incapacidade das crianças e adolescentes, que são representadas pelos seus pais (os que estão praticando a violência), como também decorre do silêncio das vítimas e da sociedade, que muitas vezes desconhece a violência perpetrada ou prefere se omitir.

A questão cultural que o Brasil ainda enfrenta pode ser um dos motivos pelos quais o Brasil tenha índices alarmantes de violência infantil.

> A aceitação da violência por parte da sociedade também é um fator importante: tanto as crianças como seus agressores podem aceitar a violência física, sexual e psicológico como inevitável e normal. A disciplina por meio de punições físicas e humilhantes, bullying (intimidação) e assédio sexual é frequentemente percebida como normal, particularmente quando ela não provoca lesões físicas "visíveis" ou duradouras. A falta de uma proibição legal explícita de castigos corporais reflete esse fato.[23]

---

22. AZEVEDO, Maria Amélia. Violência doméstica contra crianças e adolescentes (VDCA): abrindo novos horizontes de prevenção na cidade de São Paulo. 2010. Disponível em: http://www.ip.usp.br/laboratorios/lacri/pqlacri/projeto_fapesp_2010_.pdf. Acesso em: 11 jul. 2015.
23. ASSEMBLEIA GERAL DAS NAÇÕES UNIDAS. Estudo das Nações Unidas sobre a violência contra crianças. 23 ago. 2006. Disponível em: http://www.unicef.org/brazil/pt/Estudo_PSP_Portugues.pdf. Acesso em: 20 jan. 2025.

Nessa medida a legislação que proíbe castigos corporais acaba sendo útil na mudança de perspectiva, ainda que de forma lenta e gradativa. "É indubitável que a Lei da Palmada exerce uma coerção social tendente a inibir comportamentos abusivos por parte dos pais e demais educadores".[24]

Embora, a noção de responsabilidade parental tenha origem em 1959, com a institucionalização da Declaração Internacional dos Direitos da Criança, que mais tarde inspiraria o Estatuto da Criança e do Adolescente, instaurado no Brasil em 1990, fato é, que ainda hoje representa um desafio diante do panorama de crianças e adolescentes vitimizados.

CONSIDERAÇÕES FINAIS

Nos últimos anos, importantes reformas legislativas ocorreram no Brasil e no mundo, como reflexo da mudança de paradigma vivenciada, com maior visibilidade para a população infantil, que se enquadra na crescente corrente pelo respeito às minorias e aos direitos humanos.

As pesquisas trazidas são poucas, mas alarmantes, ainda mais quando se constata que nos casos de violência doméstica, especificamente contra a criança e o adolescente, ainda são poucos os casos notificados e, só esses, entram para as estatísticas.

Para encerrar esse ciclo, é preciso enfrentar a perceptível escassez de pesquisas sobre os índices desse tipo de violência e os problemas de sua sistematização e confiabilidade, justamente por essa dificuldade de diagnosticar a violência praticada contra crianças e adolescentes.

Essa questão atrapalha e muito o monitoramento da violência doméstica e, consequentemente, a sua prevenção e combate, motivo pelo qual se revela urgente o investimento do Poder Público nesse setor, não apenas em pesquisas, mas também em políticas públicas de prevenção e combate à violência infantil.

A sociedade paga um preço muito alto pelas práticas violentas adotadas no passado e principalmente pelas que continuam sendo utilizadas. Um grande problema enfrentado hoje pela sociedade é a violência. E por que será que quando ela é praticada no ambiente familiar deixa de parecer tão problemática assim?

A relevância do tema ultrapassa as fronteiras da academia para alcançar e proteger as vítimas de uma triste realidade de violência doméstica.

---

24. LIMA, Taisa Maria Macena de; SÁ, Maria Fátima de Freire. *Ensaios sobre a infância e adolescência*. Belo Horizonte: Arraes editores, 2016. p. 10.

Este o objetivo do presente capítulo, demonstrar como a violência é prejudicial, não apenas para as crianças e adolescentes, como para a sociedade de uma maneira geral.

Ao Direito resta o compromisso de tutelar essas situações em que os genitores são os responsáveis por violar os direitos dos seus filhos. De forma que o melhor interesse da criança seja respeitado, prioritária e absolutamente,

À mim, resta encerrar com esta singela homenagem à professora Maria de Fátima, como forma de agradecer e perpetuar minha admiração, carinho e respeito pelo relevante trabalho que realiza como professora, pelo conhecimento que compartilha com tanto profissionalismo e generosidade, pela relevância de sua trajetória na formação de tantos profissionais.

REFERÊNCIAS

BERLINI, Luciana Fernandes. *Lei da palmada*: uma análise sobre a violência doméstica infantil. Belo Horizonte: Arraes Editores, 2014.

COELHO, Sônia Vieira. Família contemporânea e a concepção moderna de criança e adolescente. Instituto da Criança e do Adolescente. Unesco (Org.). *Criança e adolescente*: prioridade absoluta. Belo Horizonte: Ed. PUC Minas, Brasília: UNESCO, 2007. (Coleção Infância e adolescência).

CUNHA, Alexandre dos Santos. Dignidade da pessoa humana: o conceito fundamental do direito civil. In: MARTINS-COSTA, Judith. *A reconstrução do direito privado*: reflexos dos princípios, diretrizes e direitos fundamentais constitucionais no direito privado. São Paulo: RT, 2002.

DIAS, Maria Berenice. *Manual do direito das famílias*. 3. ed. São Paulo: RT, 2022.

FIORINI, Diana. Diversos aspectos de la violência familiar em Canadá. *Maltrato Y Violência Infantil*. Associacion Argentina para la Infancia. Buenos Aires: Nuevo Pensamiento Judicial Editora, 2003.

HÄGGLUND, Göran. *Violência jamais*: trinta anos da abolição do castigo físico na Suécia. Governo da Suécia e Save the Children Suécia: 2009. Trad. Ariadne Costa. Disponível em: http://www.naobataeduque.org.br/documentos/Viol__ncia%20Jamais.pdf. Acesso em: 25 jan. 2025.

JONES, Hazel. *Os direitos das crianças portadoras de deficiências*: um guia prático. Trad. de Octávio Gameiro. Impresso por Bergs Grafiska AB 2002.

LIMA, Taisa Maria Macena de; SÁ, Maria Fátima de Freire. *Ensaios sobre a infância e adolescência*. Belo Horizonte: Arraes editores, 2016.

LÔBO, Paulo. *Direito civil: famílias*. 13. ed. Rio de Janeiro: Saraiva Jur, 2023. v. 5.

MATEOS, Roberto José María. Violencia contra niños y adolescentes. *Maltrato y Violência Infantil*. Associacion Argentina para la Infancia. Buenos Aires: Nuevo Pensamiento Judicial Editora, 2003.

PEREIRA, Tânia da Silva. *Direito da criança e do adolescente*: uma proposta interdisciplinar. 2. ed. Rio de Janeiro: Renovar, 2008.

REINACH, Sofia; BARROS, Betina Warmling. O aumento da violência contra crianças e adolescentes no Brasil em 2022. *Fórum Brasileiro de Segurança Pública*. 17º Anuário Brasileiro de Segurança Pública. São Paulo: Fórum Brasileiro de Segurança Pública, p. 188-203, 2023. Disponível em: https://forumseguranca.org.br/wp-content/uploads/2023/07/anuario-2023.pdf. Acesso em: 20 fev. 2025.

SOUZA, Laura de Mello. *História da criança no Brasil*. 4. ed. São Paulo: Contexto, 1996.

O DIREITO SUCESSÓRIO DO EMBRIÃO HUMANO SOB NOVAS PERSPECTIVAS

José Roberto Moreira Filho

Mestre em Direito Privado pela Pontifícia Universidade Católica de Minas Gerais. Especialista em Bioética, Direito e Aplicações pelo IEC Puc Minas. Professor universitário. Diretor Nacional do IBDFAM. Presidente da Comissão de Direito de Família da OAB/MG. Vice-Presidente do Instituto Brasileiro de Direito de Família (IBDFAM) em Minas Gerais. Membro consulter da Comissão de Direito das Sucessões da OAB/MG. Membro consultor da Comissão de Pesquisa do IBDFAM. Advogado militante.

Sumário: Introdução – 1. A evolução da regulamentação da reprodução humana assistida – 2. O direito sucessório e as novas perspectivas diante das técnicas de inseminação artificial humana – Considerações finais – Referências.

INTRODUÇÃO

Em 12 de novembro de 2004 me era concedido o grau em Mestre em Direito Privado pela Pontifícia Universidade Católica em dissertação orientada pela magistral Profa. Maria de Fátima Freire de Sá com o título: "O Embrião Humano Criopreservado e sua capacidade sucessória no ordenamento jurídico brasileiro" que posteriormente veio a ser um livro lançado pela editora New Hampton Press em 2007 com o nome "Ser ou não ser: os direitos sucessórios do embrião humano".[1]

Mas a minha relação com a "Fatinha" iniciou-se na Pós-graduação em Bioética, Direito e Aplicações ofertada pelo Instituto de Educação Continuada (IEC) da Puc Minas em 2001 na qual ela ministrava a matéria sobre reprodução humana assistida.

Já estava desde 1.999 lecionando na Puc Minas, unidade Contagem, a matéria de Direito de Família e das Sucessões e ao tomar conhecimento da Bioética, do Biodireito e, principalmente, dos impactos das novas tecnologias reprodutivas no Direito de Família e no Direito das Sucessões fiquei extremamente interessado em aprender um pouco mais e em me especializar nesta área e tudo isso se deve especialmente à minha querida orientadora e agora uma amiga que carrego no coração eternamente, Fatinha.

---

1. MOREIRA FILHO, José Roberto, *Ser ou não ser*: Os direitos sucessórios do embrião humano. Ed. New Hampton Press Ltda. Belo Horizonte. 2007, 160 p.

Naquela época tínhamos pouquíssimas publicações e materiais de pesquisa sobre reprodução humana artificial e sua correlação com o Direito privado e tivemos de buscar referências em publicações, estudos e em doutrinadores estrangeiros nos países em que a reprodução humana artificial já era mais accessível e até mesmo com legislações regulatórias.

Atualmente a reprodução humana artificial é um procedimento com maior eficácia, aceitação e acessibilidade e já existem algumas normas deontológicas e até mesmo decisões judiciais que, na falta de uma legislação específica, decidem as lides que envolvem a reprodução artificial.

Esse artigo, portanto, pretende apresentar, mesmo que de forma sumária, as atuais normas que regulam a reprodução humana artificial no Brasil, a evolução do pensamento doutrinário sobre o tema dos direitos sucessórios decorrentes de tais técnicas e analisar algumas das principais decisões judiciais já proferidas sobre o tema objetivando indicar o futuro desses novos Direitos privados.

Fatinha escrevo agora sem a sua orientação, mas a que me deu anteriormente ficou guardada para sempre! Que você siga esse caminho de brilho e competência que construiu ao longo de sua vida.

1. A EVOLUÇÃO DA REGULAMENTAÇÃO DA REPRODUÇÃO HUMANA ASSISTIDA

Quando fiz minha especialização em Bioética, Direito e Aplicações em 2001 não havia nenhuma lei no Brasil sobre reprodução humana artificial mesmo que tal técnica tenha sido mundialmente conhecida em 1.978 com o nascimento da britânica Louise Brown e mesmo diante do nascimento em 1.984 da paranaense Ana Paula Caldeira.

O mais surpreendente é que passados 24 anos ainda não temos uma legislação específica sobre o tema e contamos apenas com a celeridade e competência do Conselho Regional de Medicina que desde 1.992 já tem normas deontológicas específicas e constantemente atualizadas.

Em 1992 foi publicada a resolução 1.358 do Conselho Federal de Medicina que foi a primeira norma deontológica do CFM sobre o tema da reprodução humana artificial. Naquela época a norma previa que as técnicas de reprodução assistida somente poderiam ser utilizadas para resolução dos problemas de infertilidade humana, previa que o número máximo de embriões a serem transferidos para o útero materno seria de 4 (quatro), possibilitava apenas à mulher o acesso à técnica e se fosse casada ou em união estável seria necessário o consentimento do marido ou companheiro, não permitia a destruição e nem o descarte de embriões, exigia que as doadoras de útero tinham de pertencer à família doadora genética num parentesco até o segundo grau e não havia nada sobre inseminação post mortem.

Em 29 de março de 1993 o Deputado Luiz Moreira do partido da Frente Liberal do Maranhão (PFL-MA) apresentou o primeiro Projeto de Lei sobre reprodução humana artificial que recebeu o número 3.638/93 e que atualmente encontra-se arquivado na Câmara dos Deputados e que repetia, quase que integralmente, as normas deontológicas da resolução 1.358/92 do CFM.

Desde 1.992 até a presente data o Conselho Federal de Medicina já publicou 08 (oito) resoluções deontológicas sobre a reprodução humana artificial (Resoluções 1358/1992, 1957/2010, 2013/2013, 2121/2015, 2168/2017, 2283/2020, 2294/2021 e 2320/2022) e o Congresso Nacional já recebeu inúmeros projetos de lei sobre o assunto, sendo de destacar os abaixo.

Em 20 de setembro de 2022 foi publicada a resolução 2.320/22 pelo Conselho Federal de Medicina – CFM,[2] que é atualmente a norma deontológica em vigor sobre reprodução humana artificial. Além de outras determinações, a norma prevê que a RA (reprodução assistida) tem o papel de auxiliar no processo de procriação e pode ser utilizada por qualquer pessoa capaz, dispõe que o número máximo de embriões a serem transferidos para o útero materno é de até 02 (dois) para mulheres com até 37 (trinta e sete) anos e até 03 (três) para mulheres acima de 37 (trinta e sete) anos, permite a gestação compartilhada em união homoafetiva feminina, determina que a doadora do óvulo não pode ser a cedente temporária do útero, determina que o casal deve manifestar por escrito o destino dos embriões criopreservados em caso de divórcio, dissolução de união estável e morte ou se desejam doá-los, exige que a cedente do útero tenha pelo menos um filho vivo e que pertença à família de um dos parceiros, salvo por autorização do Conselho Regional de Medicina e permite a reprodução assistida *post mortem* desde que haja autorização específica feita em vida para o uso do material genético criopreservado.

Vários Projetos de Lei visam estabelecer verdadeiros estatutos jurídicos sobre reprodução humana artificial a saber: PL 1184/03 do Deputado Lúcio Alcântara, PL 2061/03 da Deputada Maninha, PL 1135/03 do Deputado Dr. Pinotti, PL 4889/05 do Deputado Salvador Zimbaldi, PL 4892/12 do Deputado Eleuses Paiva e PL 115/15 do Deputado Juscelino Rezende Filho.

Além disso, vários outros Projetos de Lei visam alterações pontuais em nossa legislação, ou seja: PL 7591/17 do Deputado Carlos Bezerra que confere direitos sucessórios na RHA, PL 9403/17 do Deputado Vitor Valim que visa estabelecer direitos sucessórios na RHA, PL 1218/20 do Deputado Alexandre Frota e PL

---

2. chrome-extension://efaidnbmnnnibpcajpcglclefindmkaj/https://sistemas.cfm.org.br/normas/arquivos/resolucoes/BR/2022/2320_2022.pdf. Acesso em: 24 fev. 2025 às 13:30.

4178/20 do Deputado Deuzinho Filho que estabelecem direitos sucessórios na RHA, PL 6296/02 do Deputado Magno Malta que veda fertilização de óvulo por gameta feminino, PL 5266/09 do Deputado Jorginho Maluly que visa estabelecer paternidade inseminação heteróloga, PL 5768/19 do Deputado Afonso Motta que estabelece maternidade na RHA, PL 120/03 do Deputado Roberto Pessoa que veda anonimato doador, PL 4686/04 do Deputado José Carlos Araújo que veda anonimado, sucessão de doadores e estabelece filiação, PL 7701/10 da Deputada Dalva Figueiredo que estabelece prazo para uso gameta congelado post mortem, PLS 749/11 do Senador Blairo Maggi que estabelece uso sêmen post mortem, PL 4664/01 do Deputado Lamartine Posella que proíbe descarte e pesquisa em embriões, PL 3067/08 do Deputado Dr. Pinotti que visa alterar requisitos na pesquisa em embriões na lei biossegurança e o PL 4665/01 do Deputado Lamartine Posella que estabelece uso de RHA somente para casais inférteis.

Mesmo com tantos projetos de lei é sabido que nenhum deles foi ainda levado à votação na Câmara dos Deputados e no senado e aguardam, adormecidos, nessas casas legislativas.

Em 2002 foi publicado o atual Código Civil, que entrou em vigor em 11 de janeiro de 2003 e que trouxe em seu corpo de normas o artigo 1.597 que, em seus incisos III, IV e V, estabeleceu algumas presunções de filiação decorrentes da reprodução humana artificial. Vejamos:

> Art. 1.597. Presumem-se concebidos na constância do casamento os filhos:
> (...)
> III – havidos por fecundação artificial homóloga, mesmo que falecido o marido;
> IV – havidos, a qualquer tempo, quando se tratar de embriões excedentários, decorrentes de concepção artificial homóloga;
> V – havidos por inseminação artificial heteróloga, desde que tenha prévia autorização do marido.

Após a edição do Código Civil de 2002 vários enunciados foram publicados por institutos jurídicos, conselhos e em congressos científicos relativos às disposições sobre presunção de filiação advindas das técnicas artificiais de reprodução, sendo de destacar os seguintes:

O Conselho da Justiça Federal já publicou, no âmbito de suas jornadas de Direito Civil 07 enunciados com o tema relativo à reprodução humana e inseminação,[3] ou seja:

---

3. Disponível em: https://www.cjf.jus.br/enunciados/pesquisa/resultado. Acesso em: 17 fev. 2025 às 10:04.

O enunciado 104 da primeira jornada de Direito Civil estabelece presunção absoluta de paternidade caso o marido consinta que sua mulher se insemine com sêmen de terceiros ao dispor:

> *Enunciado 104:* No âmbito das técnicas de reprodução assistida envolvendo o emprego de material fecundante de terceiros, o pressuposto fático da relação sexual é substituído pela vontade (ou eventualmente pelo risco da situação jurídica matrimonial) juridicamente qualificada, gerando presunção absoluta ou relativa de paternidade no que tange ao marido da mãe da criança concebida, dependendo da manifestação expressa (ou implícita) da vontade no curso do casamento.

Os enunciados 105 da primeira jornada e o enunciado 257 da terceira jornada de Direito Civil que, respectivamente, esclarecem as terminologias utilizadas no artigo 1.597 do Código Civil ao disporem:

> *Enunciado 105:* As expressões "fecundação artificial", "concepção artificial" e "inseminação artificial" constantes, respectivamente, dos incs. III, IV e V do art. 1.597 deverão ser interpretadas como "técnica de reprodução assistida".

> *Enunciado 257:* As expressões "fecundação artificial", "concepção artificial" e "inseminação artificial", constantes, respectivamente, dos incs. III, IV e V do art. 1.597 do Código Civil, devem ser interpretadas restritivamente, não abrangendo a utilização de óvulos doados e a gestação de substituição.

O enunciado 106 da primeira jornada de Direito Civil que diz sobre a presunção de paternidade quando é utilizado o material genético do marido falecido; ao dispor:

> *Enunciado 106:* Para que seja presumida a paternidade do marido falecido, será obrigatório que a mulher, ao se submeter a uma das técnicas de reprodução assistida com o material genético do falecido, esteja na condição de viúva, sendo obrigatória, ainda, a autorização escrita do marido para que se utilize seu material genético após sua morte.

O enunciado 107 da primeira jornada de Direito Civil que regula o uso dos embriões homólogos excedentários, ao dispor:

> *Enunciado 107:* Finda a sociedade conjugal, na forma do art. 1.571, a regra do inc. IV somente poderá ser aplicada se houver autorização prévia, por escrito, dos ex-cônjuges para a utilização dos embriões excedentários, só podendo ser revogada até o início do procedimento de implantação desses embriões.

O enunciado 258 da terceira jornada de Direito Civil que impede as ações negatórias de filiação se a filiação for oriunda de inseminação heteróloga consentida pelo marido ao dispor:

> *Enunciado 258:* Não cabe a ação prevista no art. 1.601 do Código Civil se a filiação tiver origem em procriação assistida heteróloga, autorizada pelo marido nos termos do inc. V do art. 1.597, cuja paternidade configura presunção absoluta.

O enunciado 267 também, da terceira jornada de Direito Civil que estende as disposições sobre vocação hereditária do artigo 1.798 do Código Civil aos embriões advindos das técnicas de inseminação artificial, ao dispor:

> Enunciado 267: A regra do art. 1.798 do Código Civil deve ser estendida aos embriões formados mediante o uso de técnicas de reprodução assistida, abrangendo, assim, a vocação hereditária da pessoa humana a nascer cujos efeitos patrimoniais se submetem às regras previstas para a petição da herança.

E recentemente, quando da VI Jornada de Direito Civil o Conselho de Justiça Federal, estabeleceu em seu enunciado 570 que:

> Enunciado 570: O reconhecimento de filho havido em união estável fruto de técnica de reprodução assistida heteróloga "a patre" consentida expressamente pelo companheiro representa a formalização do vínculo jurídico de paternidade-filiação, cuja constituição se deu no momento do início da gravidez da companheira.

O Instituto Brasileiro de Direito de Família – IBDFAM – já publicou, durante a realização de seus congressos nacionais, 02 enunciados relativos a reprodução humana artificial,[4] ou seja:

O enunciado 12 que permite o registro de nascimento de filhos de casais homoafetivos, havidos por inseminação artificial, diretamente no Cartório de Registro Civil:

> Enunciado 12: É possível o registro de nascimento dos filhos de casais homoafetivos, havidos de reprodução assistida, diretamente no Cartório do Registro Civil.

E o enunciado 54 que determina a aplicabilidade da presunção de paternidade advinda da inseminação heteróloga a casais homoafetivos:

> Enunciado 54: A presunção de filiação prevista no artigo 1.597, inciso V, do Código Civil, também se aplica aos casais homoafetivos.

O Fórum Nacional do Judiciário para a Saúde – FONAJUS – promovido pelo Conselho Nacional de Justiça – CNJ – já publicou 04 enunciados durante a realização de suas jornadas de Direito da Saúde relativos à reprodução humana artificial,[5] ou seja:

O enunciado 20 da III Jornada de Direito da Saúde exclui da cobertura obrigatória dos planos de saúde as técnicas de reprodução humana assistida, salvo por expressa previsão contratual:

---

4. Disponível em: https://ibdfam.org.br/conheca-o-ibdfam/enunciados-ibdfam. Acesso em: 17 fev. 2025 às 10:24.
5. Disponível em: https://www.cnj.jus.br/wp-content/uploads/2023/06/todos-os-enunciados-consolidados-jornada-saude.pdf. Acesso em: 17 fev. 2025 às 10:43.

Enunciado 20: A inseminação artificial e a fertilização in vitro não são procedimentos de cobertura obrigatória pelas operadoras de planos de saúde, salvo por expressa previsão contratual.

O enunciado 39 da Jornada de Direito da Saúde determina que o estado de filiação pode decorrer de uso de material genético de terceiro:

Enunciado 39: O estado de filiação não decorre apenas do vínculo genético, incluindo a reprodução assistida com material genético de terceiro, derivando da manifestação inequívoca de vontade da parte.

O enunciado 40 da Jornada de Direito da Saúde admite a inclusão do nome de 02 pessoas do mesmo sexo como pais quando a filiação decorre de inseminação artificial:

Enunciado 40: É admissível, no registro de nascimento de indivíduo gerado por reprodução assistida, a inclusão do nome de duas pessoas do mesmo sexo, como pais.

E o enunciado 45 da Jornada de Direito da Saúde que indica como pais as pessoas que promoveram o procedimento de inseminação artificial com o uso de útero de substituição:

Enunciado 45: Nas hipóteses de reprodução humana assistida, nos casos de gestação de substituição, a determinação do vínculo de filiação deve contemplar os autores do projeto parental, que promoveram o procedimento.

O Conselho Nacional de Justiça – CNJ –, por sua vez, já publicou provimentos sobre o tema da reprodução humana artificial, especialmente sobre a possibilidade de registro das crianças nascidos através de técnicas de inseminação artificial:

O mais atual, ou seja, o provimento 149 de 30 de agosto de 2023 instituiu o Código Nacional de Normas da Corregedoria Nacional de Justiça do CNJ que expressamente regulamentou o registro de nascimento das pessoas nascidas das técnicas de reprodução assistida.[6]

O artigo 479 do provimento 149 do CNJ impede a exigência, por parte do oficial de registro civil, da identidade do doador de gameta para proceder ao registro do nascimento:

Art. 479. O oficial de registro civil das pessoas naturais não poderá exigir a identificação do doador de material genético como condição para a lavratura do registro de nascimento de criança gerada mediante técnica de reprodução assistida.

E o provimento 149 do CNJ dedica um capítulo próprio, ou seja, o Capítulo V, para tratar exclusivamente do assento de nascimento de filho havido pelas atuais

---

6. Disponível em: chrome-extension://efaidnbmnnnibpcajpcglclefindmkaj/https://atos.cnj.jus.br/files/compilado180622202311166556565a1e0fc83.pdf. Acesso em: 22 fev. 2025 às 11:20.

técnicas de inseminação artificial cujas disposições podem assim ser resumidas: a) Não há necessidade de prévia autorização judicial; b) No caso de casais homossexuais não se pode fazer referência quanto à ascendência paterna ou materna; c) Na gestação de substituição não deve constar o nome da parturiente; d) A inseminação post mortem só pode ser feita após a entrega de declaração autorizativa do uso do material genético firmada por escritura pública ou particular com firma reconhecida; e) O conhecimento da ascendência genética não altera o estado da filiação entre doador ou doadora e o filho nascido; f) Não podem os oficiais de registro recusarem o registro de filhos advindos das técnicas de inseminação artificial; g) O registro é gratuito na forma da lei.

Pelo explanado é certo que apesar dos intensos debates sobre o tema que demandaram a publicações de enunciados, apesar dos inúmeros projetos de lei sobre o assunto e mesmo diante de provimentos emanados do Conselho Nacional de Justiça ainda estamos à mercê de entendimentos doutrinários e jurisprudenciais.

Mesmo diante de tal lacuna legislativa é certo que as percepções que tivemos quando de nossa primeira obra sobre o tema ainda continuam vivas e defensáveis sob o ponto de vista jurídico.

Chega-se, portanto, a hora de discorremos sobre as novas perspectivas dos direitos hereditários decorrentes das inseminações artificiais humanas.

2. O DIREITO SUCESSÓRIO E AS NOVAS PERSPECTIVAS DIANTE DAS TÉCNICAS DE INSEMINAÇÃO ARTIFICIAL HUMANA

As conclusões a que chegamos ao final do mestrado sobre os direitos hereditários dos embriões humanos criopreservados podem ser assim resumidas: O embrião humano criopreservado necessita de proteção jurídica própria, que seria ideal a proibição total da criopreservação de embriões para possibilitar apenas a concepção daqueles que serão introduzidos no útero materno, que é assegurado aos embriões criopreservados os direitos sucessórios após a devida implantação no útero materno e desde que seja reconhecido e registrado como descendente do falecido ou contemplado em seu testamento, que poderia o(a) genitor(a) pleitear em nome dos embriões excedentários tutela específica para resguardar os bens que porventura lhe caberiam, nos mesmos moldes em que se pleiteia a posse dos bens em nome do nascituro e que tal tutela deve ser deferida em caráter condicional e temporal e que uma nova teoria acerca da personalidade deverá levar em conta que o início da personalidade do ser humano começa a partir do momento de sua concepção.[7]

---

7. Op. cit., p. 150 a 152.

Durante todos esses anos algumas decisões judiciais foram proferidas no âmbito da reprodução humana artificial e algumas normas e orientações, como as acima citadas, bem como a publicações de algumas obras sobre o assunto basicamente reforçam as conclusões a que chegamos quando nos debruçamos sobre o tema.

Várias decisões judiciais, desde então, já foram proferidas sobre o tema da RA sendo de destacar alguma delas que guardam importância com o direito sucessório.

O Supremo Tribunal Federal em 29 de maio de 2008 julgou a ação direta de inconstitucionalidade 3510 (ADI 3510/DF) proposta pelo Procurador Geral da República que visava a declaração de inconstitucionalidade do artigo 5º da Lei de Biossegurança (Lei 11.105/05) por supostamente violar o direito fundamental à vida ao permitir o uso de embriões criopreservados para a pesquisa e o seu descarte.

A decisão do STF, por maioria de votos, foi a de que não haveria a violação do direito à vida quando da utilização de células tronco embrionárias em pesquisas clínicas. O voto do Ministro Carlos Ayres Brito, relator do acórdão, trouxe as seguintes premissas para julgar improcedente a ação direta de inconstitucionalidade: Que não haveria ofensa ao direito a vida e nem à dignidade da pessoa humana visto que a pesquisa com células tronco embrionárias significava a celebração solidária da vida, que o embrião referido na lei não era uma vida a caminho de outra vida porque ainda lhe faltavam as primeiras terminações nervosas e que seria um bem a ser protegido mas não uma pessoa no sentido biográfico da Constituição, que não haveria aborto em face de não haver interrupção da gravidez, que o casal, em face do planejamento familiar, não poderia ser obrigado a utilizar todos os embriões formados e viáveis e que a Lei de Biossegurança é um instrumento de encontro do direito à saúde com a própria Ciência.[8]

Em 22.09.2016 o Supremo Tribunal Federal, ao julgar o RE 898.060/SC como paradigma do Tema 622 da Repercussão Geral, reconheceu a possibilidade da multiparentalidade ao fixar a seguinte tese: "A paternidade socioafetiva, declarada ou não em registro público, não impede o reconhecimento do vínculo de filiação concomitante baseado na origem biológica, com os efeitos jurídicos próprios".[9]

Em 08 de junho de 2021 a 4ª (quarta) Turma do Superior Tribunal de Justiça decidiu, por maioria de votos, ao julgar o Resp 1.918.421, de relatoria do Ministro Luis Felipe Salomão, que o uso do material biológico de uma pessoa já falecida para fertilização *post mortem* somente poderia ocorrer se essa pessoa, em vida, tivesse deixado uma autorização por escrito e inequívoca, através de escritura pública ou

---

8. Disponível em: https://jurisprudencia.stf.jus.br/pages/search/sjur178396/false. Acesso em: 18 fev. 2025 às 11:14 hs.
9. Disponível em: https://portal.stf.jus.br/processos/detalhe.asp?incidente=4803092. Acesso em: 19 fev. 2025 às 11:43.

testamento, para o uso de seu material genético e que a contrato de prestação de serviços de reprodução humana era instrumento inapto a tal finalidade.[10]

Em 17 de maio de 2024 o Ministro Sebastião Reis Júnior do Superior Tribunal de Justiça, ao julgar o habeas corpus HC 913996. autorizou o aborto parcial de embriões em face de uma gravidez de quíntuplos originária da implantação de 02 (dois) embriões através das técnicas de RA que se subdividiram em 5 (cinco), ou seja, 1 (um) embrião se subdividiu em 02 (dois) e o outro se subdividiu em 03 (três) e fundamentou a decisão no risco de vida da parturiente.[11]

Em mini curso coordenado pelo Ministério Público do Ceará,[12] ocorrido em 2015, algumas decisões judiciais foram apresentadas sendo de destacar: Agravo de Instrumento 70052132370, julgado em 04.04.2013 pelo Tribunal de Justiça do Rio Grande do Sul, de relatoria do Desembargador Luiz Felipe Brasil Santo que decidiu pela impossibilidade de quebra do anonimato do doador de gametas e que a investigação da ancestralidade genética, no caso de inseminação heteróloga, é direito personalíssimo do filho nascido. A Apelação Cível de 70062692876, julgada em 12.02.2015 que, antes mesmo da decisão do Supremo Tribunal Federal acima mencionada, deu provimento a apelação interposta para reconhecer uma multiparentalidade materna; A decisão monocrática proferida pelo Ministro Og Fernandes em 17.08.2015 quando do julgamento do Resp 1437773 do Superior Tribunal de Justiça que concedeu à mãe que fez fertilização *in vitro* com uso de gestação de substituição o direito a uma licença maternidade de 180 (cento e oitenta) dias concedido pelo empregador da apelante apenas às mães biológicas; A Apelação Cível 2014.079066-9, julgada em 12.03.2015, pela 1ª Câmara de Direito Civil do Tribunal de Justiça de Santa Catarina, de relatoria do Desembargador Domingos Paludo, que reconheceu o direito de registro de uma dupla paternidade de casal homossexual que utilizou-se de útero de substituição da irmã de um dos parceiros

Além das várias decisões acima referidas, que jogam um pouco de luz sobre a névoa que ainda é o tema da fertilização artificial, há em trâmite no Congresso Nacional um Projeto de Lei que visa alterar completamente o atual Código Civil.

---

10. Disponível em: chrome-extension://efaidnbmnnnibpcajpcglclefindmkaj/https://www.stj.jus.br/websecstj/cgi/revista/REJ.cgi/ATC?seq=133249320&tipo=0&nreg=&SeqCgrmaSessao=&CodOrgaoJgdr=&dt=&formato=PDF&salvar=false#:~:text=11.105%2F2005)%20disp%C3%B5e%20que%20poder%C3%A3o,fins%20de%20pesquisa%20e%20terapia. Acesso em: 18 fev. 2025 às 12:05 hs.

11. Disponível em: chrome-extension://efaidnbmnnnibpcajpcglclefindmkaj/https://scon.stj.jus.br/SCON/SearchBRS?b=DTXT&livre=%28%28+%28%22EMBRIOES%22%29..PART.%29%29+E+%2217039+245957675%22.COD.&thesaurus=&p=false&operador=e. Acesso em 18/02/2025 às 11:50 hs.

12. Disponível em: https://mpce.mp.br/caoscc/civel/direito-da-familia/grupo-de-estudos/1a-reuniao-ge-familia/.

Uma comissão de juristas de todo o Brasil foi convocada por ato do presidente do Senado Federal 11/2023 para apresentar um anteprojeto de lei de revisão e atualização do atual Código Civil. As propostas foram devidamente apresentadas no dia 17 de abril de 2024 e estão sendo discutidas atualmente no Senado Federal.

O projeto de Lei do novo Código Civil traz em seu corpo de normas de regras próprias para solucionar as questões sucessórias relativas às técnicas de reprodução humana artificial.[13]

Nas questões atinentes ao Direito de Família o Projeto de Lei do novo Código Civil dedica um capítulo inteiro para tratar da filiação decorrente de reprodução humana assistida, ou seja, o capítulo V do livro IV.

Em suas disposições gerais, seção I, é garantido aos filhos nascidos de reprodução humana artificial os mesmos direitos e deveres dos demais filhos, permite-se o uso das técnicas por qualquer pessoa capaz e que o tratamento deve ser eficaz e com probabilidade de êxito.

Quanto a doação de gametas, seção II, no que interessa ao presente artigo, determina a gratuidade do procedimento, é mantido o anonimato dos doadores, cria-se um sistema nacional de produção de embriões com arquivamento perene de seus dados e arquivos e permite que a pessoa nascida possa conhecer sua origem genética através de autorização judicial e da qual não advirá nenhum vínculo de filiação.

No que diz respeito à cessão temporária de útero prevê o Projeto de Lei, na seção III, do referido capítulo, que não poderá haver caráter lucrativo ou comercial, que a cedente do útero deve pertencer à família dos autores do projeto parental, deve ser formalizada em documento escrito, firmado antes do início do procedimento, que preveja, obrigatoriamente, as questões de filiação e o registro de nascimento será feito em nome dos autores do projeto parental que devem levar ao cartório o termo de consentimento livre e esclarecido e o documento que estabeleceu as regras da filiação advindas do procedimento.

Por fim estipula a possibilidade de inseminação artificial *post mortem*. Nas seções IV e V desse capítulo, em resumo, fica definido que é permitido o uso de material genético de pessoa falecida desde que haja autorização em documento escrito indicando quem será o destinatário do gameta e quem gestará o embrião, deve haver necessariamente um termo de consentimento livre e esclarecido para a realização de procedimento de reprodução assistida o qual deve prever todas as informações sobre o procedimento e seus riscos, a autorização do cônjuge ou

---

13. Disponível em: chrome-extension://efaidnbmnnnibpcajpcglclefindmkaj/https://www12.senado.leg.br/assessoria-de-imprensa/arquivos/anteprojeto-codigo-civil-comissao-de-juristas-2023_2024.pdf. Acesso em: 21 fev. 2025 às 11:33.

companheiro, e o destino do material genético em caso de desistência do tratamento, divórcio, separação ou dissolução da união estável do casal ou em caso de doença grave ou falecimento de um ou ambos os autores do projeto parental. Os embriões produzidos não podem ser descartados, mas podem ser doados a terceiros ou destinados à pesquisa.

Em relação ao Direito das Sucessões, o artigo 1.798, no referido Projeto de Lei foi modificado para deixar expresso que os filhos advindos, a qualquer tempo, através das técnicas de inseminação artificial seriam legitimados a herdar e que os filhos havidos por inseminação artificial *post mortem* somente teriam direitos sucessórios se nascidos em até 05 anos da abertura da sucessão e que nesses casos a inseminação *post mortem* somente poderia ocorrer se o falecido tivesse deixado, em vida, autorização, neste sentido, revogável até a abertura da sucessão, feita por instrumento público ou por testamento. Prevê, ainda, o referido artigo que o juiz poderá nomear curador ao conceptero para resguardo de seus direitos sucessórios até que venha a nascer com vida, com possibilidade de reserva do quinhão hereditário no prazo máximo de 05 anos após a abertura da sucessão. E, ainda, dispõe que o afastamento dos direitos sucessórios não implica e nem repercute nos vínculos de filiação.

E o artigo 1.799, por sua vez, redefine o conceito de prole eventual ao permitir que seja considerada prole eventual de pessoa, ou pessoas, que tenha iniciado o processo de reprodução humana assistida antes da abertura da sucessão:

CONSIDERAÇÕES FINAIS

A grande questão posta aos doutrinadores é se os filhos oriundos de técnicas de inseminação artificial teriam direitos sucessórios e de que forma poderiam exercê-los.

Após revisitar a nossa dissertação de mestrado ainda entendemos que praticamente as mesmas conclusões que tivemos há 24 anos atrás ainda permanecem íntegras, mas com alguns pequenos ajustes em face das decisões judiciais proferidas, dos enunciados, das resoluções do CNJ e da nova tendência externada no projeto do Código Civil, nos termos que externamos em nosso Tratado de Direito das Sucessões.[14]

A primeira grande controvérsia diz respeito à chamada inseminação artificial *post mortem,* justamente porque o filho concebido após a morte do autor da herança não teria, em tese, direitos sucessórios por não estar nascido e nem concebido ao tempo da morte do inventariado, nos termos do artigo 1.798 do

---

14. CARVALHO, Dimas Messias de; MOREIRA FILHO, José Roberto. *Tratado de Direito das Sucessões* – inventário e partilha. 2. ed. rev. atual. ampl. São Paulo. JusPodivm, p. 106 a 116.

Código Civil o que claramente confronta com a igualdade de direitos e deveres dos filhos consonante o disposto nos artigos 227 parágrafo 6º da CF e 1.796 do Código Civil.

Entendemos que a melhor interpretação sobre os direitos sucessórios dos filhos havidos *post mortem* é a de que havendo declaração inequívoca do falecido para o uso de seu material biológico após a sua morte com o objetivo de concepção de um filho, este, caso venha a nascer após a morte de seu pai, terá direitos sucessórios idênticos aos dos demais filhos do finado e na falta destes herdaria a totalidade da herança, em concorrência ou não com o cônjuge ou companheira sobrevivente nos termos do artigo 1.829, I do Código Civil, por força do princípio da igualdade dos filhos, em observância à vontade do falecido e nos termos do provimento 149 do CNJ e da decisão proferida pelo Superior Tribunal de Justiça ao julgar o Resp 1.918.421.

O Código Civil não cita por quais modos ou formas essa autorização deveria ser feita e verificamos que as próprias normas atualmente existentes estabelecem solenidades e requisitos diferentes e por isso acreditamos ser mais prudente que a autorização para o uso de material biológico humano após a morte de seu titular se dê através de escritura pública, testamento ou através de um termo de consentimento livre e esclarecido com termos claros e inequívocos e assinado por ambas as partes, pelo médico que realizar a técnica de inseminação e por duas testemunhas, para se evitar quaisquer futuras alegações de erros ou de vícios de consentimento e em consonância com a tendência jurisprudencial.

Outra grande controvérsia diz respeito aos embriões humanos que sobram nas técnicas de fertilização artificial humana homóloga e que são criopreservados para possibilitar nova tentativa de fertilização. Primeiro porque são presumidamente filhos daqueles que recorreram à técnica de inseminação, nos termos do artigo 1.597, IV, do CC e segundo porque com a morte de um de seus genitores eles teriam capacidade sucessória em face de já estarem concebidos àquele tempo, nos termos do artigo 1.798 do CC.

Em face da expressa disposição legal não é possível negar aos embriões humanos excedentários, oriundos de técnicas artificiais de fertilização, capacidade sucessória, porque sendo descendentes do *de cujus* e estando concebidos ao tempo de sua morte possuem a capacidade para lhe suceder.

Ocorre que a problemática maior é o fato de poderem ficar congelados por tempo ainda indefinido o que provocaria uma indecisão e indefinição na partilha dos bens do finado. Nesse caso, acreditamos que será necessário que tais embriões sejam introduzidos no útero humano, que sejam gestados e que nasçam com vida para poderem pleitear seus direitos hereditários, pois apesar de terem capacidade sucessória falta-lhes, ainda, a concretização de sua personalidade jurídica.

Portanto, enquanto se apresentarem nesta situação, a herança será deferida e partilhada entre os demais herdeiros aptos, sendo que se vierem a nascer, a qualquer tempo, podem pleitear, em face dos demais, o recebimento de sua parte na herança através de petição de herança cumulada com reconhecimento de paternidade, como o fazem os filhos não reconhecidos pelo *de cujus* em vida e que se viram alijados da sucessão.

Deve-se esclarecer, no entanto, que o direito de pleitear a herança não prescreve enquanto não nascerem e atingirem a maioridade, nos termos do artigo 198, I do Código Civil.

O nosso ordenamento jurídico nada prevê em relação ao prazo para a utilização dos gametas e embriões e nem para a concepção ou nascimento do filho advindo das técnicas de inseminação assistida. Poderíamos, por analogia, utilizar do prazo de 02 anos que é estabelecido no artigo 1.800 parágrafo 4º do Código Civil para a concepção da prole eventual, mas nesse caso estaríamos utilizando analogicamente uma norma restritiva de direito aplicada a filhos de outras pessoas em relação ao(s) filho(s) do autor da herança e desconsiderando, por completo, a igualdade da filiação e a impossibilidade de restrição de direito em face da origem da filiação ou o prazo de 05 anos previsto no Projeto de Lei do Código Civil apesar de entendermos que esse prazo é demasiado longo.

No que diz respeito à capacidade sucessória dos filhos advindos de inseminações artificiais heterólogas, acreditamos que necessário será o prévio reconhecimento ou estabelecimento do vínculo de filiação para que sejam outorgados os direitos hereditários, sendo imprescindível para o reconhecimento da paternidade, nos termos do artigo 1.597, V, que o marido tenha previamente consentido com a realização da técnica heteróloga de fertilização, consentimento esse que não tem forma legal definida. Conforme dito, acreditamos que seja necessário a feitura de um termo de consentimento livre e esclarecido no qual o homem consinta que sua esposa ou companheira possa se fertilizar com gametas de terceiros ou, então, uma declaração, neste sentido, feita por escritura pública lavrada em Cartório de Notas.

Em relação ao uso de gestação por substituição, a filiação fica previamente estabelecida antes mesmo do procedimento de inseminação artificial por força do que dispõe a Resolução 2.320/2022 que necessariamente exige da mulher que irá gestar a criança, ou do casal, uma declaração por escrito afirmando que a filiação da criança será atribuída à mulher ou ao casal que solicitou o procedimento médico e não à parturiente. Em caso de conflito positivo de maternidade o termo de consentimento livre e esclarecido tem grande força probante e certamente balizará a decisão judicial. A questão sucessória, portanto, dos filhos havidos com o uso de gestação de substituição resolver-se-á em favor da mãe que recorreu à técnica de inseminação e não em relação à mulher que cedeu o útero.

Temos, ainda, a questão das chamadas inseminações artificiais caseiras, especialmente feitas por casais homossexuais femininos, que se utilizam de sêmen de amigos, através da introdução do sêmen no útero utilizando um tubo flexível ou cânula, para terem filhos.

A inseminação artificial caseira pela facilidade e baixa onerosidade é uma realidade que devemos considerar, mas alertamos que, pela inexistência de solenidades e de documentos escritos e comprobatórios relativos à filiação da criança a ser gerada, poderá haver grande discussão sobre a filiação da criança em caso de divórcio, separação, dissolução de união estável e morte de um dos cônjuges ou companheiros(as) ou de ambos e, especialmente, nos casos de conflito positivo de paternidade reivindicado por aquele que cedeu o material genético, pois em tese teria vínculo biológico com a criança e poderia, pela falta de provas, negar a cessão do material biológico e afirmar ter havido uma relação sexual com a pessoa que gerou a criança com o uso de seu sêmen.

Ocorre que a problemática relativa à inseminação artificial não para por aí, pois determina o artigo 1.973 do Código Civil que:

> Sobrevindo descendente sucessível ao testador, que não o tinha ou não o conhecia quando testou, rompe-se o testamento em todas as suas disposições, se esse descendente sobreviver ao testador.

Dessa forma acreditamos que se o filho advindo de inseminação artificial, seja ela *post mortem*, com utilização de embrião criopreservado ou heteróloga, vier a ser reconhecido após a morte do testador ou após a feitura do testamento, ocorrerá o rompimento total do ato de última vontade caso esse descendente sobreviva ao testador.

Diante de tantas controvérsias e omissões faz-se necessária a edição de legislação específica para tratar da reprodução humana assistida.

A legislação vindoura deverá estabelecer prazo para a realização da implantação do sêmen ou do(s) embrião(ões) criopreservados do finado, sob pena de tais materiais biológicos serem descartados, doados para uso de outras pessoas ou casais ou utilizados em pesquisas. Acreditamos que a legislação também deva estabelecer direitos sucessórios aos filhos oriundos das técnicas de reprodução artificial *post mortem*, bem como a forma de administração da herança até o nascimento do herdeiro esperado e o destino dessa herança caso o nascimento não ocorra.

REFERÊNCIAS

BRASIL. Constituição da República Federativa do Brasil de 1988. Brasília, 5 out. 1988. Disponível em: http://www.planalto.gov.br/ccivil_03/ constituicao/ constituicao.htm. Acesso em: 02 fev. 2025.

BRASIL. Lei 9.278, de 10 maio de 1996. Regula o § 3º do art. 226 da Constituição Federal. Diário Oficial da União, Brasília, 13 mai. 1996. Disponível em: http://www.planalto.gov.br/ccivil_03/leis/l9278.htm. Acesso em: 14 fev. 2025.

BRASIL. Lei 10.406, de 10 de janeiro de 2002. Institui o Código Civil. Diário Oficial da União, Brasília, 10 jan. 2002. Disponível em: http://www. planalto.gov.br/ccivil_03/leis/ 2002 /l1 0 4 0 6 .html. Acesso em: 13 fev. 2025.

CARVALHO, Dimas Messias de; MOREIRA FILHO, José Roberto. *Tratado de Direito das Sucessões* – inventário e partilha. 2. ed. rev. atual. ampl. São Paulo. JusPodivm, 2025.

FONAJUS. Enunciados sobre direito da Saúde. Disponível em: https://Www.Cnj.Jus.Br/Wp-Content/Uploads/2023/06/Todos-Os-Enunciados-Consolidados-Jornada-Saude.Pdf. Acesso em: 17 fev. 2025 às 10:43.

IBDFAM. Enunciados. Disponível em: https://ibdfam.org.br/conheca-o-ibdfam/enunciados-ibdfam. Acesso em: 17 fev. 2025 às 10:24.

MOREIRA FILHO, José Roberto. *Ser ou não ser*: os direitos sucessórios do embrião humano. Ed. New Hampton Press Ltda. Belo Horizonte. 2007.

MPCE. 1ª Reunião GE – Família. Disponível em: https://mpce.mp.br/caoscc/civel/direito-da-familia/grupo-de-estudos/1a-reuniao-ge-familia/. Acesso em: 21 fev. 2025 às 11:33.

A MEDIAÇÃO COMO UM POTENCIAL MEIO À AUTODETERMINAÇÃO DO PACIENTE

Luiza Soalheiro

Doutora e Mestra em Direito Privado pela PUC Minas Gerais. Especialista em Direito de Família e Sucessões. Mediadora de Conflitos credenciada pelo TJMG. Professora Universitária e Pós-graduação. Autora da editora Saraiva Jur/Saraiva Educação.

Sumário: Introdução – 1. Desafios do ambiente hospitalar e os impactos na construção da autonomia do paciente – 2. Estratégias da mediação como um potencial meio à autodeterminação do paciente; 2.1 A comunicação não violenta como meio viável à melhoria da relação médico-paciente – Conclusão – Referências.

INTRODUÇÃO

O conflito é inerente à convivência humana, por isso, a abordagem pela perspectiva positiva se mostra adequada, haja vista que pode contribuir para a transformação da relação entre os envolvidos.

A relação médico-paciente não foge à regra, levando em consideração que também pode inserir-se em conflitos. Como será demostrado neste artigo, a própria vulnerabilidade do paciente e, por vezes, o excesso de poder do médico, fortalecem a existência de uma relação desequilibrada, na qual não há espaço de compartilhamento de decisões. A exemplo da divergência de posicionamento entre os profissionais de saúde que cuidam do paciente também pode afetar a tomada de decisão deste.

Assim como a visão mercadológica do contexto de saúde influencia na redução do tempo de atendimento ao paciente, o que da mesma forma pode atingir o exercício de autodeterminação. De maneira similar, a precariedade da formação do médico brasileiro, especialmente, no que diz respeito a uma formação humanizada, estimula o distanciamento entre médico e paciente. Cabe destacar ainda que a comunicação escassa entre médico e paciente entre outros desafios, favorecem também o surgimento conflito.

Por consequência, o exercício de autonomia privada do paciente pode ser afetado, tendo em vista que não se propicia a construção de um espaço favorável à tomada de decisão autônoma sobre sua saúde, em especial, nos casos de tratamentos de saúde continuados.

Nesse sentido, apresenta-se, o seguinte problema de pesquisa: Nos tratamentos de saúde continuados, se surgir conflito na relação médico-paciente de forma a comprometer o exercício da autonomia privada do paciente para a tomada de decisão sobre o tratamento de saúde, a mediação pode ser um meio facultado às partes para contribuir com o exercício de autodeterminação do paciente?

As eventuais respostas a essas indagações foram desenvolvidas de modo mais detalhado na Tese de Doutorado desta autora, que posteriormente foi revisada e publicada em livro intitulado "Mediação na Relação Médico-Paciente". Nesses estudos, caminhou-se para a conclusão de que a preservação da pessoalidade do paciente, diante de um conflito médico-paciente, pode ser potencializada pelo uso da mediação.

Em suma, ainda que de modo sucinto em razão da modalidade de trabalho proposta – artigo científico –, a partir de uma pesquisa bibliográfica, buscar-se-á trazer não respostas definitivas, mas reflexões ao tema proposto, a fim de que o leitor possa encontrar hipóteses argumentativas para a proteção jurídica da saúde, o que inclui o direito de o paciente ter uma relação saudável com o médico, garantindo-lhe a formação livre, informada e consciente de seu consentimento. É o que se passa a expor.

1. DESAFIOS DO AMBIENTE HOSPITALAR E OS IMPACTOS NA CONSTRUÇÃO DA AUTONOMIA DO PACIENTE

Como já dito, o conflito é inerente à convivência humana e pode se instaurar em diversos contextos e ambientes, entre eles, nos espaços que lidam com a saúde humana.

Não raro, a angústia, o medo, a falta de informação adequada à realidade do paciente e a insegurança que, normalmente, se misturam às demais cargas emotivas, tornam próspera a instauração de conflitos no ambiente hospitalar ou em outro espaço em que são prestados os cuidados de saúde como, por exemplo, no próprio lar do paciente.

Justamente, nesse cenário, por vezes, conflituoso, o paciente com competência terá que tomar decisões sobre sua saúde, ou não tendo capacidade para tanto, os familiares assumirão esse papel. Contudo, a falha na comunicação entre médico e paciente, ou entre médico e familiares do paciente, pode levar ao conflito, e uma vez instaurado, a construção da autonomia do paciente poderá ser afetada.

A proposta neste tópico consiste em trazer algumas peculiaridades que permeiam, especialmente, as unidades de saúde, suscitando reflexões acerca dos problemas e das dificuldades que podem impactar na autonomia do paciente caso ele venha a tomar decisões sobre um tratamento de saúde continuado.

De início, pode-se afirmar que o eventual desrespeito, pelo médico, e a própria condição de vulnerabilidade do paciente trazem desigualdades para a relação. Tal vulnerabilidade[1] se correlaciona com o poder, uma vez que, diante de determinada situação, pode-se observar de um lado um sujeito com poder, por exemplo, o médico, e do outro alguém (paciente) que pode ser ferido pelas atitudes do primeiro.

Levando-se em consideração que, ainda, hoje, a relação médico-paciente, não raro, releva-se assimétrica, o paciente normalmente é a parte vulnerável, o que deve ser analisado caso a caso. Nesse horizonte, vale também dizer que a autonomia do paciente não elimina sua vulnerabilidade. Ao revés, convivem juntas. "De tal modo, ainda que se pretenda incidir reforços na majoração da condição autônoma do sujeito, esta não é capaz de excluir ou anular a sua condição de vulnerável".[2] Por isso, o médico deve dar atenção a cada aspecto da pessoalidade do paciente, respeitando tanto sua vulnerabilidade como sua autonomia, e as inferências dessas na vida daquele.

Pode-se atestar que, na relação médico-paciente, "há um poder institucionalizado, posto na ordem do discurso médico, que eleva esse profissional de saúde a uma condição de sujeito determinante – ou dominante – de condutas no contexto relacional – sejam elas ações e omissões".[3] Como resultado, essa hierarquização[4] estimula a desigualdade na relação médico-paciente, fortalecendo a possibilidade do aparecimento de conflitos, que impactam na liberdade do paciente de livremente se autodeterminar.

Por essa razão, este trabalho busca apresentar a mediação não apenas como possibilidade de redução da vulnerabilidade do paciente, mas também como meio a potencializar a construção da sua autonomia diante de um conflito que venha a se instaurar na relação com o médico.

A mediação, enquanto método consensual de tratamentos de conflitos em que as partes já possuem vínculo relacional continuado, e um terceiro – denominado mediador – sem poder decisório, pode orientar e estimular os sujeitos

---

1. "A vulnerabilidade tem, em sua etimologia, a palavra latina *vulnus*, que significa 'ferida', e traz a acepção simbólica de fragilidade do sujeito, assim como a de susceptibilidade de ser magoado, ferido" (Vasconcelos, 2020, p. 74). O conceito de vulnerabilidade ganhou força no campo da bioética, tornando-se um princípio a nortear a relação médico-paciente na década de 90, a partir da publicação internacional da Declaração Universal sobre Bioética e Direitos Humanos pela UNESCO.
2. Vasconcelos, 2020, p. 79.
3. Vasconcelos, 2020, p. 116.
4. Insta mencionar: "esta superioridade do discurso médico, entretanto, pode vir a ser relativizada, especialmente em contextos capazes de vulnerabilizá-lo, como o contexto da judicialização da Medicina, em que a ameaça constante por tornar-se réu de processos judiciais promove um permanente questionamento quanto à licitude de suas condutas, ensejando um comportamento defensivo" (Vasconcelos, 2020, p. 116).

a construírem as próprias saídas aos entraves pessoais, os quais incluem os desenvolvidos entre médico-paciente. Por essa abordagem, o mediador estimula o médico e o paciente a assumirem o protagonismo da situação, para que possam se perceberem inseridos no conflito para que, a partir desse reconhecimento, encontrem saídas compartilhadas.

Outro motivo que pode levar ao entrave seria em razão da insuficiência de tempo para atender o paciente e os familiares, especialmente, nas instituições públicas e nos atendimentos privados, realizados por meio dos planos de saúde. Essa situação dificulta a compreensão do médico acerca da história de vida do paciente, as necessidades e expectativas, bem como o entendimento do paciente sobre seu estado de saúde.

Conquanto o impasse entre os profissionais da saúde não seja o foco deste trabalho, mostra-se inevitável, também, descrevê-los, pois eles impactam na qualidade do serviço de saúde prestado ao paciente. Se o serviço não é bem prestado, pode, consequentemente, afetar a construção da autonomia do paciente na tomada de decisão sobre os aspectos de sua saúde.

De fato, trata-se de uma cadeia de consequências. Um médico que se desentende com outro da equipe sobre os cuidados de um paciente com câncer, internado há bastante tempo em uma unidade de terapia intensiva, por exemplo, pode atender, precariamente, o paciente, não lhe prestando a devida atenção e escuta, em razão de estar com raiva, desatento ou distante daquela realidade. Esse médico possivelmente não terá condições adequadas para compreender as características da pessoalidade do paciente, que, por sua vez, poderá não ser informado, suficientemente, a ponto de ter condições apropriadas para decidir sobre um tratamento de saúde continuado. Nesse contexto, naturalmente pode surgir um conflito entre médico e paciente/familiares.

Confirmando a exposição supracitada, é válido trazer as considerações da autora,[5] o qual desenvolveu um trabalho de conclusão de Mestrado a partir das análises realizadas dentro do Hospital das Clínicas da Universidade Federal de Minas Gerais, onde teve a oportunidade de entrevistar diversos médicos.

Entre os entrevistados, foi relatado que os eventuais conflitos também ocorrem em virtude da "discordância sobre a condução de tratamento em relação a um paciente, especialmente quando este é acompanhado por mais de uma especialidade".[6] Eles também relataram sobre "as dificuldades geradas pelo fato

---

5. Souza, 2018.
6. Souza, 2018, p. 96.

de outro profissional questionar o diagnóstico obtido ou a conduta adotada pelo profissional responsável pelo cuidado com o paciente".[7]

Em síntese, as divergências, não raras, "se dão de forma rude, amparadas em vaidades, ou são expostas diante de residentes ou do próprio paciente, o que deslegitima ou desautoriza o profissional responsável e pode, porventura, macular a confiança que o usuário deposita nele",[8] o que fortalece a criação de um ambiente conflituoso e dificulta o exercício da autonomia privada pelo paciente.

Realmente, a posição dos médicos, em um contexto de saúde, especialmente, médico-hospitalar, não se releva de facilidades, pois, associado ao cenário emocional e de vulnerabilidade do paciente e de seus familiares, há também um elevado número de demandas, o que não contribui para um processo de individualização do atendimento.

Os hospitais privados são atualmente vistos como empresas e exigem dos profissionais da saúde o cumprimento de metas de atendimentos, o que dificulta a manutenção da qualidade do serviço prestado. Isto é, o excesso de atendimentos, em especial, aqueles realizados por médicos ligados ao setor público ou aos planos de saúde, normalmente com tempo de consulta previamente definida, afasta a construção de um ambiente voltado para garantir o bem-estar do paciente.

Com efeito, "humanizar a medicina é valorizar os desejos do paciente, reconhecendo suas vontades e suas demandas. É dialogar não só com ele, mas também com seus acompanhantes e com cada integrante da equipe responsável por seu tratamento".[9] Neste panorama, "humanizar a assistência aos doentes implica tomar conta e cuidar do doente considerado pessoa integral, assisti-lo e atender a seus anseios, percebendo que, na dor e no sofrimento, suas necessidades de afeto e de acolhimento se intensificam".[10]

Logo, o processo de humanização implica mudanças comportamentais por parte dos envolvidos nos contextos de saúde, as quais poderão impactar na relação médico-paciente, tornando-a saudável e, por consequência, fortalecendo a possibilidade de o paciente tomar uma decisão mais autônoma diante de um tratamento prolongado, uma vez que um ambiente harmonioso pode trazer ao paciente menos incertezas, medos e angústias.

Outro motivo que leva a conflitos na área da saúde, sobretudo, na relação médico-paciente, diz respeito a falta de estrutura para o atendimento nas instituições públicas. A autora[11] afirma que os médicos entrevistados no Hospital

---

7. Souza, 2018, p. 97.
8. Souza, 2018, p. 97.
9. Reis, 2018, p. 120.
10. Reis, 2018, p. 120.
11. Souza, 2018.

das Clínicas (Belo Horizonte/MG) alegaram que a falta de estrutura, como a escassez de materiais, medicamentos e vagas de leitos, dificulta a prestação de um serviço de qualidade e, com frequência, faz com que os pacientes e os familiares se revoltem, imputando, em alguns casos, a culpa pelo mau atendimento aos médicos.

Frisa-se que esse cenário é recorrente nas instituições públicas. Os hospitais privados em geral possuem um melhor suporte para o atendimento do cliente, uma vez que a manutenção dessas instituições é custeada pelos próprios usuários. Assim, apesar de os contextos que levam ao conflito, nos setores públicos e privados, serem diferentes, a mediação poderia ser aplicada em ambos os cenários, desde que fosse feita uma análise casuística de sua implementação.

A autora[12] também assevera que, entre os médicos entrevistados no Hospital das Clínicas, percebeu que a falha na comunicação entre eles e o paciente, e/ou familiares do paciente, é geradora do conflito, afirmando que "foi relatado pelos profissionais entrevistados (médicos e outros) a ocorrência usual de dificuldades relacionadas à comunicação com pacientes e familiares".[13] O que inclui a dificuldade de compreensão, tanto pelo médico do que o paciente deseja e quer dizer, do sofrimento, tanto pelo paciente e familiares das questões envolvidas ao estado de saúde e tratamento.

Com efeito, pelas peculiaridades dos ambientes médico-hospitalares, "deve a relação ser construída não apenas com o paciente, mas também com a família, para que não haja dúvidas, ruídos de comunicação e insegurança a se fomentar eventuais desgastes e consequentes demandas judiciais".[14]

Infere-se, portanto, a necessidade de melhoria na comunicação entre médico e paciente e familiares dos pacientes, haja vista fortalecer o respeito aos princípios da autonomia privada e do livre desenvolvimento da personalidade, uma vez que preservará a possibilidade do paciente de reger a própria vida, o que inclui os aspectos de sua saúde. Tal realidade pode ser construída a partir da aplicação da mediação nos conflitos entre médicos/hospitais e pacientes/familiares.

2. ESTRATÉGIAS DA MEDIAÇÃO COMO UM POTENCIAL MEIO À AUTODETERMINAÇÃO DO PACIENTE

A concepção da mediação como uma das técnicas de *Alternative Dispute Resolution* (ADR) "à moda norte-americana tornou-se um verdadeiro produto

---

12. Souza, 2018.
13. Souza, 2018, p. 94.
14. Callegari, 2021, p. 44.

de exportação, sendo incorporada até mesmo por tribunais de diversos países (Brasil inclusive), na expectativa de assim poderem ser desafogados".[15]

No entanto, como já exposto, acredita-se que a mediação pode cumprir mais do que a missão de desafogar o Poder Judiciário e ser método de resolução de conflitos, haja vista que pode ser trabalhada em perspectiva mais ampla e humanista, visando ao resgate da autonomia do sujeito para que ele possa tomar suas decisões diante de um conflito.[16] Além disso, a mediação pode ser usada, também, sob um viés preventivo à instauração do conflito.

Ao alargar a compreensão de mediação, busca-se que os participantes sejam vistos como sujeitos ativos, isto é, como participantes dos próprios processos decisórios. Esse é, inclusive, um dos papéis do mediador, o de estimular o empoderamento dos envolvidos para que assumam suas responsabilidades nas tomadas de decisão.

Essa visão faz com que ela se apresente como "potencial de desinvisibilização de sujeitos, na medida em que lhes proporciona identificar, conduzir e desenvolver, autônoma e dialogicamente, soluções para suas controvérsias".[17]

Não se trata de usar a mediação como via salvadora para todos os problemas, mesmo porque ela também tem seus desafios, tal como, a "desconfiança bastante significativa se a compararmos com as chamadas 'vias tradicionais' de acesso à justiça".[18]

Entre as diversas abordagens, o modelo de mediação transformativa ou transformadora, idealizado pelos autores,[19] adequa-se às propostas expostas, especialmente, porque não tem como principal objetivo o acordo, mas a transformação da relação entre os envolvidos no conflito a partir da restauração do diálogo interrompido:

> Não sem razão, a pretensão precípua da mediação, pelo menos em sua alardeada *vertente transformadora*, não é, necessariamente, resolver a controvérsia entabulada, mas restaurar o diálogo corrompido ou interrompido entre os envolvidos e, consequentemente, as relações adjacentes, pelo que o procedimento não tem um fim em si mesmo, mas possui caráter instrumental para dirimir ou gerir conflitos.[20] (Grifo da autora).

---

15. Nicácio; Oliveira, 2008, p. 2.
16. A proposta de aplicar a mediação aos conflitos médico-paciente está intimamente interligada à autonomia, uma vez que privilegia e respeita "os saberes e os desejos dos envolvidos, de forma a desconsiderar as propostas tradicionais de realização de justiça, ancoradas em discursos epistemológicos hegemônicos, que aparentam-se inadequados, sobretudo quando incoerentes, ou incompatíveis, com as expressões volitivas que ascendem dos próprios atores" (Ferreira; Nogueira, 2017, p. 62).
17. Ferreira; Nogueira, 2017, p. 62.
18. Nicácio; Oliveira, 2008, p. 14.
19. Bush e Folger, 2005.
20. Ferreira; Nogueira, 2017, p. 70.

Segundo os autores,[21] a mediação transformadora pode ser um instrumento hábil à gestão dos conflitos, possibilitando aos envolvidos à autodeterminação dos próprios problemas, a partir do reconhecimento recíproco. Por isso, se diz mediação transformadora, justamente porque não visa, precipuamente, ao acordo, mas à transformação do conflito pela vertente positiva. Por conseguinte, essa abordagem facilita a mudança na relação, uma vez que possibilita aos mediandos encontrarem pontos comuns que levem à solução compartilhada do conflito.

Assim, "a mediação seria uma proposta transformadora do conflito porque não busca sua decisão por um terceiro, mas, sim, a sua resolução pelas próprias partes, que recebem auxílio do mediador para administrá-lo".[22] Isso importa afirmar que o mediador não decide, mas "exerce a função de ajudar as partes a reconstruírem simbolicamente a relação conflituosa".[23]

Conforme mencionado, "a mediação transformadora é precisamente indicada para situações em que o conflito se instaura em relações continuadas, em que existe um vínculo que possa ser rompido e que, em muito, pode se compatibilizar com a realidade".[24]

Exatamente por isso o uso desse método e dessa abordagem se mostra adequado aos conflitos médicos-paciente/familiares que envolvam tratamentos de saúde continuados, pois essa relação vai se prolongar no tempo.

Além disso, a possibilidade da transformação relacional entre médico e paciente contribui para a tomada de decisão autônoma pelo paciente, ou por seus familiares, quando impossibilitado de se autodeterminar.

Cabe, ainda, ressaltar que a mediação pode ser aplicada tanto em espaços judiciais como, por exemplo, orientado pelo atual Código de Processo Civil brasileiro e pela Lei de Mediação,[25] quanto em ambientes extrajudiciais, por exemplo, em ouvidorias hospitalares, conforme o escopo apresentado neste trabalho.

---

21. Bush e Folger, 2005.
22. Warat, 2001, p. 80.
23. Warat, 2001, p. 80.
24. Ferreira; Nogueira; Ribeiro, 2019, p. 331.
25. Nesse sentido, a Recomendação 100 do CNJ também se posiciona favoravelmente à implementação da mediação judicial nos contextos de saúde, afirmando, em seu artigo 4º, que cabe ao Tribunal implementar o Centro Judiciário de Solução de Conflitos e Cidadania (CEJUSC) de Saúde, que deverá "observar o disposto na Lei 13.105/2015 (Código de Processo Civil), na Lei 13.140/2015b (Lei da Mediação) e na Resolução 125/2010 do CNJ, no que couber, especialmente, providenciando a capacitação específica de conciliadores e mediadores em matéria de saúde, inclusive por meio de convênios já firmados pelo CNJ" (Conselho Nacional de Justiça, 2021). Afirma, ainda, em seu artigo 2.º, que, "ao receber uma demanda envolvendo direito à saúde, poderá o magistrado designar um mediador capacitado em questões de saúde para realizar diálogo entre o solicitante e os prepostos ou gestores dos serviços de saúde, na busca de uma solução adequada e eficiente para o conflito" (Conselho Nacional de Justiça, 2021).

Busca-se, pois, que a medição, em sua aplicação extrajudicial, possa não apenas fomentar a resolução do conflito e a transformação da relação médico-paciente, mas também ser um meio preventivo à instauração do conflito. O mediador deve "ajudar cada pessoa no conflito para que elas o aproveitem como uma oportunidade vital, um ponto de apoio para renascer, falarem-se a si mesmas, refletir e impulsionar mecanismos interiores que as situem em uma posição ativa diante dos problemas".[26]

Assim, médicos, pacientes e familiares poderão acionar o apoio de mediadores para dirimir conflitos que envolvam contextos de saúde, especialmente, quanto à tomada de decisão sobre tratamentos de saúde continuados.

Neste cenário, há diversas estratégias autocompositivas como, por exemplo, a implementação de sessão inicial de mediação para a formação do consentimento livre e esclarecido; a implementação da mediação nas ouvidorias hospitalares; a implementação de mediadores junto aos comitês de ética e bioética nos hospitais; e, a utilização da comunicação não violenta, entre outras que, destinam-se tanto à aplicação completa dos procedimentos da mediação quanto ao uso apenas de algumas de suas técnicas.

Tais estratégias e ferramentas estão alinhada à mediação extrajudicial, ou seja, não é necessária a criação de legislação para ela ser implementada. Em outras palavras, essas propostas podem ser efetivadas independentemente de uma normatividade, especialmente, por se tratar a mediação extrajudicial de método não obrigatório, mas eleito segundo os interesses dos envolvidos no conflito.

Em razão da limitação de espaço e da proposta deste escrito, não será desenvolvida a explicação de todas as estratégias mencionadas. No entanto, será abordado o método da comunicação não violenta, a fim de exemplificar como esse pode ser um meio potencial para a melhoria da comunicação entre médico e paciente e, consequentemente, impactar positivamente sua autodeterminação em relação aos assuntos de saúde. É o que se passa a discutir.

2.1 A comunicação não violenta como meio viável à melhoria da relação médico-paciente

A relação médico-paciente tem peculiaridades intersubjetivas próprias que podem levar ao conflito. Dentre elas, a própria vulnerabilidade do paciente, em razão do seu estado de saúde, bem como a comunicação deficitária entre médico e paciente, o que dificulta para que este último possa livremente tomar decisões diante de um tratamento de saúde continuado, conforme salientado neste artigo.

---

26. Warat, 2001, p. 76-77.

A casuística conduzirá, assim, o comportamento do médico, que deve agir de modo cauteloso em razão da frágil situação em que se encontra o paciente adoecido. Por isso, deve se proceder com "respeito ao paciente e à família do paciente – porque há situações em que, devido à evolução da doença, não há razão para causar mais desconforto ao paciente, o que implica o conhecimento dos familiares acerca do problema – é fundamental".[27] Maria de Fátima Freire de Sá, ainda completa afirmando:

> O profissional da medicina não pode olvidar que muito mais e maior que todos os avanços biotecnológicos é o ser humano, que ri, chora, sofre, tem depressão, medo e esperanças. Precisa de carinho, cuidado e atenção. Estas também são obrigações do médico. Afinal, não é por acaso que esta profissão é comumente chamada de ciência humanitária.[28]

A comunicação entre médico e paciente de fato é crucial, uma vez que, por meio de um diálogo construtivo, pode-se estimular o exercício da autonomia das partes para que se informem, compreendam e possam decidir a respeito de uma questão de saúde.

Portanto, em virtude da relevância da comunicação para a construção da autonomia do paciente, busca-se, neste tópico, apresentar o conceito de comunicação não violenta (CNV), algumas de suas técnicas e como elas podem ser usadas nos conflitos médico e paciente.

De antemão, insta compreender que a comunicação não violenta está alinhada com os ideais e propósitos da mediação, trazendo instrumentos como, por exemplo, a escuta ativa e a paráfrase, que podem ser úteis para a melhoria da relação entre médico e paciente/familiares. Desta maneira, a justificativa metodológica para a escolha da comunicação não violenta entre as Teorias da Comunicação surge em razão da aproximação desta com os temas principais deste estudo, como é o caso da proximidade com a autonomia privada do paciente.

A mediação não depende da comunicação não violenta para se desenvolver, mas as técnicas da CNV podem contribuir para resultados positivos nela. Dependendo da conjuntura em que a mediação será aplicada como, por exemplo, nos conflitos médico-paciente, o mediador poderá usar as técnicas próprias da comunicação não violenta para estimular os envolvidos no conflito a melhor expor seus sentimentos, a compreenderem as necessidades de cada um, a fim de que possam encontrar eventuais saídas compartilhadas para o confronto.

A abordagem da comunicação não violenta surgiu na década de 60, nos Estados Unidos, e foi sistematizada pelo psicólogo norte-americano Marshall B. Rosenberg, o qual ensinava mediação e técnicas de comunicação em instituições

---

27. Sá, 2005, p. 37.
28. Sá, 2005, p. 37-38.

que faziam parte do movimento favorável aos direitos civis e lutava contra a segregação racial naquele país.[29]

Pelo fato de o autor ser uma referência no assunto, utilizar-se-ão os ensinamentos de seu livro *Comunicação não violenta* para trazer as contribuições dele a este artigo.

A comunicação não violenta, também conhecida como comunicação empática, pode ser definida como um "processo de comunicação ou linguagem da compaixão",[30] a qual permite que as pessoas desenvolvam as habilidades de falar para expor seus sentimentos e necessidades e também de escutar atentamente a si e aos outros. "A CNV nos ensina a observarmos, cuidadosamente (e sermos capazes de identificar), os comportamentos e as condições que estão nos afetando. Aprendemos a identificar e a articular claramente o que de fato desejamos em determinada situação".[31] Além disso, "pela ênfase em escutar profundamente – a nós e aos outros –, a CNV promove o respeito, a atenção e a empatia e gera mútuo desejo de nos entregarmos de coração".[32]

Desse modo, à medida que as técnicas da comunicação não violenta são aplicadas em uma situação conflituosa, tendem-se a substituir os velhos padrões de defesa e ataque por um enfoque mais empático, minimizando as reações violentas. A CNV estimula as partes a abandonarem as reações automáticas e a passarem, conscientemente, a observarem a si, aos outros e à situação em que se encontram, utilizando-se de técnicas como a escuta ativa.

O autor[33] explica que, para a efetivação da comunicação não violenta, é necessário que as práticas se concentrem em quatro componentes/etapas: observação, sentimento, necessidades e pedidos. O primeiro passo é observar o que está de fato acontecendo, sem julgamentos. "O truque é ser capaz de articular essa observação sem fazer nenhum julgamento ou avaliação – mas simplesmente dizer o que não nos agrada ou não naquilo que as pessoas estão fazendo".[34]

Em seguida, as partes devem buscar compreender quais sentimentos foram despertados diante da situação observada. O autor afirma a importância dos envolvidos em um conflito se esforçarem para nomear seus sentimentos como, por exemplo, se sentem magoados, irritados etc. Isso ajudará para que cada um entenda a diferença entre o que sente e o que realmente é a situação.

---

29. Rosenberg, 2006.
30. Rosenberg, 2006, p. 22.
31. Rosenberg, 2006, p. 22.
32. Rosenberg, 2006, p. 22.
33. Rosenberg, 2006.
34. Rosenberg, 2006, p. 25.

"Em terceiro lugar, reconhecemos quais de nossas necessidades estão ligadas aos sentimentos que identificamos".[35] Em outros termos, a partir do momento em que se observa a situação sem julgamentos e identifica quais sentimentos foram despertados, é necessário também reconhecer as necessidades pessoais que estão ligadas a eles. "Quanto mais claros formos a respeito do que queremos da outra pessoa, mais provável será que nossas necessidades sejam atendidas".[36]

O último componente da CNV – o pedido – é a necessidade das partes em realizarem um pedido específico que desejam da outra parte. "Esse componente enfoca o que estamos querendo da outra pessoa para enriquecer nossa vida ou torná-la mais maravilhosa".[37] A linguagem afirmativa do que se deseja pode evitar que se estabeleça uma comunicação vaga. "Devemos expressar o que *estamos pedindo*, e não o que *não estamos pedindo*".[38] (Grifos da autora), justamente porque, "quando pedidos são formulados de forma negativa, as pessoas costumam ficar confusas quanto ao que está realmente sendo pedido, e, além disso, solicitações negativas provavelmente provocarão resistência".[39]

De fato, deve-se dar bastante atenção a essa etapa da CNV, pois há risco de um pedido ser interpretado pelo ouvinte como uma exigência, particularmente, nas hipóteses em que esse se sente culpado ou punido se não atender ao solicitado. Nessa situação, a tendência é o ouvinte sentir-se pressionado e não responder compassivamente, dificultando a comunicação interpessoal. Para evitar esse contexto, "[...] podemos ajudar os outros a acreditarem que estamos pedindo, e não exigindo, indicando que somente gostaríamos que a pessoa atendesse ao nosso pedido se ela puder fazê-lo de sua livre vontade".[40] Poder-se-ão, então, utilizar frases como: – "Você estaria disposto(a) a ...''?

Os quatro componentes da CNV podem ser utilizados não só para se expressar nitidamente o que se deseja, mas também para receber a mensagem dos outros com empatia, percebendo o que estão observando, sentindo, precisando e pedindo. "Trata-se, portanto, de uma abordagem que se aplica de maneira eficaz a todos os níveis de comunicação e a diversas situações",[41] entre elas, nas situações de conflitos entre médicos e pacientes.

A CNV pode ser implementada, também, de forma preventiva, isto é, antes da instauração do confronto. Sobre essa possibilidade, apresenta-se o depoimento de uma médica que aplica essa abordagem na prática profissional:

---

35. Rosenberg, 2006, p. 25.
36. Rosenberg, 2006, p. 113.
37. Rosenberg, 2006, p. 25.
38. Rosenberg, 2006, p. 103.
39. Rosenberg, 2006, p. 104.
40. Rosenberg, 2006, p. 121.
41. Rosenberg, 2006, p. 27.

A CNV me ajuda a compreender quais são as necessidades dos pacientes e o que eles precisam ouvir em determinado momento [...]. Faz pouco tempo, uma aidética que venho tratando há cinco anos me disse que o que mais a tinha ajudado foram minhas tentativas de achar maneiras para ela desfrutar o dia a dia. Nesse sentido, a CNV me auxilia muito. Antes, quando sabia que um paciente tinha uma doença fatal, eu frequentemente me atinha ao prognóstico, e, assim, era difícil estimulá-los sinceramente a viver a vida. Com a CNV, desenvolvi uma nova consciência, bem como uma nova linguagem. Fico assombrada em ver quanto ela se encaixa bem na minha prática clínica.[42]

Nota-se que, nessa situação, inexiste o conflito. Contudo, a CNV foi aplicada de modo preventivo. Em outras palavras, a partir do momento em que, em um tratamento médico continuado (mais de 5 anos), a médica usou as ferramentas da CNV para mudar sua compostura diante de doenças fatais, bem como sua comunicação com a paciente, ela evitou o surgimento de um conflito. Por consequência, a melhoria da comunicação fez com que a paciente tivesse mais qualidade de vida no processo de adoecimento e, também, pudesse tomar uma decisão autônoma, caso precisasse, uma vez que a médica teve mais condições de compreender seus sentimentos, necessidades e pedidos, auxiliando-a a construir seu consentimento livre e esclarecido.

Não somente a mediação pode contribuir em um cenário conflitivo para a construção da autonomia do paciente para a tomada de decisão, mas também algumas das técnicas, de maneira isolada, sem que as partes se submetam ao procedimento completo dela.

Busca-se, dessa forma, não engessar a aplicação das abordagens e das técnicas específicas da mediação, mas utilizar as ferramentas para melhorar a comunicação entre médico e paciente. Afinal, a comunicação consiste em um dos objetivos basilares da mediação. Por isso, embora o uso das técnicas da comunicação não violenta não seja obrigatório para aplicar a mediação, elas possuem aptidão para tratar os conflitos médico-paciente, justificando neste momento seu estudo.

Para enfrentar esses comportamentos e construir uma relação saudável entre médico e paciente e seus familiares, de modo a preservar as narrativas do paciente e seu direito de se autodeterminar até o fim da vida, há duas técnicas comuns à CNV – a escuta ativa e a paráfrase –, que podem ser utilizadas na mediação quando ocorrer conflitos entre médicos e pacientes ou entre médicos e familiares dos pacientes.

Assim, a comunicação não violenta usa a escuta ativa para apoiar as pessoas a se expressarem melhor e a ouvirem atentamente o outro. Ouvir atentamente não está apenas interligado ao sentido da audição, mas inclui o processo de compre-

---

42. Rosenberg, 2006, p. 30.

ender, com atenção, o que é dito pela outra pessoa com a qual se relaciona. Não raro, as pessoas ouvem a informação, mas não a escutam.

Imagine, por exemplo, a situação em que um médico, ao ouvir o relato do paciente, esteja simultaneamente mexendo no celular respondendo a outro paciente. A tendência deste profissional da saúde está em não conseguir identificar as reais necessidades e os desejos do paciente, em razão de não se fazer totalmente presente durante a escuta dos fatos.

Ademais, escutar, ativamente, envolve não apenas a comunicação verbal, mas também a não verbal. Uma vez que o médico, no referido caso, não estava observando os gestos, as feições e demais sinais não verbais do paciente, provavelmente, haverá uma comunicação falha, pouco profunda e não empática.

Tanto a escuta ativa quanto a aplicação das etapas da comunicação não violenta requerem prática. Por isso, a proposta neste trabalho fundamenta-se em incentivar a utilização dessas técnicas e abordagens pelos mediadores, nos conflitos médico-paciente, para apoiar os envolvidos a compreenderem o conflito, as necessidades, as posições e a escutarem a si e aos demais sem julgamentos.

Portanto, é necessário que o mediador não só tenha conhecimento acerca das técnicas da comunicação não violenta, mas também tenha consciência dos propósitos subjacentes que estão envoltos na abordagem, a fim de que não aplique a CNV mecanicamente, mas com vistas a apoiar a transformação relacional entre médico e paciente, afetada pela existência do conflito.

O autor,[43] ao falar sobre os benefícios da escuta ativa, usa a expressão escuta empática. Para ele, em uma relação interpessoal, como é o caso da relação médico-paciente, a empatia é a compreensão do que a outra pessoa está vivendo. Para isso, "exige o esvaziamento de todos os sentidos. E, quando os sentidos são vazios, então todo ser escuta".[44] Dessa forma, a escuta empática é aquela em que o sujeito compreende a comunicação verbal e não verbal, escutando com neutralidade, ou seja, ouvindo o que a outra parte está expressando sem interrompê-la, sem julgá-la e atentamente, inclusive, evitando distrações e/ou comunicações simultâneas.

Realmente, a escuta ativa pode contribuir sobremaneira para a construção da autonomia do paciente. Diante do conflito, o mediador poderá apoiar o médico a ouvir o paciente de modo atento, sem impor seus próprios valores, sem concordar ou discordar do paciente, mas buscando compreender o que ele entende como o que é o melhor para si mesmo, segundo seus anseios e necessidades. É comum, nos tempos atuais, em que a rapidez é bastante valorizada, as pessoas terem o hábito de ouvir para, já de pronto, responder; interromper a fala; concordar, discordar e, às

---

43. Rosenberg, 2006.
44. Rosenberg, 2006, p. 134.

vezes, acrescentar algo, antes mesmo da conclusão do raciocínio de quem está se expressando. Em certos casos, esse cenário não se difere na relação entre médico e paciente, sendo necessário que haja uma restruturação dessa comunicação, o que pode ocorrer pelo uso da mediação.

Imagine a situação em que uma paciente com AIDS não tenha revelado ao cônjuge que é portadora da doença e pede ao médico que essa informação não seja revelada à família, o que inclui marido. Por sua vez, o médico que acompanha a paciente ouviu a informação, mas não escutou atentamente, vindo, em uma das ocasiões de internação da paciente, comentar com seu marido: – A AIDS reduz muito a imunidade da sua esposa. Então, não temos ainda previsão de alta (apenas exemplo da fala do médico).

Até, então, a paciente tinha dito ao marido que tinha uma doença crônica rara desde criança, mas que fazia controle e não havia complicações. O marido, ao descobrir a verdade, além de ficar chateado pela omissão da esposa, discute com ela, mesmo ainda estando internada. A paciente, já bastante vulnerável em razão do estado físico debilitado, viu-se em duplo conflito. Primeiramente, com o médico que revelou o segredo e, em segundo lugar, com o próprio marido.

A partir dessa narrativa, nota-se como a comunicação entre médico e paciente se perfaz significativa, sobretudo, para a construção da pessoalidade do paciente. A autonomia da paciente foi violada em razão da conduta do médico? Quais seriam os limites do sigilo profissional do médico quando a situação não envolve somente o paciente, mas também terceiros, como no exemplo supracitado?

Embora não seja essa a discussão mais relevante, salienta-se que o Código Penal brasileiro, no art. 130, tipifica como crime a conduta de quem expõe "[...] por meio de relações sexuais ou qualquer ato libidinoso, o contágio de moléstia venérea, de que sabe ou deve saber que está contaminado".[45] Mas quanto ao médico? Ele poderia ser civilmente responsabilizado? O fato é que o direito de ação cabe a qualquer cidadão, podendo a paciente, insatisfeita e frustrada, judicializar o conflito, que a fez perder a confiança no médico que estava acompanhando-lhe no tratamento continuado de sua doença.

Nesse caso, "[...] instaura-se um conflito entre o direito à intimidade do paciente e o direito à integridade psicofísica das outras pessoas envolvidas",[46] no caso, o marido. Conforme o autor,[47] não há como, previamente, estabelecer qual é o direito mais adequado à espécie. Somente a análise casuística permitirá identificar qual deles será aplicado.

---

45. Brasil, 1940.
46. Souza, 2014, p. 21.
47. Dworkin, 1999.

Por meio desse caso, também é possível confirmar o entendimento de que o "[...] paciente não é limitado exclusivamente a fatores bioquímicos, mas também é formado por um conjunto de fatores emocionais, que se não bem trabalhados levam a desnecessário sofrimento".[48] Por isso, deve-se adotar um cuidado integral com o paciente, considerando-o para além do aspecto físico-biológico, mas ainda sob o prisma da dimensão emocional, psíquica, social e espiritual.

Certamente, essa abordagem humanista garante não só o bem-estar do paciente, mas também a mitigação de eventuais conflitos, inclusive os de ordem judicial, uma vez que as relações foram construídas dando possibilidade ao paciente de poder compreender as possibilidades, ou restrições de um tratamento, respeitando-se, por consequência, sua liberdade na tomada de decisão.

Falar de cuidados integrais, sem dúvida, inclui garantir ao paciente que tenha uma relação empática, saudável e construtiva com quem lhe prestará os cuidados durante um tratamento continuado. Por isso, reforçam-se as vantagens de se utilizar a mediação e algumas técnicas da comunicação não violenta tanto para a resolutividade do conflito, como também para a prevenção.

Como já exposto, o conflito entre médico e paciente pode surgir de diversas maneiras, entre elas, sem dúvida, em razão da instauração de uma comunicação desestruturada, que pode levar não só à quebra da confiança do paciente em quem lhe presta os cuidados, mas também estender o entrave para a relação médico e familiares dos pacientes. Por isso, uma das propostas para enfrentar o problema trata-se de investir na melhoria da comunicação médico-paciente/familiares, com o intuito não só de prevenir o conflito, mas, caso ele já tenha se efetivado, ser um meio capaz de restabelecer o diálogo de modo empático, preservando a autonomia do paciente.

O diálogo pode ser visto como fator e fonte de humanização das relações, mostrando-se oportuno não somente quando há conflito. Mesmo inexistindo o entrave, a mediação pode ser um meio hábil a contribuir para a melhoria da comunicação, inclusive com o viés de prevenir o conflito.

Conforme ensina,[49] a mediação pode se desenvolver pela perspectiva da transformação social das relações, que pode se dar em uma comunidade específica, como a que envolve médicos e pacientes. Se o paciente consegue expressar sua manifestação de vontade e ser ouvido de maneira empática pelo médico, a ponto de que este conheça os sentimentos, as necessidades e os pedidos, será possível que ele tenha, com o auxílio do médico, o consentimento formado de maneira esclarecida e livre.

Assim, uma vez que a comunicação não violenta contribui para a instauração de um diálogo construtivo, por consequência, ela também apoia na "[...]

---
48. Callegari, 2021, p. 40.
49. Six, 2001.

redução da vulnerabilidade dos sujeitos por meio da entrega de conhecimento, diminuindo a possibilidade de ter-se a ignorância a respeito dos conhecimentos que se discutem com elemento limitador à decisão".[50]

Em suma, a partir do panorama aqui exposto, foi possível evidenciar que diversos conflitos médico-paciente nascem por falhas na comunicação. Logo, à medida que se promovem melhorias na comunicação, previne-se o surgimento de novos conflitos.

CONCLUSÃO

Iniciou-se este artigo abordando acerca dos desafios do ambiente hospitalar e o impacto na construção da autonomia do paciente.

Em seguida, foi salientada algumas estratégias da mediação, dando destaque para a Comunicação Não Violenta e as principais técnicas, as quais se mostram mais adequadas ao contexto de saúde.

A fim de contribuir para compreender a utilização desses meios como forma viabilizadora da melhoria da qualidade da relação entre médico-paciente. Ao implementar essas práticas, os profissionais de saúde podem não apenas melhorar a qualidade do cuidado oferecido, mas também fortalecer o vínculo terapêutico e aumentar a satisfação tanto dos pacientes quanto dos profissionais envolvidos.

O aperfeiçoamento da comunicação permitirá que médicos e demais membros da equipe médica possam ouvir e interpretar a biografia do paciente e suas expectativas quanto ao seu projeto de vida. Por consequência, isso pode contribuir para a prestação de um serviço de saúde humanizado, auxiliando positivamente a autodeterminação do paciente.

Em face deste cenário, investir em treinamentos e práticas que fomentem a Mediação e a Comunicação Não Violenta pode representar um passo significativo em direção a uma assistência médica mais humanizada e centrada no paciente.

Por fim, reitera-se, que não se pretendeu oferecer respostas definitivas ao tema principal do artigo, mas fomentar as inquietações e os questionamentos, para que o próprio leitor possa, a partir de sua experiência, tirar suas próprias conclusões.

REFERÊNCIAS

BUSH, Robert A. Baruch; FOLGER, Joseph. *The promise of mediation*: respon-ding to conflitc throughen empowerment and recognition. San Francisco: Jossey-Bass, 2005.

CALLEGARI, Lívia Abigail. Cuidados paliativos e a essência na mitigação de conflitos: uma construção ética e técnica para todos nós. In DADALTO, Luciana (Coord.). *Cuidados paliativos*: aspectos jurídicos. Indaiatuba: Editora Foco, 2021.

---

50. Vasconcelos, 2020, p. 221.

CONSELHO NACIONAL DE JUSTIÇA – CNJ. (Brasil). Recomendação 100, de 16 de junho de 2021. Recomenda o uso de métodos consensuais de solução de conflitos em demandas que versem sobre o direito à saúde. Brasília: CNJ, 2021. Disponível em: https://atos.cnj.jus.br/files/original1443552021061860ccb12b53b0d.pdf. Acesso em: 12 jan. 2025.

DWORKIN, Ronald. *O império do direito*. São Paulo: Martins Fontes, 1999.

FERREIRA, Paula Camila Veiga; NOGUEIRA, Roberto Henrique Pôrto. Acesso à justiça, mediação judicial e fomento à desinvisibilização social. *Revista Cidadania e Acesso à Justiça*, Florianópolis, v. 3, n. 2, p. 61-78, jul./dez. 2017.

FERREIRA, Paula Camila Veiga; NOGUEIRA, Roberto Henrique Pôrto; RIBEIRO, Karine Lemos Gomes. Mediação transformadora e (des)ocultações intergrupais das lutas feministas. In PEREIRA, Flávia Souza Máximo; PAULO, Luísa Santos; SILVA, Jéssica de Paula Bueno da (Org.). *III Congresso de Diversidade Sexual e de Gênero sujeitas sujeitadas*: violências e insurgências das subjetividades femininas e LGBT+. Belo Horizonte: Initia Via, 2019.

NICÁCIO, Camila Silva; OLIVEIRA, Renata Camilo de. A mediação como exercício de autonomia: entre promessa e efetividade. In DIAS, Maria Tereza Fonseca; PEREIRA, Flávio Henrique Unes (Org.). *Cidadania e inclusão*: estudos em homenagem à professora Miracy Barbosa de Sousa Gustin. Belo Horizonte: Editora Fórum, 2008.

REIS, Maria Letícia Cascelli de Azevedo. Bioética e humanização em saúde. In: ABREU, Carolina Becker Bueno de (Org.). *Bioética e gestão em saúde*. Curitiba: Editora Intersaberes, 2018..

ROSENBERG, Marshall B. *Comunicação não violenta*: técnicas para aprimorar relacionamentos pessoais e profissionais. São Paulo: Ágora, 2006.

SÁ, Maria de Fátima Freire de. *Direito de morrer*: eutanásia, suicídio assistido. 2. ed. Belo Horizonte: Del Rey, 2005.

SIX, Jean-François. *Dinâmica da mediação*. Trad. Giselle Groeninga de Almeida, Águida Arruda Barbosa e Eliana Riberti Nazareth. Belo Horizonte: Del Rey, 2001.

SOALHEIRO, Luiza. *Mediação na Relação Médico-Paciente*. Indaiatuba: Foco, 2023

SOUZA, Cibele Aimée de. *Tratamento de conflitos no ambiente hospitalar*: por uma mediação adequada ao Hospital das Clínicas da Universidade Federal de Minas Gerais. 166 f. Dissertação (Mestrado em Direito) – Faculdade de Direito, Universidade Federal de Minas Gerais, Belo Horizonte, 2018.

SOUZA, Iara Antunes de. *Aconselhamento genético e responsabilidade civil*: as ações por concepção indevida (wrongful conception), nascimento indevido (wrongful birth) e vida indevida (wrongful life). Belo Horizonte: Arraes Editores, 2014.

VASCONCELOS, Camila. *Direito médico e bioética*: história e judicialização da relação médico-paciente. Rio de Janeiro: Lumen Juris, 2020.

WARAT, Luis Alberto. *O ofício do mediador*. Florianópolis: Habitus, 2001. v. 1.

AUTOCURATELA: PRESERVAÇÃO DA AUTONOMIA PARA O CASO DE UMA INCAPACIDADE FUTURA

Maria Goreth Macedo Valadares

Doutora e Mestre em Direito Civil pela PUC Minas. Professora da PUC Minas e do IBMEC/BH. Presidente do IBDFAM/MG. Advogada sócia do Escritório Câmara e Valadares Advogados Associados.

Thais Câmara Maia Fernandes Coelho

Mestre em Direito Privado pela PUC Minas. Professora no Unibh. Coordenadora da Comissão de Pesquisa do IBDFAM MG. Presidente da Comissão de Direito de Família e Sucessões da ABMCJ MG. Advogada sócia do escritório Câmara e Valadares Advogados.

Sumário: Introdução – 1. A autocuratela: uma nova realidade de autoproteção antecipada do curatelado; 1.1 Princípio da vontade presumível como preceito na proteção da pessoa vulnerável – 2. Autocuratela como negócio jurídico atípico – 3. Instrumentos de autocuratela como alternativa para a proteção patrimonial e existencial a serem utilizadas em situações supervenientes de ausência de discernimento; 3.1 Diretivas antecipadas de vontade; 3.2 Escritura pública ou documento particular; 3.3 Mandato permanente – 4. Anteprojeto de reforma do código civil – Considerações finais – Referências.

INTRODUÇÃO

Considerando as mudanças demográficas com o avanço da proporção populacional de idosos no Brasil e o consequente crescimento de doenças degenerativas, tem-se colocado uma situação peculiar para o Direito no campo das incapacidades. Com a evolução da Medicina, tem ocorrido um aumento da expectativa de vida, mas que muitas vezes é acompanhado por doenças que podem causar a perda ou diminuição da capacidade de fato ou de exercício. Nesse sentido, percebe-se uma maior preocupação das pessoas em planejar o futuro, tentando se proteger patrimonialmente em relação aos acontecimentos vindouros quando estariam impossibilitadas de gerenciar a própria vida.

Atualmente, a atenção dada aos casos de incapacidade é mais dedicada aos cuidados com a saúde e questões médicas, no sentido de resguardar a autonomia para consentir na relação médico paciente. Não há dúvidas de que as questões pessoais são muito importantes para o indivíduo, todavia, as questões patrimoniais também o são, e será nesse enfoque que se desenvolverá este trabalho. A questão patrimonial do incapaz será analisada de uma forma diferenciada da tratada anteriormente no Código Civil de 1916 e da que é apresentada atualmente na legislação brasileira.

A administração do patrimônio do incapaz deve ser avaliada pelo viés da sua autodeterminação, ou seja, o indivíduo escolhe antecipadamente antes de uma eventual incapacidade a forma e quem irá administrar o seu patrimônio de acordo com as suas escolhas pessoais.

É por meio da autodeterminação dos indivíduos que se daria a possibilidade de administração dos interesses patrimoniais e existenciais, orientado sobre suas escolhas de vida para serem projetadas no futuro. Dessa forma, é por meio da promoção da autonomia privada que se pretende modular esses novos institutos, considerando que o Direito tem mudado sua perspectiva, privilegiando a autonomia do sujeito, na busca da efetividade das escolhas que deve fazer para sua vida.

No entanto, o que ainda se busca na autocuratela é, por exemplo, que uma pessoa sozinha, sem parentes, ou com parentes, mas sem laço afetivo que lhe assegure socorro em uma velhice incapacitante, possa planejar que, no caso de ausência de discernimento, a sua vontade pré-estabelecida seja cumprida. Esse idoso já poderia escolher, a clínica em que gostaria de passar os últimos dias de sua vida e algumas outras exigências como ter um enfermeiro 24 horas, assistência regular de nutricionista, fisioterapia, terapia ocupacional, psicólogos, aula de dança, massagista, salão de beleza, entre outros serviços. Todavia, os valores dessas despesas serão pagos pelas receitas do curatelado, que muitas vezes tem um vasto patrimônio, mas que apenas ele administrava.

Uma má gestão patrimonial prejudicaria substancialmente a qualidade de vida do curatelado, que não poderia usufruir de suas economias e dos frutos de seus bens para ter o que sempre esperou. Por isso, um planejamento prévio é importante, para que o curatelado tenha qualidade de vida no momento que ele se encontrar mais vulnerável para se manifestar.

A autocuratela, no aspecto patrimonial, entra em uma dessas situações em que é possível estabelecer a pessoa de sua confiança que teria aptidão técnica para administrar as questões financeiras, não precisando ser ela um parente. Assim, a pessoa capacitada para essa função e remunerada para isso iria administrar tecnicamente e, com os frutos e rendimentos auferidos, proporcionando uma curatela com mais dignidade e qualidade de vida. Assim, cumpre-se a função promocional da curatela também no aspecto patrimonial.

1. A AUTOCURATELA: UMA NOVA REALIDADE DE AUTOPROTEÇÃO ANTECIPADA DO CURATELADO

A expressão autocuratela é a instituição pela qual se possibilita que a pessoa capaz, mediante um documento apropriado, deixe preestabelecidas as suas questões (patrimoniais e/ou existenciais), para serem implementadas em uma eventual incapacidade. Tal administração pode ser realizada através de pessoas designadas ou um organismo tutelar que teriam que desempenhar os cargos de mecanismo de vigilância e controle. Esse seria o conceito positivo da autocuratela, mas em paralelo também cabe um conceito negativo, ou aquele pelo qual se exclui expressamente determinadas pessoas no exercício dessa função.[1]

Nesse caso, a pessoa precavida, com total discernimento, antes de ser acometida por uma incapacidade, já determina, por um documento, quem e como gostaria que fosse gerenciado o seu patrimônio para que, no futuro, caso venha a ser submetida a um processo de curatela, já tenha preestabelecida a forma e o curador que gerenciará seu patrimônio.

O que se argumenta seria a defesa pelas pessoas que são plenamente capazes de administrar a vida e que planejam o futuro com suas escolhas individuais. No caso de uma incapacidade intelectiva, por exemplo, essas pessoas, pelo exercício de uma vontade preestabelecida, podem ter o controle patrimonial dos seus bens e rendimentos mesmo não estando diretamente na gerência deles no momento, mas, de certa forma, estará exercendo sua autonomia por meio da nomeação e gestão de uma pessoa de sua confiança.

Percebe-se uma tendência no ordenamento jurídico brasileiro no sentido de conceder maior importância à vontade do indivíduo, que sendo cuidadoso e precavido, dispõe de seus interesses patrimoniais para o caso de uma futura incapacidade. Essa intenção é válida e positiva, uma vez que privilegia e respeita a vontade da pessoa no momento que ela não pode gerenciar a vida por si só.

Faz-se necessária a utilização desse novo instituto no ordenamento jurídico brasileiro, posto que somente o próprio indivíduo é quem mais sabe o que é melhor para si. Desta forma, os anseios da pessoa devem ser respeitados, mesmo após a sua incapacidade. Importante salientar que a ideia de autonomia com eficácia futura já encontra previsão no ordenamento jurídico, como no caso do testamento e na legislação de doação de órgãos e tecidos (Lei 9.434/97).

1.1 Princípio da vontade presumível como preceito na proteção da pessoa vulnerável

A autocuratela harmoniza-se com o princípio da vontade presumível da pessoa vulnerável, pois ela documenta a vontade expressa da pessoa antes da perda de sua lucidez. E, em que consiste o princípio da vontade presumível?

---

1. GARCÍA, Manuel Ángel Martínez. *Apoderamientos preventivos y autotutela*. Madrid: Civitas Ediciones, 1999.

Pois bem, o princípio da vontade presumível da pessoa vulnerável consiste em prestigiar o respeito à vontade (ainda que presumível) das pessoas, logo, liga-se a dignidade da pessoa humana, visto que, nada é mais digno a um ser humano do que lhe assegurar o exercício da sua liberdade de gerir a própria vida. Oliveira (2023, p. 10) diz que "Trata-se daquilo que realizará plenamente a pessoa quando esta – por um esvaecimento de sua lucidez – não puder mais agir por conta própria. Cuida-se de uma das maiores expressões da dignidade da pessoa humana in concreto".

Convém ressaltar, que quando a vontade efetiva de uma pessoa for conhecida, ela deve prevalecer em detrimento da vontade presumível, visto que, a dignidade da pessoa humana concretiza-se em cada caso específico, logo, a regra é a de que a autocuratela seja observada, ao máximo, pelo juiz e pelo curador em favor da pessoa vulnerável.

Por fim, convém ressaltar, que há três principais exceções acerca do cumprimento da autocuratela:

> (1) existência de elementos concretos que, de modo inequívoco, indiquem a desatualização da autocuratela: depois da elaboração da autocuratela, ocorra algum fato que, de modo inequívoco, indique que a pessoa mudou ou teria mudado as diretivas da autocuratela;
>
> (2) manifesta violação a normas de ordem pública: quando as diretivas da autocuratela, de modo incontestável, contrariam norma de ordem pública. Por exemplo, um indivíduo conste em suas diretivas de autocuratela: se eu vier a ser interditado, quero que o curador continue omitindo ou falsificando informações fiscais para eu pagar menos impostos do que devido;
>
> (3) inviabilidade material: é a falta de condições materiais. Se não há recursos materiais suficientes para cumprir as diretivas de autocuratela, a pessoa vulnerável não poderá ter suas diretivas atendidas. Por exemplo, a pessoa queria ser levada a Paris anualmente caso fosse interditada, contudo, ante a ausência de dinheiro, isso não poderá ser cumprido por questão de viabilidade material.

2. AUTOCURATELA COMO NEGÓCIO JURÍDICO ATÍPICO

Em que pese a inexistência de previsão legislativa, a autocuratela é possível, uma vez que a autonomia privada, como um dos princípios primordiais do direito privado, exterioriza-se por meio da realização de negócios jurídicos. Desse modo, o negócio jurídico é o instrumento posto pelo ordenamento jurídico à disposição da pessoa para que ela possa escolher as suas relações jurídicas, colocando-as de acordo com os seus interesses pessoais e patrimoniais. Por essa razão, Roxana Borges afirma que

> Por meio dos negócios jurídicos as pessoas ordenam, por si mesmas, seus próprios interesses nas relações jurídicas que optam por estabelecer com outros sujeitos. São a forma mais intensa, juridicamente considerando, de exercício da esfera de liberdade jurídica que as pessoas têm.[2]

---

2. BORGES, Roxana Cardoso Brasileiro. *Direitos de personalidade e autonomia privada*. 2. ed. São Paulo: Saraiva, 2007.

O negócio jurídico, segundo a sua classificação, pode ser típico ou atípico. Segundo Marcos Bernardes de Mello,[3] o negócio jurídico é típico *(...) porque tem um tipo previsto e regulado em lei (...)*. Ele ainda pode ser subdividido em negócios jurídicos típicos unilaterais, nos quais *(...) para existirem, basta a manifestação de vontade suficiente à composição do seu suporte fático (..)*,[4] como, por exemplo, o testamento e o documento particular ou público, ou ainda bilateral, que depende da manifestação de vontade das duas partes, gerando direitos e deveres recíprocos para ambas as partes, como, por exemplo, no contrato de compra e venda e o contrato de mandato previsto no Código Civil.

Em contrapartida, o negócio jurídico atípico é aquele que não possui previsão legislativa. Esse é o caso da autocuratela, uma vez que não há na legislação vigente dispositivo expresso que permita a realização da manifestação da vontade no presente para que tenha eficácia futura, no caso de eventual ausência de discernimento do indivíduo. Ela pode ser subdividida em unilateral, como ocorre com o testamento vital ou bilateral, como é o caso do mandato permanente.

O mandato permanente, como um negócio jurídico atípico bilateral, ainda é classificado como contrato atípico, ou seja, como um contrato que não está previsto no ordenamento jurídico.

O artigo 425 do Código Civil dispõe que: é lícito às partes estipular contratos atípicos, observadas as normas gerais fixadas neste Código. Nesse sentido, aduzem que (...) perfeitamente possível que se admita a aplicação das normas gerais da teoria geral dos contratos, sempre em observância dos limites de contratação delineados em nossa Constituição Federal.[5]

Portanto, é lícita a formulação de negócios jurídicos atípicos, bem como de contratos atípicos. Eles devem ser realizados conforme interpretação sistêmica do ordenamento jurídico, considerando que a essência dos negócios jurídicos está na faculdade de gestão de seus interesses existenciais e patrimoniais.

A autocuratela se enquadra perfeitamente no modelo de negócio atípico, pois privilegia os interesses existenciais e patrimoniais da pessoa, correspondendo ao gênero do qual o mandato permanente, o testamento vital, o mandato duradouro são as espécies a serem analisadas neste artigo.

---

3. MELLO, Marcos Bernardes de. *Teoria do fato jurídico*: plano da existência. 23. ed. São Paulo: Saraiva, 2022
4. MELLO, Marcos Bernardes de. *Teoria do fato jurídico*: plano da existência. 23. ed. São Paulo: Saraiva, 2022
5. GAGLIANO, Pablo Stolze; PAMPLONA FILHO, Rodolfo. *Novo curso de direito civil*. 8. ed. São Paulo: Saraiva, 2025. v. IV: contratos.

Para que um negócio jurídico se constitua, devemos dividi-lo em três planos: existência, validade e eficácia, sendo todos os pressupostos preenchidos com a autocuratela.

A autocuratela se mostra, dessa forma, um instrumento protetor de planejamento para uma futura ausência de discernimento. Ela tem como finalidade evitar conflitos, pois que também impediria as discussões judiciais entre familiares sobre quem seria o melhor curador e como seriam administradas as questões patrimoniais e existenciais no futuro (como os cuidados com a saúde).

Trata-se de um instrumento que valoriza a autonomia. A própria pessoa organizaria antecipadamente a sua curatela, determinando o seu curador e até atribuindo uma remuneração para essa função, sem deixar esse planejamento para terceiros ou familiares, que, em muitos casos, não teriam habilidade técnica para administrar os bens da forma como a pessoa gostaria que eles fossem administrados.

Ela também consiste em um meio para que os frutos dos rendimentos dos bens que o curador auferir no período do exercício da curatela sejam destinados aos cuidados do curatelado. Com isso, ele pode ter uma curatela mais tranquila, como sempre desejou, e se reabilitar o mais rápido possível, para que, cessada a sua incapacitação, ele mesmo possa assumir os caminhos de sua vida nos aspectos patrimoniais e existenciais.

3. **INSTRUMENTOS DE AUTOCURATELA COMO ALTERNATIVA PARA A PROTEÇÃO PATRIMONIAL E EXISTENCIAL A SEREM UTILIZADAS EM SITUAÇÕES SUPERVENIENTES DE AUSÊNCIA DE DISCERNIMENTO**

A expressão *autocuratela* é a instituição pela qual se possibilita que a pessoa com discernimento, mediante um documento apropriado, deixe preestabelecidas as suas questões (patrimoniais e/ou existenciais), para serem implementadas em uma eventual impossibilidade de manifestação de vontade.

Assim através da autocuratela, uma pessoa que está acometida com uma doença, ou um idoso que irá fazer uma cirurgia que possa trazer complicações no pós-operatório, ou qualquer pessoa precavida, já pode, desde que tenha discernimento no ato da manifestação, estabelecer, através de um documento adequado, o seu curador para os cuidados relativos a questões pessoais (cuidados com a saúde) e outra pessoa que será seu curador para as questões patrimoniais.

O enfoque patrimonial vem pela busca da autonomia negocial do sujeito, que deseja e planeja que o seu patrimônio continue rendendo frutos e rendimentos para que possa ter uma qualidade de vida, mesmo estando incapacitado naquele momento para os atos da vida civil. O curador pode se valer de uma equipe multidisciplinar de profissionais, para conseguir restabelecer a saúde do curatelado o mais rápido e fazer com que ele assuma novamente as rédeas de sua vida.[6]

Existem várias modalidades de autodeterminação, seja no âmbito patrimonial seja no existencial para a proteção da autonomia futura. Como, por exemplo, a figura do administrador, que, de acordo com Paula Távora Vítor (2008), compreende diferentes figuras jurídicas adotadas no espaço europeu. O administrador reconduz aos esquemas tradicionais da representação e da assistência. Todavia, consagra, por regra, soluções mais maleáveis à autonomia da pessoa protegida do que a própria curatela. Nessa figura, o juiz nomeia um administrador para o patrimônio da pessoa incapacitada, por tempo determinado ou indeterminado, considerando as necessidades da pessoa protegida e do patrimônio a gerir. A designação antecipada do administrador pela pessoa a ser protegida, bem como a vontade de não designação de determinadas pessoas, devem ser atendidas pelo juiz quando haja sido declarada por escritura púbica.

Paula Távora Vítor[7] também aborda a figura do *trust*, que tem raiz nos países de *common law*. Essa figura tem por finalidade a administração do patrimônio de pessoas incapacitadas. O *trust* opera uma transferência da propriedade sobre um bem ou conjunto de bens do disponente para um terceiro, que deve administrá-lo e exercer o direito de propriedade a favor de um beneficiário.[8]

Ainda temos a sociedade unipessoal, que, segundo Martinez García[9], aduz a possibilidade de aportar o patrimônio da pessoa capaz (com discernimento), mas deseja a proteção patrimonial futura no caso de uma incapacidade superveniente, para uma pessoa jurídica, no caso uma sociedade unipessoal. Dessa forma a administração da empresa, bem como os bens, ficará sob a responsabilidade da pessoa de sua confiança e capacitada para o cargo, imune às causas de curatela.[10]

---

6. "O curador não tem o condão de substituir a vontade do curatelado. Seu papel como cuidador é estimular o exercício da autodeterminação dele, na maior medida do possível, por meio de decisões dialogicamente estabelecidas. Ainda que não exista qualquer resquício de discernimento para o ato, o curador deve agir de acordo com o que a equipe multidisciplinar, em construção conjunta, entender adequado à garantia da dignidade humana do curatelado, ou seja, o curador deve (re)construir a vontade do curatelado." (SOUZA, 2016, p. 399-400).
7. VÍTOR, Paula Távora. *A administração do património das pessoas com capacidade diminuída*. Coimbra: Coimbra Editora, 2008.
8. No entanto, poderá dizer que os argumentos invocados para evitar a incursão do *trust* nos ordenamentos jurídicos continentais, e, portanto, também no português, não parecem ser obstáculos intransponíveis. Além disso, o interesse que aqui se pretende proteger, que é o da proteção e promoção da autonomia da pessoa sem discernimento, merece uma atenta consideração e pesagem em face aos restantes interesses sociais em causa. Talvez o maior desafio de aceitar o *trust* seja a confiança" (VÍTOR, 2008, p. 313).
9. GARCÍA, Manuel Ángel Martínez. *Apoderamientos preventivos y autotutela*. Madrid: Civitas Ediciones, 1999.
10. Argumenta, assim, que "pode-se estruturar um sistema de autoproteção através das sociedades mercantis, e em particular as de tipo capitalista, nas que o sistema organizador que descansa na separação das funções entre seus órgãos e autonomia dos administradores no desempenho do trabalho podem

Por se tratar de uma figura muito nova,[11] cabe fazer uma breve referência à sociedade unipessoal.[12] Perante a eventualidade de uma perda progressiva de discernimento, pode-se oferecer ao sujeito o recurso de aportar seu patrimônio a uma sociedade unipessoal da qual ele será sócio único e cuja administração encarregará a pessoa de sua confiança.

Martinez García ainda argumenta que, superadas as críticas dessa forma social, não cabe qualificar o negócio nem de fraudulento, nem de simulado. Na realidade, é um recurso que permite ao titular manter um terceiro que administrar seu patrimônio imune de um processo de curatela. Toda a esfera de atuação externa da sociedade ficará nas mãos do órgão de administração, com o qual a gestão do patrimônio poderá ser levada a cabo de maneira ágil e profissional.

O instrumento acima descrito é uma forma de autodeterminação antecipada de vontade, ligada muitas vezes às questões patrimoniais. As críticas a ele são no sentido de que uma sociedade unipessoal pode não oferecer uma proteção efetiva ao futuro curatelado, considerando que, em algumas situações, os bens da pessoa física irão para a administração de uma pessoa jurídica, saindo, assim, da esfera da administração do curador, que tem a sua gestão administrada e fiscalizada pelo Judiciário.[13]

3.1 Diretivas Antecipadas de Vontade

Uma das espécies de autocuratela seriam as diretivas antecipadas de vontade, por tratar de questões essencialmente existenciais. As diretivas antecipadas permitem ao paciente dispor em documento apropriado sobre questões relativas aos cuidados com a saúde, atinentes a quais intervenções médicas serão ou não implementadas e efetivadas quando ele não puder se expressar.[14]

---

aconselhar, mediante o expediente de confiar dita administração a pessoas tecnicamente capacitadas para gestão de patrimônios e da plena confiança dos sócios, que é transmitir a sociedade o patrimônio da pessoa que está perdendo o discernimento." (MARTINEZ GARCÍA, 1999).

11. Foi sancionada no dia 09.07.2011 a Lei n. 12.441/11, que altera o Código Civil Brasileiro, para permitir a criação da Empresa Individual de Responsabilidade Limitada ("EIRELI").
12. A Empresa Individual de Responsabilidade Limitada se apresenta como uma novidade, posto que permite a separação patrimonial (patrimônio da empresa versus patrimônio pessoal) e acaba com a necessidade da busca de sócios puramente formais, com participação irrisória no capital social. Porém, a responsabilidade do titular da EIRELI será limitada à integralização de suas quotas, quer dizer, uma vez integralizado o capital social, o patrimônio pessoal do titular da EIRELI não poderá ser atingido em virtude de obrigações contraídas pela EIRELI, excepcionada a possibilidade de haver desconsideração da personalidade jurídica nos casos em que a lei e o Judiciário determinarem.
13. Cabe uma reflexão se seria uma forma simulada ou de autorregulamentação do indivíduo da gestão do seu patrimônio.
14. De acordo com o artigo 1º da Resolução do Conselho Federal de Medicina (CFM) 1995/2012, tem-se por Diretivas antecipadas de vontade "como o conjunto de desejos, prévia e expressamente manifestados

As declarações antecipadas de vontade ou diretivas antecipadas são uma modalidade de negócio jurídico existencial, no qual a pessoa, detentora de discernimento, portanto, de capacidade de querer entender, faz escolhas a serem efetivadas no futuro, caso, naquela época, ela não tenha competência para efetuá-las. As declarações antecipadas são gênero, do qual são espécie o testamento vital ou testamento biológico, a procuração para cuidados de saúde entre outras.[15]

As diretivas antecipadas de vontade são específicas para as questões existenciais, e não para as questões patrimoniais do indivíduo. As diretivas antecipadas de vontade não serão o instrumento utilizado para o indivíduo já pré-estabelecer quem seria o seu curador no âmbito patrimonial e como seria determinada a forma de administração e gestão dos bens, ações, aluguéis para que, com os valores auferidos, tivesse uma curatela como sempre desejou. Também não caberia nesses instrumentos a destinação das rendas e dos frutos dos valores auferidos em benefício do curatelado, até porque as diretivas antecipadas se atêm aos cuidados existenciais e vincula os profissionais da saúde, sendo recomendável um debate prévio com um médico e um advogado de confiança. Ele não tem, assim, caráter negocial e patrimonial.

O instrumento a ser utilizado para essa finalidade poderá ser a escritura pública (ou documento particular) e o mandato permanente, que poderá abarcar ambas as situações (patrimoniais e existenciais).

De acordo com Luciana Dadalto,[16] o testamento vital é uma espécie de diretiva antecipada[17] restrita aos casos de fim da vida, enquanto o mandato duradouro possui alcance maior, embora nada impeça que esses dois institutos coexistam.

---

pelo paciente, sobre cuidados e tratamentos que quer, ou não, receber no momento em que estiver incapacitado de expressar, livre e autonomamente, sua vontade". (Conselho Federal de Medicina, 2012).

15. TEIXEIRA, Ana Carolina Brochado. *Saúde, corpo e autonomia privada*. Rio de Janeiro: Renovar, 2010.
16. DADALTO, Luciana. *Testamento vital*. 6. ed. São Paulo: Editora Foco, 2022.
17. Art. 2º Nas decisões sobre cuidados e tratamentos de pacientes que se encontram incapazes de comunicar-se, ou de expressar de maneira livre e independente suas vontades, o médico levará em consideração suas diretivas antecipadas de vontade.
§ 1º Caso o paciente tenha designado um representante para tal fim, suas informações serão levadas em consideração pelo médico.
§ 2º O médico deixará de levar em consideração as diretivas antecipadas de vontade do paciente ou representante que, em sua análise, estiverem em desacordo com os preceitos ditados pelo Código de Ética Médica.
§ 3º As diretivas antecipadas do paciente prevalecerão sobre qualquer outro parecer não médico, inclusive sobre os desejos dos familiares.
§ 4º O médico registrará, no prontuário, as diretivas antecipadas de vontade que lhes foram diretamente comunicadas pelo paciente.
§ 5º Não sendo conhecidas as diretivas antecipadas de vontade do paciente, nem havendo representante designado, familiares disponíveis ou falta de consenso entre estes, o médico recorrerá ao Comitê de Bioética da instituição, caso exista, ou, na falta deste, à Comissão de Ética Médica do hospital ou ao Conselho Regional e Federal de Medicina para fundamentar sua decisão sobre conflitos éticos, quando entender esta medida necessária e conveniente. (Conselho Federal de Medicina, 2012).

Assim, a autocuratela no âmbito patrimonial e existencial é um gênero do qual as diretivas antecipadas são espécie, uma vez que dispõe apenas sobre questões existenciais. Nesse raciocínio, o testamento vital e o mandato duradouro são subespécies das diretivas antecipadas.

3.2 Escritura pública ou documento particular

A escritura pública declaratória é um dos instrumentos mais comuns de proteção da autocuratela. Ele é realizado no cartório de tabelionato de notas,[18] o que permite ao indivíduo dispor acerca das suas questões patrimoniais e existenciais para serem efetivadas no caso de uma falta de discernimento futura. Trata-se da forma jurídica mais utilizada para a proteção da autocuratela, considerando que a escritura é um documento que confere publicidade[19] e segurança aos atos jurídicos. Mas as informações nelas contidas são de inteira responsabilidade civil e criminal do declarante.

Assim, a vontade preestabelecida pelo declarante, desde que respeite as normas jurídicas, deve ser sempre cumprida e respeitada pelo Judiciário, que deve proteger o curatelado em todos os seus aspectos, principalmente nas escolhas pessoais e patrimoniais que ele manifestou quando tinha discernimento.

As escrituras de autocuratela terão eficácia com a ausência de manifestação de vontade do declarante, ou seja, com a distribuição da ação de curatela pelo curador. Neste documento, o futuro curatelado deve:

1. Escolher o curador, bem como expressamente rejeitar quem não exercerá o múnus. Assim como os pais podem nomear o tutor nos termos do art. 1.729, pode a pessoa, enquanto capaz/dotada de discernimento, escolher a(s) pessoa(s) que atuará como curador, inclusive nomeando quem possa para atuar na falta do primeiramente nomeado. Essa nomeação poderá incluir pessoas do art. 1.735, II a VI e poderá alterar a ordem preferencial do art. 1.775,

---

18. [12] Enquanto o Registro Nacional Testamento Vital não for criado pelo Ministério da Saúde, é possível registrar o testamento vital pelo site www.testamentovital.com.br, criado pela pesquisadora Luciana Dadalto.
19. O Termo de autocuratela através de escritura pública deverá ser lavrado em cartório de notas pelo tabelião, para ser dotado de fé pública, uma vez que o artigo 215 do Código Civil exige este requisito para a validade da escritura pública. Além disso, verifica-se que o artigo 215, §1º do Código Civil, determina que o documento deverá conter a "data e local de sua realização; reconhecimento da identidade e capacidade das partes e de quantos hajam comparecido ao ato, por si, como representantes, intervenientes ou testemunhas; nome, nacionalidade, estado civil, profissão, domicílio e residência das partes e demais comparecentes, com a indicação, quando necessário, do regime de bens do casamento, nome do outro cônjuge e filiação; manifestação clara da vontade das partes e dos intervenientes; referência ao cumprimento das exigências legais e fiscais inerentes à legitimidade do ato; declaração de ter sido lida na presença das partes e demais comparecentes, ou de que todos a leram; assinatura das partes e dos demais comparecentes, bem como a do tabelião ou seu substituto legal, encerrando o ato."
GONÇALVES, Carlos Roberto. *Direito civil*, 1: Esquematizado: Parte geral: Obrigações e contratos. 15. ed. São Paulo: Saraiva, 2025. A inobservância desses requisitos acarreta a nulidade da escritura pública.

bem como ampliar o rol de legitimados do art. 1.768 a promover o processo que define os termos da curatela.

2. Determinar a forma de administração do patrimônio, inclusive indicando técnicos nos termos do art. 1.743, ou dispensando a necessidade de autorização judicial caso eles venham a ser nomeados pelo curador quando houver necessidade.

3. Recusar a nomeação de pro curador, a despeito da disposição do art. 1.742 CC, tendo em vista que o papel fiscalizatório será exercido pelo Poder Judiciário, prescindindo de novo fiscal para o desempenho da mesma função.

4. Dispensar autorização judicial para a prática de atos previstos nos arts. 1.748, 1.750, 1.753 e 1.754, deixando a decisão para conveniência do curador.

5. Determinar remuneração do curador.

6. Sobre a prestação de contas:

– Dispensar apresentação anual de balanço, a despeito do disposto no art. 1.756;

– Dispensar a comprovação de despesas rotineiras da prestação de contas, podendo prever uma margem de valor mensal destinado a tais despesas, como a da previsão do *caput* do art. 1.753, o "necessário para as despesas ordinárias com o seu sustento, a sua educação e a administração de seus bens;

– Modificar o prazo de prestação de contas, apesar da previsão de 2 anos do art. 1.757,[20] desde que não seja elastecida a ponto de impedir a fiscalização pelo Judiciário (Teixeira; Rettore; Silva, 2016, p. 320-321).[21]

O Código de Família Catalão, através a Lei 9/1988, já contempla essa possibilidade de proteção através da escritura pública, conforme ensina Serrano Garcia (2008).[22] Segundo a sua disciplina, qualquer pessoa, antes de ser curatelada, pode nomear, em escritura pública, as pessoas que querem que exerçam algum ou alguns dos cargos tutelares (curatela) estabelecidos, bem como designar substitutos dessas pessoas ou excluir outras. Em caso de pluralidade sucessiva de designações, prevalecerá a última nomeação. Também se pode estabelecer o funcionamento, a remuneração e o conteúdo em geral da curatela. Essas nomeações podem ser realizadas de forma conjunta ou sucessiva. As nomeações e as exclusões podem

---

20. Sem consignar a alteração expressa desse dispositivo, o Estatuto da Pessoa com Deficiência prevê em seu art. 84, § 4º que "os curadores são obrigados a prestar, anualmente, contas de sua administração ao juiz, apresentando o balanço do respectivo ano". Fato é que, seja de um ou dois anos o prazo legalmente estabelecido, defendemos que o autocuratelado pode modificar o prazo para prestação de contas, desde que não fixe lapso temporal muito longo o a ponto de inviabilizar que a fiscalização pelo Poder Judiciário seja efetiva.
21. TEIXEIRA, Ana Carolina Brochado; RETTORE, Anna Cristina de Carvalho; SILVA, Beatriz de Almeida Borges e. Reflexões sobre a autocuratela na perspectiva dos planos do negócio jurídico. In: MENEZES, Joyceane Bezerra de (Org.). *Direitos das pessoas com deficiência psíquica e intelectual nas relações privadas*: Convenção sobre os *Direitos da Pessoa com Deficiência e Lei Brasileira de Inclusão*. Rio de Janeiro: Editora Processo, 2016, p. 303-345.
22. SERRANO GARCIA, Ignácio. *Protección patrimonial de las personas com discapacidad*. Madrid: Iustel, 2008.

ser impugnadas pelas pessoas chamadas pela lei para exercer a tutela (curatela) e pelo Ministério Fiscal (Ministério Público).

Assim, tanto na experiência Catalã quanto no ordenamento jurídico brasileiro, mostra-se plenamente possível os cartórios de notas lavrarem escrituras públicas declaratórias nesse sentido. Mas essa é uma declaração unilateral de vontade, diferentemente do mandato permanente, que, sendo contrato bilateral, implica obrigações recíprocas entre as partes na realização do negócio, principalmente no que concerne aos deveres do mandatário, trazendo maior proteção à pessoa curatelada.

Considerando que a autocuratela não exige forma especial, a celebração desse documento ainda é válida quando efetuada através de um instrumento particular. Todavia, é sempre recomendável em ambos os documentos (público ou particular) que haja a presença de duas testemunhas. É apenas uma precaução, para comprovar que a pessoa não foi coagida, nem obrigada a realizar o instrumento, mas estava no pleno gozo das suas faculdades mentais. Vale ressaltar que, na época da realização do termo de autocuratela (público ou particular), recomenda-se ser anexado um laudo médico atestando a higidez mental do declarante, comprovando, assim, o seu discernimento para aquele ato.

3.3 Mandato permanente

O mandato permanente possibilita a construção, por parte da pessoa que possa vir a sofrer uma perda de consciência, de projetos de administração de todo ou de parte de seu patrimônio, sendo um mecanismo de proteção apoiado em um instrumento que já existe no ordenamento jurídico brasileiro, a saber, o mandato. Além das questões patrimoniais o mandato permanente ainda pode tratar de questões existenciais.[23] Ele consegue conciliar todos os interesses de proteção e promoção da autonomia da pessoa, sujeita a uma futura ausência de discernimento.

O mandato permanente é um contrato atípico bilateral, por terem ambas as partes direitos e deveres, o que traz maior responsabilidade ao mandatário e, consequentemente, uma maior proteção ao mandante (futuro curatelado). Ele também é consensual, pode ser remunerado ou não, de execução futura, aleatório (quando a execução do contrato depender de evento futuro e incerto) e *intuito personae* (baseado na confiança depositada no mandatário).

É importante ressaltar que, no momento da elaboração do mandato pelo qual o mandante outorga poderes ao mandatário, aquele deverá exercer sua autonomia

---

23. O mandato duradouro difere do mandato permanente. Aquele não trata de questões patrimoniais, já o mandato permanente pode tratar, além das questões patrimoniais, das questões existenciais.

de forma clara, livre, consciente e sem coação ou interferência externa, sendo a sua manifestação a de uma vontade pessoal. A materialização da autonomia pressupõe requisitos de validade, quais sejam, informação, discernimento e ausência de condicionadores externos.[24]

Assim, o exercício da autonomia com eficácia futura se faz pelo poder que a pessoa tem para dispor de questões patrimoniais e existenciais que serão realizadas no futuro de acordo com os seus interesses e entendimento de vida. A autonomia e o poder de autodeterminação na escolha do apoiador que existem na Tomada de Decisão Apoiada prevista no Código Civil devem ser estendidos por meio do instituto do mandato permanente. Nesse caso, a pessoa precavida, com discernimento, antes de ser acometida por uma ausência de manifestação de vontade já determina, por um documento, quem e como gostaria que fosse gerenciado o seu patrimônio, para que, no futuro, caso venha a ser submetida a um processo de curatela, já tenha preestabelecida a forma e o curador que gerenciará os seus bens, bem como a maneira que quer implementar seus cuidados pessoais e com a sua saúde.

No caso de uma deficiência intelectual, por exemplo, essas pessoas, pelo exercício de uma vontade preestabelecida, podem ter o controle patrimonial dos seus bens e rendimentos, mesmo não estando diretamente na gestão deles no momento, mas, de certa forma, estarão exercendo sua autonomia por meio da nomeação e gestão de uma pessoa de sua confiança. Já no aspecto existencial, poderá ser nomeado um mandatário para os cuidados com a sua saúde.

Percebemos uma tendência no ordenamento jurídico brasileiro de conceder maior importância à vontade do indivíduo, que, sendo cuidadoso e precavido, dispõe de seus interesses patrimoniais e existenciais para o caso de futura incapacidade. Essa intenção é válida e positiva, uma vez que privilegia e respeita a vontade da pessoa no momento em que ela não pode gerenciar a sua vida por si só. No entanto, a vontade não será totalmente cumprida se não estiver em sintonia com o benefício do curatelado.

Faz-se necessária uma utilização do instituto do mandato permanente no ordenamento jurídico brasileiro, posto que somente o próprio indivíduo sabe o que é melhor para ele nos anseios pessoais e patrimoniais. Desta forma, as pretensões da pessoa devem ser respeitadas, mesmo após a decretação da sua curatela.

Diante do exposto, verifica-se uma adaptação do instituto do mandato permanente no ordenamento jurídico brasileiro, sendo que o obstáculo encontrado

---

24. SÁ, Maria de Fátima Freire de; PONTES, Maíla Mello Campolina. *Da ficção para a realidade*: em busca da capacidade dos incapazes. Rio de Janeiro: Lumen Juris, 2010.

no inciso II, do art. 682,[25] do Código Civil, não merece oposição legal, uma vez que não privilegia a autonomia privada do sujeito e acaba por desconfigurar a função promocional do mandato permanente.

O mandato permanente é mais um instrumento para as questões patrimoniais e existenciais como forma de autorregulamentação futura, estabelecendo, assim, mecanismos de proteção preventiva.

4. ANTEPROJETO DE REFORMA DO CÓDIGO CIVIL

O anteprojeto de reforma do Código Civil faz expressa menção às "diretivas antecipadas de vontade" (DAV), à "vontade antecipada de curatela" e à "diretiva antecipada de curatela", contudo, com uma nova terminologia a "autocuratela" está sendo tratada no anteprojeto, senão, vejamos:

> Livro I – Parte Geral
>
> Art. 15. Ninguém pode ser constrangido a submeter-se a tratamento médico ou a intervenção cirúrgica.
>
> § 1° É assegurada à pessoa natural a elaboração de diretivas antecipadas de vontade, indicando o tratamento que deseje ou não realizar, em momento futuro de incapacidade.
>
> § 2° Também é assegurada a indicação de representante para a tomada de decisões a respeito de sua saúde, desde que formalizada em prontuário médico, instrumento público ou particular, datados e assinados, com eficácia de cinco anos.
>
> § 3° A recusa válida a tratamento específico não exime o profissional de saúde da responsabilidade de continuar a prestar a melhor assistência possível ao paciente, nas condições em que ele se encontre ao exercer o direito de recusa.
>
> Livro IV - Direito de Família
>
> Art. 1.778-A. A vontade antecipada de curatela deverá ser formalizada por escritura pública ou por instrumento particular autêntico.
>
> "Art. 1.778-B. O juiz deverá conferir prioridade à diretiva antecipada de curatela relativamente:
>
> I – a quem deva ser nomeado como curador;
>
> II – ao modo como deva ocorrer a gestão patrimonial e pessoal pelo curador;
>
> III – a cláusulas de remuneração, de disposição gratuita de bens ou de outra natureza.
>
> Parágrafo único. Não será observada a vontade antecipada do curatelado quando houver elementos concretos que, de modo inequívoco, indiquem a desatualização da vontade antecipada, inclusive considerando fatos supervenientes que demonstrem a quebra da relação de confiança do curatelado com a pessoa por ele indicada".

O art. 15 se refere, de fato, às DAV, ou seja, documentos de manifestação prévia do "paciente", que surtirão efeitos quando e se, esse ficar doente e impossibilitado

---

25. Código Civil. *Art. 682*. Cessa o mandato:
    II – pela morte ou interdição de uma das partes

de expressar sua vontade. Logo, os documentos das DAV são manifestação de autonomia prospectiva de cuidados, tratamentos e procedimentos de saúde, ou seja, tratam de questões essencialmente existenciais.

Os art. 1.778-A e art. 1.788-B nomeou a autocuratela de, respectivamente, "vontade antecipada de curatela" e "diretiva antecipada de curatela", possibilitando que a pessoa capaz e com discernimento, mediante um documento apropriado, deixe preestabelecidas as suas questões patrimoniais e/ou existenciais, para serem implementadas em uma eventual incapacidade.

CONSIDERAÇÕES FINAIS

Com o aumento da expectativa de vida do brasileiro, surge a preocupação com a qualidade de vida, inclusive em função da possibilidade de uma ausência de discernimento superveniente.

Nessas hipóteses, a autocuratela surge como um negócio jurídico atípico, realizado através de um documento preventivo, no qual a própria pessoa, no pleno gozo de suas faculdades mentais, pode planejar antecipadamente a sua futura curatela ao dispor sobre questões patrimoniais e/ou existenciais para serem implementadas em uma eventual situação de ausência de discernimento, desde que não violem o ordenamento jurídico.

Em relação à autocuratela, as questões existenciais e patrimoniais da pessoa impossibilitada de manifestar sua vontade devem ser avaliadas pelo viés da sua autodeterminação, ou seja, o indivíduo escolhe antecipadamente antes de uma eventual ausência de discernimento a forma e quem será seu representante, ou curador, ou mandatário, no caso de uma incapacidade superveniente.

Essas manifestações terão caráter protetor. Nelas, a escolha de um indivíduo antes da ausência de discernimento é manifestada como forma preventiva na administração dos bens e nos cuidados com a saúde. Assim, a autocuratela será apresentada como um negócio jurídico atípico, sendo analisados de forma análoga o testamento e a doação de órgãos, que produzem seus efeitos *post mortem*. Essa analogia se justificaria porque a autocuratela também possui eficácia futura, mas com a ausência de discernimento do indivíduo.

É através da autodeterminação dos indivíduos que se dá a possibilidade de administração dos interesses patrimoniais e existenciais, orientada sobre as suas escolhas de vida para serem projetadas no futuro. Dessa forma, é por meio da promoção da autonomia privada e pelos princípios constitucionais que se pretende modular o instituto da autocuratela, considerando que o direito tem mudado a sua perspectiva, privilegiando a autonomia do sujeito, na busca da efetividade das escolhas que ele deve fazer para a sua vida.

O enfoque é sempre buscar o melhor para o curatelado de acordo com as suas escolhas pessoais, que no momento da eficácia do instrumento protetivo ele não teria discernimento para manifestar. Os instrumentos de autocuratela surgem justamente para isso, para que a pessoa expresse a sua vontade válida para o momento em que não consiga manifestá-la.

Atualmente, o instrumento mais prático e usual de autocuratela seria uma declaração, que pode ser realizada por documento público ou particular. Normalmente, os cartórios de nota lavram escrituras públicas declaratórias nesse sentido, já determinando de forma fracionada ou compartilhada a nomeação de futuros curadores. Todavia, tais escrituras são declarações unilaterais de vontade e, portanto, diferem do mandato permanente, que, sendo contrato bilateral, geram obrigações recíprocas.

A curatela deve ser revestida de afeto, respeito e empenho, para que o objetivo de promover a felicidade do curatelado possa ser alcançado com sucesso em todos os seus aspectos. A autocuratela se mostra uma forma de valorização da autonomia do sujeito na escolha antecipada do seu curador, procurador, mandatário ou administrador, que, independentemente da forma do instrumento, será a pessoa de sua confiança, podendo inclusive ser mais de uma. Essa pessoa ou essas pessoas serão responsáveis pelos cuidados relativos às questões patrimoniais e existenciais quando o curatelado não puder mais fazer por si mesmo.

REFERÊNCIAS

BORGES, Roxana Cardoso Brasileiro. *Direitos de personalidade e autonomia privada*. 2. ed. São Paulo: Saraiva, 2007.

COELHO, Thais Câmara Maia Fernandes. *Autocuratela*. Rio de Janeiro: Lumen Juris, 2016.

COELHO, Thais Câmara Maia Fernandes. Autocuratela: mandato permanente relativo a questões patrimoniais para o caso de incapacidade superveniente. *Revista Brasileira de Direito das Famílias e Sucessões* – RBDFamSuc, n. 24, Porto Alegre: Magister/IBDFAM, out./nov. 2011.

DADALTO, Luciana. *Proposições para conformação do anteprojeto do Código Civil com a realidade dos documentos de diretivas antecipadas*. Agosto 2024. Disponível em: https://www.migalhas.com.br/coluna/migalhas-das-civilistas/412528/conformacao-do-anteprojeto-do-cc-com-documentos-de-diretivas. Acesso em: 21 fev. 2025.

DADALTO, Luciana. *Testamento vital. Testamento vital*. 6. ed. São Paulo: Foco, 2022.

FACHIN, Luiz Edson. *Direito de família*: elementos críticos à luz do Novo Código Civil Brasileiro. 2. ed. Rio de Janeiro: Renovar, 2003.

GAGLIANO, Pablo Stolze; PAMPLONA FILHO, Rodolfo. *Novo curso de direito civil*. 8. ed. São Paulo: Saraiva, 2025. v IV: contratos.

GARCÍA-RIPOOL MONTIJANO, Martín. Sinopsis sobre La protección civil de los enfermos mentales en Inglaterra e Alemania. *Revista Electrónica de Geriatria y Gerontologia*, Málaga, v. 4, n. 2, p. 2-14, 2002. Disponível em: http://www.geriatrianet.com. Acesso em: 22 ago. 2011.

GONÇALVES, Carlos Roberto. *Direito civil*, 1: esquematizado: parte geral: obrigações e contratos. 15. ed. São Paulo: Saraiva, 2025.

LENÃ FERNÁNDEZ, Rafael. El tráfico negocial y el discapacitado. In: MARTINEZ DÍE, Rafael (Coord.). *La protección jurídica de discapacitados, incapaces y personas en situaciones especiales*. Cosejo General Del Notariado, Seminario organizado bajo la Presidencia de Honor de S.M. La Reina de España por el Cosejo General Del Notariado en la UIMP. Madrid: Civitas Ediciones, 2000.

MARTÍNEZ GARCÍA, Manuel Ángel. Apoderamientos preventivos y autotutela. In: MARTINEZ DÍE, Rafael (Coord.). *La protección jurídica de discapacitados, incapaces y personas en situaciones especiales*. Cosejo General Del Notariado, Seminario organizado bajo la Presidencia de Honor de S.M. La Reina de España por el Cosejo General Del Notariado en la UIMP. Madrid: Civitas Ediciones, 2000.

MELLO, Marcos Bernardes de. *Teoria do fato jurídico*: plano da existência. 23. ed. São Paulo: Saraiva, 2022.

OLIVEIRA, Carlos Eduardo Elias de. *Curatela de Pessoas Vulneráveis e as Diretivas de Curatela*: fragilidades legais e sugestões de aprimoramento à luz do princípio da vontade presumível. Brasília: Núcleo de Estudos e Pesquisas/CONLEG/Senado, Abril 2023 (Texto para Discussão n. 316). Disponível em: www.senado,leg.br/estudos. Acesso em: 21 fev. 2025.

ROSENVALD, Nelson. A necessária revisão da teoria das incapacidades. In: BTAGA NETTO, Felipe Peixoto; SILVA, Michael Cesar (Org.). *Direito Privado e contemporaneidade*: desafios e perspectivas do direito privado no século XXI. Belo Horizonte: Editora D'Placido, 2014.

SÁ, Maria de Fátima Freire de; PONTES, Maíla Mello Campolina. Da ficção para a realidade: em busca da capacidade dos incapazes. In: LIMA, Taísa Maria Macena de; SÁ, Maria de Fátima Freire de; MOUREIRA, Diogo Luna. *Direitos e fundamentos entre a vida e a arte*. Rio de Janeiro: Lumen Juris, 2010.

SERRANO GARCÍA, Ignácio. *Protección patrimonial de las personas com discapacidad*: tratamiento sistemático de la ley 41/2003. Madrid: Iustel, 2008.

SOUZA, Iara Antunes de. *Estatuto da pessoa com deficiência*: curatela e saúde mental. Conforme a Lei 13.146/2015 – Estatuto da pessoa com deficiência – Novo Código de Processo Civil. Belo Horizonte: Editora D'Plácido, 2016.

TEIXEIRA, Ana Carolina Brochado. Deficiência psíquica e curatela: reflexões sob o viés da autonomia privada. *Revista Brasileira de Direito das Famílias e Sucessões*, Porto Alegre, n. 7, p. 64-79, jan. 2009.

TEIXEIRA, Ana Carolina Brochado. *Saúde, corpo e autonomia privada*. Rio de Janeiro: Renovar, 2010.

TEIXEIRA, Ana Carolina Brochado; RETTORE, Anna Cristina de Carvalho; SILVA, Beatriz de Almeida Borges e. Reflexões sobre a autocuratela na perspectiva dos planos do negócio jurídico. In: MENEZES, Joyceane Bezerra de (Org.). *Direitos das pessoas com deficiência psíquica e intelectual nas relações privadas*: Convenção sobre os Direitos da Pessoa com Deficiência e Lei Brasileira de Inclusão. Rio de Janeiro: Editora Processo, 2016.

TEIXEIRA, Ana Carolina Brochado; RIBEIRO, Gustavo Pereira Leite. Procurador para cuidados de saúde do idoso. In: PEREIRA, Tânia da Silva; OLIVEIRA, Guilherme de. *Cuidado & vulnerabilidade*. São Paulo: Atlas, 2009.

TEIXEIRA, Ana Carolina Brochado; RODRIGUES, Renata de Lima. *O direito das famílias entre norma e a realidade*. São Paulo: Atlas, 2010.

TEIXEIRA, Ana Carolina Brochado; SÁ, Maria de Fátima Freire de. Envelhecendo com autonomia. In: FIUZA, César; SÁ, Maria de Fátima Freire; NAVES, Bruno Torquato de Oliveira. *Direito civil*: atualidades II. Belo Horizonte: Del Rey, 2007.

VÍTOR, Paula Távora. *A administração do patrimônio das pessoas com capacidade diminuída*. Coimbra: Ed. Coimbra, 2008.

NOVOS DIREITOS DAS PESSOAS COM NANISMO: UMA BUSCA POR RECONHECIMENTO COMO FORMA DE SUPERAR O SOFRIMENTO DE INDETERMINAÇÃO

Núbia Leoni de Freitas Nogueira

Mestre em Direito Privado. Especialista em Direito Público. Advogada. Professora. Palestrante.

Sumário: Introdução – 1. Nanismo: manifestação de uma identidade horizontal – 2. Por que os pais rejeitam os filhos que nascem "longe da árvore"? – 3. Autoridade parental: instrumento de promoção dos direitos fundamentais dos filhos – 4. O reconhecimento como forma de superação do sofrimento de indeterminação – Conclusão – Referências.

INTRODUÇÃO

Algumas crianças e adolescentes aceitam com facilidade suas diferenças. Para outros, no entanto, a diferença é quase insuportável. De igual forma, alguns pais conseguem assentir à ideia de que o filho é diferente, e outros não. Ademais, a atitude dos pais frequentemente molda a mentalidade dos filhos.

Os anões carregam com eles uma bagagem histórica e cultural que desperta grande curiosidade e enfatiza a diferença. É raro deparar-se com um anão no dia a dia. Talvez, por isso, sejam lembrados apenas como aqueles dos contos de fadas ou dos enfeites de jardins ou dos espetáculos de circo. A imagem deles é pouco comum, de forma que o olhar de curiosidade ou de espanto é quase incontrolável quando se encontra com um anão.

Mais de duzentos problemas genéticos levam a uma estatura excepcionalmente baixa, sendo o alongamento de ossos uma medida dolorosa e demorada capaz de aumentar a estrutura em apenas trinta e cinco centímetros.

Tanto os anões, quanto a sociedade, quanto o Poder Público terão que se adequar para conviver com essa condição de baixa estatura. Não se está a se referir apenas a questões de acessibilidade, mas, principalmente, de inclusão e de proteção daqueles que podem ser considerados vulneráveis frente a relações/situações jurídicas em razão dessa diferença.

Mas, como a sociedade vai atentar para essa questão quando os próprios pais, muitas vezes, não suportam essa diferença?

Relatos de pais de anões evidenciam que, ao descobrirem que teriam um filho com nanismo, foram tomados por um sentimento de rejeição, tristeza e negação. É difícil amar o que é diferente por razões que conscientemente se desconhecem.

Ainda durante a gestação, os pais projetam um modelo ideal de filho que, quase sempre, se assemelha àquilo que são. Os pais querem dar continuidade à própria existência na pessoa dos filhos, de acordo com padrões previamente estabelecidos. Por isso, a descoberta da chegada de um filho diferente do modelo ideal gera tanta repulsa, porque precisarão aprender a amar o filho real, com o qual foram surpreendidos.

Eis, pois, o grande desafio: de os filhos diferentes se situarem no mundo dos pais e se sentirem parte dele; dos pais de se imiscuírem no mundo dos filhos diferentes e de incluí-los no seu mundo, sem tentar homogeneizá-los.

Diante da constatação de ser tênue a linha divisória entre os atos legítimos de autoridade parental, no intuito de preservação do melhor interesse do filho e da promoção de sua autonomia, e aqueles que, ainda que inconscientemente, destinam-se a aniquilar as diferenças, este artigo buscou investigar: (i) o limite da atuação dos pais frente às identidades horizontais dos filhos; (ii) se a criança ou o adolescente com nanismo possui autonomia para decidir a respeito da realização de cirurgia de alongamento ósseo; (iii) se o melhor interesse da criança ou do adolescente com nanismo pode funcionar como antídoto à tentativa dos genitores de, sob o manto da autoridade parental, homogeneizá-los.

Nesse sentido, este ensaio aborda os limites da autoridade parental, cujo recorte foi a relação entre pais e filhos que apresentam como identidade horizontal o nanismo.

Este estudo é importante para perquirir a respeito da necessidade de salvaguarda de crianças e adolescentes naquilo que são diferentes de seus pais, a partir do exercício de uma autoridade parental que assegure a efetivação de direitos fundamentais ao se atentar para o melhor interesse da criança e do adolescente.

De igual forma, é importante por investigar se essa proteção assegura a crianças e adolescentes a construção de sua pessoalidade, ao permitir o exercício da autonomia, respeitada sua maturidade, a ser analisada no caso concreto, diminuindo-se a proteção quando se verificar a mitigação da vulnerabilidade.

O estudo tem como objetivo geral tratar, de forma mais adequada, crianças e adolescentes, sujeitos em formação, e respeitá-los em suas diferenças, como parte do preparo para o exercício do livre desenvolvimento de sua personalidade, fazendo com que se transformem em protagonistas de seu próprio destino, por meio do reconhecimento do discernimento – a ser aferido casuisticamente – como elemento essencial para o exercício da autonomia.

1. NANISMO: MANIFESTAÇÃO DE UMA IDENTIDADE HORIZONTAL

O nanismo é uma doença genética que provoca um crescimento esquelético anormal, resultando, dessa maneira, um indivíduo de estatura menor do que a média normal da população, cuja altura no seu estado adulto chega a ser no máximo 1,45 cm para os homens e 1,40 cm para as mulheres (Mustacchi; Perez, 2000).[1] Caracteriza-se, o nanismo, portanto, como uma deficiência no crescimento, que pode afetar homens e mulheres indistintamente.

Segundo Luiz Henrique Milaré de Carvalho (2018),[2] as pessoas com nanismo eram motivo de muita chacota e zombaria, tendo povoado mentes, ao longo da história, ora como ingênuos ajudantes e companheiros em fábulas infantis, ora como verdadeiros indivíduos horripilantes, envoltos em imaginário de maldade e crueldade.

Denota-se, portanto, que o desrespeito às condições mínimas de dignidade dos indivíduos com nanismo data de longo tempo, impondo vidas limitadas, fruto de preconceito, estigma e exploração da figura criada do anão. A esse respeito, ao tratar sobre identidades horizontais, escreveu Solomon (2013):[3]

> Ser percebido em sua própria essência como cômico é um fardo significativo. Quando eu descrevia as outras categorias incluídas nesse livro, meus ouvintes eram silenciados pela seriedade do empreendimento; ao mencionar os anões, os amigos caíam na gargalhada. Eu descrevia, por exemplo, o momento de uma convenção em que um anão torpe fez uma ameaça de bomba às oito da manhã, de tal modo que todos os hóspedes do hotel, a maioria se recuperando de uma noite de festança, tiveram que evacuar o prédio. As pessoas acharam hilária a simples ideia de cerca de quinhentos anões sonolentos, muitos deles de ressaca, reunidos no pátio do hotel. Isso teve alguma ressonância para mim; e sei que, há muito tempo, as pessoas poderiam ter achado igualmente hilariante a ideia de quinhentos homossexuais sonolentos. Mas a homossexualidade pode ser escondida, e estar entre pessoas homossexuais não é uma piada visual. Transeuntes que talvez desviem os olhos discretamente de usuários de cadeiras de rodas olham para anões. Uma mulher normal que se casa com um cego inspira admiração; uma mulher de estatura comum que se casa com um anão inspira a suspeita de que tem um fetiche. Anões ainda aparecem em shows de aberrações, em competições de arremesso de anão e na pornografia, onde (sic) todo um subgênero que apresenta anões

---

1. MUSTACCHI, Zan; PERES, Sérgio. *Genética baseada em evidências* – síndromes e heranças. São Paulo: CID, 2000.
2. CARVALHO, Luiz Henrique Milaré de. A proteção da dignidade humana das pessoas com nanismo: a empatia como superação de adversidades. *Revista São Luís Orione*. Araguaína: v. 2, n. 13, p. 27-38, 2018.
3. SOLOMON, Andrew. *Longe da Árvore*: pais, filhos e a busca da identidade. São Paulo: Companhia das Letras, 2013.

explora um voyeurismo coisificador. Isso dá provas de uma insensibilidade que vai além da exibida em relação a quase qualquer outro grupo deficiente (Solomon, 2013, p. 146).

Os anões fazem parte do grupo de frutos que cai longe da árvore – dos filhos que apresentam uma identidade horizontal, que os torna diferentes de seus pais.

A identidade da criança e do adolescente pode ser constituída não apenas por crenças, características genéticas, genótipos transmitidos pelos pais, mas, também, por um arcabouço de características e valores que lhes são particulares, ainda que contrários aos interesses ou escolhas dos genitores.

Segundo Raul Cleber da Silva Choeri (2010),[4] a identidade se relaciona ao *status personae*, sendo esta a primeira e fundamental expressão desse estado, configurando o valor primário e a unidade de direitos e deveres fundamentais da pessoa. Enfatiza o autor que o *status personae* exprime um ser: ele representa a pessoa.

A identidade pessoal é um direito fundamental, por ser manifestação da dignidade da pessoa humana, do livre desenvolvimento da personalidade e da autonomia existencial.

Segundo Andrew Solomon (2013), a identidade pode ser analisada sobre dois vieses diferentes: a identidade vertical e a identidade horizontal.

O autor define identidade vertical como o conjunto de atributos e valores que são transmitidos dos pais aos filhos por meio das gerações. Esses atributos não são restritos às cadeias de DNA, englobando, também, em seu espectro padrões culturais e normas compartilhadas.

Além disso, Solomon esclarece, igualmente, que a identidade também pode ser construída de forma horizontal, sendo essa integrada por características inatas ou adquiridas, que são estranhas aos pais e, muitas vezes, contrárias aos seus ideais e interesses. Essa identidade pode ainda ser reforçada e sedimentada por meio da convivência com um grupo de iguais:

> As identidades horizontais podem refletir genes recessivos, mutações aleatórias, influências pré-natais ou valores e preferências que uma criança não compartilha com seus progenitores. Ser gay é uma identidade horizontal; a maioria das crianças gays tem pais heterossexuais e, embora sua sexualidade não seja determinada por seus iguais, elas aprendem a identidade gay observando e participando de uma subcultura fora da família. A deficiência física tende a ser horizontal, bem como a genialidade. A psicopatia é também muitas vezes horizontal; a maioria dos criminosos não é criada por mafiosos e deve inventar sua própria insídia. O mesmo acontece com problemas como o autismo e a deficiência intelectual. Uma criança

---

4. CHOERI, Raul Cleber da Silva. *O direito à identidade na perspectiva civil-constitucional*. Rio de Janeiro, Renovar, 2010.

concebida por estupro nasce com desafios emocionais que a própria mãe desconhece, ainda que advenham de seu trauma (Solomon, 2013, p. 12-13).

Logo, determinadas características físicas e outras relativas à forma de interação no ambiente social podem não ser determinadas pelos progenitores. Crianças e adolescentes as possuirão em decorrência de uma variação genética ou aprenderão sobre elas por meio da observação de seus iguais e da convivência com eles, participando de uma cultura construída fora das margens do ambiente e da estrutura familiar.

Certo é que os filhos não são os pais – seja em razão de genes atávicos, traços recessivos, seja em decorrência de estímulos ambientais diversos – e estão em constante processo de metamorfose, construção de sua personalidade, composição física, psíquica e emocional.

As naturais diferenças entre pais e filhos são, muitas vezes, absorvidas pelos genitores com preconceito, como se representassem afronta, desrespeito e inadequação aos seus ensinamentos e à "normalidade" por eles esperada.

As identidades verticais são reforçadas e continuamente estimuladas pelos pais, enquanto as identidades horizontais são reprimidas, tratadas como defeitos e não como um componente da personalidade merecedor de respeito e tutela, em um constante movimento tendente à homogeneização da prole.

Ao se tratar de identidades horizontais, não é incomum atos de pais que tentam transformar seus filhos gays em heterossexuais, bem como normalizar características consideradas como doença ou defeito, gerando nas crianças e adolescentes consequências emocionais e psicológicas danosas, simplesmente desconsideradas em todo esse processo depreciativo em busca da dita homogeneização.

Uma possível explicação para a situação acima retratada é que, ainda que inconscientemente, muitas vezes gostaríamos de nos ver vivendo para sempre e não alguém com uma personalidade própria (Solomon, 2013). Afinal, é mais difícil alcançar o fruto que cai longe da árvore.

As pessoas com nanismo, além de enfrentarem preconceito ligado à estatura, não encontram uma sociedade inclusiva e, dada a dificuldade de acessibilidade, necessitam de apoio para a realização de tarefas simples e rotineiras, uma vez que os ambientes são preparados para receber pessoas mais altas.

Para anões, a função segue a forma. A forma de seus corpos determina suas capacidades físicas. Eles execram duas coisas: como são vistos pelas outras pessoas e como o mundo não está configurado para pessoas de suas dimensões (Solomon, 2013).

2. POR QUE OS PAIS REJEITAM OS FILHOS QUE NASCEM "LONGE DA ÁRVORE"?

Retomando a questão atinente à identidade horizontal, com o auxílio da Psicanálise, aponta-se possíveis respostas à rejeição dos pais aos filhos que "nascem longe da árvore".

Ainda no processo de preparação para a chegada do bebê, é comum os pais desejarem e idealizarem um filho. Após o nascimento, os pais estabelecem um projeto com e pelo filho, ao qual a perfeição é atribuída de forma supervalorizada.

Quando, no entanto, o filho é diferente do objeto de desejo dos genitores, ainda que inconscientemente, há uma rejeição decorrente da dificuldade de aceitação do filho real, porque isso implica a morte do filho ideal.

Nesse ponto, importa dizer que a máxima "o fruto não cai longe da árvore" – o que significa que um filho sempre se assemelha a seus pais – não é verdadeira. Há filhos que caem em outros lugares, às vezes em pomares distantes e não são o que os pais originalmente tinham em mente (Solomon, 2013).

Da ótica da Psicanálise, é possível compreender a rejeição dos pais à identidade horizontal do filho, notadamente a partir da concepção freudiana de narcisismo.

Freud explica, no artigo de 1914, denominado "Sobre o Narcisismo: Uma Introdução", que o narcisismo é uma fase intermediária entre o autoerotismo e a escolha objetal, necessária à constituição do Eu. Segundo o autor, há um investimento da libido sobre o Eu, a qual será posteriormente deslocada em direção aos objetos. Em outro momento, essa libido é retirada dos objetos e redirecionada ao Eu, dando origem ao comportamento nomeado por Freud de narcisismo (Marcos, 2016).[5]

Segundo Cristina Moreira Marcos (2016), a evidência da existência de um narcisismo primário no ser humano pode manifestar-se de modo dominante em suas escolhas de objeto. O narcisista ama o que é, o que foi, o que gostaria de ser ou a pessoa que fez parte de si. Além disso, essa autoestima do Eu denota um mecanismo mental de defesa contra ideias que sejam incompatíveis com o Eu – recalque. O narciso constrói em si um ideal e "acha feio o que não é espelho".

Ao buscar a compreensão das razões que levam à dificuldade dos pais em aceitar as identidades horizontais dos filhos, pode-se concluir que se trata da revivescência de seu próprio narcisismo.

Deveras, a atitude afetuosa dos pais para com os filhos é uma revivescência e reprodução do próprio narcisismo que há muito abandonaram. Os pais atri-

---

5. MARCOS, Cristina Moreira. A introdução do narcisismo na metapsicologia e suas consequências clínicas. *Analytica Revista de Psicanálise*. São João Del Rei: v. 5, n. 8, p. 6-30, jan./jun. 2016.

buem ao filho todas as perfeições possíveis e ocultam ou esquecem todas as suas deficiências, salientando que a doença, a morte, a renúncia ao prazer e quaisquer restrições à sua própria vontade não o atingirão. Todas as leis da natureza e da sociedade serão ab-rogadas a favor dos filhos. O filho concretizará os sonhos dourados que os pais jamais realizaram. O filho passa a funcionar tal qual um espelho que reflete e restitui para os pais o próprio narcisismo primário deles, que há muito fora perdido. O objeto de amor narcísico nada mais é do que um espelho, que reflete a imagem daquele que não é capaz de amar senão a si mesmo, ou o outro enquanto duplo de si mesmo (Goés, 2006).[6]

Analisando o comportamento narcisista sob a ótica do relacionamento entre pais e filhos, notadamente no que diz respeito à identidade horizontal, percebe-se a tendência daqueles de não aceitarem as proles como verdadeiramente são, em razão do prazer ou desprazer que elas e suas características podem lhes proporcionar. Tudo o que diz respeito aos filhos, à sua identidade, aos seus desejos singulares e às diferenças é rejeitado.

O pai e a mãe têm dificuldade de encontrar, na identidade horizontal da criança/adolescente, vestígios ou marcas que se ajustem às representações do que eles desejaram que o filho fosse, de acordo com os seus ideais. A ruptura narcisística que se opera nos pais faz com que eles tropecem em sérias dificuldades para encontrar, nessa criança/adolescente, traços que se ajustem ao ideal que haviam previamente estabelecido. Os pais não conseguem se (re)conhecer nesse estranho, que chegou com uma "falha", não sendo possível cumprir o destino que, no desejo dos pais, lhe foi traçado. Trata-se de um encontro inesperado (Goés, 2006).

Observa-se, desse modo, um grande drama dos pais em aceitarem que seus filhos não são iguais a eles, que não fazem parte deles. No caso de indivíduos com nanismo, infelizmente, a percepção não é diferente. A descoberta dos pais a respeito da chegada de um filho com nanismo costuma despertar olhares de reprovação, indiferença, desprezo e ironia, tornando extremamente penosa a identidade do filho como ser humano.

Nota-se, dessa forma, a dificuldade de aceitação do filho, que cresce com tal rótulo, identificando questões delicadas de inserção na sociedade, na família e na sua própria formação de identidade como ser humano. Por certo que esse aspecto não pode ser generalizado, mas reflete uma parcela significativa que ignora as dificuldades e segregações suportadas pelas pessoas com nanismo.

O certo é que os filhos, por mais diferentes que sejam, relativamente às expectativas e anseios dos pais, não podem ser reduzidos a meros objetos, alvos de

---

6. GOÉS, Fernando Antônio de Barros. Um encontro inesperado: os pais e seu filho com deficiência mental. *Revista Psicologia, Ciência e Profissão*, v. 26, n. 3, p. 450-461, 2006.

intervenções várias que visam a aniquilar sua individualidade e, por vezes, sua autonomia.

3. AUTORIDADE PARENTAL: INSTRUMENTO DE PROMOÇÃO DOS DIREITOS FUNDAMENTAIS DOS FILHOS

Pode-se definir autoridade parental, no Direito moderno, como o instituto jurídico que

> atribui a ambos os pais a titularidade, o exercício e o dever de gerenciar a educação dos filhos, de modo a moldar-lhes a personalidade, a proporcionar-lhes um crescimento com liberdade e responsabilidade, sem falar no dever de zelo do seu patrimônio. Entretanto, o aspecto existencial se sobrepõe ao patrimonial, como já se explicou (Teixeira, 2005, p. 111).[7]

Portanto, cumpre dizer que a autoridade parental será exercida, sempre, em prol do melhor interesse dos filhos. Logo, é um ato vinculado, que deve ser desenvolvido de forma dialética e dialógica, pautado no respeito e na compreensão mútua, como será aprofundado no capítulo seguinte.

A preponderância dos interesses dos filhos sobre os direitos dos pais fez com que a autoridade parental assumisse uma nova feição: tornou-se instrumento de promoção dos direitos fundamentais dos filhos.

Por direitos fundamentais deve-se compreender os que asseguram uma convivência digna, livre e igual de todas as pessoas humanas; sem os quais a pessoa humana não se realiza, não convive e, às vezes, nem mesmo sobrevive; que a toda pessoa humana deve ser não apenas formalmente reconhecidos, mas concreta e materialmente efetivados (Silva, 1999).[8]

Reconhece-se, nesse contexto, que o *múnus,* historicamente conferido aos pais como um poder de vida e de morte, se funcionalizou para a promoção da personalidade dos filhos, de modo que eventual interferência parental na esfera privada do infante há de ser motivada pelo dever de cuidado e de promoção de sua segurança e sua personalidade (Moraes, 2018).[9]

O diálogo, o respeito à individualidade e a conquista gradativa de liberdade e responsabilidade permitem que os filhos participem da construção de sua

---

7. TEIXEIRA, Ana Carolina Brochado. Autoridade Parental. In: TEIXEIRA, Ana Carolina Brochado; RIBEIRO, Gustavo Pereira Leite. *Manual de Direito das Famílias e Sucessões.* Belo Horizonte: Del Rey, 2008.
8. SILVA, José Afonso da. *Curso de Direito Constitucional Positivo.* 17. ed. São Paulo: Malheiros Editores, 1999.
9. MORAES, Maria Celina Bodin de. Instrumentos para a proteção dos filhos frente aos próprios pais. *Revista Eletrônica Civilística.com,* Rio de Janeiro, a. 7, n. 3, 2018. Disponível em: http://civilistica.com/wp-content/uploads/2019/01/Bodin-de-Moraes-civilistica.com a.7.n.3.2018.pdf. Acesso em: 05 mar. 2020.

biografia, à medida que vão adquirindo discernimento sobre ela. Por isso é que se afirma que a autoridade parental é uma função atribuída pelo Estado, aos pais, de conduzir os filhos à percepção de si mesmos e do outro e, dentro dessa alteridade, construir-se como pessoa autônoma, capaz de exercer sua liberdade com responsabilidade.[10]

Assim, a autoridade parental deve ser exercida em conformidade com a atual realidade social, em que a identidade das crianças e adolescentes, composta por suas características próprias, por seus valores e escolhas pessoais, deve ser respeitada.

Respeitar a dignidade da criança e do adolescente, o que requer a aceitação não somente de sua identidade vertical, mas, também, horizontal, permitirá que eles desenvolvam suas potencialidades, segundo seus talentos e inclinações.

É necessário providenciar condições mínimas de existência para que todos aqueles que queiram possam desenvolver suas potencialidades. Falar em dignidade humana é falar em mínimo existencial: promoção de condições que permitam o acesso aos meios que dão lugar ao desenvolvimento. Digno é tudo aquilo que dá oportunidade à realização ontológica do homem (Bruscato, 2016).[11]

É certo que a autonomia, individualidade e identidade dos filhos merecerem a devida tutela, o que será efetivado por meio da observação de seus interesses próprios.

O princípio do melhor interesse seria uma garantia de efetivação dos direitos fundamentais a eles conferidos diante do caso concreto (Meira, 2010).[12]

É impossível, *a priori*, estabelecer uma noção precisa, porque o melhor interesse é algo vago, fluido, um conceito jurídico indeterminado, que possui um componente axiológico, dando azo a interpretações subjetivas. Somente diante de um caso concreto poderá ser delimitado qual o melhor interesse da criança ou do adolescente, de acordo com as particularidades da situação.

Com efeito, o princípio do melhor interesse somente adquire eficácia no exame prático do interesse de cada criança ou adolescente dentro de dado contexto.

O melhor interesse também abarca a obrigação de eleger as alternativas que permitam o desenvolvimento moral e intelectual da criança dentro da sociedade.

---

10. "O homem só é feliz à condição de ser livre. Só é livre, quando responsável. E só é responsável se os motivos de sua conduta estão dentro e não fora dele" (VILLELA, 1982, p. 32).
11. BRUSCATO, Wilges. Há espaço para a dignidade humana no Direito Empresarial? Uma contribuição brasileira. In: SÁ, Maria de Fátima Freire; NOGUEIRA, Roberto Henrique Pôrto; SCHETTINI, Beatriz. (Org.). *Novos Direitos Privados*. Belo Horizonte: Arraes, 2016, p. 214-239.
12. MEIRA, Fernanda de Melo. A guarda e a convivência familiar como instrumentos veiculadores dos direitos fundamentais. In: TEIXEIRA, Ana Carolina Brochado; RIBEIRO, Gustavo Pereira Leite. *Manual de Direito das Famílias e Sucessões*. 2. ed. Belo Horizonte: Del Rey, 2010, p. 225-247.

A necessidade de propiciar o desenvolvimento de crianças e adolescentes e o pleno aproveitamento das potencialidades de cada um deles também faz parte do seu melhor interesse (Vieira, 2018).[13]

No livro "Ensaios Sobre a Infância e a Adolescência" (Lima; Sá, 2019),[14] ao longo dos onze capítulos, Taisa Maria Macena de Lima e Maria de Fátima Freire de Sá insuflam que haverá promoção do melhor interesse da criança e do adolescente quando for preservada, dentre outros, sua autonomia progressiva; sua saúde física e psíquica; sua educação; sua profissionalização e trabalho; suas relações familiares e suas relações consumeristas.

No que diz respeito a crianças e adolescentes com nanismo, o debate em torno do alongamento ósseo de membros reclama que a questão seja apreciada à luz do princípio do melhor interesse porque, para melhor eficácia do tratamento, é importante que ele se inicie na idade de aceleração do crescimento, geralmente em torno dos oito ou nove anos. Ademais, o alongamento dos membros é uma intervenção tanto estética quanto funcional, sendo um procedimento longo, complicado, doloroso e com muitos efeitos colaterais.

> A criança é sedada e inserem-se parafusos de metal nos ossos da perna abaixo do joelho, a intervalos de cerca de quatro centímetros, de modo que fiquem salientes para fora da perna. Cada perna é então quebrada em cerca de dez lugares. Uma vez que já não há um osso funcional na parte inferior da perna, fixa-se uma braçadeira larga na sua parte externa, presa aos parafusos salientes. Em cerca de um mês, o osso começa a se curar – com efeito, os fragmentos se aproximam um dos outros. Quando estão quase conectados, a braçadeira é ajustada para separá-los de novo e esticar a perna, mantendo as quebras no osso. Isso é repetido a intervalos regulares por cerca de dois anos, com o osso mantido perpetuamente quebrado, perpetuamente em processo de cura, e os ligamentos, os músculos e os nervos esticados o tempo inteiro. Quando a parte inferior das pernas está curada, o processo é repetido nos antebraços. A cirurgia de alongamento dos ossos significa passar o fim da infância e a maior parte da adolescência com uma dor considerável, a fibra do corpo despedaçada. Significa passar esses anos com enormes braçadeiras metálicas que cobrem o corpo e parafusos de metal que se projetam dos braços e pernas. Mas ela funciona. É possível acrescentar até 35 centímetros de altura numa pessoa, fazendo a diferença entre ter 1,15 metro e 1,50 metro, que pode ser a diferença entre ser visto como uma aberração e ser visto como normal. A cirurgia custa entre 80 mil e 130 mil dólares (Solomon, 2013, p. 195-196).

A discussão que se afigura acalorada é que o procedimento não se justifica, já que as pessoas pequenas podem funcionar na sociedade muito bem sem essa intervenção médica.

---

13. VIEIRA, Marcelo de Mello. *Autonomia privada de crianças e adolescentes nas relações extrapatrimoniais*. 2018. 249f. Tese (Doutorado em Direito) – Pontifícia Universidade Católica de Minas Gerais. Programa de Pós-Graduação em Direito, Belo Horizonte, 2018.
14. LIMA, Taisa Maria Macena de; SÁ, Maria de Fátima Freire. *Ensaios sobre a infância e a adolescência*. 2. ed. Belo Horizonte: Arraes Editores, 2019.

Como aqueles que militam contra os implantes cocleares, os adversários do alongamento fazem objeções à implicação estigmatizante da cirurgia de que a "condição anão" precisa ser corrigida (Solomon, 2013).

Todavia, é inegável que o procedimento pode permitir que pessoas vivam sem a desvantagem da baixa estatura e pode ajudar, também, na autoestima: "olhar para cima o tempo todo é difícil. Não é apenas duro para o pescoço, mas duro para o espírito" (relato de um anão que passou pelo procedimento) (Solomon, 2013, p. 196).

Acredita-se que o alongamento dos ossos, mesmo se tratando de uma intervenção extrema dos pais no corpo dos filhos, seja legítimo, ao pensar na autonomia futura da criança ou do adolescente. A decisão prestigiará o princípio do melhor interesse porque ampliará a capacidade de exercício das liberdades e não liberdades. "Embora possa ser uma benemerência tornar o mundo mais acolhedor para os anões, é mais fácil em qualquer caso dado fazer os anões se adequarem ao mundo" (Solomon, 2013, p. 198).

Ainda que não se considere o nanismo uma deficiência e sim um traço de identidade, é inegável que a cirurgia de alongamento de ossos pode permitir uma melhoria nas condições de vida, na medida em que proporciona outras possibilidades de ser e atuar no mundo. Aos pais incumbirá o dever de, mediante a biografia do filho, analisar se a intervenção será conveniente às particularidades de sua prole.

O melhor interesse da criança e do adolescente funcionará como uma baliza ao exercício da autoridade parental, o qual deverá ser tutelado pelo Estado, notadamente pelas autoridades judiciais, sempre que houver rompimento dos limites por aqueles que exercem o *múnus*.

Em síntese, o dever dos pais de defender os interesses dos filhos não lhes confere o direito de escolher como devem ser esses interesses, com a pretensão de homogeneização, em especial no caso de nanismo, dada a tendência, ainda que inconsciente, de rejeição dessa identidade horizontal.

Deve-se reconhecer uma esfera de autonomia e autogoverno, mediada pela maturidade e pelo discernimento apresentado por cada criança ou adolescente, de forma a considerar suas opções de vida, preconizar a tolerância, o reconhecimento e a promoção em suas peculiaridades e cenários, bem como a tutela da coexistência de diversidades.

Reforçando, o debate em torno do alongamento ósseo de membros de crianças e adolescentes com nanismo e a autonomia dos filhos para decidir a respeito dessa intervenção médica há que ser enfrentado estabelecendo-se o equilíbrio entre a autonomia da criança e do adolescente para tomada de decisão – quando tiverem discernimento para exprimir sua vontade – e sua proteção – quando se encontrarem em situação de vulnerabilidade.

Nesse cenário, acredita-se que a maturidade possa ser um indicativo de mitigação da vulnerabilidade, a ser aferida no caso concreto, a partir da constatação de que a criança ou o adolescente tem discernimento – assim entendido como a possibilidade de compreender, analisar e exprimir vontade. Seria, assim, um caminho para a suplantação da incapacidade do menor de idade, prevista na lei brasileira, e a restituição da autonomia solapada pelo legislador.

4. O RECONHECIMENTO COMO FORMA DE SUPERAÇÃO DO SOFRIMENTO DE INDETERMINAÇÃO

Uma vez que crianças e adolescentes são sujeitos de direitos em formação, é imperioso reconhecer que eles, em maior ou menor grau, a depender da situação concreta, têm autonomia para tomada de decisões.

Nesse sentido, "não há como negar a existência de um direito de participação da criança e do adolescente em processos decisórios, nos assuntos que lhe digam respeito" (Lima; Sá, 2019, p. 20), participação essa que deve ser entendida não apenas no sentido de tomar parte, mas como garantia de um exercício ativo na condução da própria vida.

No contexto do Estado Democrático de Direito – visão do ser humano como pessoa dotada de dignidade –, a autonomia privada assegura ao indivíduo o exercício autônomo de escolha das próprias condutas, no entanto essa opção só pode ser exercida diante do outro e em consideração ao outro.

Ao se promover a dignidade, deve-se pensar no outro, no concidadão, que não pode ser prejudicado, que deve ser, também, promovido nessas relações (Fiuza, Nogueira, 2014).[15]

A autonomia privada, ao mesmo tempo em que assegura à pessoa a autodeterminação para assumir decisões, também a condiciona ao respeito, à dignidade e à liberdade das demais pessoas (Fiuza, 2008).[16]

Em outras palavras, a autonomia a que se faz referência aqui diz respeito à capacidade que tem um indivíduo de forjar, ele mesmo, sua própria normatividade em função daquilo que ele considera que deve orientar sua vida, o que significa, portanto, um processo de construção de consciência. Assim, a autonomia se manifesta na lucidez e se confirma, acima de tudo, nas deliberações que emanam de um indivíduo e o levam a determinar a conduta apropriada para o que ele considera

---
15. FIUZA, César. NOGUEIRA, Roberto Henrique Pôrto. Relações jurídicas interempresariais e artificialidade da atribuição da natureza consumerista em razão da vulnerabilidade. In: BRAGA NETTO, Felipe Peixoto; SILVA, Michael César (Org.). *Direito Privado e contemporaneidade*: desafios e perspectivas do Direito Privado no século XXI. Belo Horizonte: D'Plácido, 2014. p. 243-263.
16. FIUZA, César. *Direito Civil*. Belo Horizonte: Del Rey, 2008.

ser uma vida justa e boa. Portanto, sobre esse plano da consciência, ele pode se tornar responsável para com ele mesmo e para com os outros (Melkevik, 2017).[17]

Nessa perspectiva, "sujeito autônomo é aquele que, sendo influenciado por aspectos intrínsecos ou extrínsecos – como a família, a religião, o posicionamento político –, opta por agir de determinada forma, já que possui opções e liberdade de escolha" (Alegria; Arajújo, 2018, p. 224).[18]

À medida que a criança e o adolescente vão desenvolvendo seu discernimento – é preciso identificar, no caso concreto, se são suficientemente maduros para tomar uma decisão responsável –, é imperioso o reconhecimento da conquista da autonomia para que eles possam fazer suas escolhas.

> Tem-se discernimento quando as faculdades mentais permitem a autodeterminação, a consciência das opções a serem tomadas. Se há discernimento, há capacidade para conhecer e exercer as liberdades ou não liberdades admitidas em Direito (hoje se fala em atos da vida civil). Se não há discernimento, não é possível conhecer e exercer as liberdades e não liberdades (Souza, 2016, p. 366-367).[19]

A constatação do discernimento e, por corolário, o reconhecimento da autonomia há de ser feito em situação concreta. Haverá casos nos quais a criança ou o adolescente terá maturidade suficiente para a tomada de decisão. Em outra situação, pode ser que eles estejam totalmente despreparados para elaborar uma opinião, quanto mais expressá-la (Lima; Sá, 2019).

Esse amadurecimento psicológico para a tomada de decisão não tem ligação exclusiva com a idade, mas com a experiência e a vivência de cada indivíduo.

> Afinal, como explicar que o menor durma incapaz e acorde capaz? Embora sejam necessários critérios objetivos quanto ao estabelecimento da capacidade de fato, soa estranho que, em um dia, a pessoa não esteja apta a dar seu consentimento e, no outro, quando completar a maioridade, ela esteja capaz. Por determinação legal, o processo de amadurecimento do menor é praticamente ignorado, atribuindo-lhe praticamente de uma só vez e inteiramente a capacidade de fato (Rodrigues; Teixeira, 2019, p. 27).[20]

---

17. MELKEVIK, Bjarne. Vulnerabilidade, direito e autonomia. Um ensaio sobre o sujeito de direito. Belo Horizonte: *Rev. Fac. Direito UFMG*, n. 71, jul./dez., p. 641-673, 2017.
18. ALEGRIA, Lívia. ARAÚJO, Ana Thereza Meireles. A conformação protetiva dos direitos fundamentais em pesquisas científicas com seres humanos: um olhar face aos fundamentos autonomia e vulnerabilidade. *Cadernos Ibero-Americanos (sic) de Direito Sanitário*, Brasília: v. 7, n. 2, p. 215-238, abr./jun. 2018.
19. SOUZA, Iara Antunes de. *Estatuto da Pessoa com Deficiência*: curatela e saúde mental. Belo Horizonte: D'Plácido Editora, 2016.
20. RODRIGUES, Renata de Lima; TEIXEIRA, Ana Carolina Brochado. Regime das Incapacidades e Autoridade Parental: qual o legado do estatuto da pessoa com deficiência para o direito infantojuvenil? In: DADALTO Luciana; TEIXEIRA, Ana Carolina Brochado. *Autoridade Parental* – dilemas e desafios contemporâneos. Indaiatuba: Foco, 2019, p. 21-36.

Deveras, a autonomia não pode ser pensada em bloco, porque ela se confirma como uma aptidão cognitiva pessoal e, portanto, deve ser avaliada subjetivamente pelo indivíduo em questão.

Admitir, numa situação concreta, que uma criança ou um adolescente tem discernimento e que, portanto, tem maturidade para a tomada de decisões é reconhecê-lo como pessoa, bem como promovê-lo em sua dignidade.

Ser pessoa não é algo dado, mas, sim, construído. O processo de construção de si mesmo se dá a partir da interação com o outro, em um constante processo de reconhecimento. Para assumir uma identidade, um horizonte dentro do qual a pessoa seja capaz de livremente tomar uma posição, a autodeterminação e a autoafirmação são necessárias. A frustração desse reconhecimento obsta a realização da pessoalidade, dando azo à patologia de indeterminação individual (Moureira; Sá, 2017).[21]

Qualquer impedimento à realização da vontade livre na sociedade moderna, seja a sua incompletude ou a sua insuficiência, leva ao sofrimento de indeterminação, ou seja, uma patologia de fundamentação normativa, capaz de desestabilizar o projeto de direito garantidor de iguais liberdades. Apenas no âmbito da convivência de pessoas livres, capazes de querer e de agir, é que a autorrealização e o reconhecimento se tornam possíveis, pois apenas na eticidade é que se verifica o reconhecimento da alteridade. Na eticidade é que o reconhecimento do outro enquanto outro se realiza, sendo que esse processo, necessariamente, passa pela afirmação do próprio eu. A superação do sofrimento de indeterminação requer que seja assegurado a todos liberdades em igual medida (Moureira; Sá, 2017).

Ao Direito cumpre o papel de efetivar a autorrealização ou possibilitar sua efetivação num contexto intersubjetivo de convivência, sem fomentar a indeterminação. Quaisquer tentativas de elidir as possibilidades de manifestação da vontade livre ou mesmo criar empecilhos para a autodeterminação das pessoas comprometem a liberdade individual igual de todos os sujeitos (Moureira; Sá, 2017).

Nesse sentido, ainda que crianças e adolescentes continuem a exigir o cuidado, a proteção e a assistência condizentes com sua idade e grau de desenvolvimento, é indispensável reconhecer que nem sempre estarão vulneráveis, posto que o discernimento poderá conferir-lhes autonomia para a tomada de decisões relacionadas à sua própria identidade, ainda que contrárias aos interesses e desejos dos pais.

---

21. MOUREIRA, Diogo Luna; SÁ, Maria de Fátima Freire. Autonomia privada e vulnerabilidade: o Direito Civil e a diversidade democrática. In: LIMA, Taisa Maria Macena de; MOUREIRA, Diogo Luna; SÁ, Maria de Fátima (Org.). *Autonomia e vulnerabilidade*. Belo Horizonte: Arraes, 2017, p. 01-09.

Reconhecer o direito ao exercício da autonomia privada por crianças e adolescentes é assegurar-lhes liberdade de se construírem como pessoa, impedindo a instauração jurídica da patologia de indeterminação.

A esse respeito,

crianças e adolescentes são pessoas em formação, em processo de construção de autonomia, o que implica no (sic) desenvolvimento gradual de uma pessoa dotada de discernimento, apta, autônoma e responsável para assumir consequências advindas de seus próprios atos no contexto intersubjetivo de convivência. Portanto, estabelecer critérios vinculados estritamente à faixa etária, desconsiderando o contínuo processo de desenvolvimento da criança e do adolescente, considerando-os incapazes, pode significar um óbice ao livre desenvolvimento da pessoalidade (Moureira; Sá, 2017, p. 7).

No caso da cirurgia para alongamento ósseo em crianças e adolescentes com nanismo, a discussão ganha relevo na medida em que, como já enunciado, para melhor eficácia do tratamento, é importante que ele se inicie na idade de aceleração do crescimento, entre o final da infância e o início da adolescência.

Um executivo da organização "Pequenas Pessoas da América" defendeu que seria necessário esperar uma idade em que se pudesse ter um diálogo aberto e amplo com o indivíduo que vai se submeter ao tratamento, com o auxílio de psicólogo, para que ele decida o que é melhor para si mesmo (Solomon, 2013).

Mas esse argumento implica adiar a cirurgia e comprometer sua eficácia, já que a criança e o adolescente podem não ter maturidade suficiente para tomar uma decisão responsável aos oito ou nove anos.

Na idade adequada para a eficácia da cirurgia de alongamento ósseo, duas situações podem se desenhar.

Em uma delas, a criança e o adolescente não têm o discernimento para compreender a complexidade da situação em que se encontram e decidir sobre ela. Nessa hipótese, patente será sua vulnerabilidade e o comprometimento de sua autonomia, de forma que caberá aos pais decidir entre fazer e não fazer a cirurgia de alongamento, os quais deverão atentar para o melhor interesse da criança e do adolescente, bom como para a preservação de sua autonomia futura.

De fato, se a criança ou o adolescente, à época adequada para a realização da cirurgia, não tiver discernimento para compreender a complexidade da situação e decidir sobre ela, a decisão será dos pais, de acordo com o melhor interesse do filho, conforme a situação a seguir descrita:

Minha filha odiava ser anã. Ela apontava para os anões que introduzimos em casa, pessoas adoráveis, e dizia: "prefiro morrer a ser como essa gente. Eles são uma aberração. Eu os odeio". Ela não queria fazer parte do mundo deles. Nós nos esforçamos muito para torná-lo agradável a ela. Ela está feliz por ter feito a cirurgia (confissões de uma mãe que decidiu submeter a filha ao tratamento de alongamento dos ossos) (Solomon, 2013, p. 198).

Num segundo cenário, a criança ou o adolescente é suficientemente maduro para compreender as consequências da cirurgia de alongamento ósseo e ponderar o que é mais importante para sua vida.

Em situações dessa natureza, por apresentar maturidade psicológica, a vontade da criança ou do adolescente deve prevalecer, por não se encontrar em uma situação de vulnerabilidade.

Reforçando o entendimento, quando apurado, no caso concreto, que a criança ou o adolescente tem discernimento suficiente para a prática responsável do ato, em defesa do exercício de sua autonomia, sua vontade deve ser respeitada.

Deveras, a progressiva autonomia dos filhos fixará os limites do exercício da autoridade parental. "A função protetora dos pais para com os filhos deve ser inversamente proporcional ao seu desenvolvimento físico, intelectual e psíquico" (Rodrigues; Teixeira, 2019, p. 30).

A respeito da harmonização entre autoridade parental e exercício da autonomia pelos filhos:

> o encargo dos pais é reger a formação dos menores, não se esquecendo, porém, de que a decisão sobre temas para os quais já tenham adequado discernimento há de ser deixada a estes últimos. Imprescindível (sic) que os pais resistam à tentativa de fazer, pelos filhos, o julgamento das opções de vida e, ainda, a eleição de qualquer delas. Isso jamais corresponderia ao fomento da liberdade e da responsabilidade; ao revés, equivaleria à sua aniquilação. Em última instância: os menores tornaram-se os sujeitos em questão, ocupando o lugar de destaque nessa relação parental enquanto sujeitos promotores do seu próprio processo de constituição pessoal. O berço lhes confere a existência, mas a vida há de ser obra deles mesmos. Os pais hão de respeitar esse espaço (Almeida; Rodrigues Júnior, 2012, p. 449).[22]

Por fim, de acordo com o processo de maturação da vida e com as circunstâncias específicas de cada caso, à criança e ao adolescente deve ser resguardado o exercício de sua autonomia. A superação da incapacidade civil, definida pelo Código Civil, a partir de um critério exclusivamente etário, é possível mediante o reconhecimento da mitigação da situação de vulnerabilidade, extraída da presença do discernimento.

A vulnerabilidade será, pois, o vetor de modulação da autonomia da criança e do adolescente. Quanto menor aquela, maior será a capacidade de se alcançar esta.

---

22. ALMEIDA, Renata Barbosa de; RODRIGUES JÚNIOR, Walsir Edson. *Direito Civil* – Famílias. 2. ed. São Paulo: Atlas, 2012.

CONCLUSÃO

Na atualidade, o exercício da autoridade parental requer, além de cuidado, proteção, educação, sustento, guarda, compromisso de auxiliar os filhos na construção da pessoalidade e a se tornarem aptos a responder por suas vidas.

Por isso, a autoridade parental sempre deverá ser exercida em prol do melhor interesse dos filhos, de forma dialética e dialógica, pautada no respeito e na compreensão mútua.

A preponderância dos interesses do filho sobre os direitos dos pais fez com que a autoridade parental assumisse uma nova feição: tornou-se instrumento de exercício dos direitos fundamentais do filho.

Respeitar os direitos fundamentais da criança e do adolescente, bem como respeitar sua singularidade e autonomia, de acordo com cada fase do seu desenvolvimento, são formas de promoção de seu melhor interesse.

No entanto, muitas vezes, é difícil distinguir entre o que seria ajudar os filhos a formularem a própria história e o que seria submetê-los à história projetada pelos pais. Assim, um dos grandes desafios do exercício da autoridade parental, notadamente no que diz respeito à promoção dos filhos em direção à autonomia, é encontrar o equilíbrio entre cuidar e emancipar.

O desafio pode tornar-se ainda maior quando se trata das manifestações das identidades horizontais dos filhos – aquelas integradas por características inatas ou adquiridas, que são estranhas aos pais e, muitas vezes, contrárias aos seus ideais e interesses.

As naturais diferenças entre pais e filhos são, muitas vezes, absorvidas pelos genitores com preconceito, como se representassem afronta, desrespeito e inadequação aos seus ensinamentos e à "normalidade" por eles esperada.

No caso de indivíduos com nanismo, a percepção não é diferente. A descoberta dos pais a respeito da chegada de um filho com nanismo costuma despertar olhares de reprovação, indiferença, desprezo e ironia, tornando extremamente penosa a identidade do indivíduo com nanismo como ser humano.

Não é demais lembrar que os filhos, por mais diferentes que se apresentem relativamente às expectativas e anseios dos pais, não podem ser reduzidos a meros objetos, alvos de intervenções várias que visem a aniquilar sua individualidade e, por vezes, sua autonomia.

Em um cenário de diversidades, no qual está presente a identidade vertical e horizontal de criança ou adolescente, causam preocupação os limites que devem ser impostos aos pais no exercício da autoridade parental, já que, no caso de pessoas em processo de desenvolvimento, impedir ou obstacularizar a expressão de sua verdadeira identidade pessoal viola a cláusula geral da dignidade e, por certo, a realização plena de todos os seus direitos de personalidade.

Nesse sentido, crianças e adolescentes devem ser tratados como sujeitos em formação, que conquistam a autonomia de forma gradativa, conforme o crescimento e o amadurecimento, a ser analisado casuisticamente.

Pode, pois, a maturidade ser um indicativo de mitigação da vulnerabilidade, a partir da constatação de que a criança ou o adolescente tem discernimento – assim entendido como a possibilidade de compreender, analisar e exprimir vontade.

À medida que a criança e o adolescente vão desenvolvendo seu discernimento, é imperioso o reconhecimento da conquista da autonomia para fazer suas escolhas, ainda que contrárias aos interesses e desejos dos pais.

Reconhecer que crianças e adolescentes com nanismo têm autonomia para decidir a respeito da realização de cirurgia de alongamento ósseo é assegurar-lhes liberdade de se construírem como pessoa, promovê-los em sua dignidade e impedir a instauração jurídica da patologia de indeterminação, o que não significa dizer que a sua expressão de vontade deve ser aceita de plano. Há momentos em que a vontade poderá não ser válida; há momentos em que a expressão do discernimento deverá ser analisada conjuntamente com as argumentações dos responsáveis e poderá acontecer de o discernimento ser bastante amplo, cabendo aos pais, apenas, apoiar a decisão.

Outrossim, o melhor interesse da criança ou do adolescente funcionará como baliza ao exercício da autoridade parental pelos genitores, permitindo a preservação das diversidades.

REFERÊNCIAS

ALEGRIA, Lívia. ARAÚJO, Ana Thereza Meireles. A conformação protetiva dos direitos fundamentais em pesquisas científicas com seres humanos: um olhar face aos fundamentos autonomia e vulnerabilidade. *Cadernos Ibero-Americanos (sic) de Direito Sanitário*, Brasília: v. 7, n. 2, p. 215-238, abr./jun. 2018.

ALMEIDA, Renata Barbosa de; RODRIGUES JÚNIOR, Walsir Edson. *Direito Civil* – Famílias. 2. ed. São Paulo: Atlas, 2012.

BRASIL. [Constituição de 1988]. Constituição da República Federativa do Brasil de 1988. Brasília, DF: Presidência da República, [2020]. Disponível em: http://www.planalto.gov.br/ccivil_03/constituicao/constituicaocompilado.htm. Acesso em: 23. Fev. 2025.

BRASIL. [Código Civil (2002)]. Lei 10.406, de 10 de janeiro de 2002. Institui o Código Civil. Brasília, DF: Presidência da República [2020]. Disponível em: http://www.planalto.gov.br/ccivil_03/Leis/2002/L10406.htm. Acesso em: 23. fev. 2025.

BRASIL. [Estatuto da Criança e Adolescente (1990)]. Lei 8069, 13 jul. 1990. Dispõe sobre o Estatuto da Criança e do Adolescente, e dá outras providências. Brasília, DF: Presidência da República [2020]. Disponível em: http://www.planalto.gov.br/ccivil_03/leis/L8069.htm. Acesso em: 23. fev. 2025.

BRUSCATO, Wilges. Há espaço para a dignidade humana no Direito Empresarial? Uma contribuição brasileira. In: SÁ, Maria de Fátima Freire; NOGUEIRA, Roberto Henrique Pôrto; SCHETTINI, Beatriz. (Org.). *Novos Direitos Privados*. Belo Horizonte: Arraes, 2016.

CARVALHO, Luiz Henrique Milaré de. A proteção da dignidade humana das pessoas com nanismo: a empatia como superação de adversidades. *Revista São Luís Orione*. Araguaína: v. 2, n. 13, p. 27-38, 2018.

CHOERI, Raul Cleber da Silva. *O direito à identidade na perspectiva civil-constitucional*. Rio de Janeiro, Renovar, 2010.

FIUZA, César. *Direito Civil*. Belo Horizonte: Del Rey, 2008.

FIUZA, César. NOGUEIRA, Roberto Henrique Pôrto. Relações jurídicas interempresariais e artificialidade da atribuição da natureza consumerista em razão da vulnerabilidade. In: NETTO, Felipe Peixoto Braga; SILVA, Michael César (Org.). *Direito Privado e contemporaneidade*: desafios e perspectivas do Direito Privado no século XXI. Belo Horizonte: D'Plácido, 2014.

GOÉS, Fernando Antônio de Barros. Um encontro inesperado: os pais e seu filho com deficiência mental. *Revista Psicologia, Ciência e Profissão*, v. 26, n. 3, p. 450-461, 2006.

LIMA, Taisa Maria Macena de; SÁ, Maria de Fátima Freire. *Ensaios sobre a infância e a adolescência*. 2. ed. Belo Horizonte: Arraes Editores, 2019.

MARCOS, Cristina Moreira. A introdução do narcisismo na metapsicologia e suas consequências clínicas. *Analytica Revista de Psicanálise*. São João Del Rei: v. 5, n. 8, p. 6-30, jan./jun. 2016.

MEIRA, Fernanda de Melo. A guarda e a convivência familiar como instrumentos veiculadores dos direitos fundamentais. In: TEIXEIRA, Ana Carolina Brochado; RIBEIRO, Gustavo Pereira Leite. *Manual de Direito das Famílias e Sucessões*. 2. ed. Belo Horizonte: Del Rey, 2010.

MELKEVIK, Bjarne. Vulnerabilidade, direito e autonomia. Um ensaio sobre o sujeito de direito. Belo Horizonte: *Rev. Fac. Direito UFMG*, n. 71, p. 641-673, jul./dez. 2017.

MORAES, Maria Celina Bodin de. Instrumentos para a proteção dos filhos frente aos próprios pais. *Revista Eletrônica Civilística.com*. Rio de Janeiro, a. 7, n. 3, 2018. Disponível em: http://civilistica.com/wp-content/uploads/2019/01/Bodin-de-Moraes-civilistica.coma.7.n.3.2018.pdf. Acesso em: 05 mar. 2020.

MOUREIRA, Diogo Luna; SÁ, Maria de Fátima Freire. Autonomia privada e vulnerabilidade: o Direito Civil e a diversidade democrática. In: LIMA, Taisa Maria Macena de; MOUREIRA, Diogo Luna; SÁ, Maria de Fátima (Org.). *Autonomia e vulnerabilidade*. Belo Horizonte: Arraes, 2017.

MUSTACCHI, Zan; PERES, Sérgio. *Genética baseada em evidências* – síndromes e heranças. São Paulo: CID, 2000.

RODRIGUES, Renata de Lima; TEIXEIRA, Ana Carolina Brochado. Regime das Incapacidades e Autoridade Parental: qual o legado do estatuto da pessoa com deficiência para o direito infantojuvenil? In: DADALTO Luciana; TEIXEIRA, Ana Carolina Brochado. *Autoridade Parental* – dilemas e desafios contemporâneos. Indaiatuba: Foco, 2019.

SILVA, José Afonso da. *Curso de Direito Constitucional Positivo*. 17. ed. São Paulo: Malheiros Editores, 1999.

SOLOMON, Andrew. *Longe da Árvore*: pais, filhos e a busca da identidade. São Paulo: Companhia das Letras, 2013.

SOUZA, Iara Antunes de. *Estatuto da Pessoa com Deficiência*: curatela e saúde mental. Belo Horizonte: D'Plácido Editora, 2016.

TEIXEIRA, Ana Carolina Brochado. Autoridade Parental. In: TEIXEIRA, Ana Carolina Brochado; RIBEIRO, Gustavo Pereira Leite. *Manual de Direito das Famílias e Sucessões*. Belo Horizonte: Del Rey, 2008.

VIEIRA, Marcelo de Mello. *Autonomia privada de crianças e adolescentes nas relações extrapatrimoniais*. 2018. 249f. Tese (Doutorado em Direito) – Pontifícia Universidade Católica de Minas Gerais. Programa de Pós-Graduação em Direito, Belo Horizonte, 2018.

VILLELA, João Batista. *Direito, coerção & responsabilidade*: por uma ordem social não violenta (sic). Belo Horizonte: Faculdade de Direito da UFMG, v. IV, série Monografias, n. 3, 1982.

VULNERABILIDADES E DIREITO À SAÚDE COMO EXERCÍCIO DE AUTONOMIA

Renata Barbosa de Almeida

Doutora em Direito Privado pela PUC Minas, com estágio doutoral na Universidade de Coimbra – Portugal. Mestre em Direito Civil pela Universidade do Estado do Rio de Janeiro e graduada pela Universidade Federal de Viçosa. Pesquisadora do Núcleo de Estudos Novos Direitos e Reconhecimento – NDP-UFOP. Professora Adjunta da Graduação em Direito e do Mestrado Acadêmico em Direito – Novos Direitos, Novos Sujeitos da Universidade Federal de Ouro Preto. Advogada. E-mail: renata.barbosa@ufop.edu.br.

Roberto Henrique Pôrto Nogueira

Doutor e Mestre em Direito Privado pela PUC Minas. Especialista em Direito Tributário pela Faculdade de Direito Milton Campos Belo Horizonte. Pesquisador do Núcleo de Estudos Novos Direitos e Reconhecimento – NDP-UFOP e do Instituto de Proteção de Dados – IP DADOS. Professor Associado da Graduação em Direito e do Mestrado Acadêmico em Direito – Novos Direitos, Novos Sujeitos da Universidade Federal de Ouro Preto. Advogado. E-mail: roberto.nogueira@ufop.edu.br.

Sumário: Considerações iniciais – 1. Vulnerabilidades – 2. Direito à saúde como exercício de autonomia – Considerações finais – Referências.

CONSIDERAÇÕES INICIAIS

A tensão entre axiologia e normatividade no Direito, no Biodireito e na Bioética é amplamente debatida e elucidada pela professora Maria de Fátima Freire de Sá.[1] Na esteira de suas preleções, questões atinentes à ampla tutela das subjetividades humanas despontam e recorrem, por vezes, à compreensão das múltiplas dimensões das vulnerabilidades e ao estudo de suas repercussões para o Biodireito.[2]

No âmbito do direito à saúde, a interação entre a autonomia e as vulnerabilidades revela um dilema de efetividade quanto ao exercício, o que reclama a atenção para a adequação dos atuais expedientes jurídicos no regime das mais diversas situações jurídicas, especialmente aquelas de cunho existencial.

---

1. SÁ, Maria de Fátima Freire de. *Bioética e biodireito*. 6. ed. Indaiatuba, SP: Foco, 2023.
2. SÁ, Maria de Fátima Freire; MEIRELLES, Ana Thereza; VERDIVAL, Rafael; LAGE, Caio. A compreensão das dimensões da vulnerabilidade humana nas situações jurídicas existenciais. *Revista da Faculdade Mineira de Direito*, v. 25, p. 113-133, 2022.

Logo, a depender do delineamento teórico das vulnerabilidades, é possível que haja repercussões no substrato deontológico do direito à saúde e nos mecanismos existentes para a sua efetivação. É nessa medida que o trabalho objetiva assimilar o papel das vulnerabilidades no exercício do direito à saúde.

Para tanto, exploram-se compreensões de vulnerabilidades no campo da bioética e suas projeções para o Direito, mediante abordagem da juridicização do fato e de sua vinculação subjetiva.

Então, cabe elucidar a formulação atualizada do direito à saúde no país, o que pode guardar relação múltiplas e dinâmicas dimensões da vulnerabilidade e seus embaraços quanto ao exercício de autonomia.

A proposta investigativa, metodologicamente estruturada em pesquisa teórico-dogmática bibliográfica, possui evidente relevância em um panorama social marcado pelo pluralismo jurídico e político, de modo que as vulnerabilidades podem adjuvar no engendramento de estratégias de promoção e de proteção da saúde. Para dizer o mínimo, se vulnerabilidades, potenciais e recorrentes, afetam a permissão para a tomada de decisões sobre saúde, a autonomia será mitigada e maculada estará a efetividade do exercício do direito.

1. VULNERABILIDADES

Qual é o papel das vulnerabilidades na compreensão atualizada do direito à saúde? Por que essa resposta importa?

Torquato Castro explica que fato jurídico e eficácia de direito são polos essencialmente interligados na fenomenologia jurídica. É dizer, o fato é juridicizado no desiderato de delimitar um problema cuja solução é dada com os efeitos de direito. Significa que a todo fato jurídico corresponde a potencialidade de produzir efeitos, mesmo que isso não aconteça, em concreto, por conta de circunstâncias várias.[3]

O direito à saúde, enquanto fato jurídico, pode ser abalado pelas vulnerabilidades, caso entendidas como circunstâncias aptas a perturbarem o exercício da autonomia de seu titular.

O termo "vulnerabilidade" provém do latim "vulnerabilis", que designa um ponto mais fraco, ou suscetibilidade a agressões.[4] No campo da saúde, a vulnerabilidade é frequentemente discutida em relação à suscetibilidade a doenças

---

3. CASTRO, Torquato. *Teoria da situação jurídica em direito privado nacional*. São Paulo: Saraiva, 1985, p. 27.
4. REIS, Felipe Souza; SOUZA, Sirius Oliveira. Vulnerabilidade ambiental do município de Senhor do Bonfim (BA) enquanto subsídio ao ordenamento ambiental. *Revista Geotemas*, Pau dos Ferros, v. 9, n. 2, p. 07-29, 2019. Disponível em: https://periodicos.apps.uern.br/index.php/GEOTemas/article/view/930. Acesso em: 20 fev. 2025.

e condições adversas. Por exemplo, Maier e outros[5] abordam a vulnerabilidade em contextos de saúde pública, destacando que a exposição a doenças pode ser influenciada por fatores sociais e econômicos, refletindo a dualidade entre o indivíduo e o coletivo. Essa perspectiva é corroborada por estudos que enfatizam a importância de entender a vulnerabilidade não apenas como uma característica individual, mas também como um fenômeno social que afeta grupos inteiros, possivelmente afetados por ausência de justiça social.

Para além da saúde pública, a projeção da noção de vulnerabilidade muito deve ao Relatório de Belmont.[6] O documento é voltado à ética da pesquisa científica envolvendo seres humanos. "Vulnerable" aparece, expressamente, para fazer alusão à fragilidade do consentimento para participação em pesquisas, à maior suscetibilidade de sujeição de populações a intervenções investigativas, bem como à dependência e à aptidão restrita de grupos (como minorias raciais, pessoas economicamente desfavorecidas, indivíduos muito doentes e aqueles institucionalizados) para julgar e controlar o risco de serem incluídos em pesquisas apenas por conveniência administrativa ou porque são mais suscetíveis a manipulações resultantes de sua condição de saúde ou situação socioeconômica.

Autonomia, beneficência e justiça destacam-se como preceitos éticos do documento mencionado, com o propósito, respectivamente, de resgatar a autonomia dos sujeitos, a proteção de seus interesses (inclusive em termos de reciprocidade e de repercussões posteriores), o que concorre com a diretriz segundo a qual benefícios e encargos da pesquisa devem ser distribuídos de maneira a proscrever a exploração antiética e a determinar a gestão de implicações pessoais e sociais.

Esse movimento teórico, evidenciado na articulação propositiva principialista de Beauchamp e Childress,[7] pode revelar um duplo percurso ético, deontológico e consequencialista, para cunhar instruções de condutas observáveis independentemente do desfecho concreto, mas também para delinear a necessidade de sopesar consequências.

Maria do Céu Patrão Neves, nessa linha, aduz que a vulnerabilidade assume uma função adjetivante, vista como um fato, "num plano descritivo". Ela explica

---

5. MAIER, Suellen Rodrigues de Oliveira; RAUBER, Bruno Jonas; SILVA, Gelson Aguiar da; ANDRADE, Luciene Mantovani Silva. Vulnerabilidade para aquisição de doenças sexualmente transmissíveis em profissionais motoristas de caminhão. *Rev. G&S [Internet]*. 17º de agosto de 2017, p. 1412-1420. Disponível em: https://periodicos.unb.br/index.php/rgs/article/view/364. Acesso em: 20 fev. 2025.
6. NATIONAL COMMISSION for the Protection of Human Subjects of Biomedical and Behavioral Research. *The Belmont report*: Ethical principles and guidelines for the protection of human subjects of research. Department of Health and Human Services, 1979. Disponível em: https://www.hhs.gov/ohrp/regulations-and-policy/belmont-report/read-the-belmont-report/index.html. Acesso em 20 fev. 2025.
7. BEAUCHAMP, Tom L.; CHILDRESS; James F. *Principles of Biomedical Ethics* (5th ed.). New York, N.Y.: Oxford University Press, 2001.

que não há neutralidade em sua atribuição subjetiva, de maneira que se manifesta, em um plano prescritivo, comandos éticos correlatos próprios da promoção e da proteção no âmbito da pesquisa com seres humanos. Em suas palavras:

> Em síntese, a noção de vulnerabilidade é introduzida e persiste no vocabulário bioético numa função adjetivante, como uma característica, particular e relativa, contingente e provisória, de utilização restrita ao plano da experimentação humana, tornando-se cada vez mais frequente na constatação de uma realidade que se pretende ultrapassar ou mesmo suprimir por meio da atribuição de um poder crescente aos vulneráveis.[8]

Os vetores normativos éticos da autonomia, beneficência e justiça parecem autorizar a intelecção segundo a qual o reconhecimento do fato da vulnerabilidade permite adjetivar o sujeito da pesquisa, de modo a intentar o reequilíbrio da relação entre ele e os pesquisadores.

Em referência a Emmanuel Lévinas e Hans Jonas, Maria do Céu Patrão Neves, em continuidade do estudo já mencionado, discorre sobre um novo sentido da vulnerabilidade. Filosoficamente, a ética da alteridade concorre com a responsabilidade, que precede qualquer consideração moral ou ontológica. Tal responsabilidade é, assim, incondicional, de forma que não cabe cogitar categorizações aprioristicas objetificantes do sujeito, haja vista que é a experiência humana interpessoal que subjetiva, ao invés de adjetivar. Vulnerabilidade, guarnecida de função nominal, ganha essência de condição humana universal apta a delinear a igualdade, que, assim, deve ser perseguida.

Ao lado desse circuito teórico bioético[9] que, por meio da confluência das funções adjetivante e nominal, engendra a formatação do princípio ético da vulnerabilidade, o Direito de tradição romano-germânica, a seu turno e em paralelo, faz prevalecer, na primeira metade do século XX, o tratamento das vulnerabilidades por meio da chave da heteronomia normativa intermetida sob justificativa da proteção e do cuidado para com fracos.[10] Vulneráveis, nesse quadro, são os fracos ou frágeis, que, antes, devem ser subjugados e comparados a um padrão

---

8. NEVES, Maria do Céu Patrão. Sentidos da vulnerabilidade: característica, condição, princípio. *Revista Brasileira de Bioética*, [S. l.], v. 2, n. 2, p. 157–172, 2006. Disponível em: https://periodicos.unb.br/index.php/rbb/article/view/7966. Acesso em: 2 fev. 2025, p. 163.
9. Outros documentos são reportados por Maria do Céu Patrão Neves, no mesmo referido: International Ethical Guidelines for Biomedical Research Involving Human Subjects (CIOMS/WHO, 1982, 1993, 2002), Declaration of Helsinki (World Medical Association, WMA, especialmente em suas versões posteriores a 1990), Universal Declaration on the Human Genome and Human Rights (UNESCO, 1997); Barcelona Declaration (1998), Universal Declaration on Bioethics and Human Rights (UNESCO, 2005).
10. Já em 1937, George Ripert, num contexto de Estado de bem-estar social, destacava a urgência de proteger os mais fracos, assistindo os desvalidos e confrontando os poderosos. Sua obra sugere a necessidade de o Direito se dedicar às vulnerabilidades, percebidas como categorias. RIPERT, Georges. *Regimen Democrático e o Direito Civil Moderno*. Trad. J. Cortezão. São Paulo: Saraiva, 1937.

subjetivo, para, então, fazerem jus a uma intervenção jurídica implementada sob o argumento do reequilíbrio, por vias cuja ineficiência foi escancarada pelo tempo. Aproxima a vulnerabilidade com a predita função adjetivante.

Notadamente após a Constituição da República de 1988, os debates sobre as vulnerabilidades ganham proeminência no campo do Direito. No Brasil, microssistemas jurídicos protetivos dedicam-se às vulnerabilidades de modo inconsistente, ora como característica atribuída a todo um grupo, ora como algo a ser verificado em concreto. Uma feição adjetivante parece dominar a cena legislativa, com a categorização de seguimentos sociais habitualmente identificados como minorias.

A literatura jurídica, por sua vez, argumenta que as vulnerabilidades, enquanto aspectos comuns a todas as pessoas, ordenam uma abordagem focada nos deveres e nas responsabilidades coletivas.[11]

Na mesma orientação da percepção das vulnerabilidades como condição humana, Bjarne Melkevik[12] esclarece que não se está a tratar de fraqueza, haja vista que vulnerabilidades são próprias de situações ou posições que comprometem as potencialidades de determinada pessoa. Em relação à autonomia, a vulnerabilidade se manifesta em três planos: a progressão em direção à autonomia, a tentação de trocar autonomia por segurança e a fragilidade da vontade. Para ele, se a vulnerabilidade é sempre potencial, ao Direito não compete coibi-la, mas sim reformular-se para evitar prestar-se ao papel de expediente agravador e para que a solidariedade desponte como recurso de compensação.

Uma indagação possivelmente derivada desse arrazoado refere-se à medida da compensação. Afinal, se a vulnerabilidade é potencial (inerente à condição humana, definida pelo tempo e pelo lugar, conforme a situação e as eventuais relações), como concebê-la em coerência com as subjetividades em um panorama de pluralismo jurídico-político?

Com efeito, se as vulnerabilidades podem ser inerentes (ontológicas) ou adquirida (resultantes de circunstâncias específicas),[13] o sistema jurídico há

---

11. MERINO, Antonio Giménez. We are all vulnerable: between empowerment and the renunciation of the exercise of power. In: POLIDO, Fabrício Bertini Pasquot; REPOLÊS, Maria Fernanda Salcedo (Org.). *Law and Vulnerability*. São Paulo/Belo Horizonte: Oficina das Letras/Programa de Pós-graduação em Direito da UFMG, 2016. v. 1, p. 14-33. Disponível em: https://www.ufmg.br/online/arquivos/anexos/UFMG_Law-and-Vunerability_Final%202016.pdf. Acesso em: 03 fev. 2025.
12. MELKEVIK, Bjarne. Vulnerabilidade, direito e autonomia. um ensaio sobre o sujeito de direito. *Revista da Faculdade de Direito da UFMG*, Belo Horizonte, n. 71, p. 641-673, jul./dez. 2017. Disponível em: https://www.direito.ufmg.br/revista/index.php/revista/article/view/1877/1779. Acesso em: 12 ago. 2024.
13. SA, Maria de Fátima Freire; MEIRELLES, Ana Thereza; VERDIVAL, Rafael; LAGE, Caio. A compreensão das dimensões da vulnerabilidade humana nas situações jurídicas existenciais. *Revista da Faculdade Mineira de Direito*, v. 25, p. 113-133, 2022.

de detectar os alegóricos distintivos desses dois ramais, especialmente se isso implicar repercussões distintas do ponto de vista da aplicação e da interpretação do Direito.

A metáfora das "capas de vulnerabilidade" pode servir a esse propósito de oferecer aclaramento da medida de compensação da vulnerabilidade. A ideia é considerar as circunstâncias e o contexto, evitando a estigmatização e a categorização rígida de grupos como "vulneráveis". Assim, a identificação de diferentes camadas de vulnerabilidade em cada situação possibilita a eleição e a elaboração de estratégias de promoção e de proteção mais eficientes.[14]

Com efeito, é viável falar em gradientes de vulnerabilidade. Grupos ou pessoas deixam de ser categorizados simplesmente como vulneráveis, para que se exibam as complexidades das situações. A perspectiva de acumulação ou de superposição e diferentes combinações ou capas de vulnerabilidade é congruente com a adoção de estratégias plurais em conteúdo, em intensidade e em extensão.

E se as repercussões jurídicas são resultantes da caracterização do fato jurídico, vale pontuar a distinção entre vulnerabilidade patrimonial, que se caracteriza pela inferioridade econômica em relações contratuais, justificando intervenção jurídica para reequilibrar a relação e proteger o patrimônio; e vulnerabilidade existencial, que abrange situações de lesão à dignidade humana, demandando tutela diferenciada para proteger a existência e dignidade da pessoa. Instrumentos jurídicos múltiplos e peculiares, em qualidade e quantidade, protegem cada tipo de vulnerabilidade.[15]

Convém notar que vulnerabilidades são multidimensionais e se percebem em graus diversos. Desempenham importante papel de fator fático que desafia, acomoda e reivindica a interpretação e a modulação de racionalidades e de espectros de autonomia e heteronomia no exercício de direitos. As vulnerabilidades, por conseguinte, podem ser verificadas no âmbito de situações jurídicas relacionais desequilibradas, mas podem marcar uma posição meramente situacional, relativa à vinculação de um sujeito a uma posição jurídica, de maneira a interferir no exercício de direitos.

---

14. LUNA, Florencia. Vulnerabilidad: la metáfora de las capas. *Jurisprudencia Argentina* (CONICET/FLACSO), IV, fascículo n. 1, 2008, p. 60-67. Disponível em: http://www.saludcapital.gov.co/Capacitaciones%20%20Comit%20de%20tica%20para%20la%20Investigacin/6%20Sesi%C3%B3n%2016%20julio%202014/Luna_F[1]._Vulnerabilidad_la_metafora_de_las_capas.pdf. Acesso em: 08 jan. 2024.
15. KONDER, Carlos Nelson. A distinção entre vulnerabilidade patrimonial e vulnerabilidade existencial. In: BARLETTA, Fabiana Rodrigues; ALMEIDA, Vitor (Coord.). *Vulnerabilidades e suas dimensões jurídicas*. Indaiatuba: Foco, 2023, p. 20-29.

Para Torquato Castro,[16] a situação jurídica é ocupada pelo sujeito, que assume a posição por meio do título. Direitos e deveres são medidas das posições assumidas.

Logo, a sistematicidade do direito demanda que se defina a situação jurídica (em concreto, titularizada pelo sujeito) para que se afiram as repercussões próprias colimadas pelo ordenamento normativo. Vale dizer, é a situação jurídica delineada que se coloca como ponto de partida para a normatividade jurídica aplicada. A "criação do fato jurídico não se justifica pelo fato mesmo, mas pelo efeito jurídico que é capaz de produzir (ainda que, pela interferência de outros fatos, nada venha a produzir)".[17]

O entendimento das situações jurídicas permite sua divisão entre situações jurídicas subjetivas, em que exista uma dependência da vontade para produção de seus efeitos, e as situações jurídicas objetivas, em que o efeito resulta da norma.[18]

Significa que há situações nas quais a titularidade não depende de um movimento ativo ou voluntarístico do sujeito. Nessas conjunturas, vulnerabilidades podem ser consideradas em espectro ampliado, suficiente a revelar os pontos de vista ético-morais de um dado contexto familiar e de um grupo social específico. Entretanto, existem outras inúmeras situações jurídicas para as quais a atitude autodeterminada do sujeito é essencial.

Uma vez definida uma posição jurídica, suscetível de titularização por uma pessoa, cabe averiguar se a formação da titularidade (que a conduzirá à situação jurídica como sujeito de direito) depende de um ato voluntarístico ou não.

Quando a autodeterminação ou, pelo menos, a manifestação de vontade é pressuposto para que o sujeito de direito humano titularize situações jurídicas ou as exerça, a seu modo, as múltiplas vulnerabilidades podem embaraçar a efetividade do direito, por seu titular, caso o ordenamento jurídico as desmereça ou as reconheça como impasse à promoção e proteção subjetiva. Nestes caso, artifícios mais eficientes, mais dinâmicos e mais plásticos podem ser essenciais à concretização da seara de pretensões da pessoa.

Logo, se a situação jurídica relativa ao direito à saúde depender, para a sua titularidade e seu efetivo exercício, de atos voluntários, a meta jurídica de promoção de efetividade deve articular, para além da solidariedade, expedientes preeminentes que intensifiquem a progressão da autonomia. Nesse mister, a adequada abordagem jurídica das vulnerabilidades corresponde não apenas a promover

---

16. CASTRO, Torquato. *Teoria da situação jurídica em direito privado nacional*. São Paulo: Saraiva, 1985.
17. CASTRO, Torquato. *Teoria da situação jurídica em direito privado nacional*. São Paulo: Saraiva, 1985, p. 27.
18. MIRAGEM, Bruno. *Teoria Geral do Direito Civil*. Rio de Janeiro: Forense, 2021, p. 115.

o reequilíbrio de relações entre profissionais de saúde e pacientes, entre sistema de saúde e cidadãos, mas também a robustecer nuances identitárias infiltradas na tessitura das subjetividades humanas que orientam o seu protagonismo na configuração de seus anseios correlatos.

2. DIREITO À SAÚDE COMO EXERCÍCIO DE AUTONOMIA

O direito à saúde é uma situação jurídica imputada aos sujeitos de direito humanos em função, imediatamente, da verificação de sua humanidade, cuja expressão primária é a própria existência corporal. Sua titularidade, nessa medida, emerge instantaneamente, a dispensar qualquer iniciativa ou atividade desse sujeito jurídico. Concomitantemente à imputação de personalidade jurídica ao sujeito de direito humano,[19] concede-se a ele o posicionamento referente ao direito a seu estado sanitário.

Isso não quer dizer, porém, que a pessoa não exerça qualquer influência na constituição do conteúdo deste direito. Não se institui, através dele, um quadro de passividade subjetiva. A saúde se mostra como um complexo emaranhado de fatores a se organizar de inúmeras maneiras. Dentro dessa diversidade de configurações, a verificação de dada peculiaridade não é fruto exclusivo de um condicionamento involuntário, mas reflete, igualmente, decisões subjetivas do próprio titular. Por isso, pode-se dizer que a saúde acompanha um procedimento de individualização de características humanas, consequente da condução que o sujeito de direito dá à própria existência. A se admitir que humanidade e identidade são, entre si, face e contraface, isso se demonstra claramente na constituição da saúde pessoal.

A propósito, a saúde ainda traz uma curiosidade que vale a pena salientar. Por mais que ela seja resultante da coordenação de aspectos à maneira do sujeito determinado, nem todos lidam com as mesmas conjunturas pessoais e contextuais. A saúde não permite, muitas vezes, reunir as pessoas a partir de um único referencial inicial. Nesse processo de particularização dos predicados dos que são humanos, a saúde não abrange um pressuposto propriamente comum a diferenciar-se ao longo da existência subjetiva, pelas especificações que voluntariamente são concedidas a ela. O ponto de partida, em si, pode ser diferenciado, entre as pessoas. Antes de o titular influir concedendo à saúde a sua marca identitária in-

---

19. Dada a necessidade de se pensar no nascituro, esta frase não leva em conta, necessariamente, o marco geral definido pela teoria natalista, que parece ter sido adotada pelo nosso ordenamento jurídico, a partir da redação do artigo 2º do Código Civil. Ainda que várias sejam as teorias explicativas da condição de direito deste ente, todas elas parecem assegurá-lo a proteção de sua saúde, corolário à manutenção da vida. Considera-se, portanto, ao formular esta afirmação, que também seja o nascituro um centro de imputação para concessão deste direito que se estuda.

tencional, seu estado sanitário já pode servir a distingui-lo dos demais. O quadro clínico que cada sujeito de direito humano apresenta, a ele poderá ser exclusivo, peculiar, antes mesmo de sua interferência volitiva.

Logo, ainda que o direito à saúde não imponha ao sujeito jurídico humano um status inativo, a subordiná-lo às circunstâncias que lhe foram impostas, nem todos os caracteres que sua saúde apresenta podem ser atribuídos a sua escolha. A particularidade pessoal, enfim, ora decorre de um estado sanitário cominado ao sujeito de forma alheia a sua vontade – fatores genéticos, por exemplo –, ora de sua construção propositada. A um só tempo, então, a saúde é afeta a certo sujeito de direito humano com especificidades que tanto lhe são impostas como derivadas da sua escolha subjetiva.

O quadro sanitário posto à pessoa, de forma alheia a sua intervenção, figura como um condicionante. A particularidade que se pretenda conferir a si mesmo – para além da já verificada –, de acordo com suas preferências, deve considerar esta variável. Noutros termos, as opções à disposição do sujeito de direito humano derivam da conjuntura que ele apresenta. No entanto, isso não quer dizer que as eventuais restrições verificáveis sejam imperiosas e infalíveis. A generosa criatividade humana é perfeitamente apta a manejá-las das mais variadas formas. A atividade criativa da pessoa humana a torna apta para arranjar os mais diversos constrangimentos que a ela são cominados.[20]

Significa dizer, assim, que por mais desfavoráveis que sejam as limitações sanitárias de certo sujeito de direito, esse quadro não pode ser encarado como condenatório. Da mesma maneira, por mais benéficos que sejam os componentes da saúde de alguém, isso pode não lhe garantir condição satisfatória. O direito à saúde parece reforçar a ideia de que, como uma situação jurídica existencial, não aceita o enquadramento estanque em estruturas predispostas, fundadas em previsões abstratas. Ao revés, ele exige, com muito mais vigor, que a individualidade concreta seja considerada, com saliência.

A saúde é um direito que parte da corporalidade subjetiva. Contudo, esta estrutura não pode ser entendida como o limite do direito que se pretende assegurar às pessoas. A unidade física e psíquica não supre todo o conteúdo da tutela visada. A conjuntura sanitária não é redutível à estática composição de dados orgânicos, na mesma medida em que a condição humana não se resume a um quadro pronto e acabado. A pessoa é uma entidade dinâmica e singular, razão pela qual "não basta a conservação da integridade psicofísica, mas é

---

20. GUSTIN, Miracy Barbosa de Sousa. *Das necessidades humanas aos direitos*: ensaio de sociologia e filosofia do direito. Belo Horizonte: Del Rey 1999, p. 23.

necessário também a promoção e o desenvolvimento da mesma, para além da existência biológica".[21]

Nessa feita, a saúde não se atrela tão somente à manutenção do estado de plena composição e funcionamento corporal, mas vai além. É assim exatamente porque o conteúdo eminentemente fisiológico não é garantia, por si só, de um estado de efetiva realização individual. Há que se superar tal perspectiva reducionista, portanto:

> Não se pode privilegiar apenas a dimensão biológica da vida humana, negligenciando a qualidade de vida do indivíduo. (...) O ser humano tem outras dimensões que não apenas a biológica de forma que aceitar o critério da qualidade de vida significa estar a serviço não só da vida, mas também da pessoa.[22]

Determinada estrutura fisiológica nem sempre levará a uma moldura previsível de saúde. Uma vez agregada a certas condições psíquicas e situada num contexto social peculiar, pode resultar num estado de saúde impensado. As facetas – física, mental e social – podem se contrabalancear, compensando entre si eventuais constrangimentos e dificuldades; ou podem se agravar, causando ou majorando debilidades setorizadas. As previsões de saúde que se pretendam fazer podem ser refutadas, caso a caso.

O parâmetro de saúde considerado pela OMS parece ser o equilíbrio. Este conceito – "um estado de completo bem-estar físico, mental e social, e não apenas a ausência de doença" – indica uma condição subjetiva confortável ao sujeito. Essa é a proposta apresentada, a qual condiz com o fato de a saúde ser instrumento de constituição subjetiva, recurso contributivo à promoção pessoal. Se o sujeito de direito humano está voltado à formação e renovação a todo o tempo, e se sua saúde é uma conjuntura integrada neste movimento, é de se supor que ela, em si, apresente-se (ou se destine a apresentar) como estado de harmonia existencial. O balanceamento dos seus fatores formadores parece importante requisito para que ele se constitua, por si e a sua maneira, como pessoa.

O problema deste paradigma de bem-estar, invocado pela OMS, no entanto, é o fato de se basear em concepções generalizadas e universais idealizadas. Com isso, ele se torna irreal. Imaginar um estado de completa satisfação pessoal beira a utopia, na visão de Marco Segre e Flávio Carvalho Ferraz.[23] A definição parece

---

21. TEIXEIRA, Ana Carolina Brochado. *Saúde, corpo e autonomia privada*. Rio de Janeiro: Renovar, 2010, p. 22.
22. NAVES, Bruno Torquato de Oliveira; SÁ, Maria de Fátima Freire de. Da relação jurídica médico-paciente: dignidade da pessoa humana e autonomia privada. In: SÁ, Maria de Fátima Freire de (Org.) *Biodireito*. Belo Horizonte: Del Rey, 2020, p.110.
23. SEGRE, Marco; FERRAZ, Flávio Carvalho. O conceito de saúde. *Revista de Saúde Pública*. São Paulo, v. 31, n. 5, out. 1997, p. 539.

partir de um modelo hegemônico de condições perfeitas[24] que desconsidera as eventuais vicissitudes circunstanciais. Pensada assim a saúde, de fato, ela se desvirtua num conceito de excelência inviável de se alcançar em qualquer caso.

Além desse teor ilusório do parâmetro e de sua inviabilidade fática, a percepção de que ele é útil a uma espécie de uniformização subjetiva – deplorável em si mesma – desaconselha sua adoção sem ressalvas, visto que é capaz de gerar a marginalização daqueles que dela escapem. Afinal, se saúde é o estado de pleno bem-estar, todos os que não o tiverem, porque concentram vulnerabilidades, por exemplo, não seriam considerados dela detentores. Isso, transposto para o direito à saúde, poderia gerar desdobramentos jurídicos inadmissíveis.

A saúde não pode ser entendida como um ideal a se alcançar, como se abarcasse utilidade própria, valor autoreferencial. Ela deve ser encarada como expressão e instrumento de realização individual: "(...) a saúde é um recurso para a vida diária, não o objetivo dela (...)".[25]

> Se se trabalhar com um referencial "objetivista", isto é, com uma avaliação do grau de perfeição, bem-estar ou felicidade de um sujeito externa a ele próprio, estar-se-á automaticamente elevando os termos perfeição, bem estar e felicidade a categorias que existem por si mesmas e não estão sujeitas a uma descrição dentro de um contexto que lhes empreste sentido, a partir da linguagem e da experiência íntima do sujeito. Só poder-se-ia, assim falar de bem-estar, felicidade ou perfeição para um sujeito que, dentro de suas crenças e valores, desse sentido de (sic) tal uso semântico e, portanto, o legitimasse.[26]

Ainda que se possa dizer, portanto, que a saúde está relacionada ao bem-estar, este quadro tem conotação real e subjetiva. A saúde é, assim, a organização dos elementos físicos, mentais e sociais que uma pessoa concreta apresenta, em vistas de um equilíbrio existencial. Dessa forma, o direito à saúde vincula-se à identidade subjetiva.[27] A visão do que seja saúde aufere, assim, conotação ativa e promocional.

Não se pode entendê-la apenas com um enfoque preservativo ou curativo. Ser saudável não é o estado no qual falta enfermidade ou vulnerabilidade. Estes não são os únicos fatores capazes de assegurar ao sujeito um estado de conforto. E nem são fatores que comprometem, por si, esta pretensão. São inúmeros os as-

---

24. MINAYO, Maria Cecília de Souza; HARTZ, Zulmira Maria de Araújo; BUSS, Paulo Marchiori. Qualidade de vida e saúde: um debate necessário. *Ciência e Saúde Coletiva*. v. 5, n. 1, 2000, p. 9.
25. REISSINGER, Simone. *Aspectos controvertidos do direito à saúde na constituição brasileira de 1988*. 2008. 118f. Dissertação (Mestrado em Direito) – Pontifícia Universidade Católica de Minas Gerais, Programa de Pós-Graduação em Direito, Belo Horizonte, p. 30.
26. SEGRE, Marco; FERRAZ, Flávio Carvalho. O conceito de saúde. *Revista de Saúde Pública*. São Paulo, v. 31, n. 5, out. 1997, p. 539.
27. TEIXEIRA, Ana Carolina Brochado. *Saúde, corpo e autonomia privada*. Rio de Janeiro: Renovar, 2010, p. 76.

pectos que concorrem para e que contrariam a promoção de um real bem-estar, de um cômodo ser.

Neste ponto, a lembrança trazida pela OMS é válida. Ausência de doenças ou de vulnerabilidades e saúde não se equiparam. Mesmo que verificadas sejam, elas não aniquilam o estado sanitário. Numa tendência promocional, vulnerabilidades hão de ser encaradas como mais um elemento a ser considerado para instalação de uma funcional estrutura subjetiva, eficiente a garantir a realização pessoal. Não há, portanto, entre elas oposição, mas "configuram processos compreendidos como um continum, relacionados aos aspectos econômicos, socioculturais, à experiência pessoal e estilos de vida".[28]

A estaticidade é superada pela conotação dinâmica. A saúde deve ser vista, então, como o combustível para a produção criativa da particularidade humana e da identidade pessoal. Tem natureza funcional e positiva. Sob a perspectiva de fomentar a estruturação exclusiva do sujeito de direito humano concreto, a saúde impõe lidar e coordenar as especificidades subjetivas já encontradas. O que importa é que o sujeito coordene suas habilidades e vulnerabilidades, a fim de que se instaure um estado de conforto a permitir fundar suas próprias características identitárias.

> Não está a saúde dependente de standards herméticos e aprioristicos, considerando que cada um tem um padrão de bem-estar individual, condicionado por experiências, aspirações, condições sociais etc. Não é possível, portanto, ditar um padrão universal de saúde, considerando as peculiaridades de cada pessoa, ou de cada sujeito perante as mais diversas necessidades.[29]

Ao assumir, o ordenamento jurídico brasileiro, a responsabilidade de assegurar às pessoas sua saúde, é de se exigir que ele contemple este direito em atenção às pontuais especificidades que a saúde apresentar, proporcionalmente ao sujeito de direito humano em questão. O direito à saúde talvez seja, por isso, uma das situações jurídicas existenciais mais provocadoras e requerentes de uma prática jurídica atenta às particularidades da realidade pessoal, a fim de que o tratamento concedido pelo Direito seja condizente aos propósitos por ele eleitos, nomeadamente e em especial, a salvaguarda da dignidade humana.

Disso decorre relevante efeito. Não sendo a saúde avesso de enfermidade ou de vulnerabilidade, é descabido afirmar que aquela constitui estado alcançado através da cura ou superação delas. Saúde não é dado ou resultado de restabelecimento. Até mesmo porque nem toda vulnerabilidade é passível de supressão. Muito diferente

---

28. SEIDL, Elaine Maria Fleury; ZANNON, Célia Maria Lana da Costa. Qualidade de vida e saúde: aspectos conceituais e metodológicos. *Caderno de Saúde Pública*. Rio de Janeiro, v. 20, n. 2, mar.-abr. 2004, p. 580.
29. TEIXEIRA, Ana Carolina Brochado. *Saúde, corpo e autonomia privada*. Rio de Janeiro: Renovar, 2010, p. 71.

de uma pronta posição, a saúde deve ser incentivada, impulsionada. O bem-estar não é um fato posto, mas uma situação obtida. O que se pode afirmar é que cada indivíduo tem seu próprio potencial de saúde, o qual há de ser depurado por ele mesmo, em prol de uma melhor qualidade existencial. O grande valor da saúde se encontra na potencialidade de manifestar e fomentar a originalidade humana, vislumbrável em cada sujeito.

A saúde é resultante da criatividade humana e da individualização pessoal, sendo, por esse motivo, imprescindível a permissão de livres eleições a este respeito. O direito à saúde deve envolver algum arbítrio ao sujeito de direito humano; diante das alternativas que ele tenha, considerado seu quadro concreto, cabe a ele promover sua escolha. Daí a razão de existirem diversos estados de saúde proporcionais às peculiaridades dos sujeitos, a suas opções. A cada um cabe valer-se de sua potencialidade, coordenando e controlando os fatores determinantes na consecução do seu estado sanitário e da sua formação pessoal.

A autonomia privada deve ser perquirida e estimulada. A independência do agente na especificação da sua humanidade, através de seus potenciais de saúde, há de ser incitada e acatada por mais complexo que seja o estado sanitário subjetivo e por mais que a decisão tomada esteja longe de um ideal de exatidão. A autonomia em matéria de saúde, como em todas as situações existenciais, pode envolver a necessidade de respeito por definições valorativas não coincidentes com as mais adotadas socialmente, desde que tenham sido fruto da escolha da pessoa, mesmo vulnerável. Destarte, pode-se afirmar que a ação promocional a ser destinada à saúde impõe uma postura jurídica atenta ao sentido de dignidade, nos moldes dados por Charles Taylor: "nosso sentido de merecer respeito (atitudinal)".[30] É preciso permitir que o sujeito de direito humano possa eleger a situação sanitária que lhe promova maior bem-estar, de acordo com os seus parâmetros. A intervenção imperativa de terceiros e de modelos hegemônicos que lhe são externos há de ser evitada, amplamente. Pessoas são "seres da profundidade e complexidade necessárias para ter (ou para estar empenhadas na descoberta de) uma identidade".[31]

Afiliada a toda esta política, a Constituição da República Federal Brasileira de 1988 reconhece, em seu artigo 6º, *caput*,[32] o direito de todos à saúde. Em seu

---

30. TAYLOR, Charles. *As fontes do self*: a construção da identidade moderna. Trad. Adail Ubirajara Sobral e Dinah de Abreu Azevedo. São Paulo: Loyola, 1997, p.29.
31. TAYLOR, Charles. *As fontes do self*: a construção da identidade moderna. Trad. Adail Ubirajara Sobral e Dinah de Abreu Azevedo. São Paulo: Loyola, 1997, p.50.
32. Art. 6º São direitos sociais a educação, a saúde, a alimentação, o trabalho, a moradia, o transporte, o lazer, a segurança, a previdência social, a proteção à maternidade e à infância, a assistência aos desamparados, na forma desta Constituição.

artigo 196,[33] minudencia que tal direito será assegurado por meio da redução do risco de doença e de vulnerabilidades e, também, pela geração de condições para se obter o estado de bem-estar, tão caro à realização e constituição pessoal. Afirma-se, portanto, em sede constitucional, que a saúde implica, sobretudo, ações promocionais, não meramente paliativas, curativas ou preventivas.

Se o direito à saúde, como situação jurídica existencial, requer a superação de seu teor curativo e de sua substância como estado desprovido de vulnerabilidades, faz-se imperiosa a necessidade de considerá-lo como exercício de liberdade. Como dito no início deste tópico, a titularidade do direito à saúde é automática e simultânea à concessão de personalidade jurídica ao sujeito. Não significa, porém, que a iniciativa do titular fique igualmente dispensada na realização desse direito. Muito diferente disso, o conteúdo da saúde – e, pois, do direito à mesma – depende da e requer a definição subjetiva. A saúde é manifestação e componente da identidade; logo, há de ser admitida por resultante das preferências e escolhas individuais, em recusa, inclusive, a imposições externas majoritárias.

CONSIDERAÇÕES FINAIS

O direito à saúde se configura como uma das questões atuais mais complexas, exigindo uma atuação jurídica que leve em consideração as vulnerabilidades marcantes das subjetividades humanas. Nesse rumo, a saúde resulta da invenção e da singularidade de cada pessoa.

O reconhecimento de vulnerabilidades, como fator intrínseco à condição humana, deve orientar os expedientes de promoção de efetividade do direito à saúde como exercício de autonomia. A um só tempo, e em complemento, compreender as camadas de vulnerabilidade, como já dito, tem serventia para individualizar medidas de compensação variadas e, assim, para evitar a estigmatização destes grupos de pessoas. Afinal, a autenticidade da complexidade da existência deve ser refletida em um comprometimento jurídico com as peculiaridades identitárias e com cada projeto de edificação do estado particular de bem-estar.

A saúde é direito de todos e de cada um. A vulnerabilidade, igualmente, pode ser comum, mas compreende gradientes complexos e situacionais. Este quadro desafia pensar, portanto, em estratégias múltiplas que sejam condizentes à pluralidade subjetiva.

O papel das vulnerabilidades no direito à saúde refere-se, portanto, à conjuntura pessoal que há de ser necessariamente considerada pelo ordenamento

---

33. Art. 196. A saúde é direito de todos e dever do Estado, garantido mediante políticas sociais e econômicas que visem à redução do risco de doença e de outros agravos e ao acesso universal e igualitário às ações e serviços para sua promoção, proteção e recuperação.

jurídico, aos horizontes interpretativos de repercussões decorrentes da situação concretamente caracterizada e, especialmente, à sua serventia como expediente de identificação, de modulação e de controle de estratégias de escalada da autonomia.

A vulnerabilidade, enfim, não legitima o abandono da conotação promocional da saúde, nem a supressão sumária do poder decisório da pessoa titular. As definições de conforto e de identidade hão de ser, inevitavelmente, da própria pessoa em causa, que concentra, em si, a criatividade para manejar os elementos articulados em seu estado sanitário.

REFERÊNCIAS

BEAUCHAMP, Tom L.; CHILDRESS; James F. *Principles of Biomedical Ethics* (5th ed.). New York, N.Y.: Oxford University Press, 2001.

CASTRO, Torquato. *Teoria da situação jurídica em direito privado nacional*. São Paulo: Saraiva, 1985.

GUSTIN, Miracy Barbosa de Sousa. *Das necessidades humanas aos direitos*: ensaio de sociologia e filosofia do direito. Belo Horizonte: Del Rey 1999.

KONDER, Carlos Nelson. A distinção entre vulnerabilidade patrimonial e vulnerabilidade existencial. In: BARLETTA, Fabiana Rodrigues; ALMEIDA, Vitor (Coord.). *Vulnerabilidades e suas dimensões jurídicas*. Indaiatuba: Foco, 2023.

LUNA, Florencia. Vulnerabilidad: la metáfora de las capas. *Jurisprudencia Argentina* (CONICET/FLACSO), IV, fascículo n. 1, 2008, p. 60-67. Disponível em: http://www.saludcapital.gov.co/Capacitaciones%20%20Comit%20de%20tica%20para%20la%20Investigacin/6%20Sesi%C3%B3n%2016%20julio%202014/Luna_F[1]._Vulnerabilidad_la_metafora_de_las_capas.pdf. Acesso em: 08 jan. 2024.

MAIER, Suellen Rodrigues de Oliveira; RAUBER, Bruno Jonas; SILVA, Gelson Aguiar da; ANDRADE, Luciene Mantovani Silva. Vulnerabilidade para aquisição de doenças sexualmente transmissíveis em profissionais motoristas de caminhão. *Rev. G&S [Internet]*. 17º de agosto de 2017, p. 1412-1420. Disponível em: https://periodicos.unb.br/index.php/rgs/article/view/364. Acesso em: 20 fev. 2025.

MELKEVIK, Bjarne. Vulnerabilidade, direito e autonomia. um ensaio sobre o sujeito de direito. *Revista da Faculdade de Direito da UFMG*, Belo Horizonte, n. 71, p. 641 - 673, jul./dez. 2017. Disponível em: https://www.direito.ufmg.br/revista/index.php/revista/article/view/1877/1779. Acesso em: 12 ago. 2024.

MERINO, Antonio Giménez. We are all vulnerable: between empowerment and the renunciation of the exercise of power. In: POLIDO, Fabrício Bertini Pasquot; REPOLÊS, Maria Fernanda Salcedo (Org.). *Law and Vulnerability*. São Paulo/Belo Horizonte: Oficina das Letras/Programa de Pósgraduação em Direito da UFMG, 2016. v. 1, p. 14-33. Disponível em: https://www.ufmg.br/online/arquivos/anexos/UFMG_Law-and-Vulnerability_Final%202016.pdf. Acesso em: 03 fev. 2025.

MINAYO, Maria Cecília de Souza; HARTZ, Zulmira Maria de Araújo; BUSS, Paulo Marchiori. Qualidade de vida e saúde: um debate necessário. *Ciência e Saúde Coletiva*. v. 5, n. 1, p. 7-18, 2000.

MIRAGEM, Bruno. *Teoria Geral do Direito Civil*. Rio de Janeiro: Forense, 2021.

NAVES, Bruno Torquato de Oliveira; SÁ, Maria de Fátima Freire de. Da relação jurídica médico-paciente: dignidade da pessoa humana e autonomia privada. In: SÁ, Maria de Fátima Freire de (Org.) *Biodireito*. Belo Horizonte: Del Rey, 2020.

NATIONAL COMMISSION for the Protection of Human Subjects of Biomedical and Behavioral Research. *The Belmont report*: Ethical principles and guidelines for the protection of human subjects of research. Department of Health and Human Services, 1979. Disponível em: https://www.hhs.gov/ohrp/regulations-and-policy/belmont-report/read-the-belmont-report/index.html. Acesso em: 20 fev. 2025.

NEVES, Maria do Céu Patrão. Sentidos da vulnerabilidade: característica, condição, princípio. *Revista Brasileira de Bioética*, [S. l.], v. 2, n. 2, p. 157–172, 2006. Disponível em: https://periodicos.unb.br/index.php/rbb/article/view/7966. Acesso em: 2 fev. 2025.

REIS, Felipe Souza; SOUZA, Sirius Oliveira. Vulnerabilidade ambiental do município de Senhor do Bonfim (BA) enquanto subsídio ao ordenamento ambiental. *Revista Geotemas*, Pau dos Ferros, v. 9, n. 2, p. 07–29, 2019. Disponível em: https://periodicos.apps.uern.br/index.php/GEOTemas/article/view/930. Acesso em: 20 fev. 2025.

REISSINGER, Simone. *Aspectos controvertidos do direito à saúde na constituição brasileira de 1988*. 2008. 118f. Dissertação (Mestrado em Direito) – Pontifícia Universidade Católica de Minas Gerais, Programa de Pós-Graduação em Direito, Belo Horizonte.

RIPERT, Georges. *Regimen Democrático e o Direito Civil Moderno*. Trad. J. Cortezão. São Paulo: Saraiva, 1937.

SÁ, Maria de Fátima Freire de. *Bioética e biodireito*. 6. ed. Indaiatuba, SP: Foco, 2023.

SA, Maria de Fátima Freire; MEIRELLES, Ana Thereza; VERDIVAL, Rafael; LAGE, Caio. A compreensão das dimensões da vulnerabilidade humana nas situações jurídicas existenciais. *Revista da Faculdade Mineira de Direito*, v. 25, p. 113-133, 2022.

SEGRE, Marco; FERRAZ, Flávio Carvalho. O conceito de saúde. *Revista de Saúde Pública*. São Paulo, v. 31, n. 5, p.538-542, out. 1997.

SEIDL, Elaine Maria Fleury; ZANNON, Célia Maria Lana da Costa. Qualidade de vida e saúde: aspectos conceituais e metodológicos. *Caderno de Saúde Pública*. Rio de Janeiro, v. 20, n. 2, p. 580-588, mar./abr. 2004.

TEIXEIRA, Ana Carolina Brochado. *Saúde, corpo e autonomia privada*. Rio de Janeiro: Renovar, 2010.

A LUTA PELA DIVERSIDADE DEMOCRÁTICA: ENSAIO A PARTIR DAS LIÇÕES DA PROFESSORA MARIA DE FÁTIMA FREIRE DE SÁ

Diogo Luna Moureira

Doutor e mestre em Direito. Professor da Universidade do Estado de Minas Gerais.

Sumário: Introdução – 1. Definição normativa da vulnerabilidade no direito – 2. A realização da pessoalidade e a patologia da indeterminação – 3. O reconhecimento como exigência da democracia para o direito – Referências.

INTRODUÇÃO

De início peço licença ao leitor para escrever esse artigo na primeira pessoa. A despeito de qualquer atecnia, esse texto reveste-se de um aspecto afetivo, que retoma reflexões promovidas pela Professora Maria de Fátima Freire de Sá e eu, e que merecem ser revolvidas.

Há quase uma década publicamos o artigo "Autonomia privada e vulnerabilidade: o Direito Civil e a diversidade democrática" (Sá; Moureira, 2017), obra contemporânea ao Estatuto da Pessoa com Deficiência e que dialogava com toda a construção argumentativa que realizamos, em 2011, no livro "A capacidade dos incapazes: saúde mental e uma releitura da teoria das incapacidades no direito privado" (Sá; Moureira, 2011). Em todas as reflexões propostas tínhamos a certeza de que a maturação da nossa democracia estaria a ensejar novas formas de repensar o Direito, tendo como escopo o reconhecimento e a efetivação dos direitos fundamentais, construídos pelas pessoas no âmbito de suas vidas privadas, em um contexto democrático marcado pela diversidade.

Entretanto, de lá pra cá, o cenário social em que vivemos denota as agruras dos movimentos de luta por direitos, sobretudo quando estes são titularizados por pessoas vulneráveis.

Na atualidade, as reflexões normativas possibilitadas pelo Direito perpassam a autonomia privada, projetada como construto da autodeterminação da pessoa, agregada a um vínculo de interdependência social, em que individualidades se constituem e se reconstituem.

Não se trata de uma autonomia individual caracterizada pelo isolacionismo dos séculos XVIII e XIX, quando o indivíduo acreditava construir a si mesmo negando qualquer rede de interlocução. Tampouco, se trata de compreender a autonomia individual subjugada à autonomia pública, caracterizada pelo coletivismo do final do século XIX e início do século XX.

O que a democracia está a exigir do Direito é que as reflexões sobre a autonomia privada perpassem tanto a ação do indivíduo na construção daquilo que é individual (a pessoalidade), quanto a legitimidade do ordenamento normativo, decorrente do reconhecimento e da efetivação da liberdade na convivência com os outros. Esta legitimidade só se alcança na medida em que o contexto social seja constituído a partir de ações e interações normativamente integradas, sem um modelo fixo e determinado *ex ante*. Afinal, os projetos de vida, que se descortinam no seio social e demandam do Direito reconhecimento, devem encontrar respaldo em orientações normativas mais abrangentes e gerais, possibilitando acolhimento, na maior medida possível.

Em razão deste contexto, que exige do Direito uma nova postura atitudinal, é que se debate, com maior rigor, o tratamento normativo dispensado aos vulneráveis, mormente quando estão nos polos subjetivos de relações e situações jurídicas. Uma série de questionamentos decorre do diálogo entre autonomia privada e vulnerabilidade. A começar, quem são os vulneráveis? Como o Direito deve lidar com o vulnerável no contexto da diversidade?

Para a construção argumentativa aqui proposta discutiremos a definição normativa da vulnerabilidade no Direito (cap. 2); e a realização da pessoalidade e a patologia de indeterminação (cap. 3); para ao final refletir sobre o reconhecimento como exigência democrática para o Direito tendo como referência o tratamento normativo dispensado às pessoas trans e as pessoas deficientes (cap. 4).

1. DEFINIÇÃO NORMATIVA DA VULNERABILIDADE NO DIREITO

Mulher, criança, adolescente, pessoas negras, pessoa com deficiência, indígenas, pessoa idosa, pessoas trans, homossexuais, enfim... não é curta e nem se esgota a lista das pessoas vulneráveis no Direito. Muitos, talvez, associariam a vulnerabilidade às minorias. Porém, não é este o foco que a Profa. Maria de Fátima e eu propusemos nas nossas reflexões sobre vulnerabilidade.

Nossa proposta não foi estabelecer um modelo fixo e determinado de percepção da sociabilidade e, a partir dele, alinhar argumentos normativos sobre os vulneráveis. A nosso sentir, a definição de vulnerabilidade deve ser fomentada a partir de orientações normativas mais abrangentes e gerais, que não se engessam em predeterminações legislativas, ou mesmo em minorias. Tentativas desse viés poderiam ilidir o projeto democrático da diversidade.

Essa proposta, inclusive, foi por nós defendida no livro "A capacidade dos incapazes: saúde mental e uma releitura da teoria das incapacidades no direito privado" quando defendemos (antes mesmo do advento da Lei 13.146/15) a mitigação do tratamento jurídico fixo e determinado dispensado à pessoa com transtorno mental, além da sua efetiva participação no processo judicial que se refere à limitação da sua autonomia:

> Levar o Direito a sério significa, também, assegurar as garantias constitucionais do processo na construção de uma decisão jurisdicional que diga respeito à limitação da autonomia do indivíduo para a prática de atos que se refiram à sua vida enquanto sujeito de direitos. A efetiva participação do curatelado no processo de curatela deve ser resguardada, a ponto, inclusive, de se saber a possibilidade dos limites da mesma (Sá; Moureira, 2011, p. 143).

A identificação da vulnerabilidade pressupõe compreender situações do mundo da vida em que a autodeterminação se frustra, indeterminando a pessoa que deve ser tratada como interlocutora. Se a linguagem é compreendida como instrumento de mediação de atores sociais em um constante fluxo comunicativo, ela deve ser incorporada pelo Direito como instrumento capaz de constituir e reconstituir uma realidade compartilhada intersubjetivamente, em constante reflexão de si mesma.

Ao assumirmos o Direito como instrumento dialógico capaz de efetivar uma realidade social, construída e reconstruída através de processos comunicativos que se perfazem em um contexto democrático de convivência, os vulneráveis são aqueles que possuem restrições participativas na autodeterminação como interlocutores nas relações jurídicas e situações jurídicas nas quais se posicionam nos polos subjetivos.

Nosso propósito com tal afirmação é possibilitar que o processo de racionalização comunicativa do mundo da vida seja associado às experiências reais dos interlocutores. Não buscamos a abstração linguística dos envolvidos no fluxo comunicativo, mas propomos que o Direito seja utilizado como instrumento normativo que visa a efetivação das relações de reconhecimento formadoras das pessoalidades.

Torna-se, portanto, imprescindível buscar a implementação de um contexto comunicativo que tenha como escopo assegurar, de modo efetivo, as expectativas dos interlocutores. Assim, a identificação da vulnerabilidade no Direito pressupõe a análise da possibilidade participativa da pessoa no processo de autodeterminação de si, na relação com o outro.

Identificada a vulnerabilidade, necessário assegurar reconhecimento, de modo a permitir que todos possam assumir as coordenadas da própria pessoalidade. Como consequência à frustração do reconhecimento, surge a patologia normativa da indeterminação individual.

2. A REALIZAÇÃO DA PESSOALIDADE E A PATOLOGIA DA INDETERMINAÇÃO

Pessoalidade significa a qualidade de ser pessoal. Não se trata da assunção de uma qualidade imanente à espécie humana, mas pressupõe a ação do indivíduo na determinação daquilo que é individual e que expressa a efetivação de uma possibilidade, pela liberdade na convivência com os outros. Pessoalidade é, pois, a expressão da autodeterminação e da autoafirmação assumidas pela pessoa dentro do fluxo comunicativo.

Afigura-se, portanto, a pessoalidade como a possibilidade do indivíduo assumir uma identidade, isto é, um horizonte dentro do qual ele é capaz de, livremente, tomar uma posição (Taylor, 1997, p. 44), e assim agir, ser responsável pela sua ação e buscar ser reconhecido através dela.

Se o projeto da sociabilidade moderna é possibilitar que todo indivíduo humano possa ter a liberdade para construir sua pessoalidade, e as realizações individuais de identidade pressupõem expectativas e propostas de autorrealização individual, é evidente que a frustração desses projetos gera sentimento de indeterminação. Ao Direito cumpre o papel de efetivar ou possibilitar a efetivação da autorrealização em um contexto intersubjetivo de convivência, sem fomentar a indeterminação.

Com o escopo de se estabelecer a compreensão dialógica do Direito, imprescindível a análise das dimensões do reconhecimento e os conflitos sociais decorrentes da violação de expectativas normativas deste, geradores de um sentimento de indeterminação (Honneth, 2007).

Axel Honnet, filósofo e sociólogo alemão, propõe a contextualização da Filosofia do Direito de Hegel, enfrentando um problema que define os contornos da modernidade e seus conflitos, qual seja, o exercício de iguais condições para a realização da liberdade, sobretudo quando há limitações sociais para a construção de si mesmo.

Importante destacar que a proposta de Honneth consiste em uma "reatualização" indireta da Filosofia do Direito de Hegel, haja vista que os conceitos de Estado e de espírito ontológico hegelianos não são passíveis de reabilitação.[1] Honneth reconhece a existência de consequências antidemocráticas que possam originar da leitura da Filosofia do Direito de Hegel, na medida em que é possível

---

1. "O objetivo desse modo de proceder 'indireto' deve ser demonstrar a atualidade da *Filosofia do direito* hegeliana ao indicar que esta, como projeto de uma teoria normativa, tem de ser concebida em relação àquelas esferas de reconhecimento recíproco cuja manutenção é constitutiva para a identidade moral de sociedades modernas" (HONNETH, 2007, p. 51).

aferir que direitos de liberdade individual encontrem-se subordinados à autoridade ética do Estado.

Todavia, o que se destaca na proposta hegeliana para uma Filosofia do Direito é "[...] a tendência inconfundível de Hegel de querer entender a autonomia individual de todo cidadão do Estado, não precisamente no sentido Kantiano, como princípio da soberania popular [...]." (Honneth, 2007, p. 49). O seu propósito em reatualizar tal proposta filosófica é entendê-la como uma "metateoria do Estado democrático de direito." (Honneth, 2007, p. 49).

Hegel assume o conceito de pensamento livre como sendo meio de produção da pessoa enquanto vontade livre, posto que "[...] em lugar de se fixar naquilo que é dado [...] toma a si mesmo exclusivamente por princípio, e precisamente por isso exige estar unido à verdade." (Hegel, 2005, p. 27). Verdade essa que não é imposta e que não se respalda em Deus ou em dogmas, mas uma verdade racional, que pressupõe a participação da pessoa, enquanto pensamento livre, no preenchimento do seu conteúdo.

A vontade livre é assumida como princípio fundamental da Filosofia do Direito hegeliana de modo que "todas as determinações morais ou jurídicas só podem ser corretamente consideradas na medida em que exprimem a autonomia individual ou a autodeterminação dos homens." (Honneth, 2007, p. 56).

A prova da existência do pensamento livre, e, consequentemente, da construção da própria pessoa, é a possibilidade dela não se conformar ou mesmo se mostrar hostil aos valores reconhecidos publicamente. O *"propósito da superficialidade"*, desta forma, é fazer nascer a força do todo (Hegel, 2005, p. 30) sobrepondo-se à parte, e isso, além de implicar em empecilho para a construção da pessoalidade pelo sentimento livre, pode refletir a "contingência subjetiva da opinião e do arbítrio" (Hegel, 2005, p. 30) de uns sobre a liberdade de outros.

Em uma sociedade que reconhece o pensamento livre, a tendência e o risco são as pessoas agirem de forma atomizada, na busca de interesses excludentes. Entretanto, Hegel assume a ideia do universal, não como algo pressuposto, *a priori*, divino, sacrossanto, mas como algo compartilhado pelas pessoas em uma esfera de relações. É por tal razão que a ideia de universal em Hegel não aniquila a pessoa, mas pressupõe a sua participação efetiva na construção do universal: "a autodeterminação do Eu efetua-se mediante o situar-se no Uno num estado que é a negação do Eu, pois determinado e limitado, sem deixar de ser ele mesmo." (Hegel, 2005, p. 49) Segundo Axel Honneth:

> [...] o autor da *Filosofia do direito* quer – e isso não pode mais surpreender – chegar a um modelo complexo de "vontade livre" por meio do qual na própria vontade, assim como no material da autodeterminação individual, aquele vestígio de heteronomia é compreendido, porque pode ser pensado agora como resultado da liberdade. (Honneth, 2007, p. 59).

Pelo fato de a pessoa não estar, no contexto da Filosofia do Direito hegeliana, alheia a uma rede de relações, esta é pressuposto para o processo de edificação da própria autorrealização. Ora, se a pessoa não é algo dado, mas sim construído, o processo de construção de si se dá a partir da interação com e contra o outro, em um constante processo de reconhecimento.

A própria concepção hegeliana de Direito apresenta-se, segundo Honneth, mais ampla que a concepção kantiana. Isso porque enquanto Kant compreendia o Direito como uma "ordem estatal de uma vida comum regulada pelo direito" destacando-se a coercibilidade do Estado (Honneth, 2007, p. 64), Hegel o teria compreendido como instrumento para a realização da "vontade livre" de cada pessoa individual, que reclama para si a exigência da sua autodeterminação e autorrealização. Assim:

> Os portadores de "direitos", dos quais trata a *Filosofia do direito*, são primeiramente esferas e práticas sociais que possuem uma pretensão justificada de reivindicar direitos em face da sociedade como um todo e de exigir sua manutenção; e como destinatários de tais "direitos" de esferas, instituições ou sistemas e práticas, devemos entender novamente todos os membros daquelas sociedades que são caracterizados segundo o princípio normativo da autodeterminação individual. (Honneth, 2007, p. 66).

A partir desse contexto, Honneth verifica que a proposição filosófica do Direito de Hegel representa uma "teoria normativa de justiça social" que se fundamenta na exigência de "condições necessárias de autonomia individual, cujas esferas sociais uma sociedade moderna tem que abranger ou dispor para com isso garantir a todos os seus membros a chance de realização de sua autodeterminação" (Honneth, 2007, p. 67).

Quaisquer tentativas de ilidir as possibilidades de manifestação da "vontade livre", ou mesmo criar empecilhos para a autodeterminação das pessoas, implica na desestruturação do projeto do direito hegeliano para a modernidade. Aliás, Honneth se baseia na filosofia de Hegel que afirma que a teoria da justiça das sociedades modernas está na liberdade individual igual de todos os sujeitos.

Não se trata apenas de garantir condições democráticas de formação da vontade, mas em "garantir a preservação das diferentes esferas comunicativas, as quais, tomadas em conjunto, proporcionam a autorrealização de cada sujeito individual." (Honneth, 2007, p. 79).

Necessário, portanto, assegurar que a pessoa se compreenda tanto como uma "pessoa de direito", isso é, titular de direitos, bem como um "sujeito moral", ou seja, portadora de uma consciência individual, pois "apenas quando essas duas morais autorreferidas estão fundidas em um sujeito para a formação de uma identidade prática individual, ele pode então se realizar sem coerção no tecido institucional da eticidade moderna." (Honneth, 2007, p. 81).

Qualquer impedimento à realização da vontade livre na sociedade moderna, seja a sua incompletude ou a sua insuficiência, leva ao *sofrimento de indeterminação*, ou seja, uma patologia de fundamentação normativa, capaz de desestabilizar o projeto de Direito garantidor de iguais liberdades.

Apenas no âmbito da convivência de pessoas livres, capazes de querer e de agir, é que a autorrealização e o reconhecimento se tornam possíveis, pois apenas na eticidade é que se verifica o reconhecimento da alteridade. É na eticidade que o reconhecimento do outro enquanto outro se realiza, sendo que tal processo, necessariamente, passa pela afirmação do próprio eu. Assim, afirma Honneth que:

> A esfera da eticidade deve abranger uma série de ações intersubjetivas nas quais os sujeitos podem encontrar tanto a realização individual quanto o reconhecimento recíproco; a conexão entre esses dois elementos tem de ser representada de tal forma que se possa tratar nesse caso de formas de interação social nas quais um sujeito somente pode alcançar a autorrealização se ele expressar, de um modo determinado, o reconhecimento em face do outro (Honneth, 2007, p. 106).

A pessoa só se constrói, portanto, com e contra o outro, em um constante processo dialético. Quando falamos em vulneráveis, a realização da pessoalidade e a superação do sofrimento de indeterminação pressupõem a concepção normativa de autodeterminação individual, cabendo ao Direito efetivar o vínculo entre identidade pessoal e reconhecimento em diferentes dimensões de realização individual, assegurando-se, a todos os interlocutores, liberdades em igual medida.

3. O RECONHECIMENTO COMO EXIGÊNCIA DA DEMOCRACIA PARA O DIREITO

Ao Direito compete estabelecer mecanismos capazes de efetivar a dialética de reconhecimento, de forma que a todos os indivíduos seja assegurada a liberdade de se construírem pessoas em um processo aberto e público de edificação da própria identidade, reconhecendo-se a si mesmo através do outro em um processo de reconhecimento e reconciliação.

Somente com o resguardo dessa liberdade comunicativa, pelo Direito, permitiremos que a pessoa seja tratada como interlocutora, pois sem ela o processo de autodeterminação individual se torna algo semelhante ao domínio ou à arbitrariedade, posto que a ausência de autonomia de um interlocutor implica o cerceamento da possibilidade de fala e de interação no processo discursivo de autoafirmação.

Tal assertiva tende a se tornar mais densa quando a sua compreensão decorre de uma realidade democrática de Estado e de Direito, na qual a diversidade é a chave da convivência social e, quiçá, a causa das calorosas discussões acerca das ambições que se pode esperar do Direito moderno.

O processo dialético de convivência permite que indivíduos possam se reconhecer e serem reconhecidos como integrantes de uma determinada sociabilidade, e nela se autocompreendam livres, autônomos e individualizados. No "olho do furacão" está o Direito, pois a mensuração da legitimidade do ordenamento normativo (sociabilidade) se dá na medida em que se reconhece e se efetiva o exercício da autonomia privada, sobretudo em se tratando de vulneráveis. A determinação da legitimidade do ordenamento está a depender, portanto, da não instauração jurídica da patologia da indeterminação, causada pelo não reconhecimento da pessoa e suas possibilidades existenciais.

Como exemplo, representativo é o tratamento dispensado pelo Direito brasileiro às pessoas trans. O reconhecimento normativo da identidade de gênero como direito fundamental apenas se consolidou no Brasil[2] após a decisão proferida, em 2018, pelo Supremo Tribunal Federal na Ação Direta de Inconstitucionalidade 4275/DF. Isso porque, até tal decisão havia uma miscelânea de entendimentos que mesclavam discursos de fundamentação axiológica, sem qualquer amparo normativo.[3] Importante aqui destacar trecho do voto do Min. Marco Aurélio no sentido de ser incabível, no contexto do Estado Democrático de Direito, "potencializar o inaceitável estranhamento relativo a situações divergentes do padrão imposto pela sociedade para marginalizar cidadãos, negando-lhes o exercício de direitos fundamentais".

Por mais que essa construção da pessoalidade trans tenha recebido do Direito, ainda que tardiamente, o reconhecimento da autonomia privada como expressão da individualidade, ainda percebemos carecer reconhecimento e efetivação da liberdade da pessoalidade trans na convivência com os outros.

Passados mais de dezenove anos da morte de Gisberta,[4] a violência crescente e pouco visível impregnada ao corpo trans continua a evidenciar a necessidade

---

2. Importante destacar que a Argentina reconheceu a identidade de gênero como processo de autoconstrução individual no ano de 2012.
3. A exemplo das inúmeras decisões judiciais que condicionavam a alteração do nome e sexo registral do transexual desde que houvesse a realização da cirurgia de transgenitalização. Ou seja, a identidade de gênero ainda estava condicionada ao sexo.
4. Morta em 22 de fevereiro de 2006, em Portugal, Gisberta era uma transexual brasileira, imigrante sem-teto, que passou a ganhar a vida como prostituta na cidade do Porto. Nascida no interior de São Paulo com o nome de Gilberto, aos 18 anos, mudou-se para a França com o intuito de fugir da crescente violência contra os transexuais no Brasil. Após a construção do seu corpo transexual, mudou-se para o Porto onde passou a trabalhar em bares e boates como transformista. Com o pouco ganho, entregou-se à prostituição. Soropositiva, com sinais corporais da doença, passou a enfrentar desafios com os trabalhos noturnos e sexuais. Com o desemprego e a impossibilidade de renovar o visto de residente em Portugal, tornou-se imigrante ilegal. Sem dinheiro para pagar moradia, abrigou-se em um prédio, abandonado e não acabado, na cidade do Porto. Foi neste local que Gisberta foi encontrada, ao final de

de se efetivar políticas públicas que se atentem à morte violenta intencional do transexual e que cumpram o escopo emancipatório democrático aqui proposto.

As Gisbertas brasileiras se multiplicam por todo o território nacional, escancarando uma crescente onda de violência decorrente da falta de reconhecimento, estruturalmente consolidada no contexto da comunidade política. No Dossiê dos assassinatos e da violência contra travestis e transexuais brasileiras em 2022, Bruna G. Benevides destaca que no ano de referência foram registrados, pelo menos, cento e trinta e um assassinatos de pessoas trans, sendo cento e trinta travestis e mulheres transexuais, e um caso de pessoa transmasculina (Benevides, 2023).

É evidente que todos os dados referenciados na presente análise não evidenciam com precisão os problemas advindos da realidade social avaliada, embora sejam indicadores importantes. Para além dos casos não reportados ou não registrados, a falta de reconhecimento da pessoa transexual na estrutura formal do Estado é elemento potencializador para a invisibilidade dessa violência.

Em 2019, no julgamento da Ação Direta de Inconstitucionalidade por Omissão 26, de relatoria do ministro Celso de Mello, e do Mandado de Injunção 4733, relatado pelo ministro Edson Fachin, o Supremo Tribunal Federal, por maioria, reconheceu a homofobia e a transfobia como condutas aptas a se enquadrar na Lei 7.716/1989. Apesar dos avanços acima mencionados, os parcos dados sobre a violência contra a pessoa transexual permanecem alarmantes, o que justifica, inclusive, um novo reposicionar político-social, assegurado pelo Direito, para se ter reconhecimento da diversidade democrática.

Outro aspecto a ser discutido refere-se à pessoa com deficiência mental. Com a vigência da Lei 13.146, de 06 de julho de 2015 (Estatuto da Pessoa com Deficiência), o tratamento normativo dispensado às pessoas com deficiência mental, pela Teoria das Incapacidades, sofreu uma reviravolta.

Embora o Código Civil de 2002 tenha abolido a presunção estigmatizante criada no Código Civil de 1916 que o "louco de todo gênero" era reconhecido como absolutamente incapaz, os transtornos mentais e comportamentais continuaram a ser tratados, no Código Civil, como causa de incapacidade. Nesse sentido, de acordo com a redação originária do Código Civil de 2002, tais transtornos foram

---

2005, por três adolescentes, estudantes de uma escola próxima, que passaram a frequentar o local. Um dos adolescentes, filho de uma mulher que se prostituía, reconheceu Gisberta. Das visitas regulares e das conversas entre Gisberta e os três adolescentes, estes a descreveram para outros colegas como um "homem com mamas e que parecia mulher". Descoberta e reificada, Gisberta passou a ser espancada, humilhada e violentada, rotineiramente, por 14 adolescentes (entre 12 e 16 anos) que iam ao prédio ver o "homem com mamas e que parecia mulher". Da violência física e moral, as agressões passaram a ser sexuais. Com pedaços de madeira inseridos no corpo, foi submetida a incessantes sessões de tortura, com o corpo queimado por cigarros. Desfalecida e mortificada, Gisberta foi jogada no fosso do prédio, que estava cheio de água. Apesar de estar viva quando da queda, morreu afogada.

categorizados em duas situações normativas distintas: incapacitação absoluta e relativa. A distinção entre elas se dava a partir da aferição, casuística, da falta ou da redução do discernimento para a prática de atos da vida civil, ou mesmo a incompletude do desenvolvimento mental.

Pela categorização prevista no Código de 2002, a falta de discernimento decorrente de uma enfermidade ou deficiência gera a incapacidade absoluta (art. 3º, inciso II), ao passo que o discernimento reduzido decorrente da deficiência mental (art. 4º, inciso II) ou o desenvolvimento mental incompleto decorrente de uma excepcionalidade (art. 4º, inciso III) implica na incapacidade relativa para a prática de atos da vida civil.

Toda essa sistemática foi redefinida com a vigência da Lei 13.146/15, na medida em que ela retira do Código Civil de 2002 qualquer referência à loucura, ao transtorno, à deficiência e à excepcionalidade. A inexistência ou a redução de discernimento, ou mesmo a incompletude do desenvolvimento mental não mais se justificam para tratar de forma estanque pessoas com transtornos mentais e do comportamento. O fim último da reforma, ao que nos parece: acabar com a incapacidade absoluta aplicável às pessoas com deficiência mental, e trazer ao debate a incapacidade relativa. Mas, a Lei 13.146/15 representa um avanço? Poderíamos falar em incapacidade relativa das pessoas com deficiência mental?

Não é nosso objetivo, nesse artigo, trabalhar o Estatuto da Pessoa com Deficiência, mas apenas instigar o leitor a pensar como interpretar a Teoria das Incapacidades, buscando o reconhecimento e evitando o sofrimento de indeterminação.

Mesmo que de forma rasa, somos tentados a dizer que a lógica clássica da Teoria das Incapacidades pressupõe a exclusão de qualquer terceira hipótese (*tertium non datur*), ou seja, se a pessoa é capaz (A - verdadeiro), então ela não é incapaz (1A - falso), ou vice-versa. Porém, a proposta minha e da Profa. Maria de Fátima sempre foi a de evitar categorizações acolhidas pela lógica clássica.

Propomos uma forma de pensar a Teoria das Incapacidades que assegure que a pessoa se compreenda, tanto como uma "pessoa de direito", isso é, titular de direitos, bem como um "sujeito moral", ou seja, portadora de uma consciência individual que permite o efetivo exercício de direito. Dizer ser a pessoa capaz ou incapaz é secundário, pois o que importa é compreender as dimensões reais da sua autorrealização enquanto pessoa.

Mas, ao que parece, não é esse o fundamento do Estatuto da Pessoa com Deficiência, porquanto o que se vê, nele, é muito mais uma tentativa de generalização para considerar que todas as pessoas são capazes. Exemplo disso é a inserção do art. 85 que preceitua que a curatela das pessoas com deficiência mental "afetará tão somente os atos relacionados aos direitos de natureza patrimonial e negocial", sem pensar que essa pessoa pode não ter condições para cuidar de situações existenciais. Se outrora escrevemos sobre *a capacidade dos incapazes*, agora, poderíamos pensar em uma *incapacidade dos capazes*.

Qualquer alteração normativa tendente a efetivar a pessoa humana enquanto ser capaz de atribuir conteúdo à sua dignidade pressupõe, necessariamente, o "sair de cena" do sujeito abstrato, teórico, pensado *ex ante*, e o afirmar-se do sujeito concreto, que se constrói e se reconstrói em um contexto democrático de convivência, em constante busca por reconhecimento.

Em conclusão, toda e qualquer reflexão normativa que trata da vulnerabilidade no Direito deve ter como referência a luta por reconhecimento decorrente do processo dialético de construção da pessoalidade, bem como o sofrimento de indeterminação causado pela tentativa frustrada de afirmação intersubjetiva dessa pessoalidade, em decorrência de instrumentos jurídicos institucionais.

REFERÊNCIAS

BENEVIDES, Bruna G; NOGUEIRA, Sayonara Naider Bonfim (Org.). *Dossiê dos assassinatos e da violência contra travestis e transexuais brasileiras em 2020*. São Paulo: Expressão Popular, ANTRA, IBTE, 2021.

BENEVIDES, Bruna G (Org.). *Dossiê assassinatos e da violência contra travestis e transexuais brasileiras em 2021*. Brasília: Distrito Drag, ANTRA, 2022.

BENEVIDES, Bruna G (Org.). *Dossiê assassinatos e da violência contra travestis e transexuais brasileiras em 2022*. Brasília: Distrito Drag, ANTRA, 2023.

HEGEL, Georg Wilhelm Friederich. *Princípios da filosofia do direito*. 2. ed. São Paulo: Ícone, 2005.

HONNETH, Axel. *Sofrimento de indeterminação*: uma reatualização da filosofia do Direito de Hegel. São Paulo: Singular, 2007.

MOUREIRA, Diogo Luna. *Os desafios dos transtornos mentais e do comportamento para o direito civil*: dialética do reconhecimento e sofrimento de indeterminação como pressupostos para a reconstrução da teoria das incapacidades. 2013. 273 f. Tese (Doutorado) – Pontifícia Universidade Católica de Minas Gerais, Programa de Pós-Graduação em Direito.

SÁ, Maria de Fátima Freire de; MOUREIRA, Diogo Luna. *A capacidade dos incapazes*: saúde mental e uma releitura da teoria das incapacidades no direito privado. Rio de Janeiro: Lumen Juris, 2011.

SÁ, Maria de Fátima Freire de; NAVES, Bruno Torquato de Oliveira. *Manual de biodireito*. 3. ed. Belo Horizonte: Del Rey, 2015.

SÁ, Maria de Fátima Freire de; MOUREIRA, Diogo Luna. Autonomia privada e vulnerabilidade: o Direito Civil e a diversidade democrática. In: LIMA, Taísa Maria Macena de; SÁ, Maria de Fátima Freire de; MOUREIRA, Diogo Luna. (Org.). *Autonomia e Vulnerabilidade*. Belo Horizonte: Arraes, 2017. v. 1.

TEIXEIRA, Ana Carolina Brochado; RODRIGUES, Renata de Lima. *O direito das famílias entre a norma e a realidade*. São Paulo: Atlas, 2010.

TEPEDINO, Gustavo. *Temas de direito civil*. Rio de Janeiro: Renovar, 2009. t. III.